SHIGERU MIZUKI 9

KITARO

Aus dem Japanischen von **Gandalf Bartholomäus**

Lettering: **diceindustries**

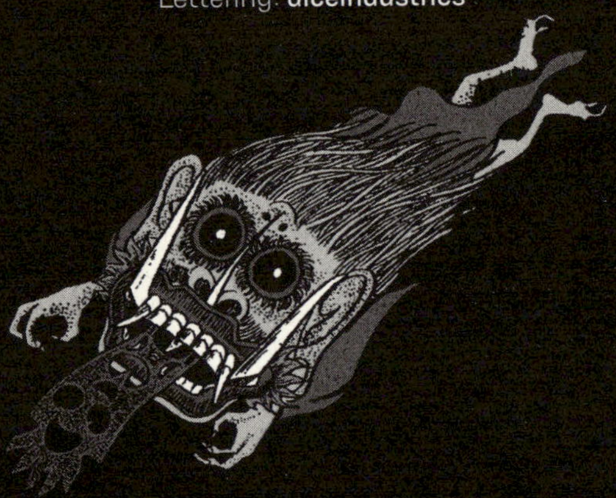

REPRODUKT

KITARO 9

INHALT

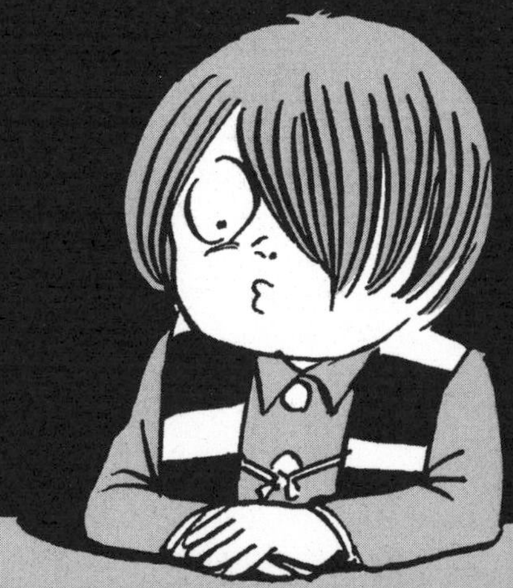

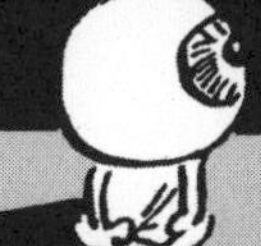

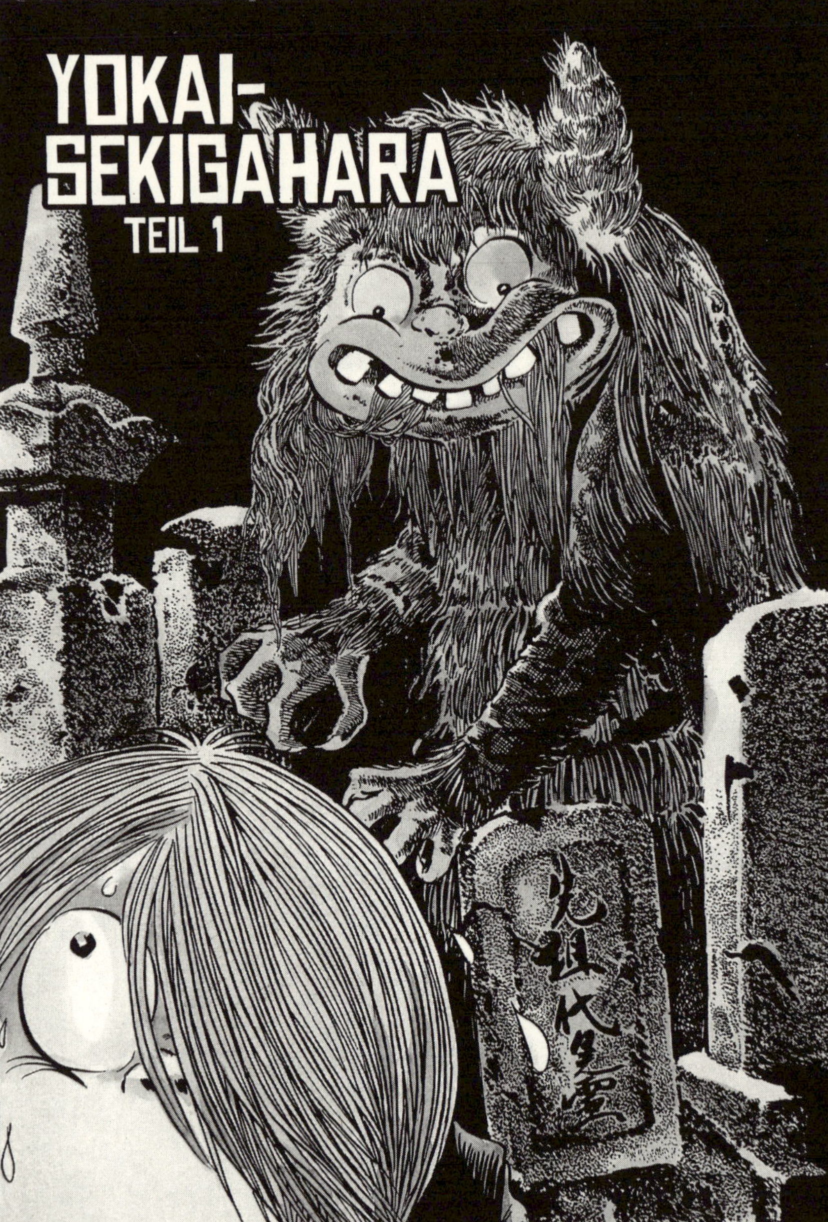
YOKAI-
SEKIGAHARA
TEIL 1

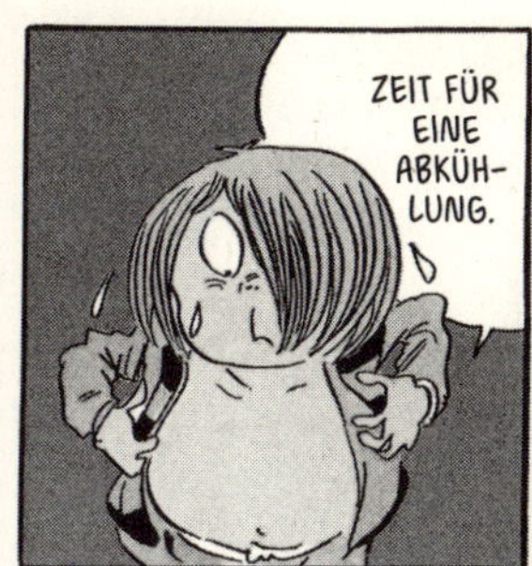
ZEIT FÜR EINE ABKÜH-LUNG.

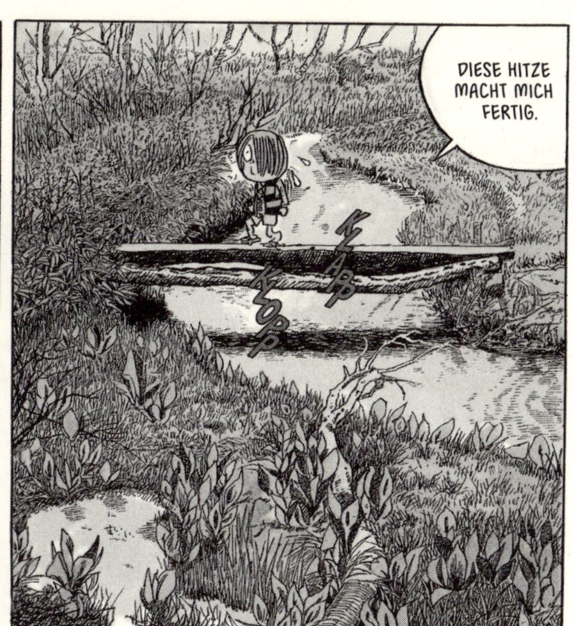
DIESE HITZE MACHT MICH FERTIG.
KLAPP
KLOPP

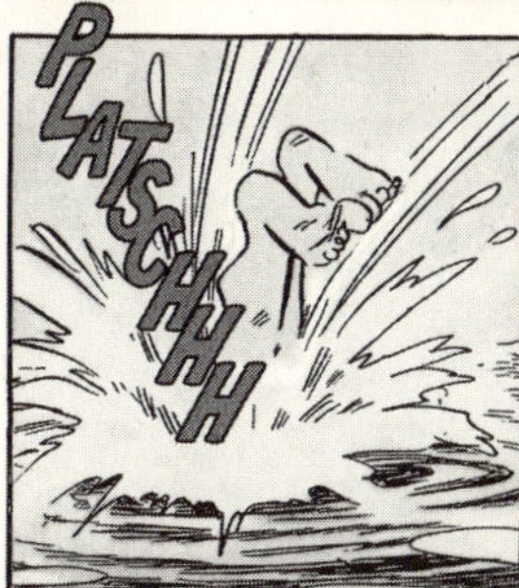
PLATSCHHHH

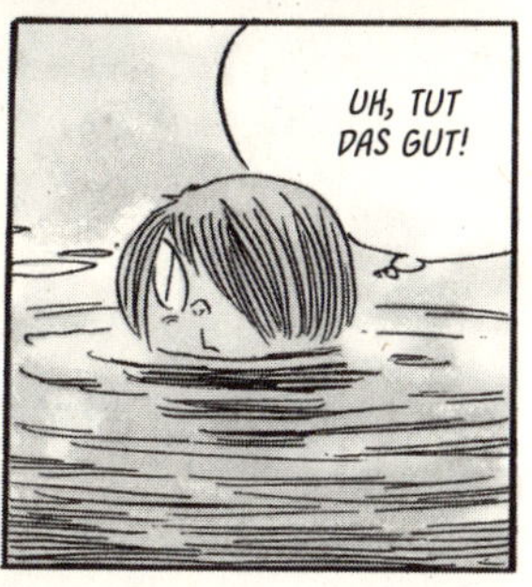
UH, TUT DAS GUT!

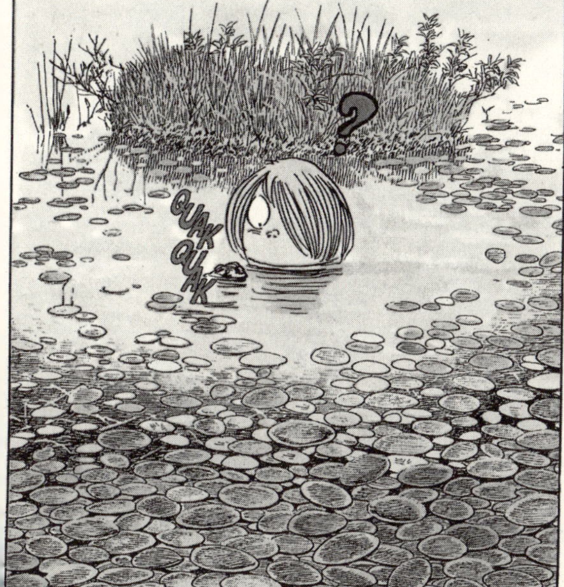
?
QUAK
QUAK

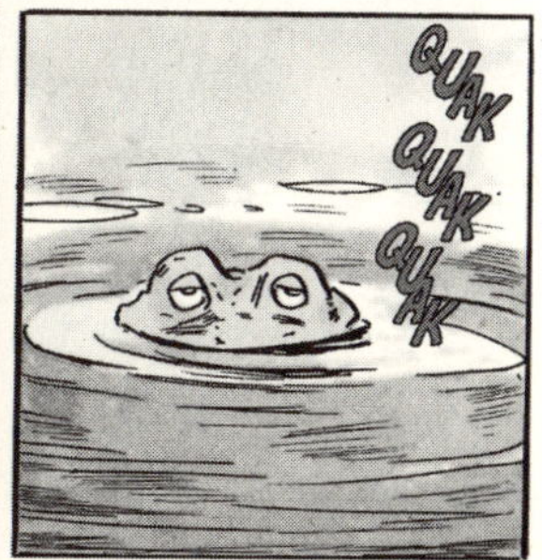
QUAK
QUAK
QUAK

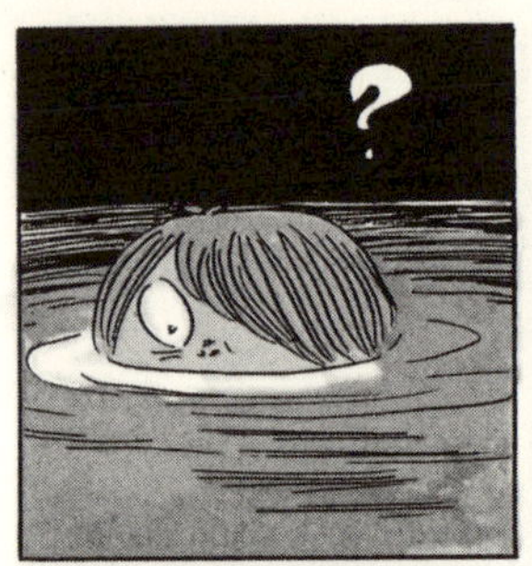
?

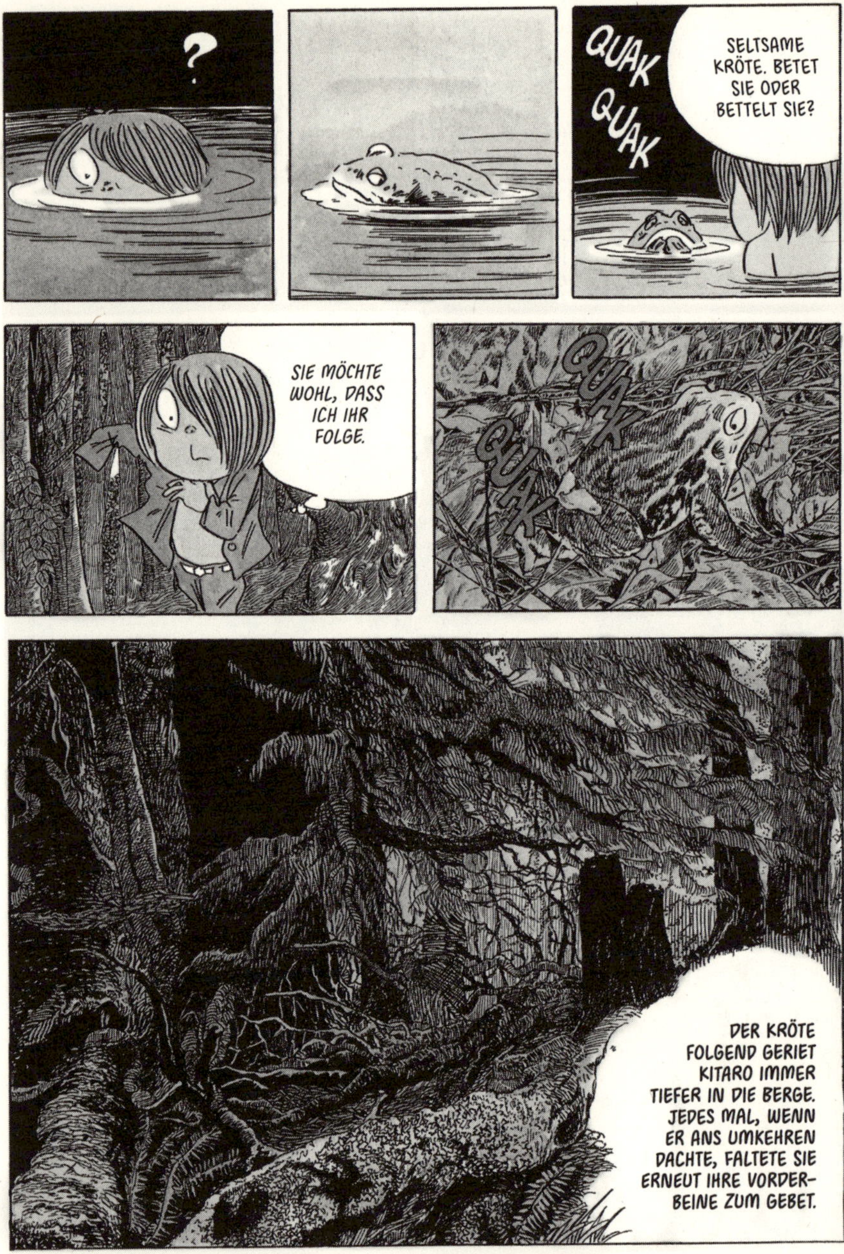

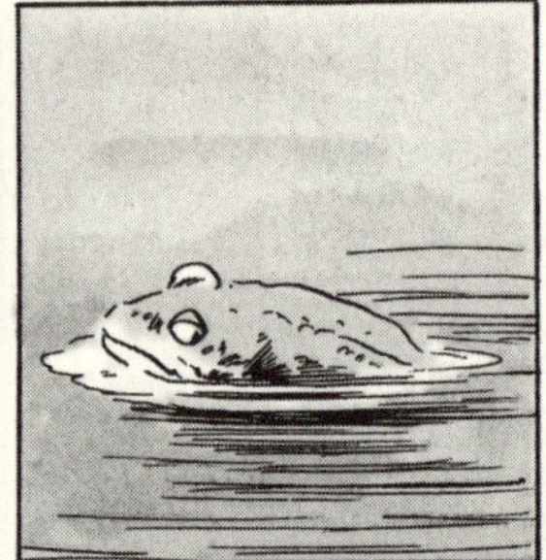

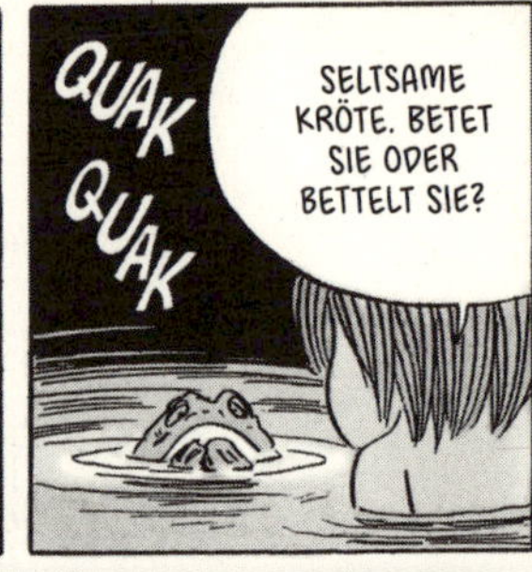
QUAK
QUAK
SELTSAME KRÖTE. BETET SIE ODER BETTELT SIE?

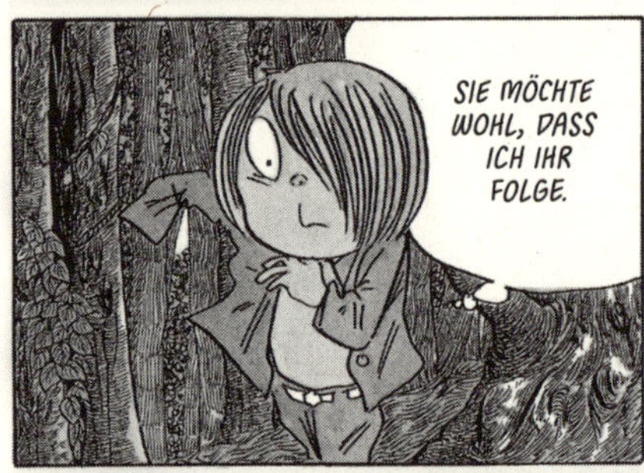
SIE MÖCHTE WOHL, DASS ICH IHR FOLGE.

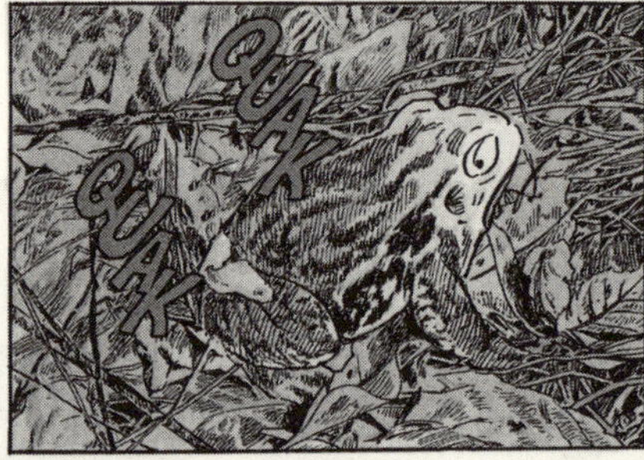
QUAK
QUAK

DER KRÖTE FOLGEND GERIET KITARO IMMER TIEFER IN DIE BERGE. JEDES MAL, WENN ER ANS UMKEHREN DACHTE, FALTETE SIE ERNEUT IHRE VORDERBEINE ZUM GEBET.

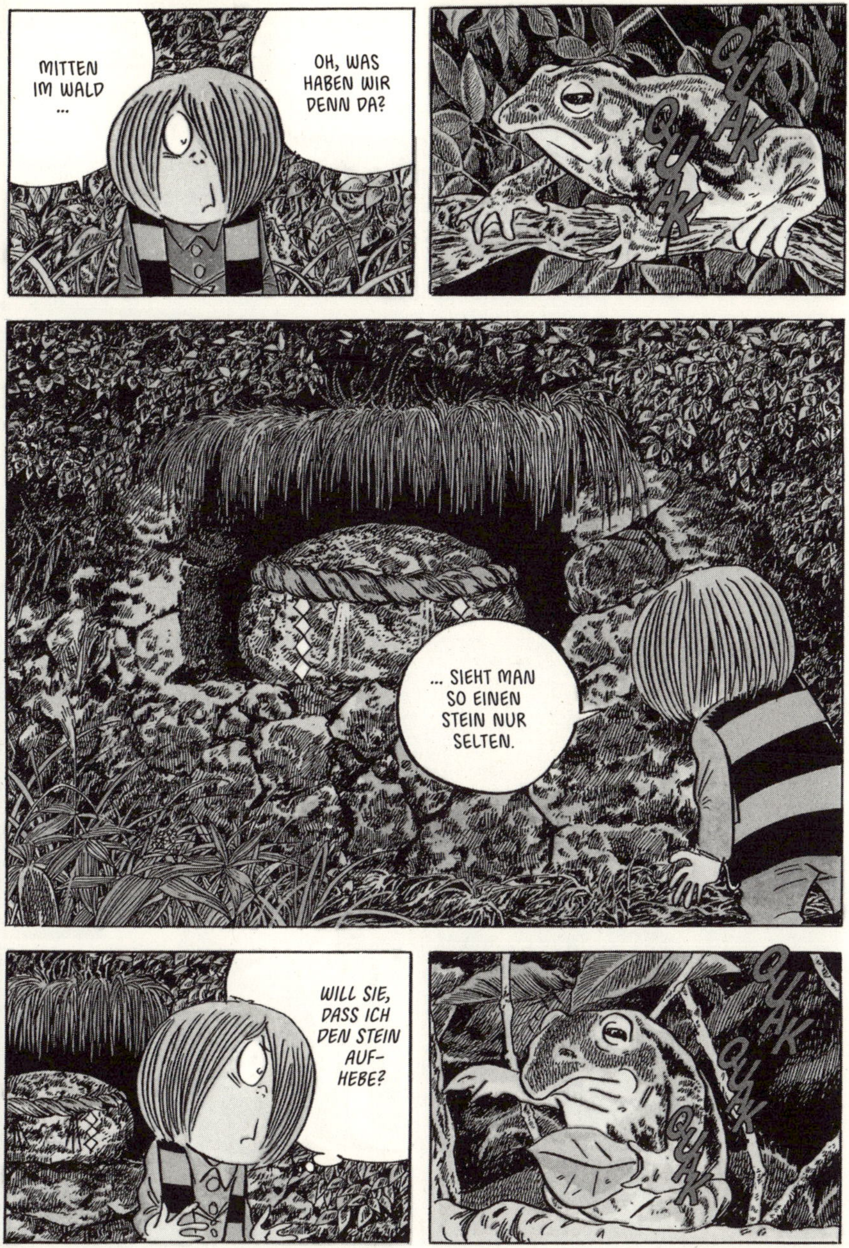

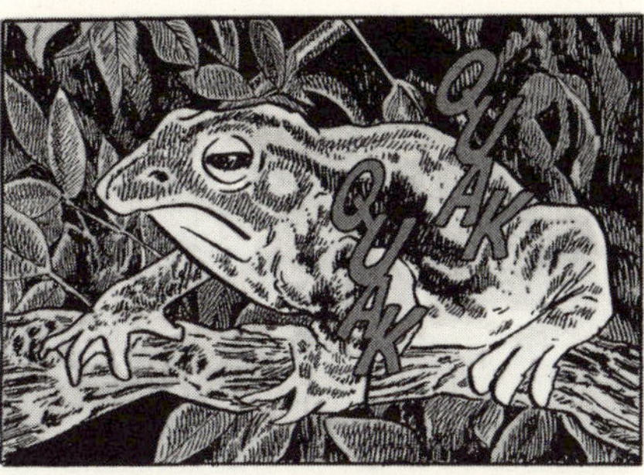
QUAK
QUAK
QUAK

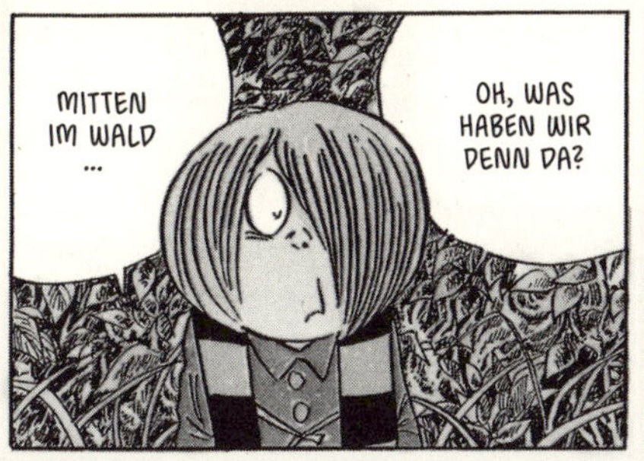
OH, WAS HABEN WIR DENN DA?
MITTEN IM WALD ...

... SIEHT MAN SO EINEN STEIN NUR SELTEN.

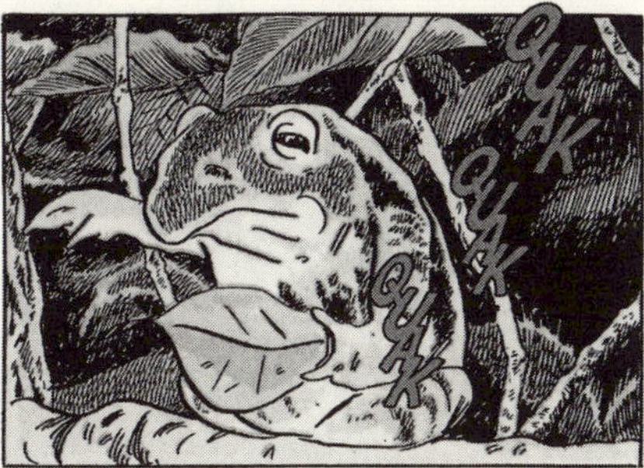
QUAK
QUAK
QUAK

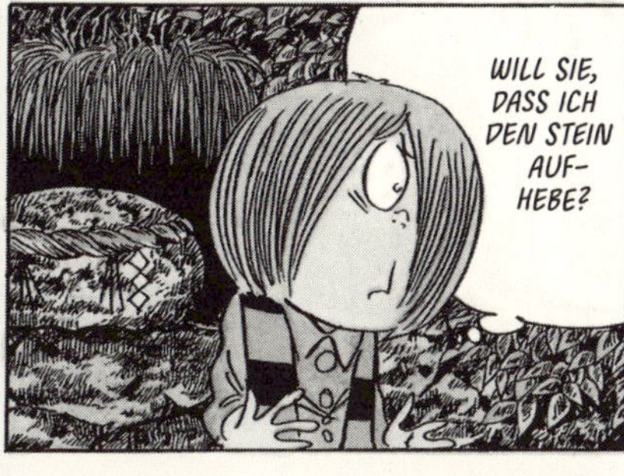
WILL SIE, DASS ICH DEN STEIN AUF-HEBE?

KITARO DACHTE SICH, DIE KRÖTE WERDE SCHON EINEN GUTEN GRUND HABEN, UND HOB ÄCHZEND DEN STEIN AUS DER VERTIEFUNG. DA WURDE IHM PLÖTZLICH FURCHTBAR SCHWINDELIG UND ALS ER ZU SICH KAM, WOLLTE ER NUR NOCH INS WASSER SPRINGEN.

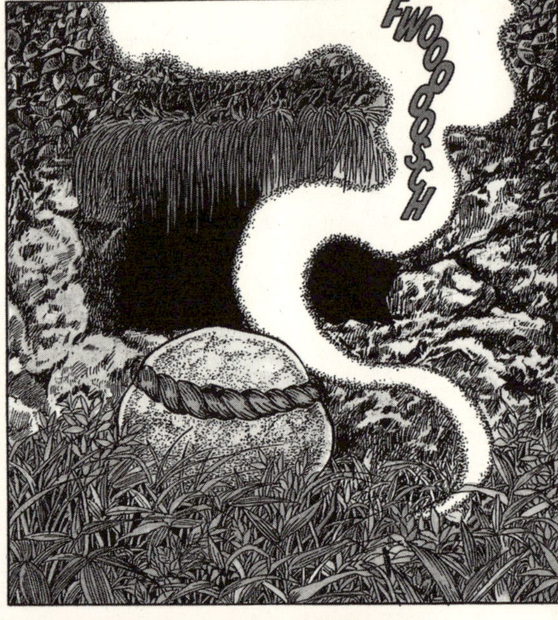
FWOOOOOOSCH

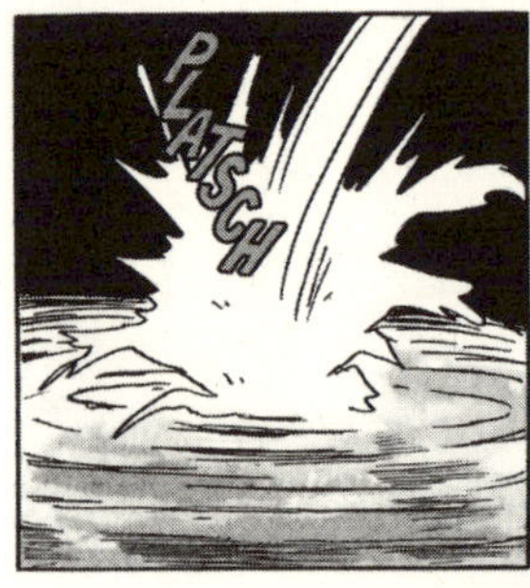
PLATSCH

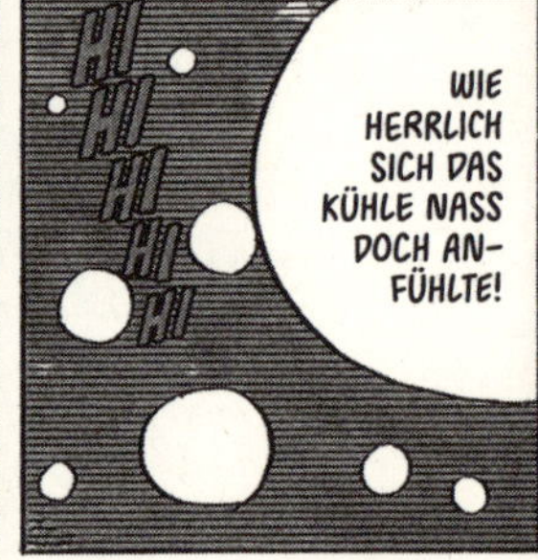
HIHIHIHIHI
WIE HERRLICH SICH DAS KÜHLE NASS DOCH AN-FÜHLTE!

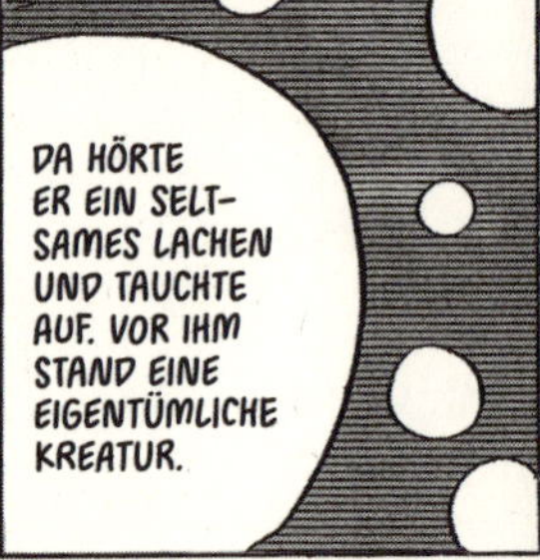
DA HÖRTE ER EIN SELT-SAMES LACHEN UND TAUCHTE AUF. VOR IHM STAND EINE EIGENTÜMLICHE KREATUR.

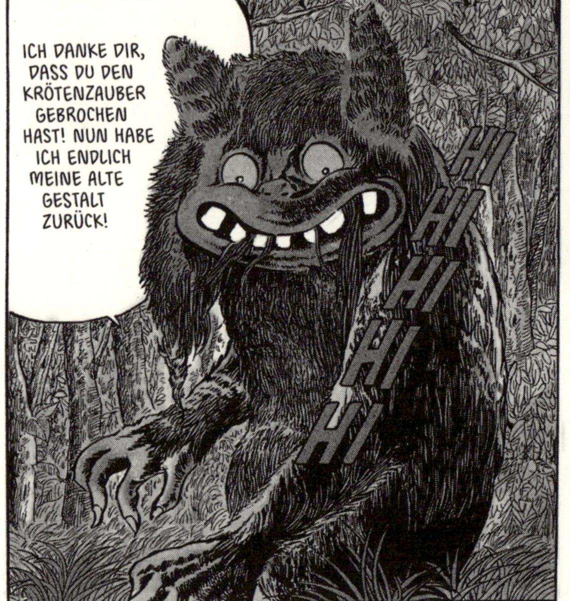
ICH DANKE DIR, DASS DU DEN KRÖTENZAUBER GEBROCHEN HAST! NUN HABE ICH ENDLICH MEINE ALTE GESTALT ZURÜCK!
HI HI HI HI HI HI

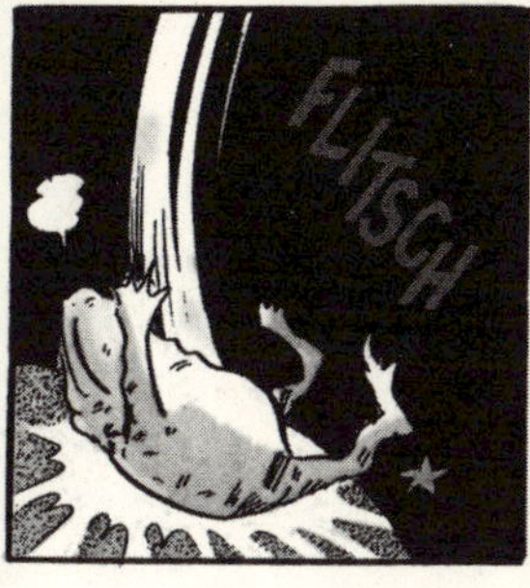
FLITSCH

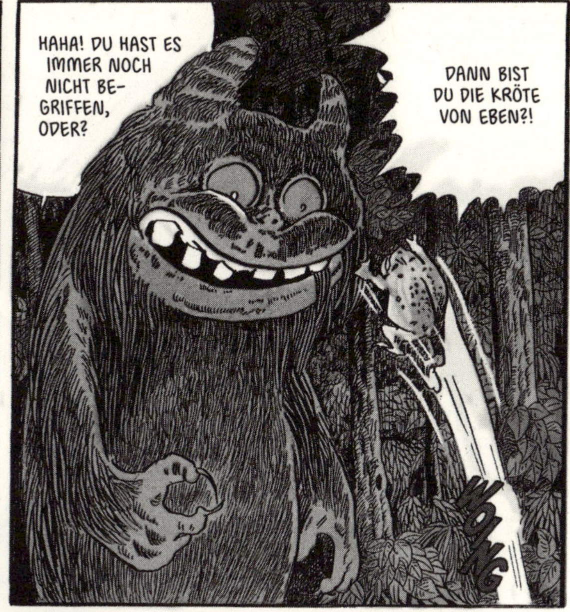
HAHA! DU HAST ES IMMER NOCH NICHT BE-GRIFFEN, ODER?
DANN BIST DU DIE KRÖTE VON EBEN?!
WOING
DU BIST NUN STATT MEINER ZUR KRÖTE GEWORDEN! HUNDERT JAHRE HABE ICH DARAUF GEWARTET, DASS MICH JEMAND ABLÖST!

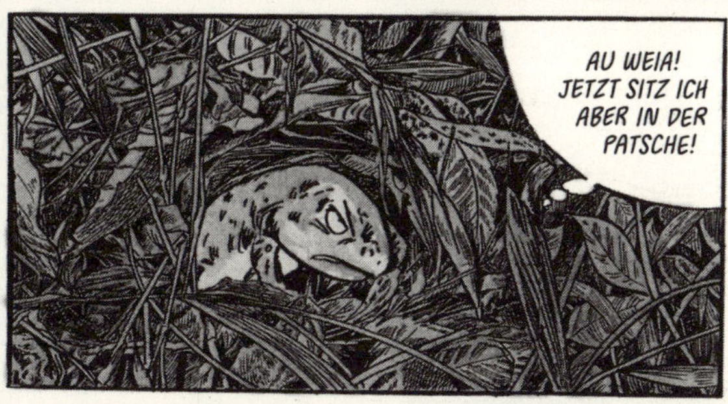
AU WEIA! JETZT SITZ ICH ABER IN DER PATSCHE!

DER BERGGEIST WAR EIN NIEDERTRÄCHTIGES WESEN, DAS DEN MENSCHEN VER-GIFTETE UND VERRÜCKT WERDEN LIESS. DESHALB HATTE DER KRÖTENEREMIT IHN VOR VIELEN JAHREN MIT EINEM ZAUBER UNSCHÄDLICH GEMACHT. DA YOKAI UNSTERBLICH SIND, KANN MAN SIE NICHT TÖTEN, SONDERN LEDIGLICH IN EINE ANDERE GESTALT BANNEN.

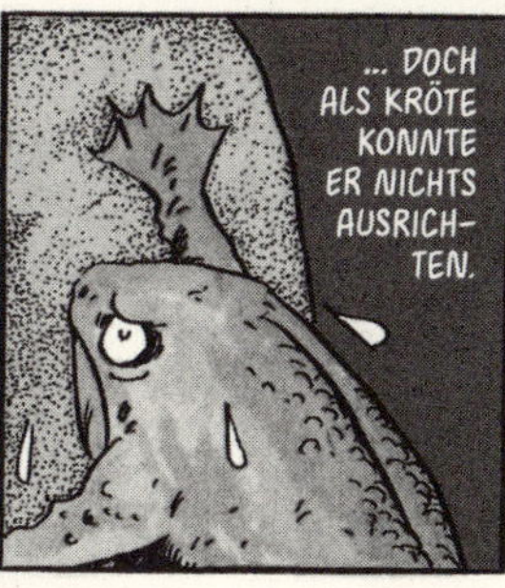
... DOCH ALS KRÖTE KONNTE ER NICHTS AUSRICH-TEN.

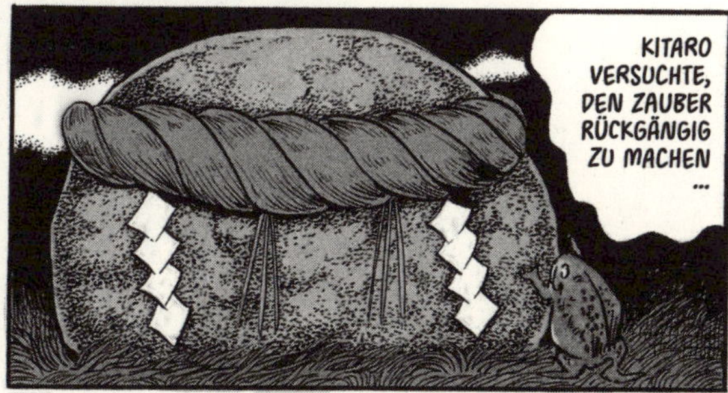
KITARO VERSUCHTE, DEN ZAUBER RÜCKGÄNGIG ZU MACHEN ...

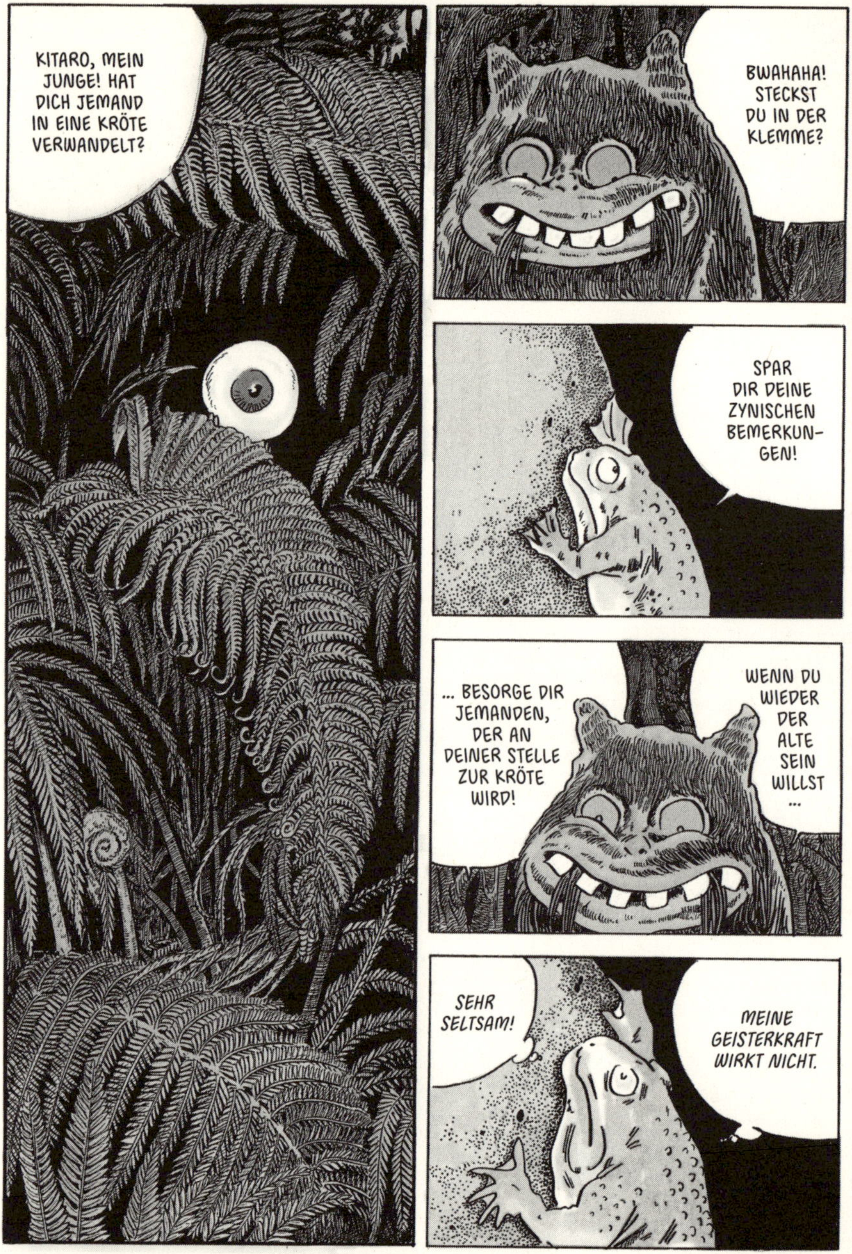

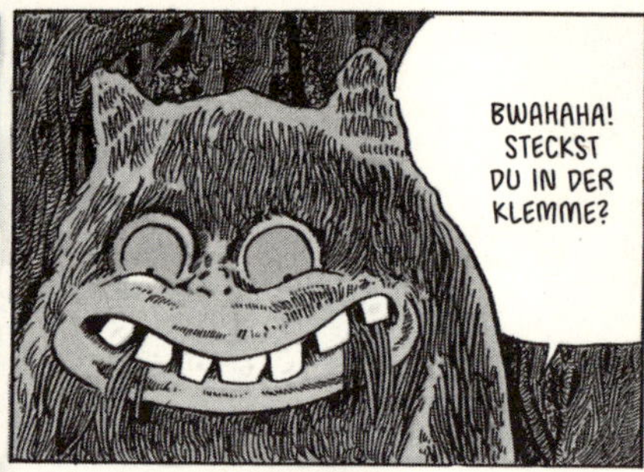
BWAHAHA! STECKST DU IN DER KLEMME?

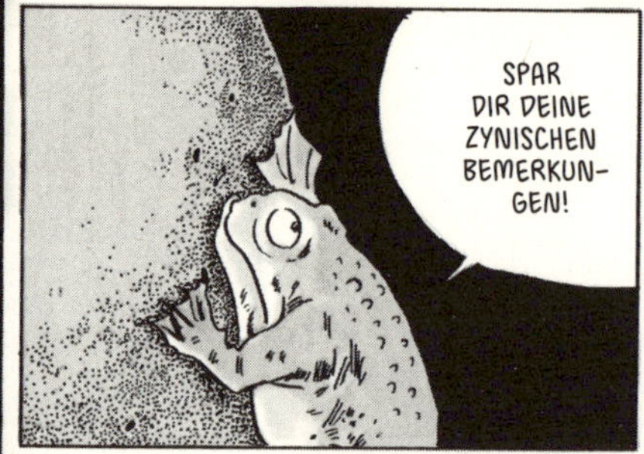
SPAR DIR DEINE ZYNISCHEN BEMERKUN-GEN!

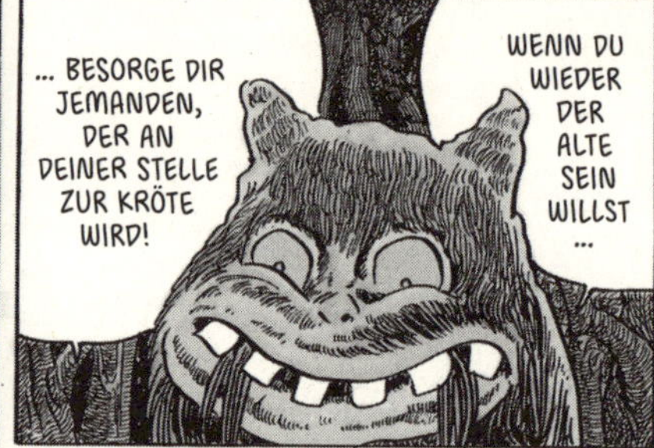
WENN DU WIEDER DER ALTE SEIN WILLST ...
... BESORGE DIR JEMANDEN, DER AN DEINER STELLE ZUR KRÖTE WIRD!

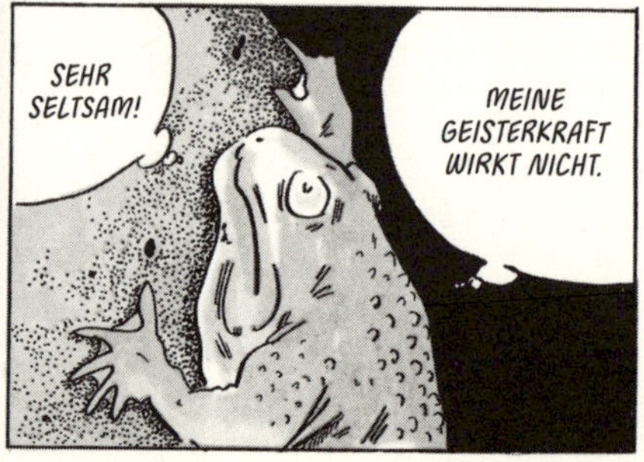
MEINE GEISTERKRAFT WIRKT NICHT.
SEHR SELTSAM!

KITARO, MEIN JUNGE! HAT DICH JEMAND IN EINE KRÖTE VERWANDELT?

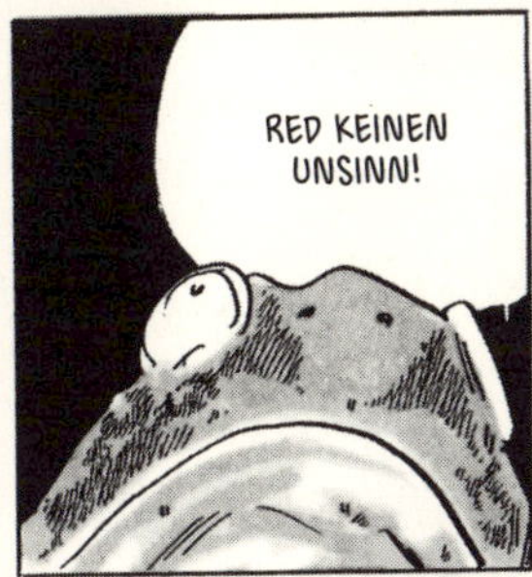
RED KEINEN
UNSINN!

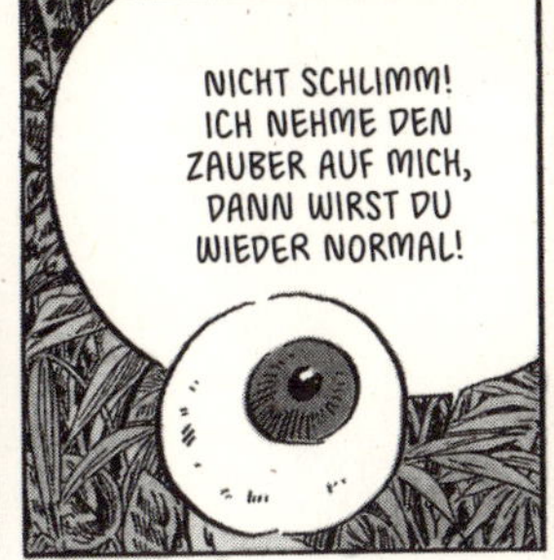
NICHT SCHLIMM! ICH NEHME DEN ZAUBER AUF MICH, DANN WIRST DU WIEDER NORMAL!

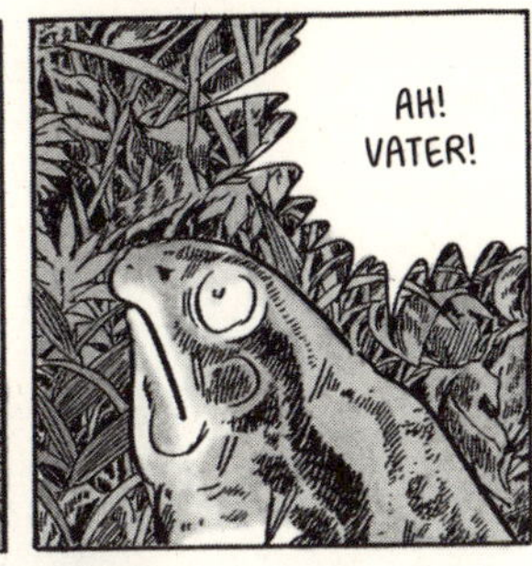
AH!
VATER!

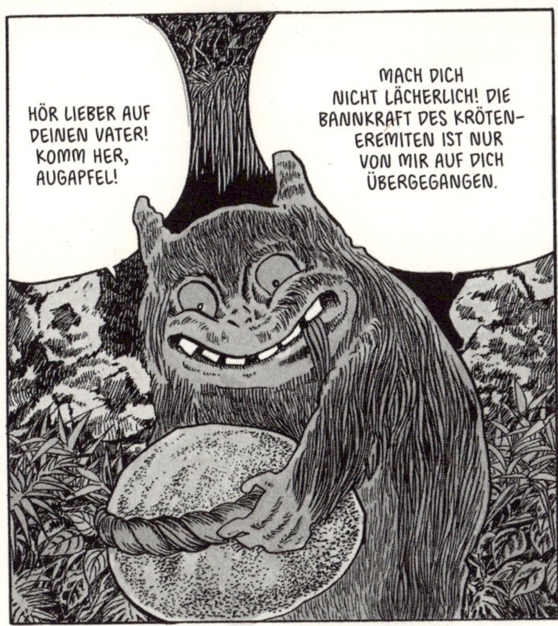
MACH DICH NICHT LÄCHERLICH! DIE BANNKRAFT DES KRÖTEN-EREMITEN IST NUR VON MIR AUF DICH ÜBERGEGANGEN.
HÖR LIEBER AUF DEINEN VATER! KOMM HER, AUGAPFEL!

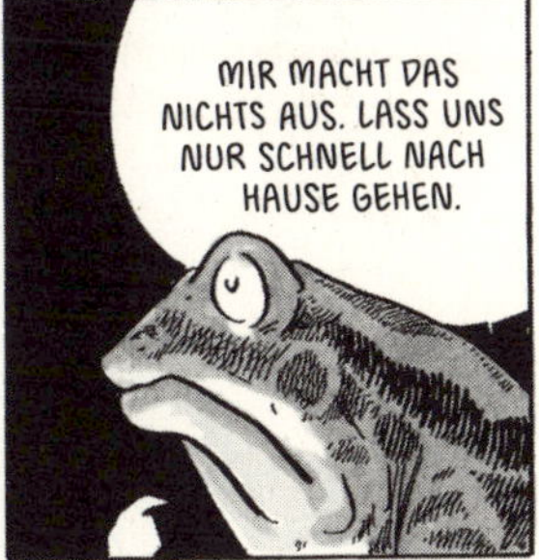
MIR MACHT DAS NICHTS AUS. LASS UNS NUR SCHNELL NACH HAUSE GEHEN.

KITAROS VATER WAR IHM GEFOLGT, DA KITARO NICHT HEIMGEKEHRT WAR.

KAUM WAR DER VERSIEGELTE STEIN BEWEGT WORDEN, VERLOR KITARO ERNEUT DAS BEWUSSTSEIN. ALS ER ZU SICH KAM, BLICKTE IHM SEIN VATER ALS KRÖTE ENTGEGEN. ERSCHROCKEN WOLLTE KITARO ZU IHM GEHEN, DOCH DA RANNTE DER BERGGEIST AUF IHN ZU.

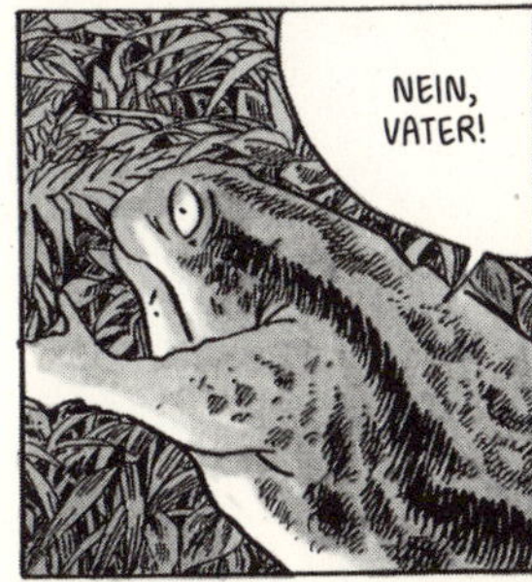
NEIN,
VATER!

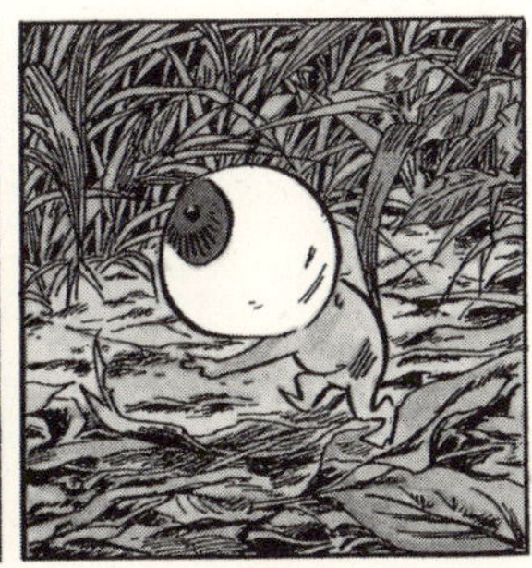

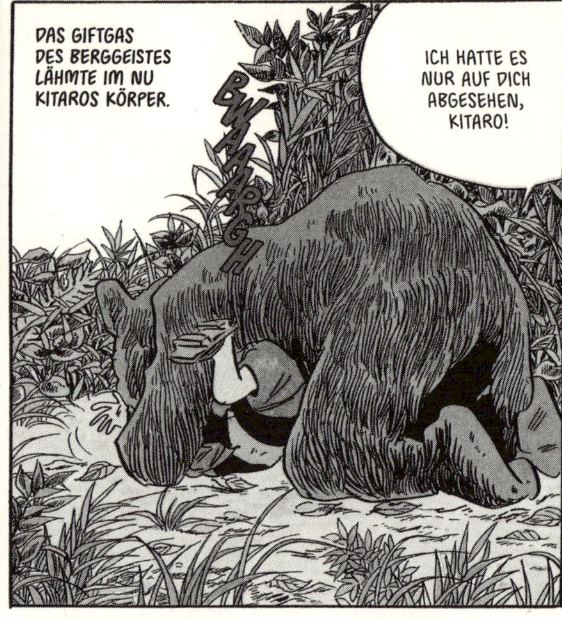
DAS GIFTGAS DES BERGGEISTES LÄHMTE IM NU KITAROS KÖRPER.
BWAARGH!
ICH HATTE ES NUR AUF DICH ABGESEHEN, KITARO!

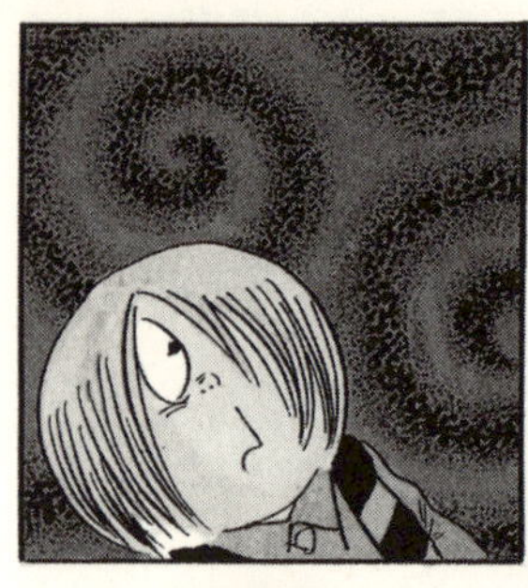

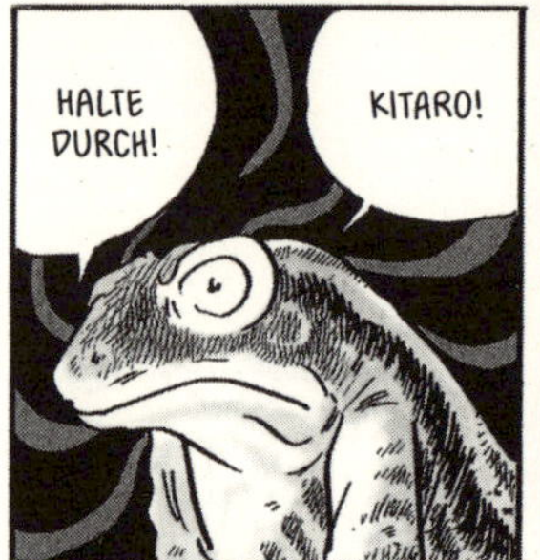
KITARO!
HALTE DURCH!

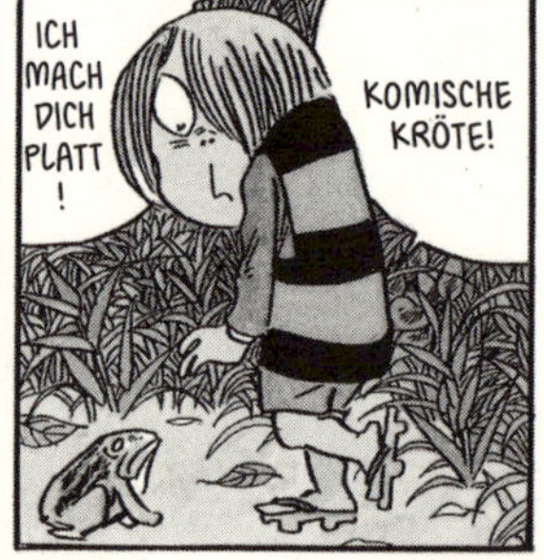
KOMISCHE KRÖTE!
ICH MACH DICH PLATT!

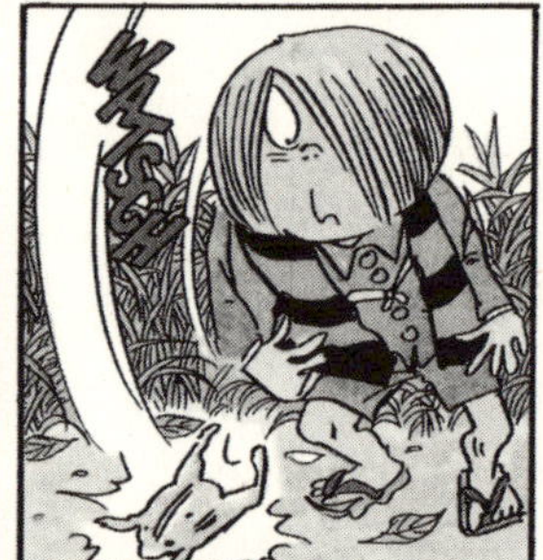
WATSCH

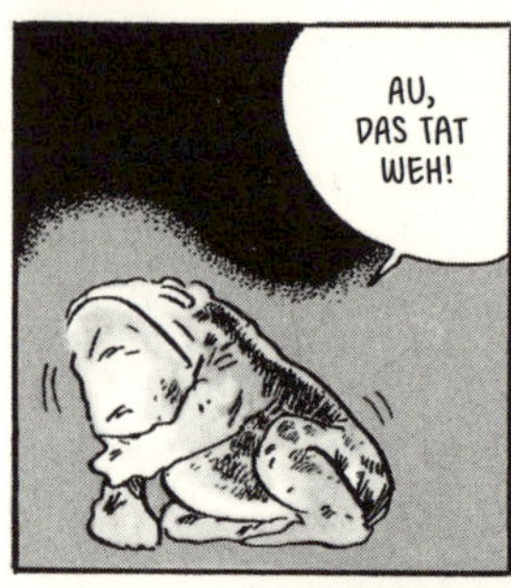
AU, DAS TAT WEH!

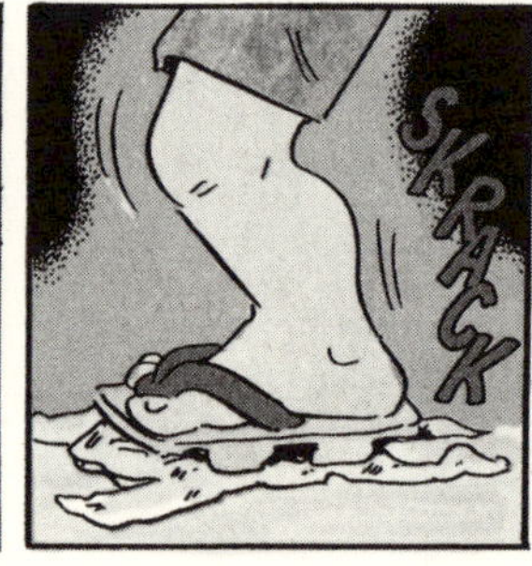
SKRACK

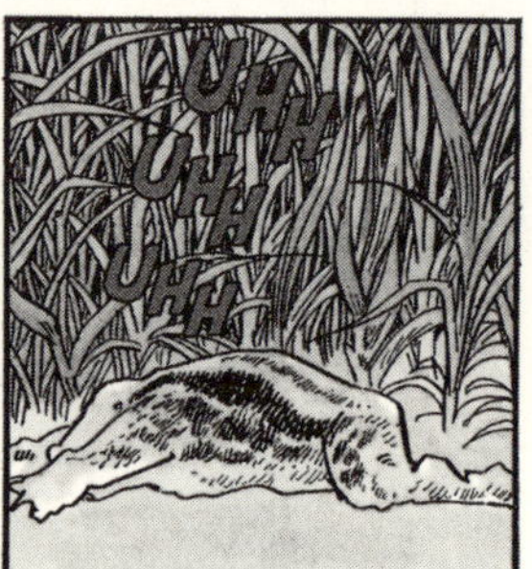
UHH UHH UHH

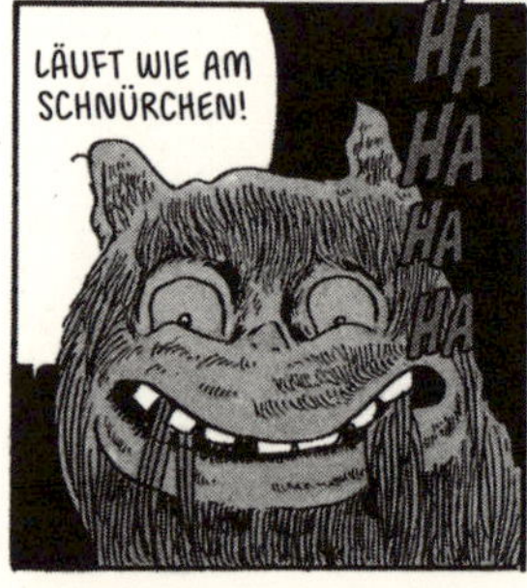
LÄUFT WIE AM SCHNÜRCHEN!
HA HA HA HA

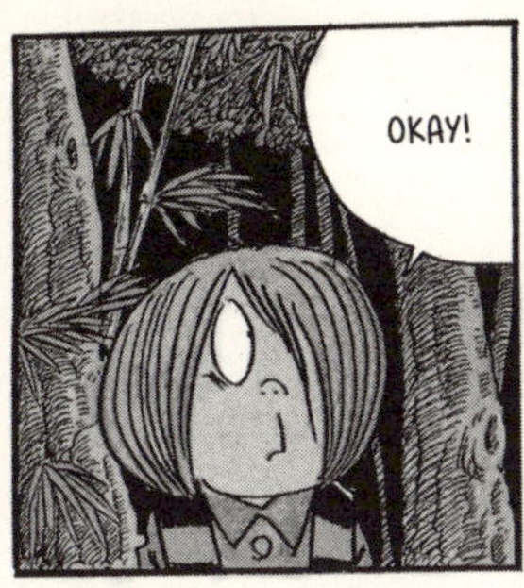
OKAY!

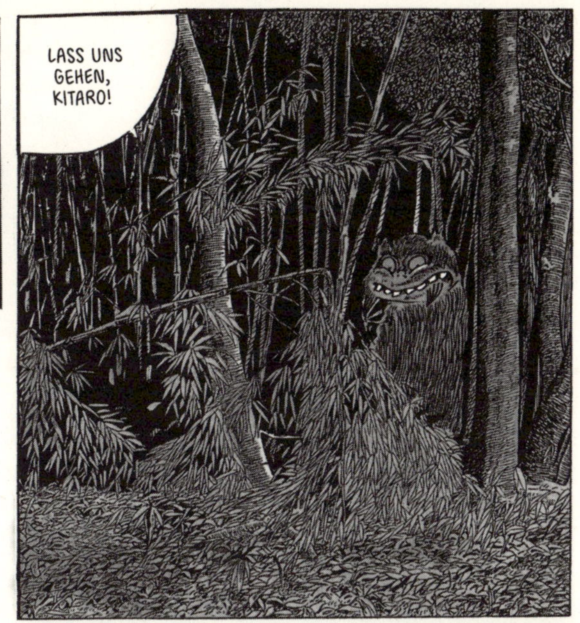
LASS UNS GEHEN, KITARO!

DAS GRÄSSLICHE GIFTGAS DES BERGGEISTES HATTE KITAROS VERSTAND VERNEBELT. ER TRAT SEINEN EIGENEN VATER PLATT UND GEHORCHTE DEM GEIST AUFS WORT.

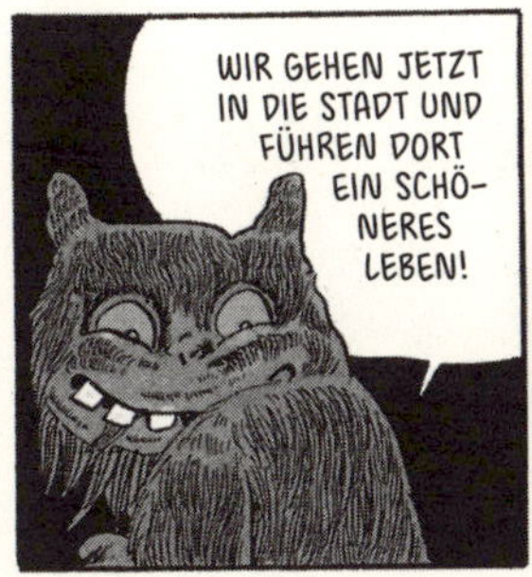
WIR GEHEN JETZT IN DIE STADT UND FÜHREN DORT EIN SCHÖ-NERES LEBEN!

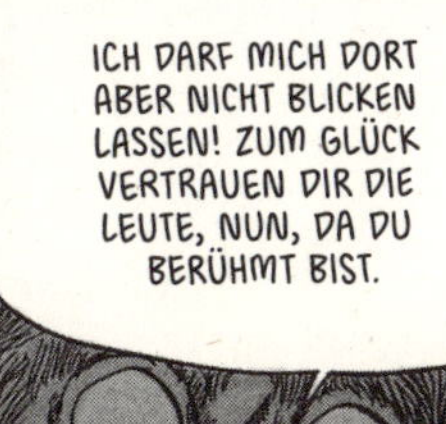
ICH DARF MICH DORT ABER NICHT BLICKEN LASSEN! ZUM GLÜCK VERTRAUEN DIR DIE LEUTE, NUN, DA DU BERÜHMT BIST.

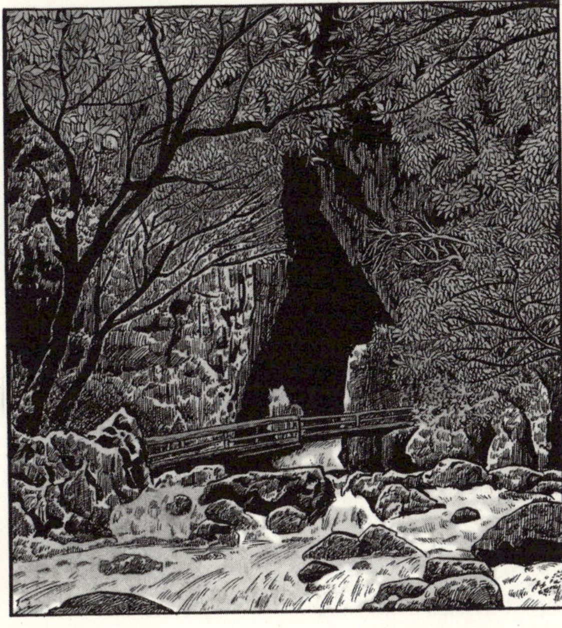

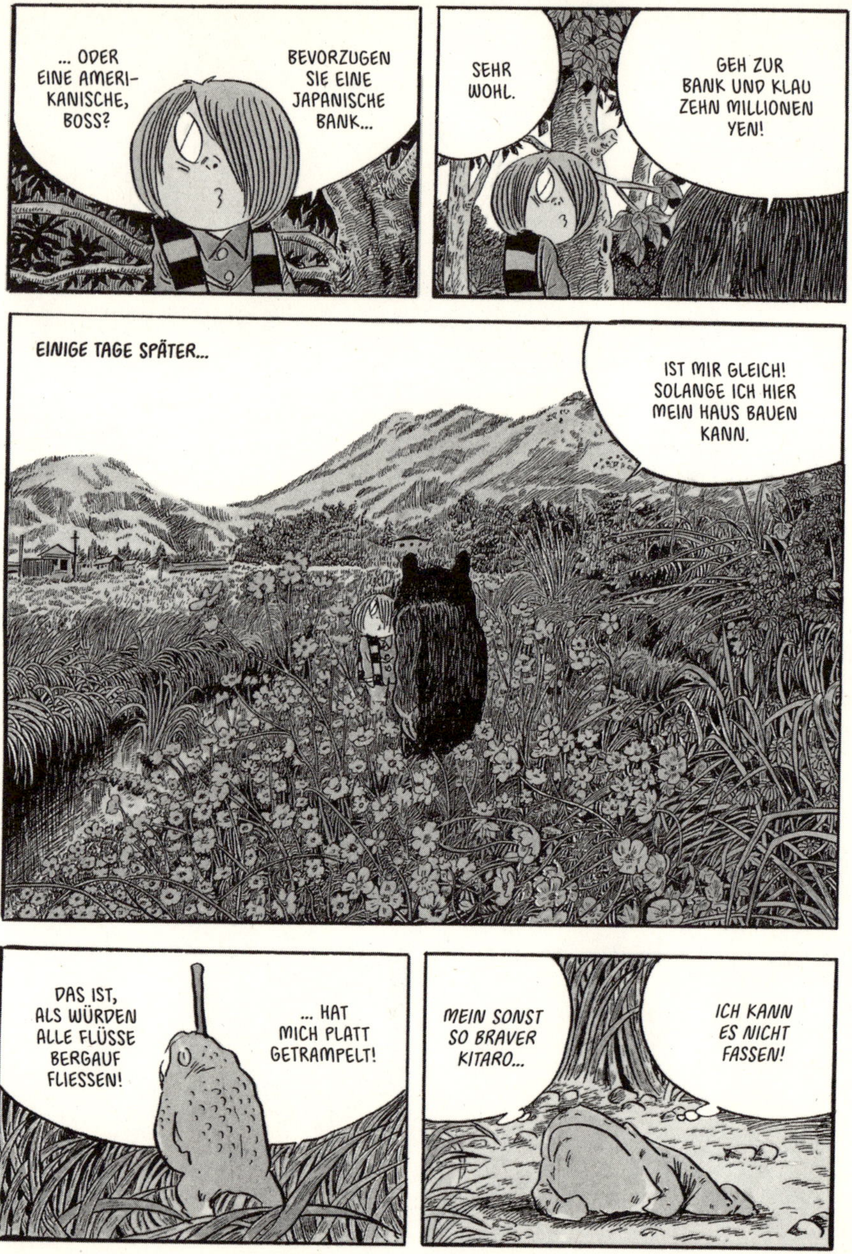

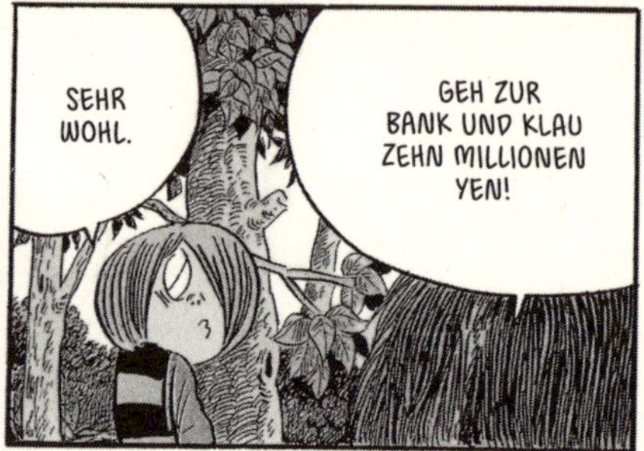
GEH ZUR BANK UND KLAU ZEHN MILLIONEN YEN!
SEHR WOHL.

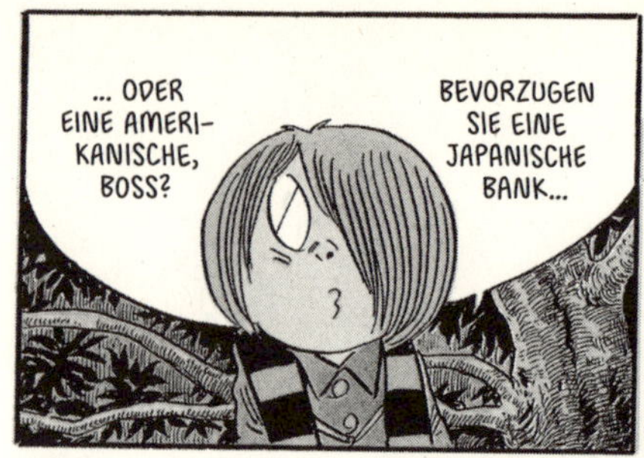
BEVORZUGEN SIE EINE JAPANISCHE BANK...
... ODER EINE AMERI-KANISCHE, BOSS?

EINIGE TAGE SPÄTER...

IST MIR GLEICH! SOLANGE ICH HIER MEIN HAUS BAUEN KANN.

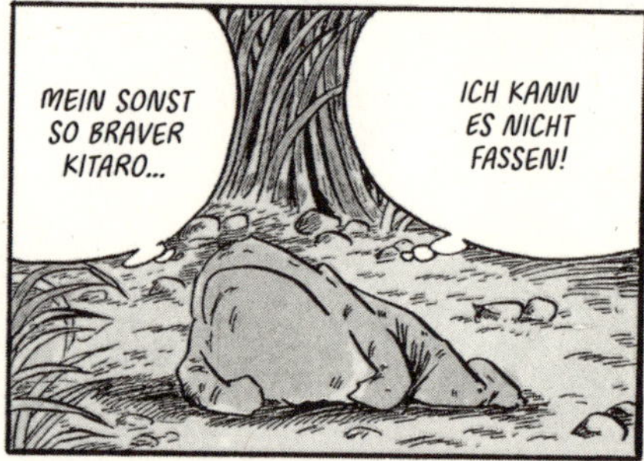
ICH KANN ES NICHT FASSEN!
MEIN SONST SO BRAVER KITARO...

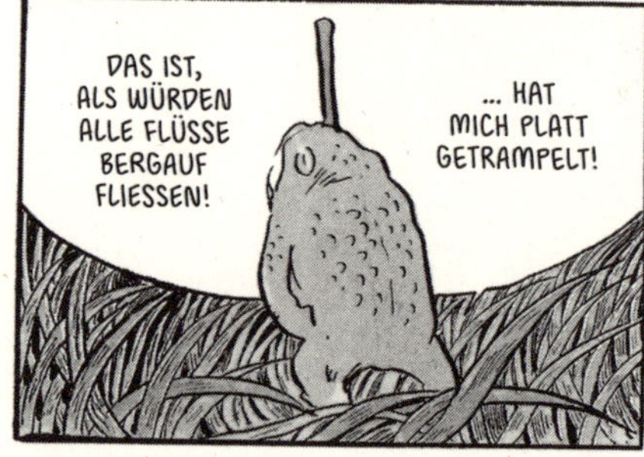
... HAT MICH PLATT GETRAMPELT!
DAS IST, ALS WÜRDEN ALLE FLÜSSE BERGAUF FLIESSEN!

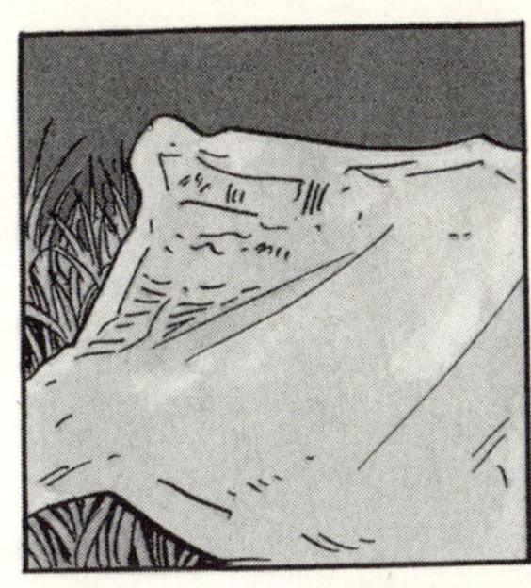

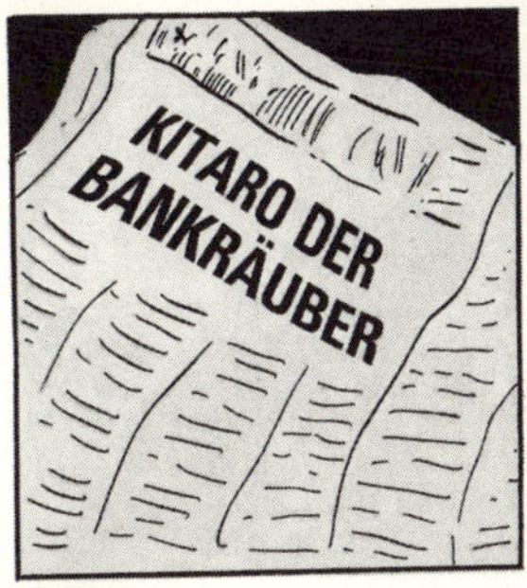
KITARO DER
BANKRÄUBER

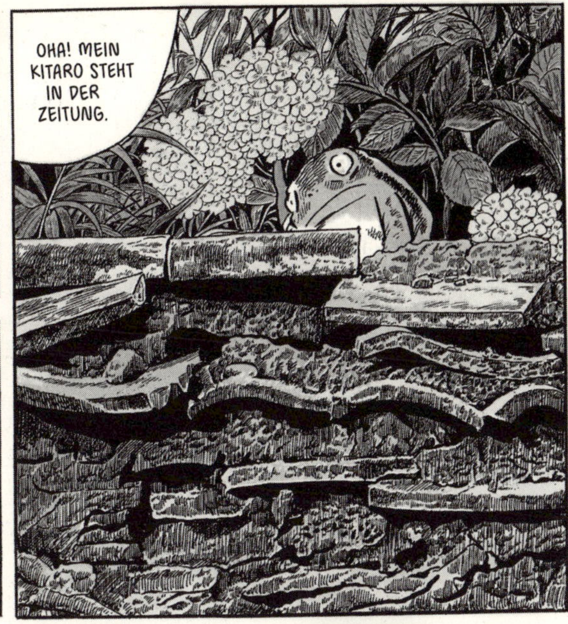
OHA! MEIN KITARO STEHT IN DER ZEITUNG.

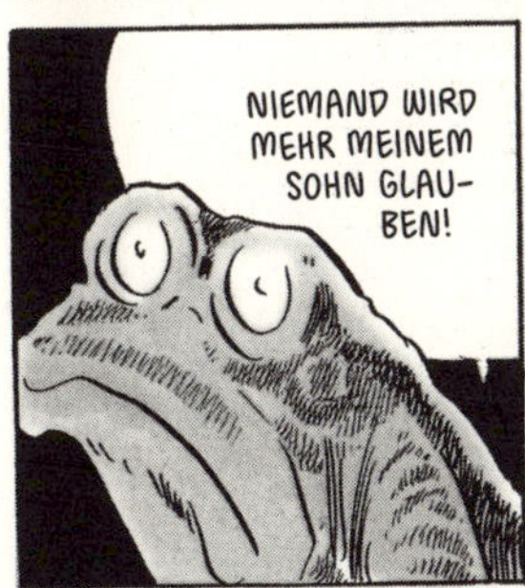
NIEMAND WIRD MEHR MEINEM SOHN GLAUBEN!

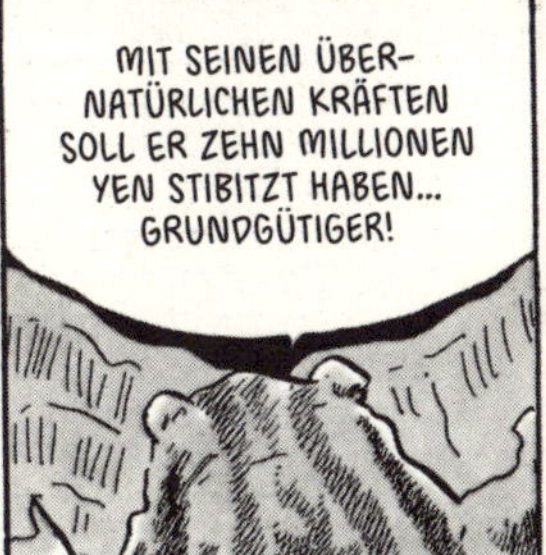
MIT SEINEN ÜBERNATÜRLICHEN KRÄFTEN SOLL ER ZEHN MILLIONEN YEN STIBITZT HABEN... GRUNDGÜTIGER!

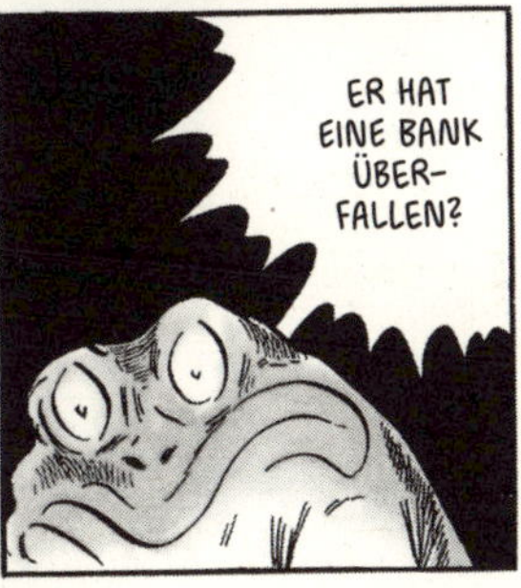
ER HAT EINE BANK ÜBERFALLEN?

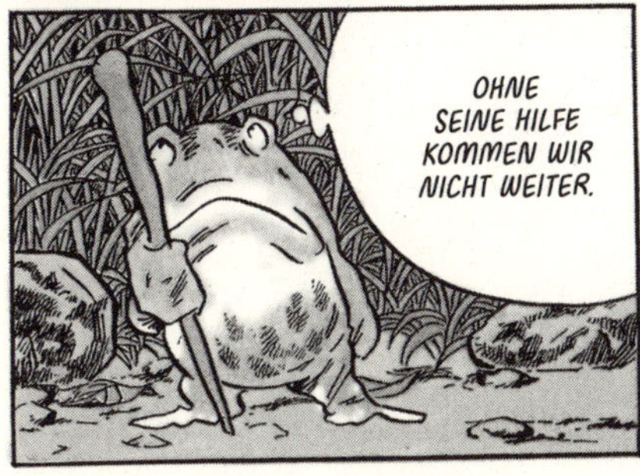
OHNE SEINE HILFE KOMMEN WIR NICHT WEITER.

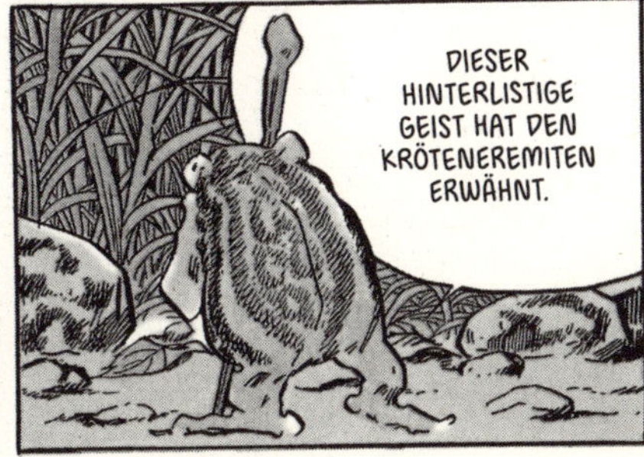
DIESER HINTERLISTIGE GEIST HAT DEN KRÖTENEREMITEN ERWÄHNT.

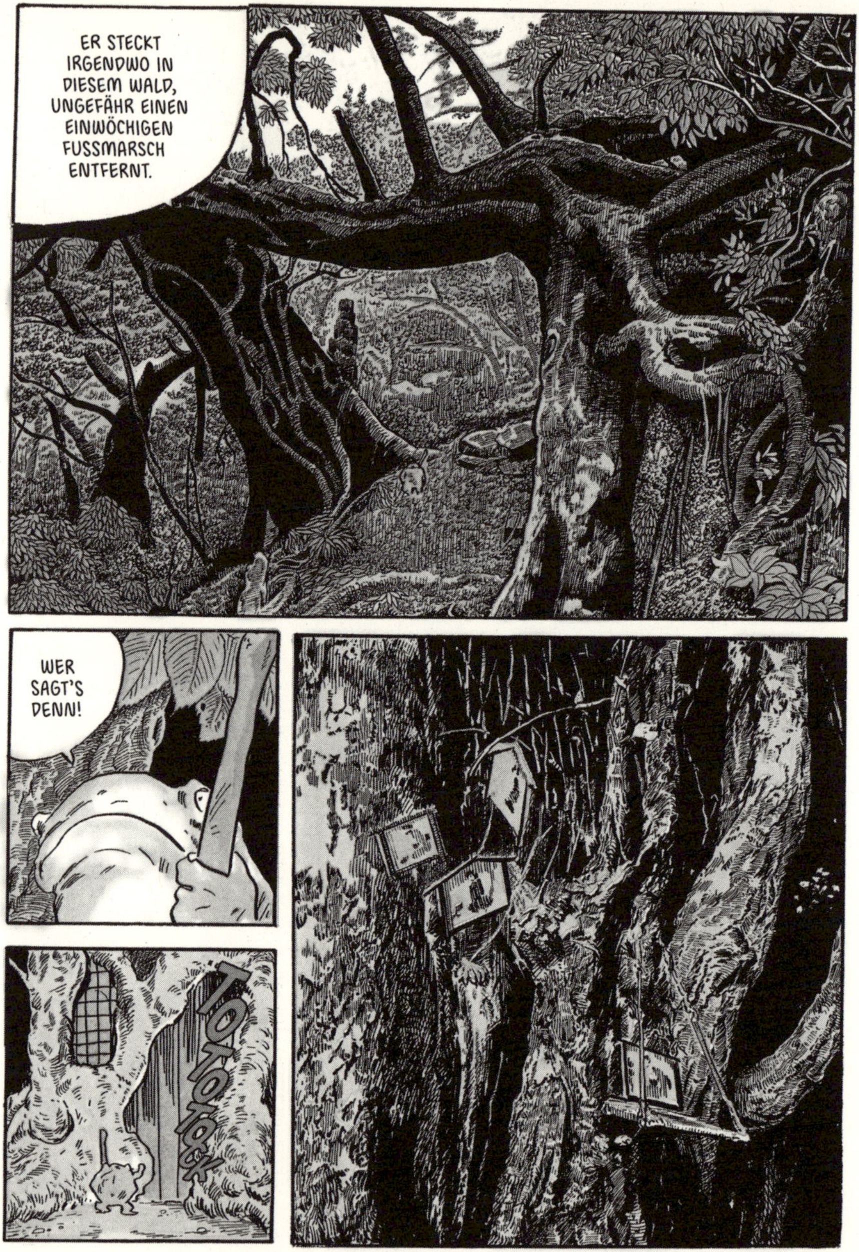

ER STECKT IRGENDWO IN DIESEM WALD, UNGEFÄHR EINEN EINWÖCHIGEN FUSSMARSCH ENTFERNT.

WER SAGT'S DENN!

TOTOTOCK

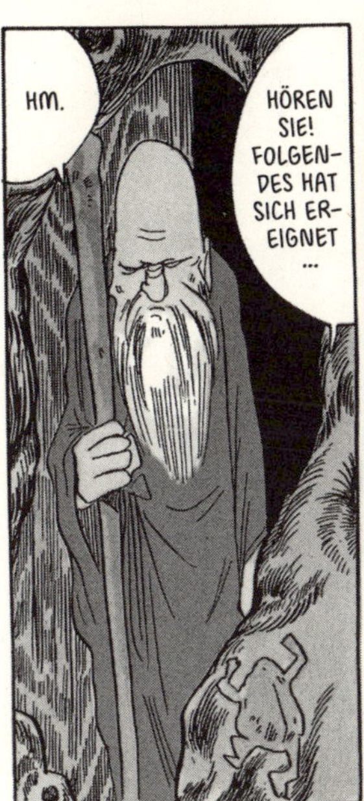
HM.
HÖREN SIE! FOLGENDES HAT SICH EREIGNET ...

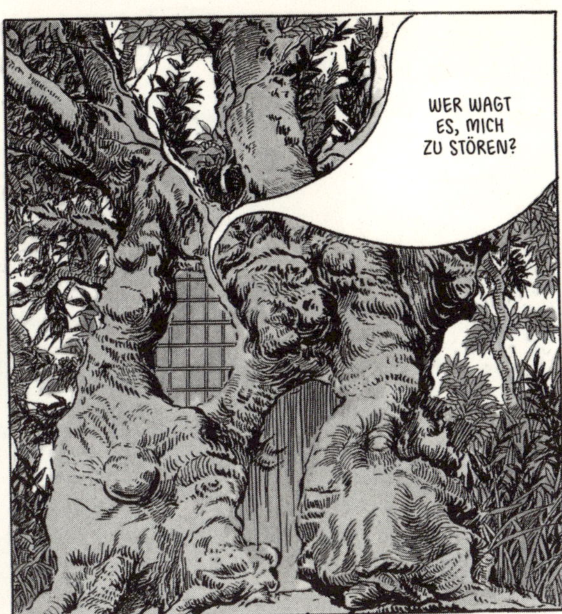
WER WAGT ES, MICH ZU STÖREN?

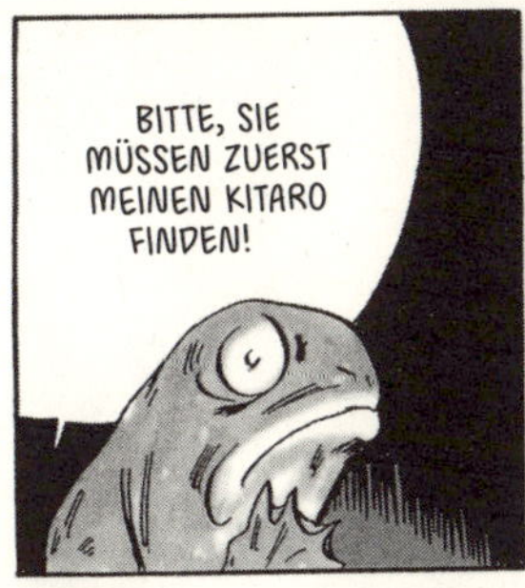
BITTE, SIE MÜSSEN ZUERST MEINEN KITARO FINDEN!

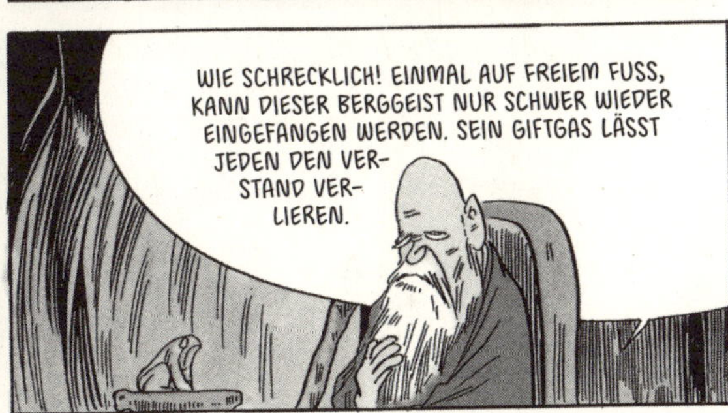
WIE SCHRECKLICH! EINMAL AUF FREIEM FUSS, KANN DIESER BERGGEIST NUR SCHWER WIEDER EINGEFANGEN WERDEN. SEIN GIFTGAS LÄSST JEDEN DEN VERSTAND VERLIEREN.

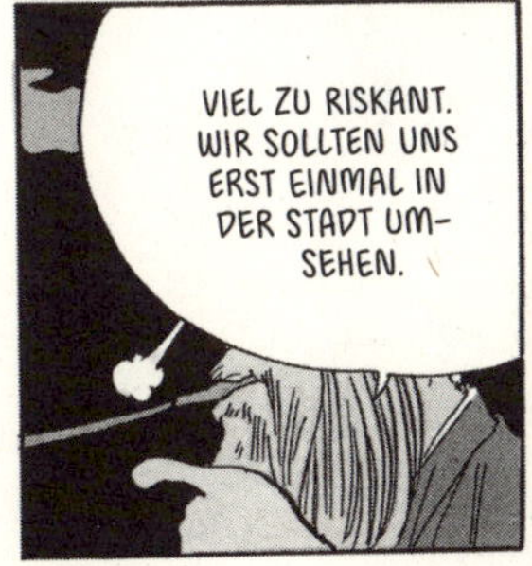
VIEL ZU RISKANT. WIR SOLLTEN UNS ERST EINMAL IN DER STADT UMSEHEN.

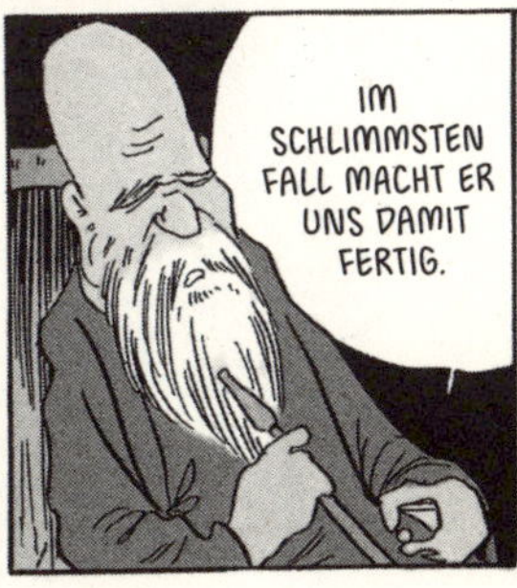
IM SCHLIMMSTEN FALL MACHT ER UNS DAMIT FERTIG.

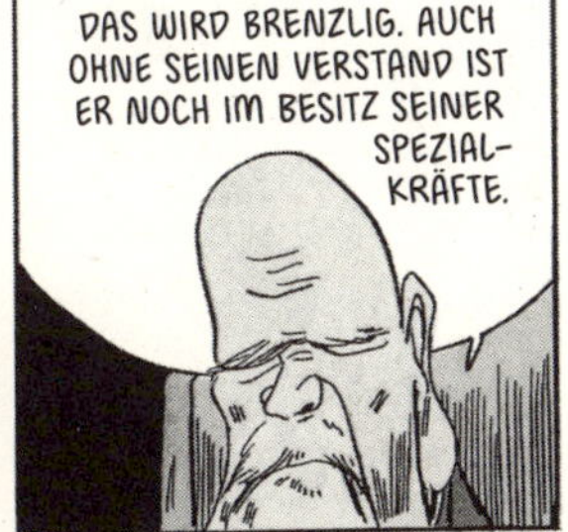
DAS WIRD BRENZLIG. AUCH OHNE SEINEN VERSTAND IST ER NOCH IM BESITZ SEINER SPEZIALKRÄFTE.

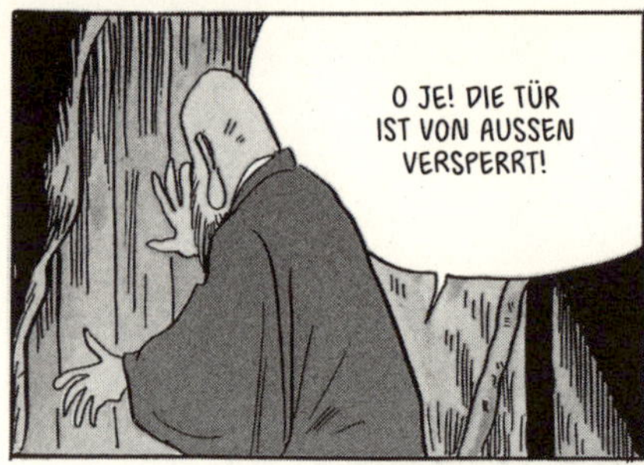
O JE! DIE TÜR IST VON AUSSEN VERSPERRT!

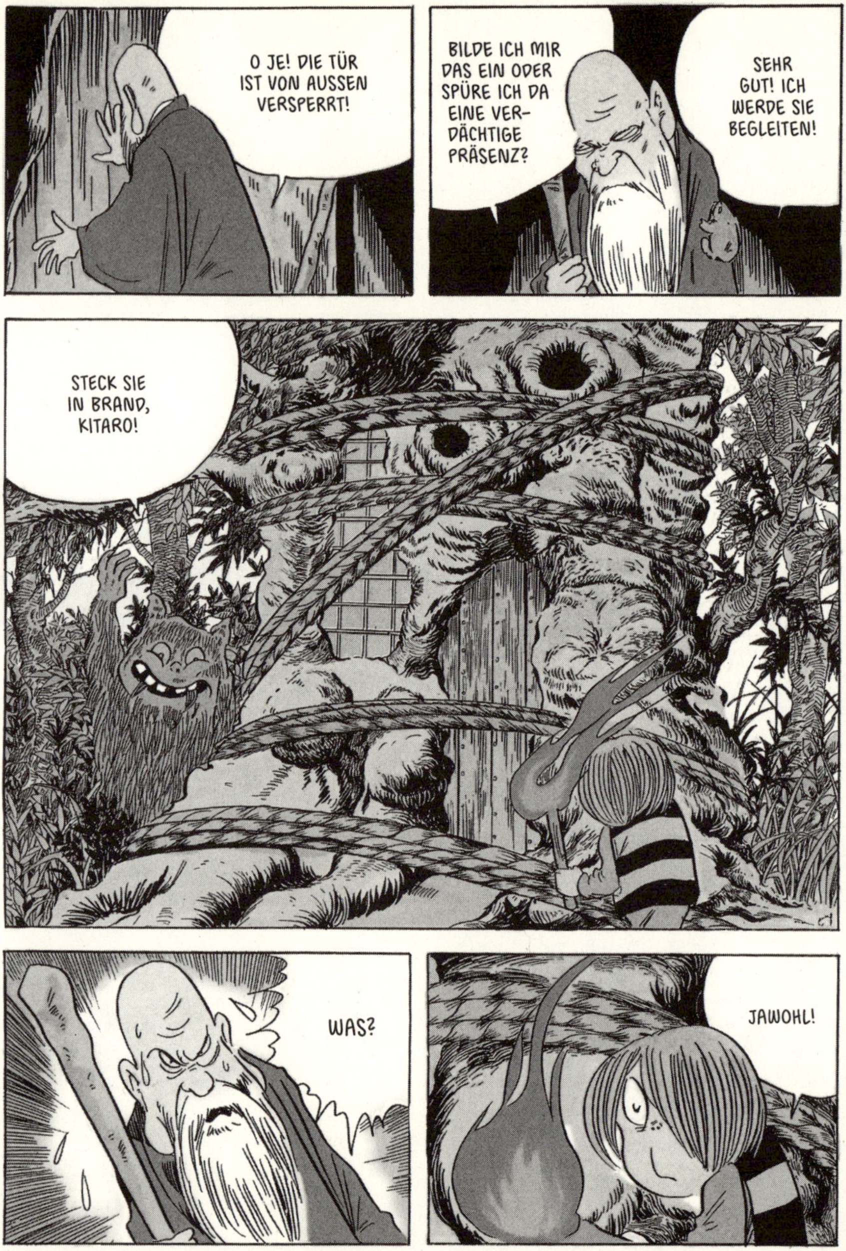

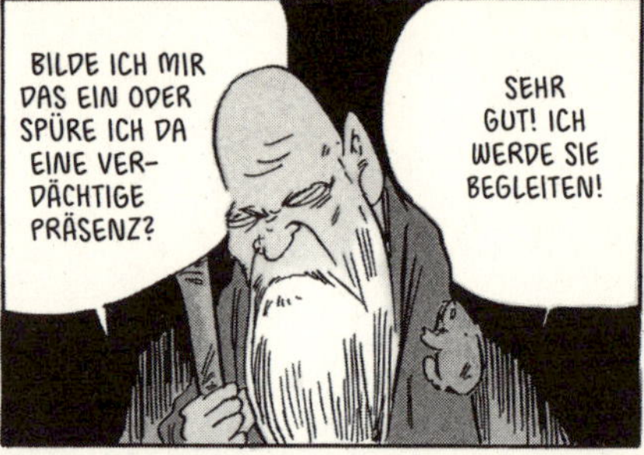
BILDE ICH MIR DAS EIN ODER SPÜRE ICH DA EINE VERDÄCHTIGE PRÄSENZ?
SEHR GUT! ICH WERDE SIE BEGLEITEN!

STECK SIE IN BRAND, KITARO!

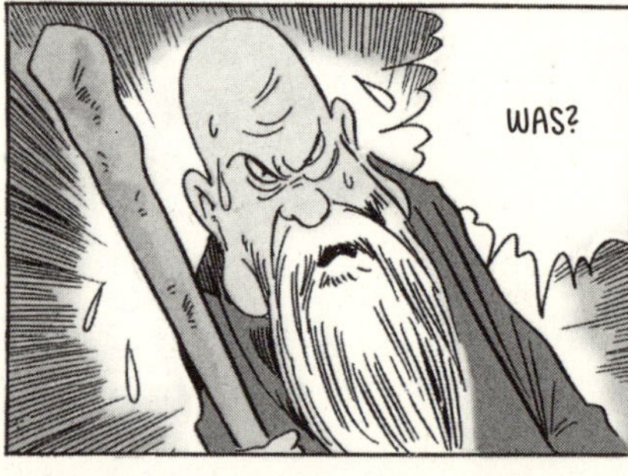
WAS?

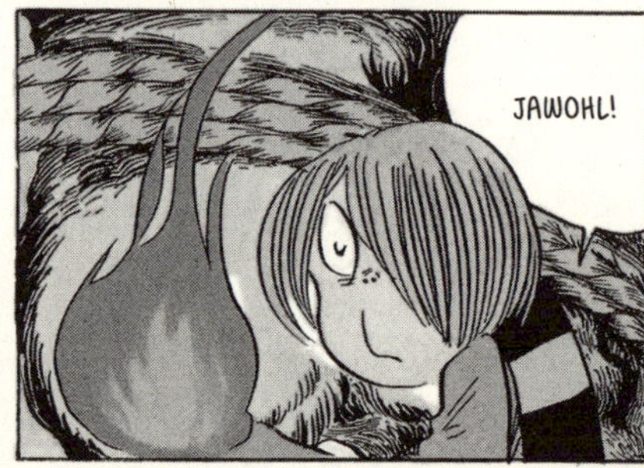
JAWOHL!

Yokai-Sekigahara, Teil 1 – Ende

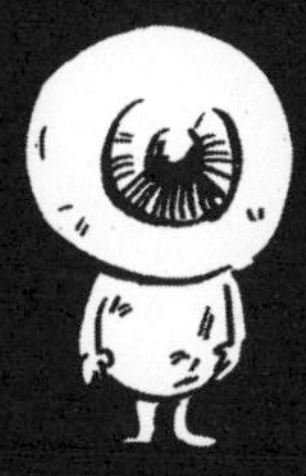

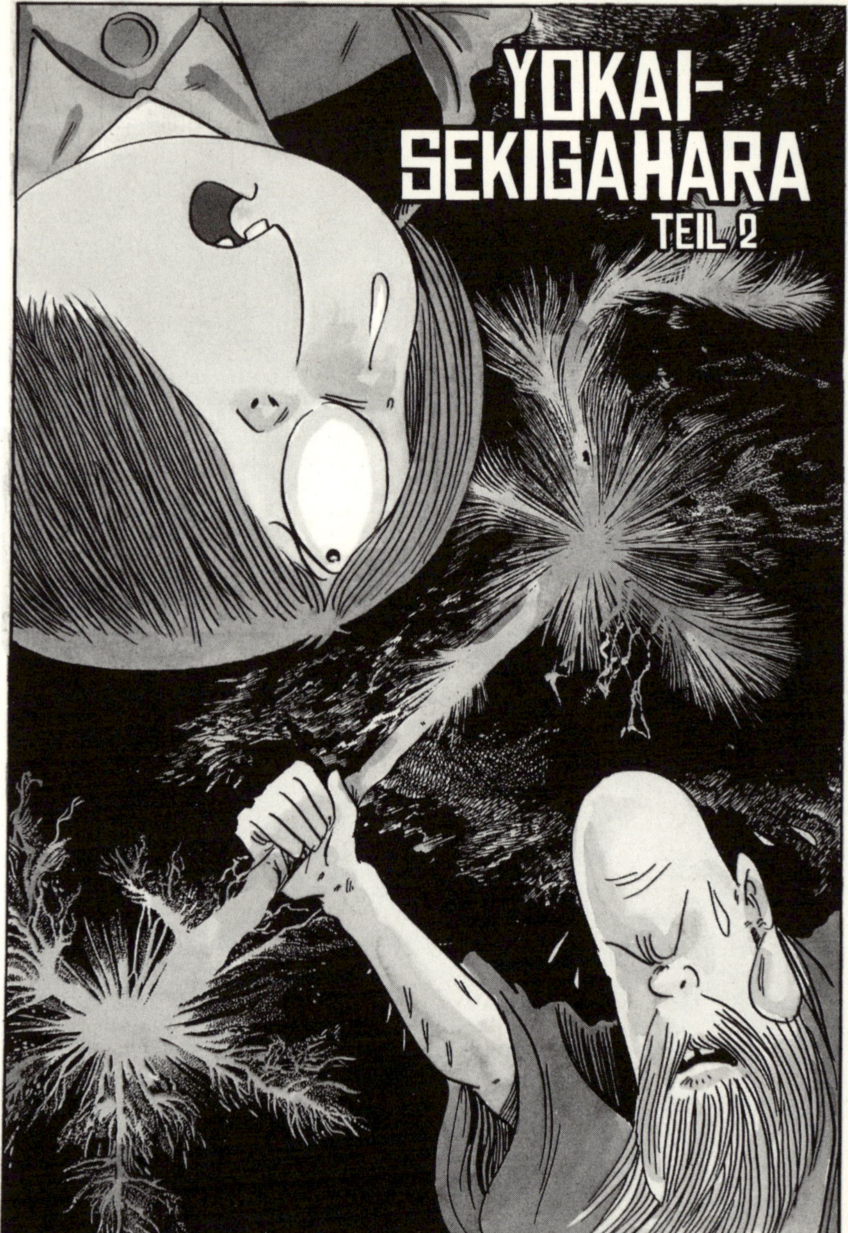
YOKAI-
SEKIGAHARA
TEIL 2

STECK SIE IN BRAND, KITARO!

JAWOHL!

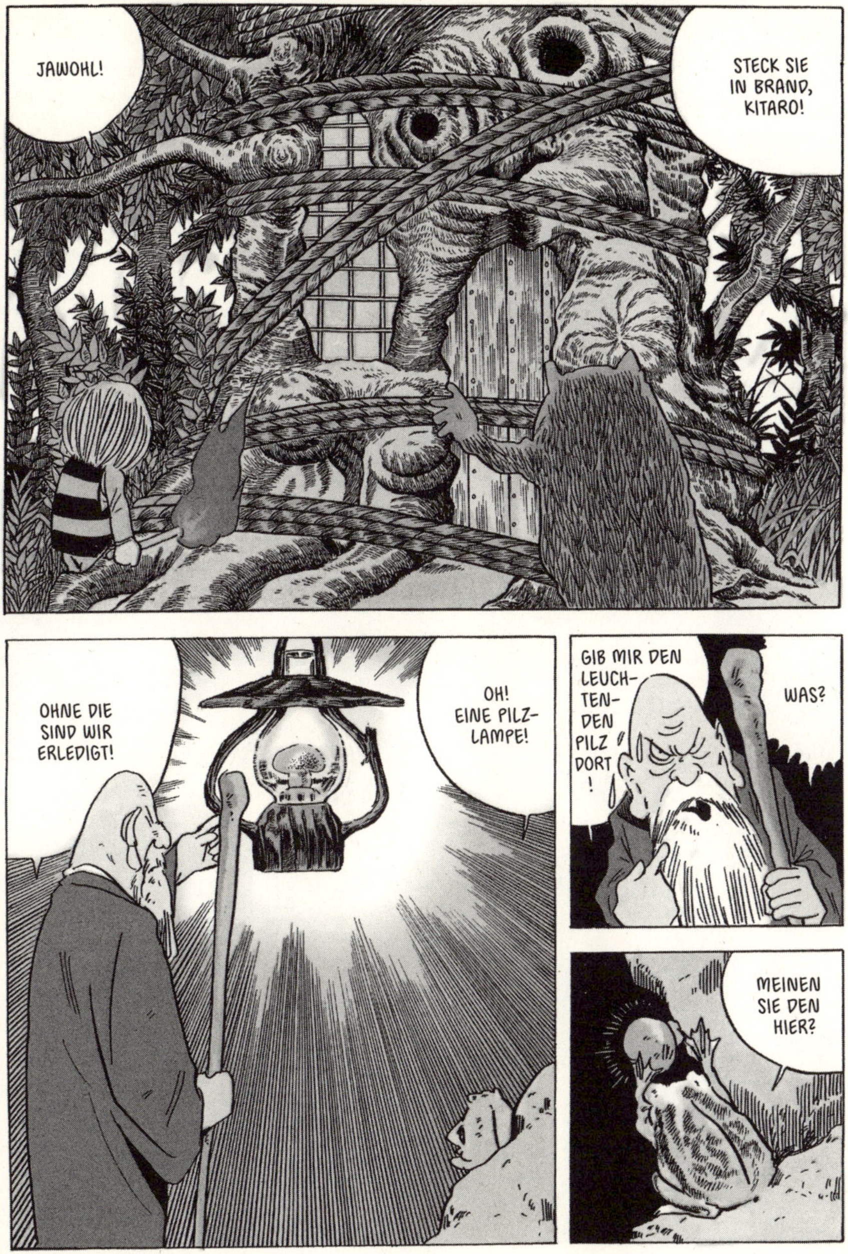

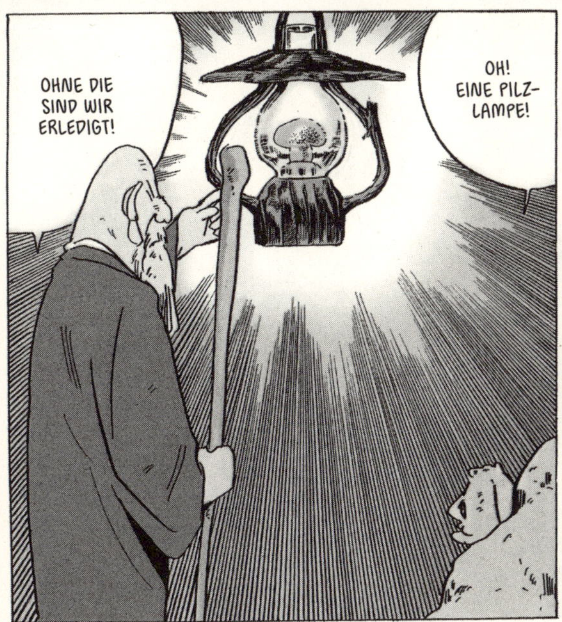
OH! EINE PILZ-LAMPE!
OHNE DIE SIND WIR ERLEDIGT!

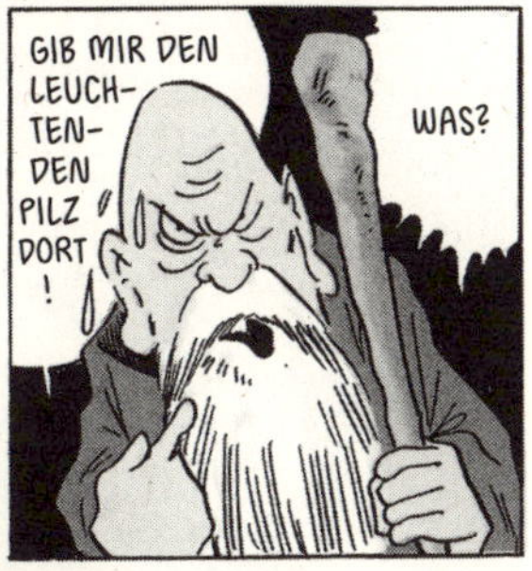
WAS?
GIB MIR DEN LEUCHTENDEN PILZ DORT!

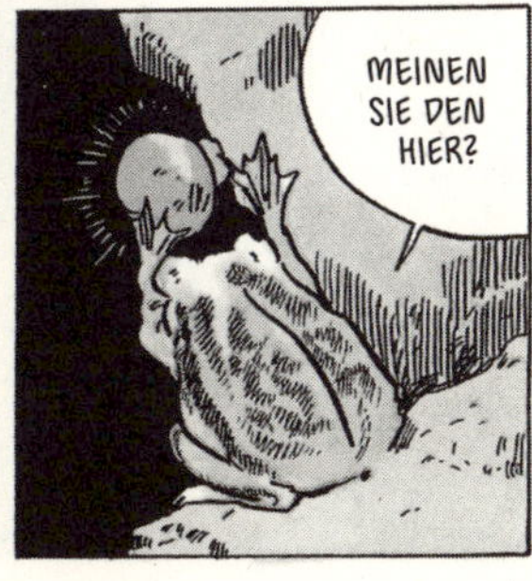
MEINEN SIE DEN HIER?

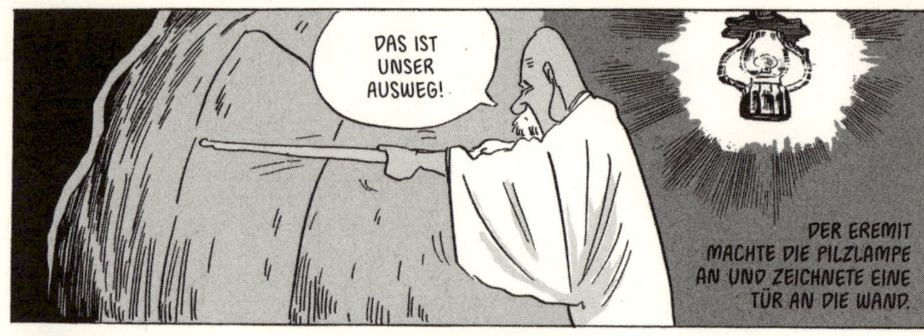
DAS IST UNSER AUSWEG!
DER EREMIT MACHTE DIE PILZLAMPE AN UND ZEICHNETE EINE TÜR AN DIE WAND.

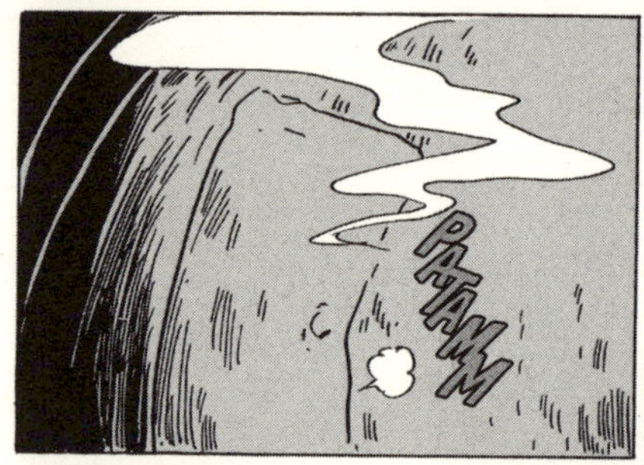
PATAMM

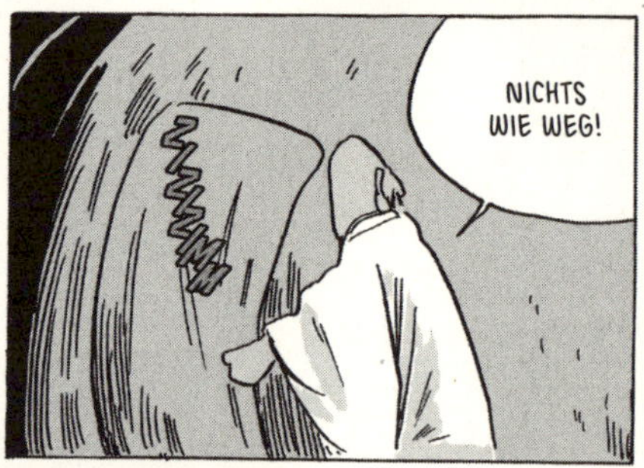
ZIZIMM
NICHTS WIE WEG!

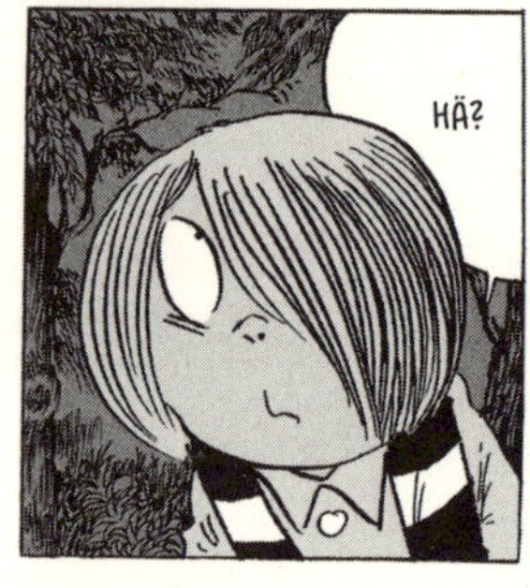
HÄ?

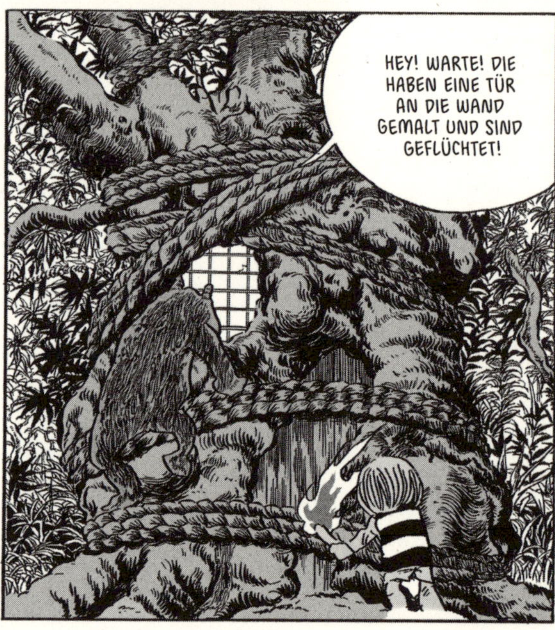
HEY! WARTE! DIE HABEN EINE TÜR AN DIE WAND GEMALT UND SIND GEFLÜCHTET!

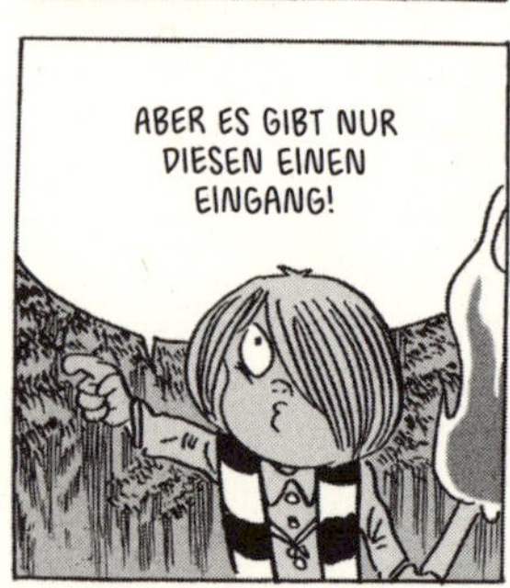
ABER ES GIBT NUR DIESEN EINEN EINGANG!

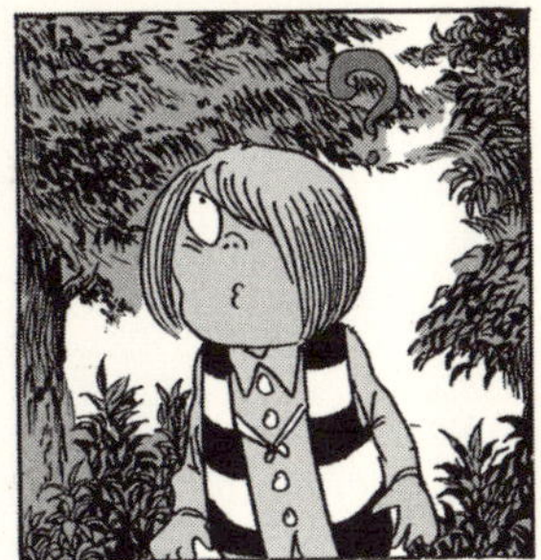

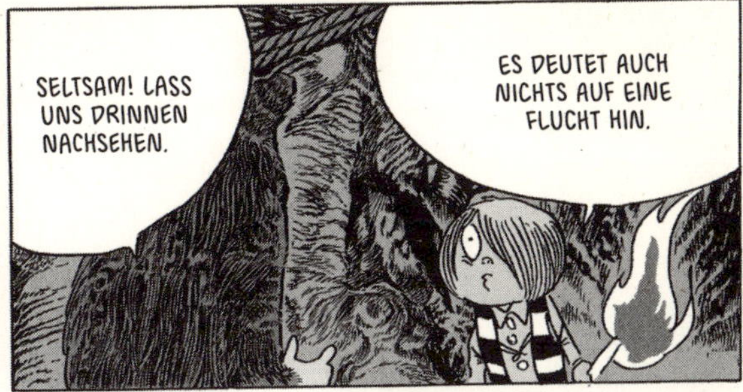
SELTSAM! LASS UNS DRINNEN NACHSEHEN.
ES DEUTET AUCH NICHTS AUF EINE FLUCHT HIN.

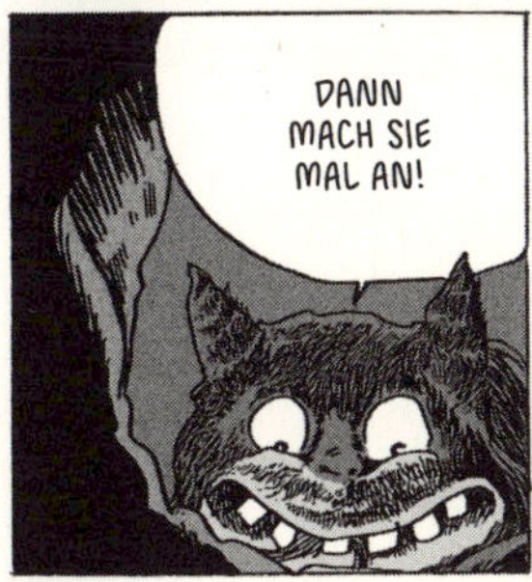
DANN MACH SIE MAL AN!

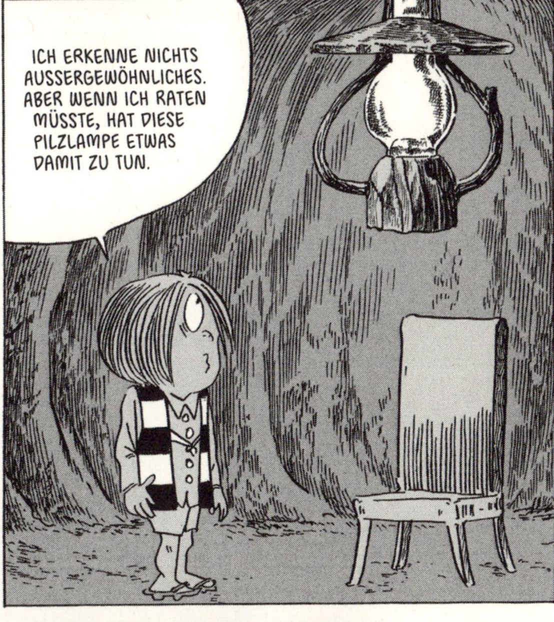
ICH ERKENNE NICHTS AUSSERGEWÖHNLICHES. ABER WENN ICH RATEN MÜSSTE, HAT DIESE PILZLAMPE ETWAS DAMIT ZU TUN.

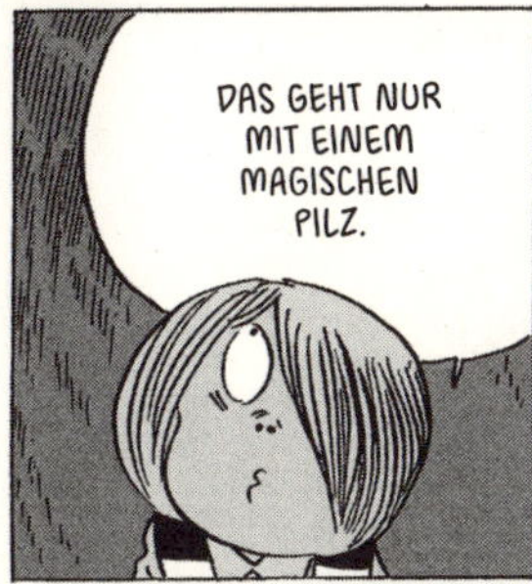
DAS GEHT NUR MIT EINEM MAGISCHEN PILZ.

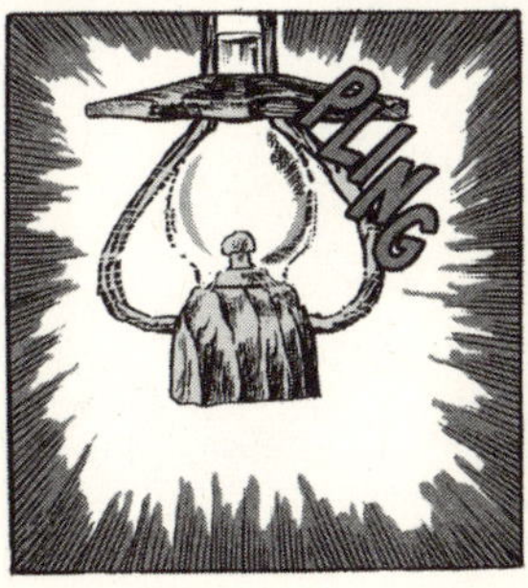
PLING

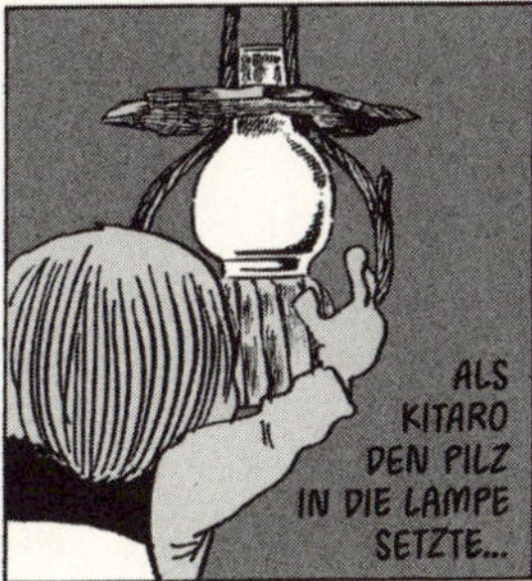
ALS KITARO DEN PILZ IN DIE LAMPE SETZTE...

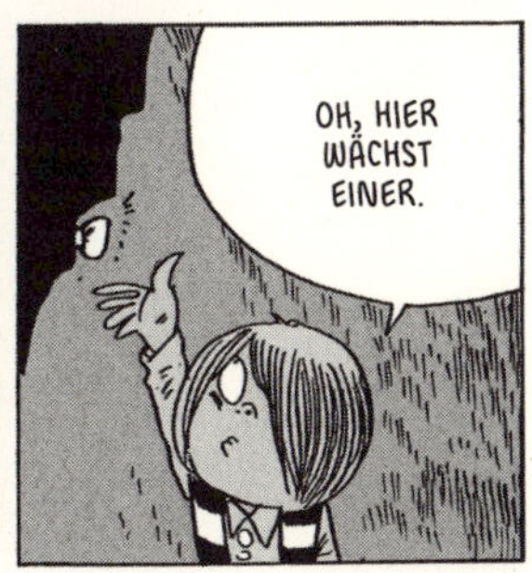
OH, HIER WÄCHST EINER.

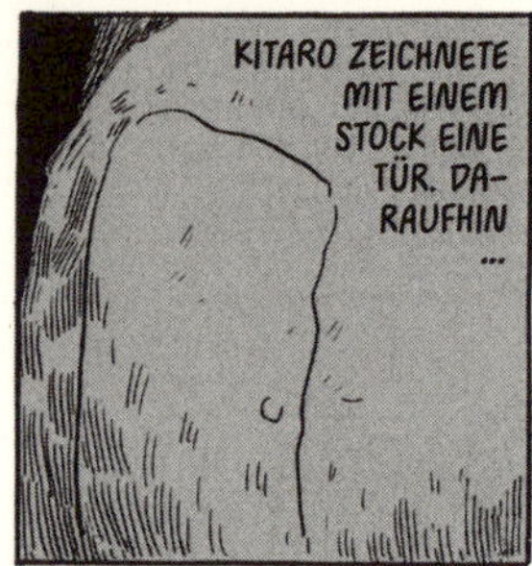
KITARO ZEICHNETE MIT EINEM STOCK EINE TÜR. DARAUFHIN ...

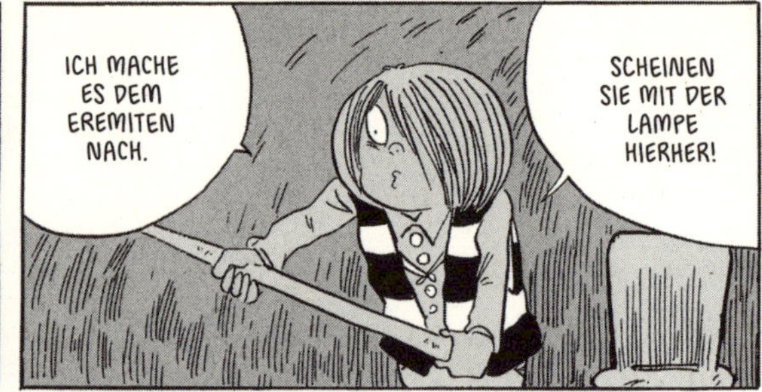
ICH MACHE ES DEM EREMITEN NACH.
SCHEINEN SIE MIT DER LAMPE HIERHER!

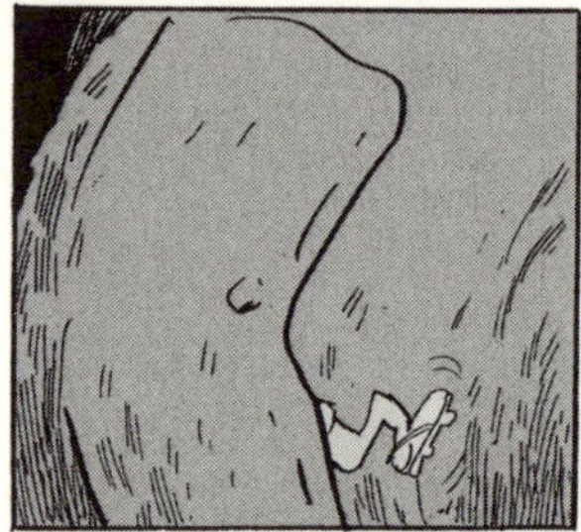

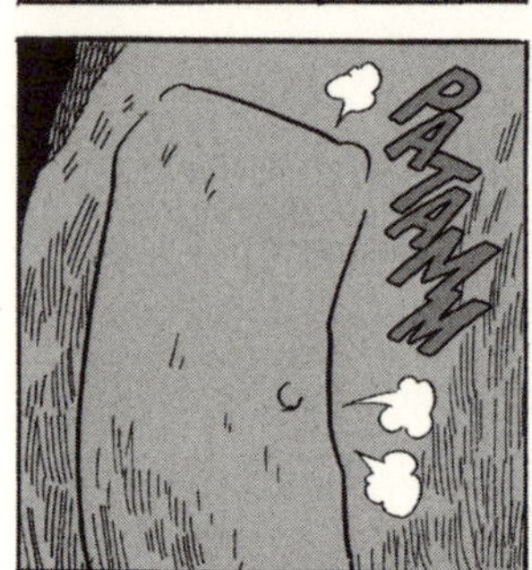
PATAMM

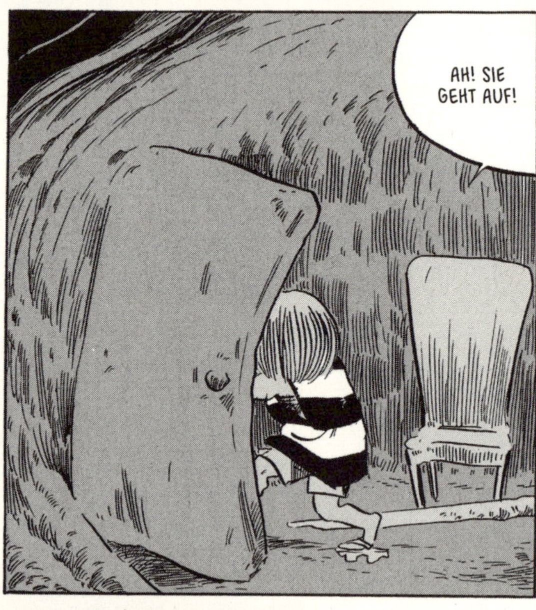
AH! SIE GEHT AUF!

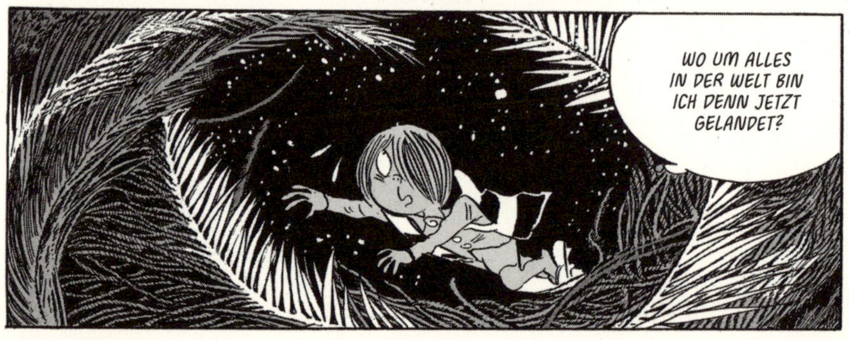
WO UM ALLES IN DER WELT BIN ICH DENN JETZT GELANDET?

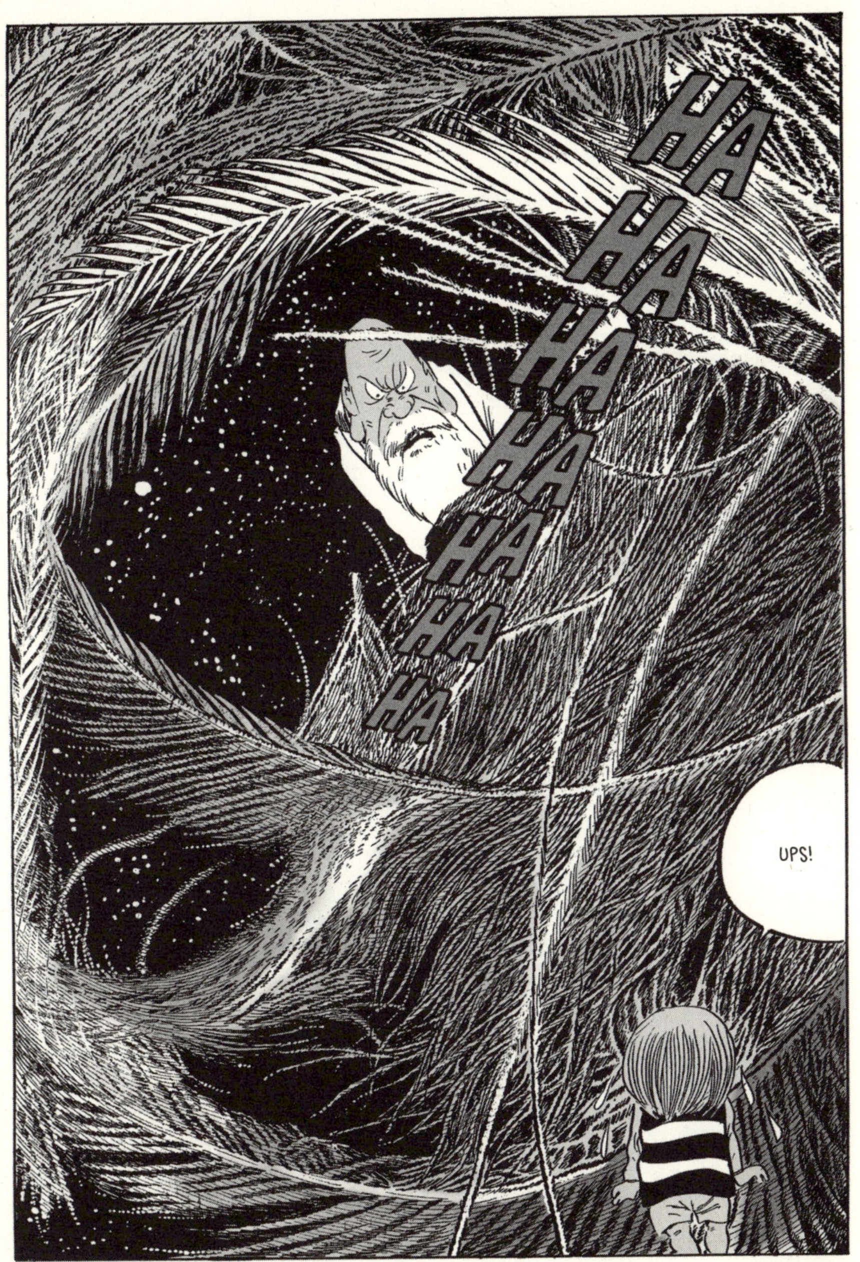
HA HA HA HA HA HA HA HA HA HA HA
UPS!

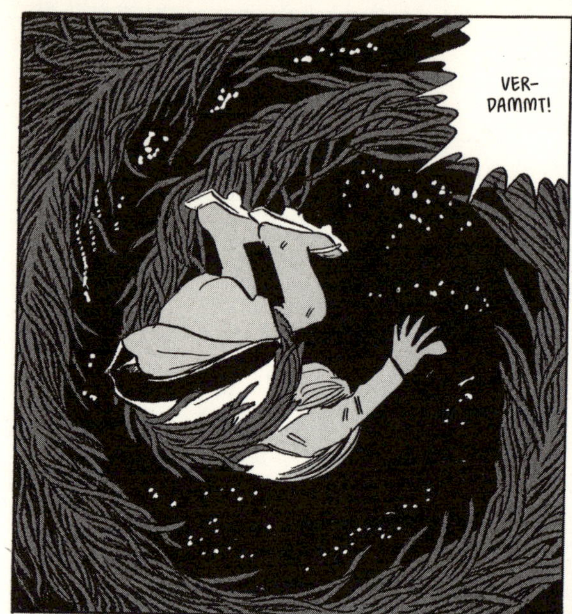
VER-
DAMMT!

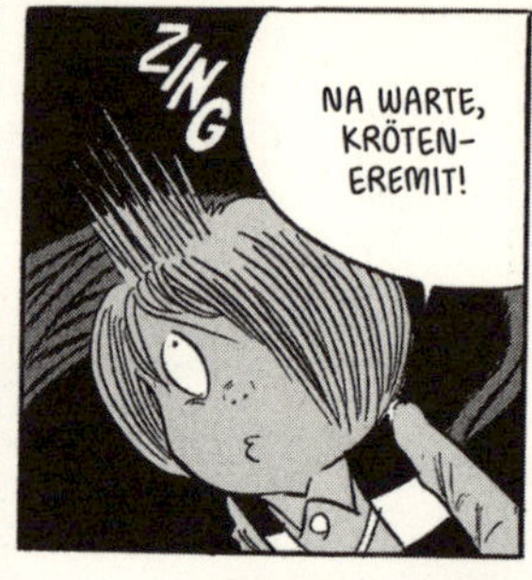
ZING
NA WARTE,
KRÖTEN-
EREMIT!

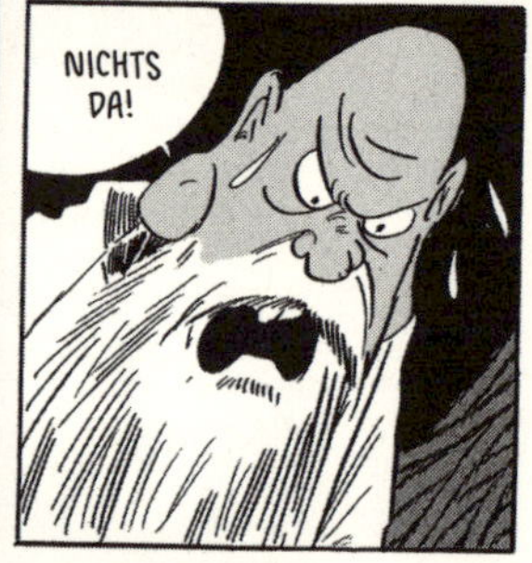
NICHTS
DA!

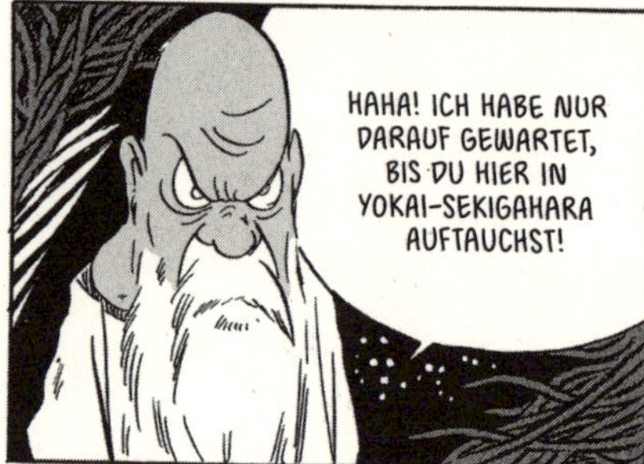
HAHA! ICH HABE NUR
DARAUF GEWARTET,
BIS DU HIER IN
YOKAI-SEKIGAHARA
AUFTAUCHST!

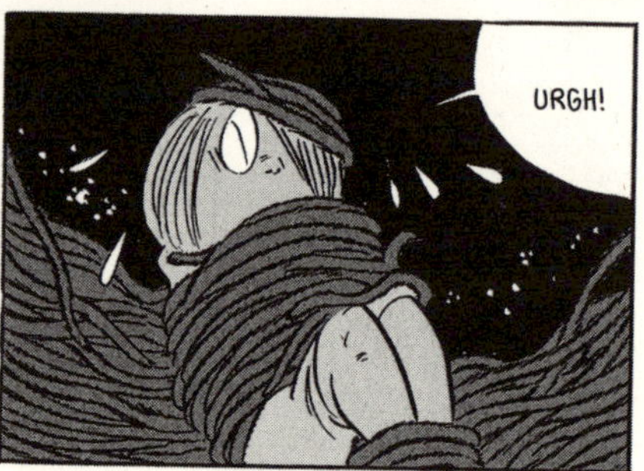
URGH!

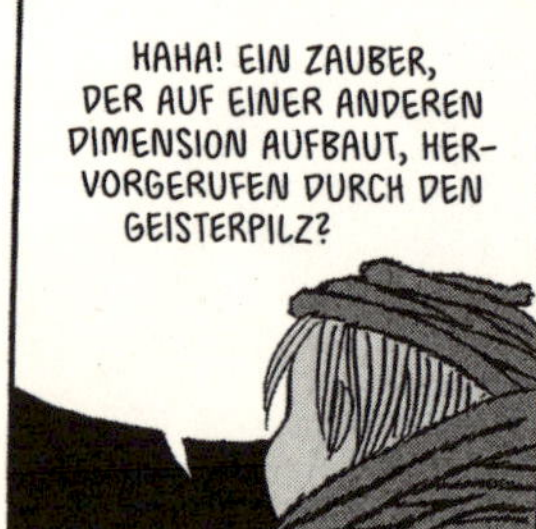
HAHA! EIN ZAUBER,
DER AUF EINER ANDEREN
DIMENSION AUFBAUT, HER-
VORGERUFEN DURCH DEN
GEISTERPILZ?

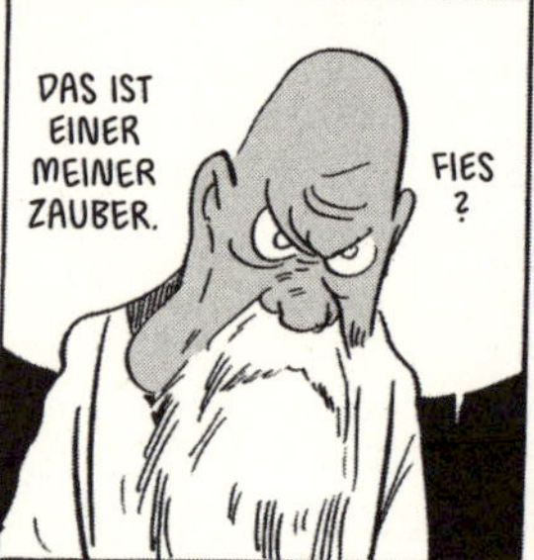
DAS IST
EINER
MEINER
ZAUBER.
FIES
?

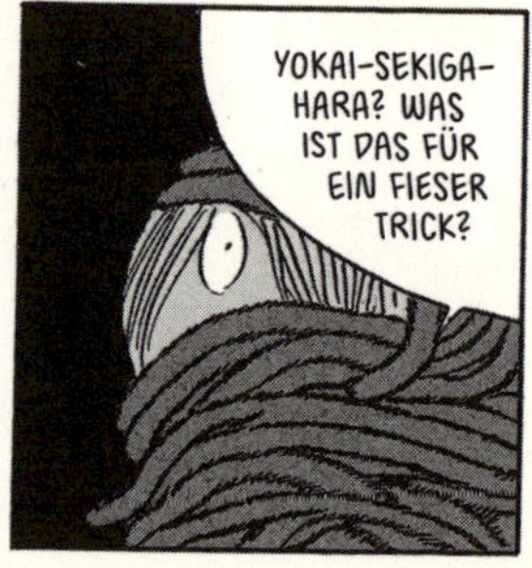
YOKAI-SEKIGA-
HARA? WAS
IST DAS FÜR
EIN FIESER
TRICK?

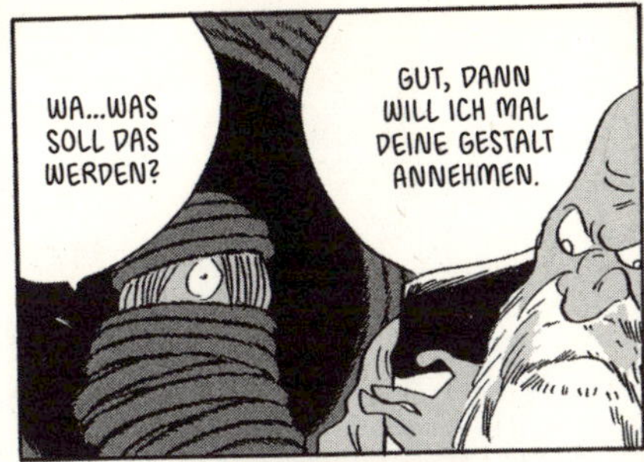
GUT, DANN WILL ICH MAL DEINE GESTALT ANNEHMEN.
WA...WAS SOLL DAS WERDEN?

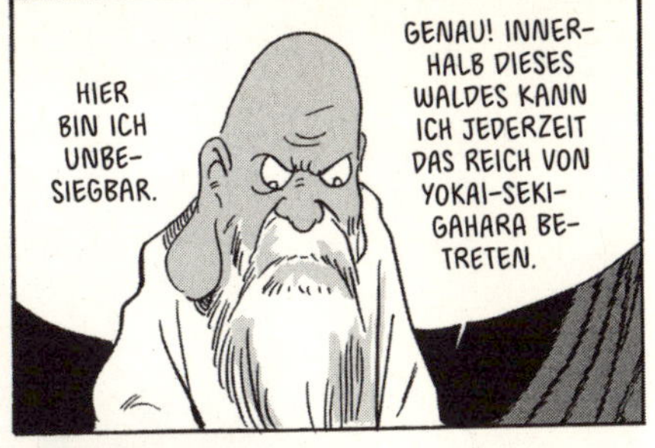
GENAU! INNERHALB DIESES WALDES KANN ICH JEDERZEIT DAS REICH VON YOKAI-SEKIGAHARA BETRETEN.
HIER BIN ICH UNBESIEGBAR.

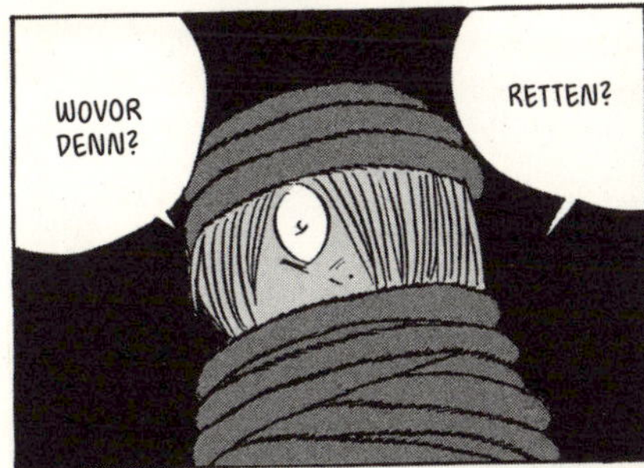
RETTEN?
WOVOR DENN?

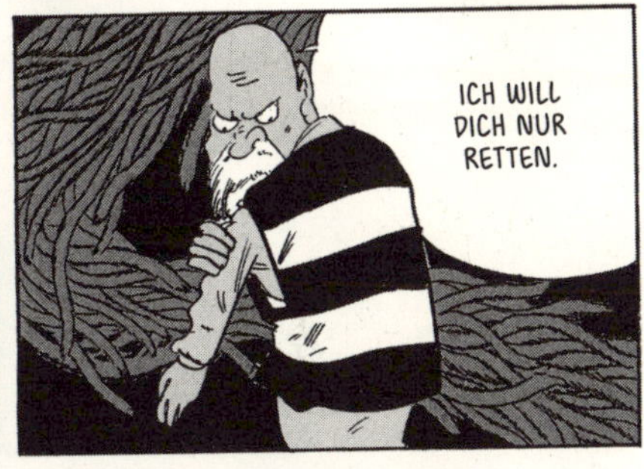
ICH WILL DICH NUR RETTEN.

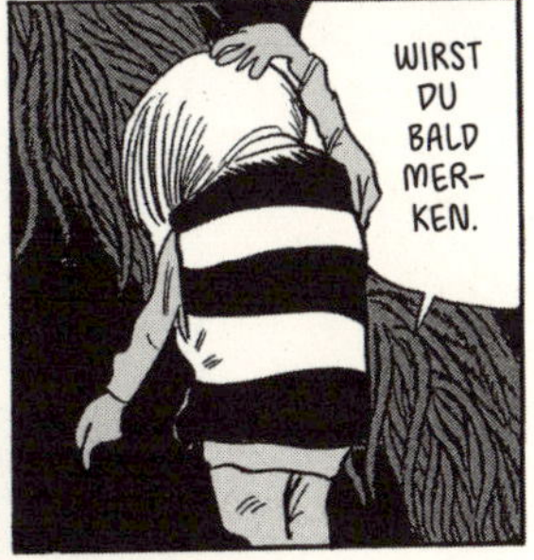
WIRST DU BALD MERKEN.

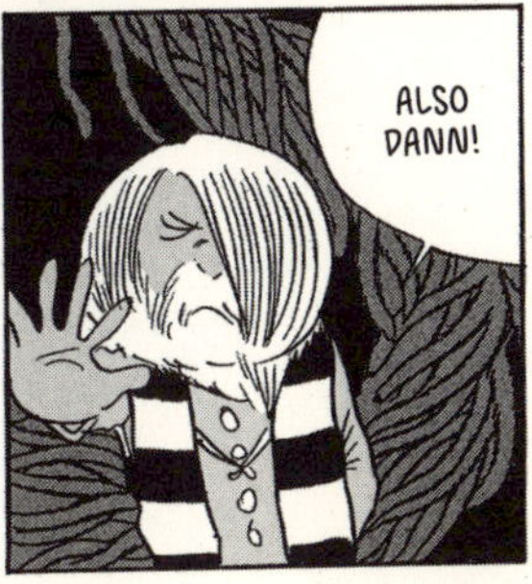
ALSO DANN!

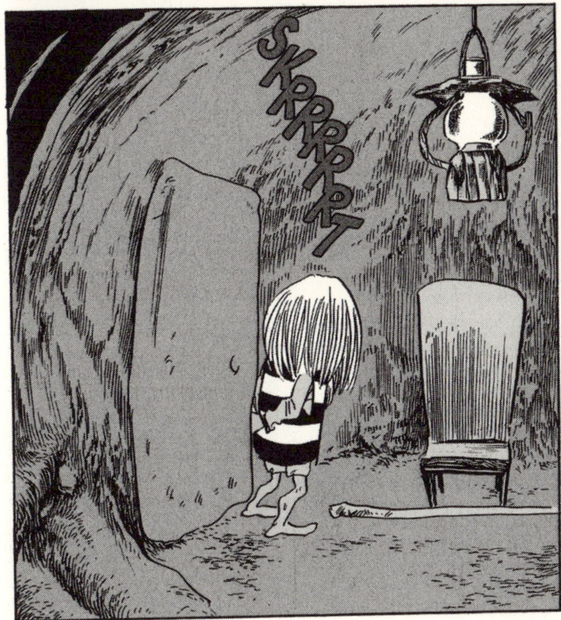
SKRRRRT

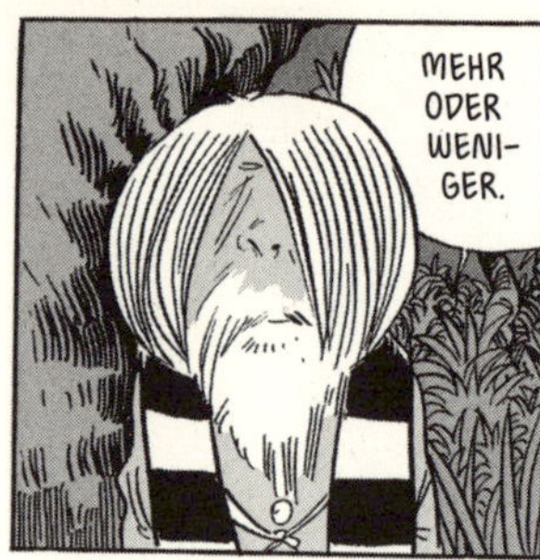
MEHR ODER WENI- GER.

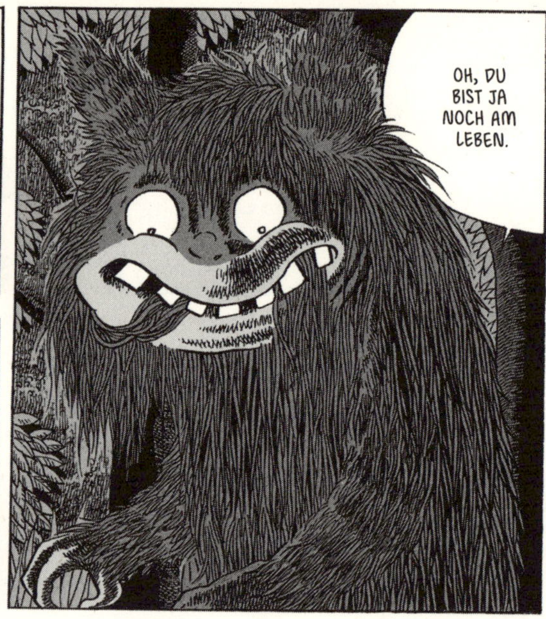
OH, DU BIST JA NOCH AM LEBEN.

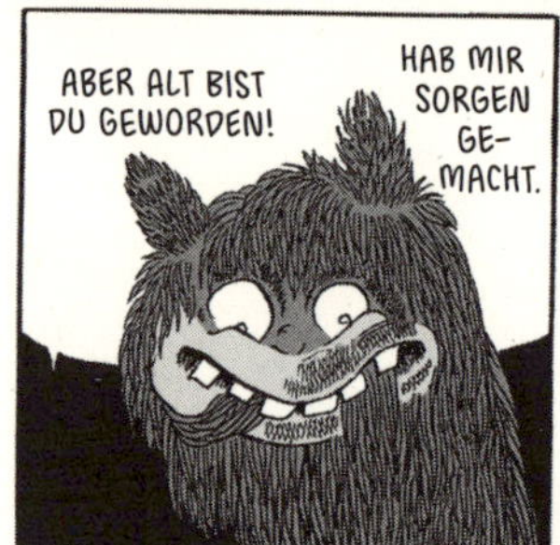
HAB MIR SORGEN GE- MACHT.
ABER ALT BIST DU GEWORDEN!

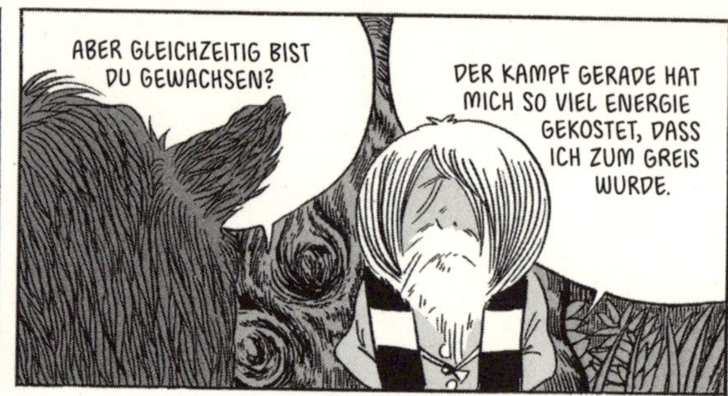
DER KAMPF GERADE HAT MICH SO VIEL ENERGIE GEKOSTET, DASS ICH ZUM GREIS WURDE.
ABER GLEICHZEITIG BIST DU GEWACHSEN?

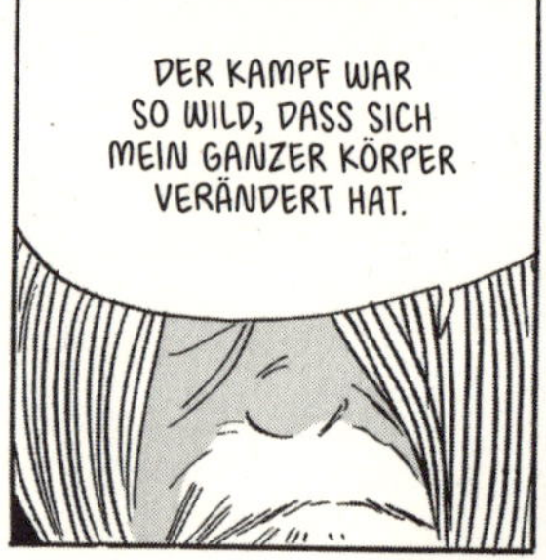
DER KAMPF WAR SO WILD, DASS SICH MEIN GANZER KÖRPER VERÄNDERT HAT.

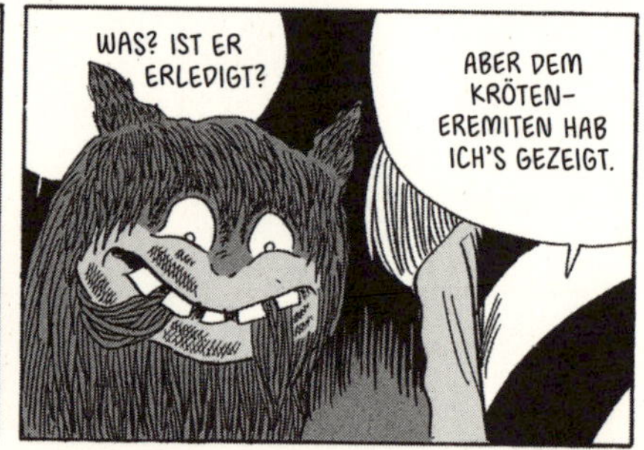
ABER DEM KRÖTEN- EREMITEN HAB ICH'S GEZEIGT.
WAS? IST ER ERLEDIGT?

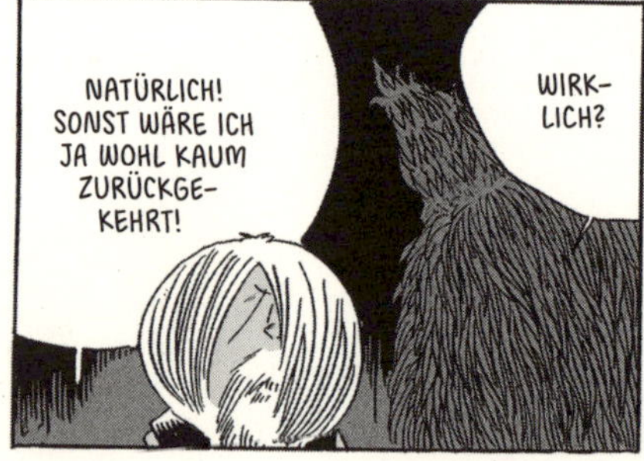
WIRK- LICH?
NATÜRLICH! SONST WÄRE ICH JA WOHL KAUM ZURÜCKGE- KEHRT!

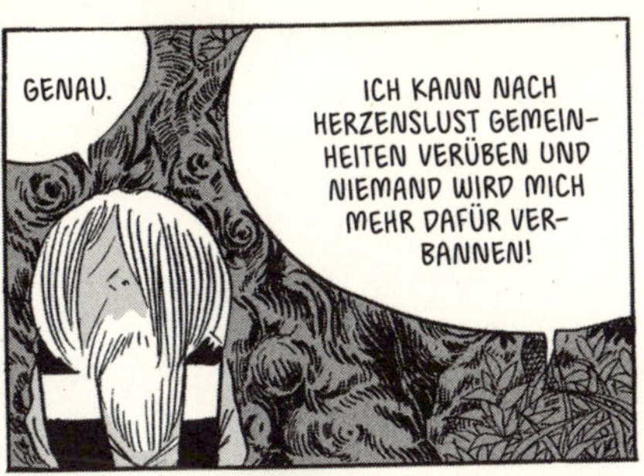
GENAU.
ICH KANN NACH HERZENSLUST GEMEINHEITEN VERÜBEN UND NIEMAND WIRD MICH MEHR DAFÜR VERBANNEN!

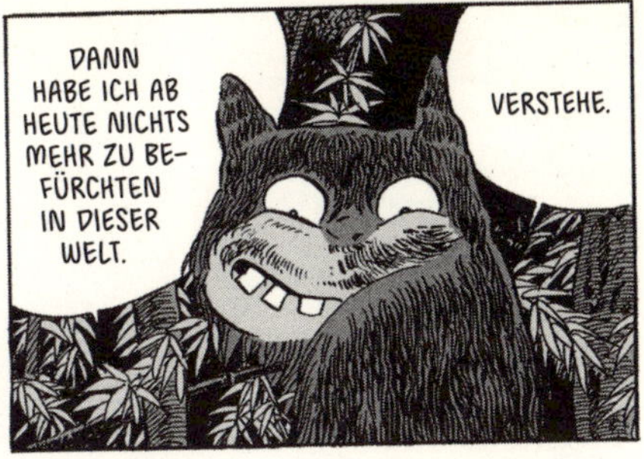
DANN HABE ICH AB HEUTE NICHTS MEHR ZU BEFÜRCHTEN IN DIESER WELT.
VERSTEHE.

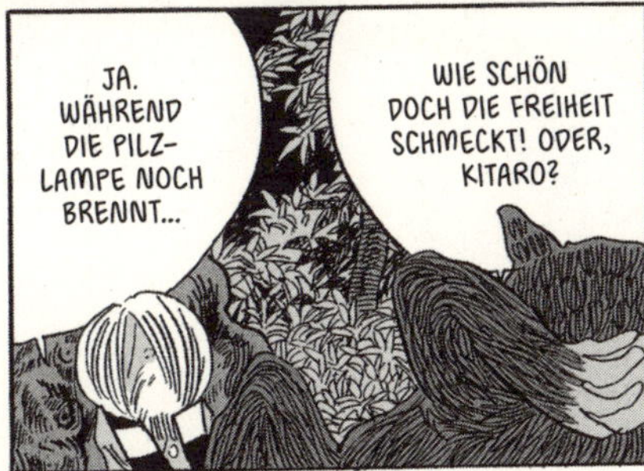
JA. WÄHREND DIE PILZLAMPE NOCH BRENNT...
WIE SCHÖN DOCH DIE FREIHEIT SCHMECKT! ODER, KITARO?

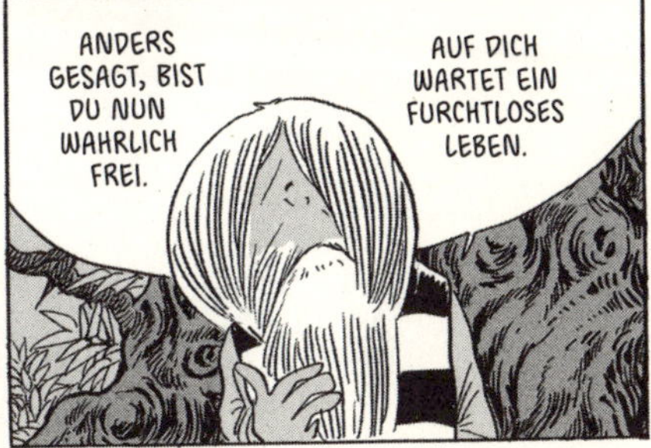
ANDERS GESAGT, BIST DU NUN WAHRLICH FREI.
AUF DICH WARTET EIN FURCHTLOSES LEBEN.

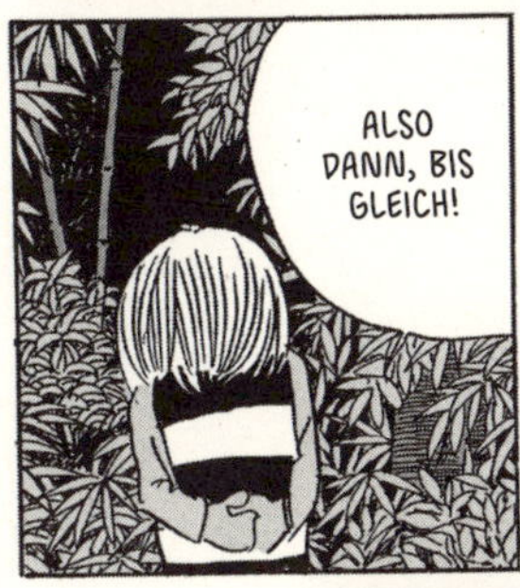
ALSO DANN, BIS GLEICH!

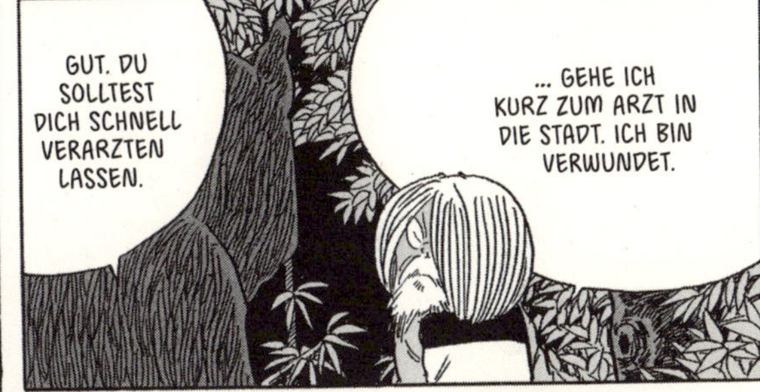
GUT. DU SOLLTEST DICH SCHNELL VERARZTEN LASSEN.
... GEHE ICH KURZ ZUM ARZT IN DIE STADT. ICH BIN VERWUNDET.

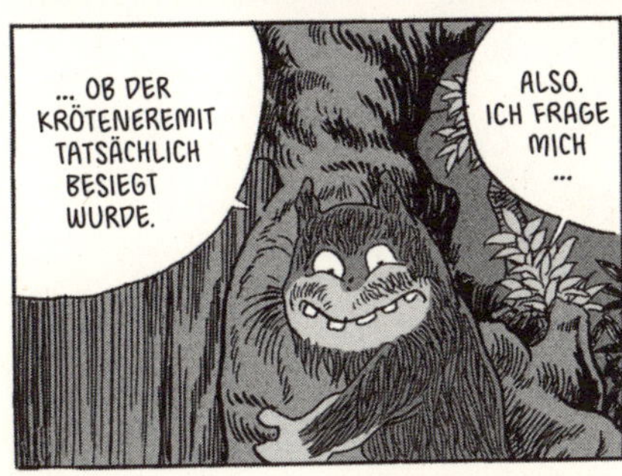
... OB DER KRÖTENEREMIT TATSÄCHLICH BESIEGT WURDE.
ALSO. ICH FRAGE MICH ...

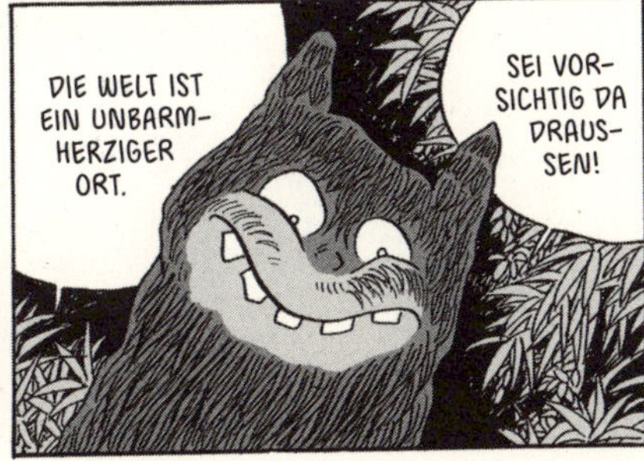
DIE WELT IST EIN UNBARMHERZIGER ORT.
SEI VORSICHTIG DA DRAUSSEN!

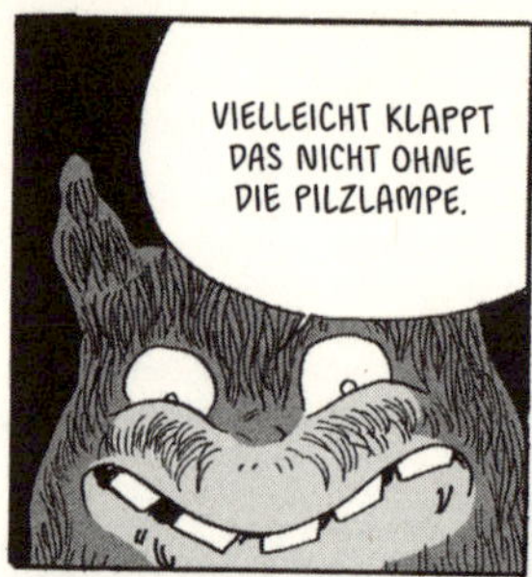
VIELLEICHT KLAPPT DAS NICHT OHNE DIE PILZLAMPE.

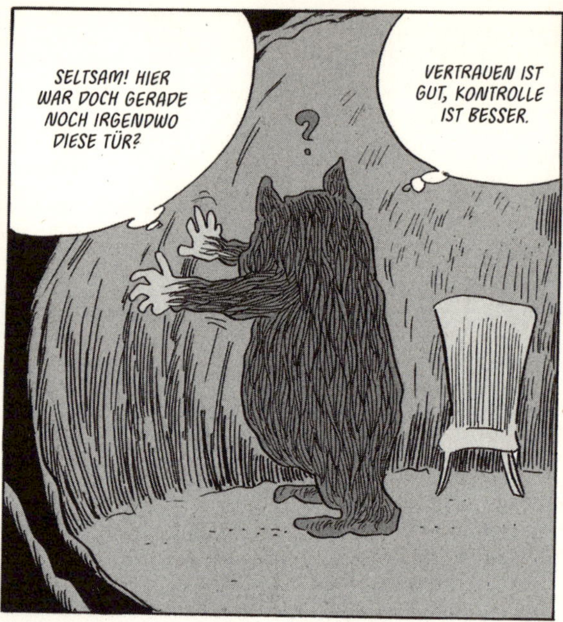
SELTSAM! HIER WAR DOCH GERADE NOCH IRGENDWO DIESE TÜR?
?
VERTRAUEN IST GUT, KONTROLLE IST BESSER.

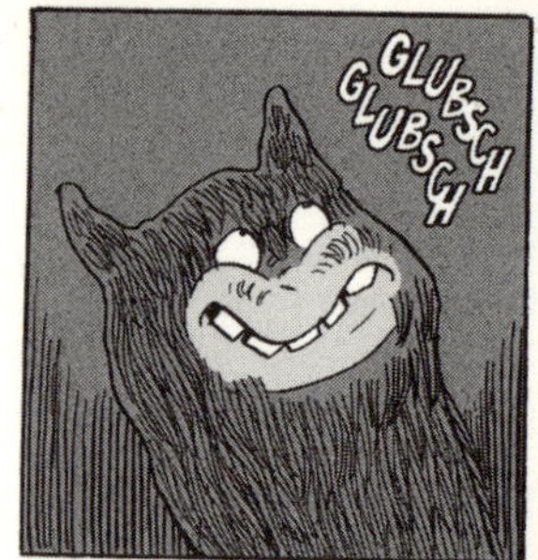
GLUBSCH GLUBSCH

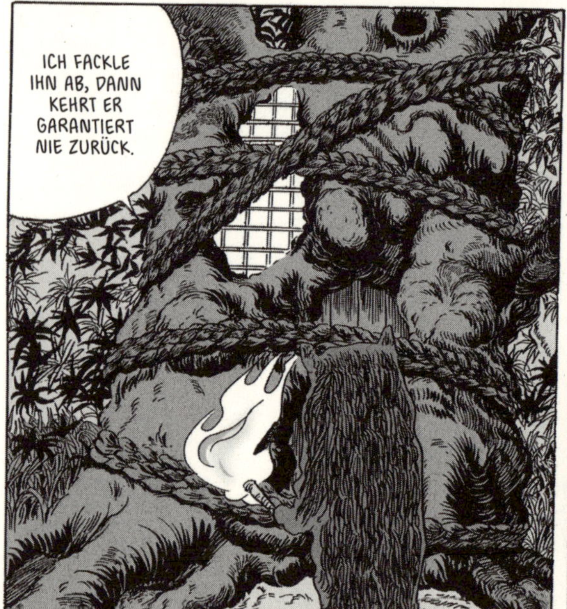
ICH FACKLE IHN AB, DANN KEHRT ER GARANTIERT NIE ZURÜCK.

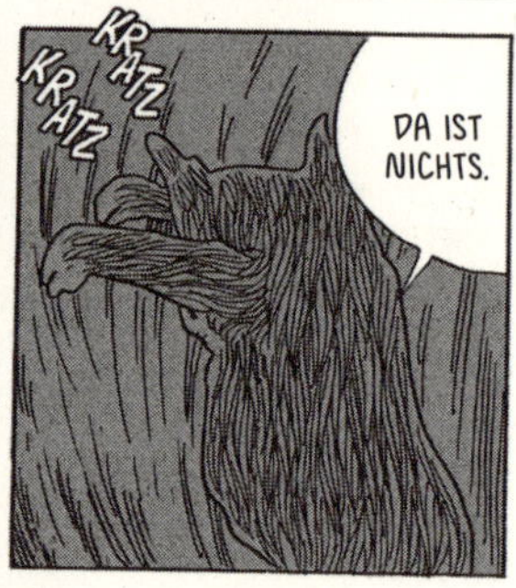
KRATZ KRATZ
DA IST NICHTS.

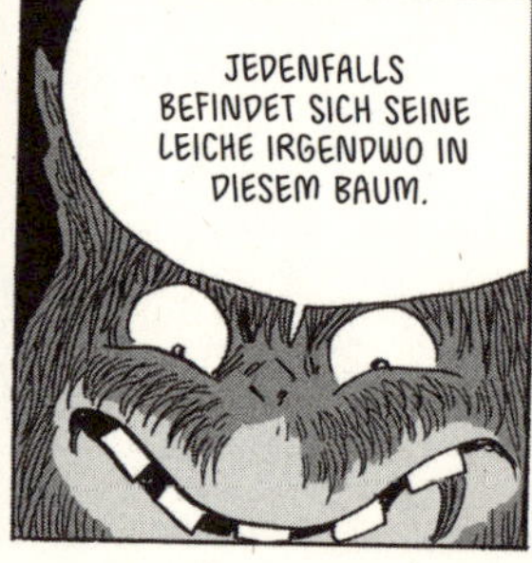
JEDENFALLS BEFINDET SICH SEINE LEICHE IRGENDWO IN DIESEM BAUM.

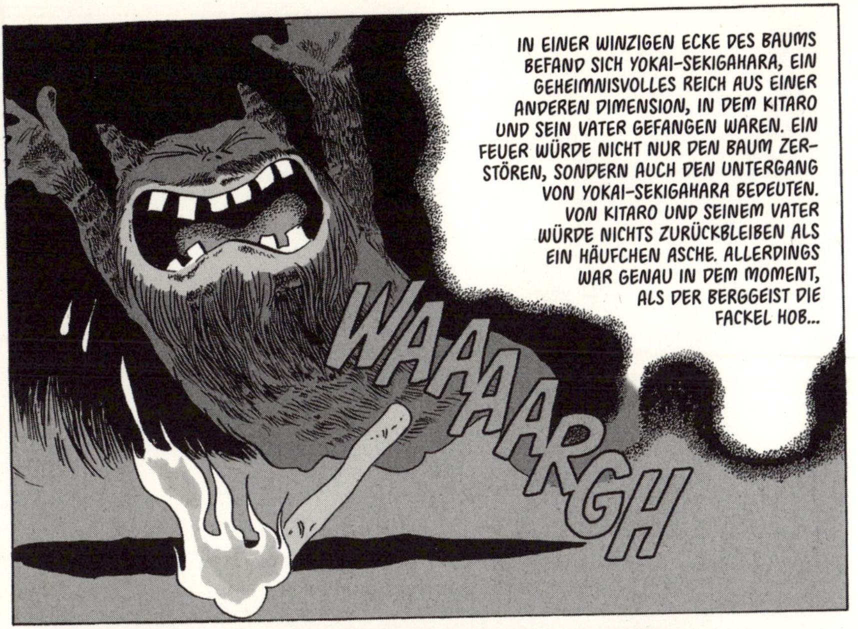

IN EINER WINZIGEN ECKE DES BAUMS BEFAND SICH YOKAI-SEKIGAHARA, EIN GEHEIMNISVOLLES REICH AUS EINER ANDEREN DIMENSION, IN DEM KITARO UND SEIN VATER GEFANGEN WAREN. EIN FEUER WÜRDE NICHT NUR DEN BAUM ZERSTÖREN, SONDERN AUCH DEN UNTERGANG VON YOKAI-SEKIGAHARA BEDEUTEN. VON KITARO UND SEINEM VATER WÜRDE NICHTS ZURÜCKBLEIBEN ALS EIN HÄUFCHEN ASCHE. ALLERDINGS WAR GENAU IN DEM MOMENT, ALS DER BERGGEIST DIE FACKEL HOB...

WAAAARGH

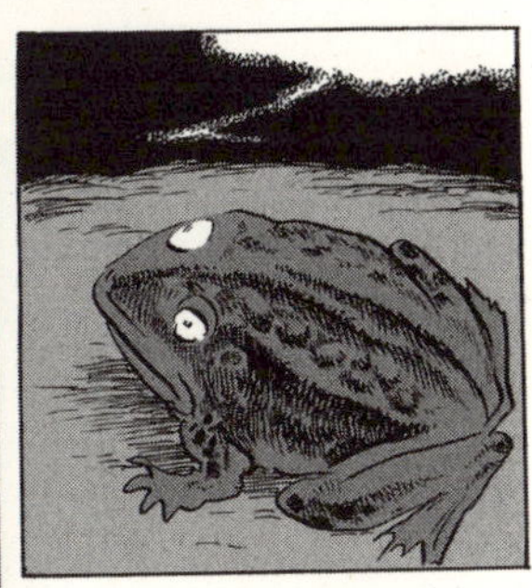

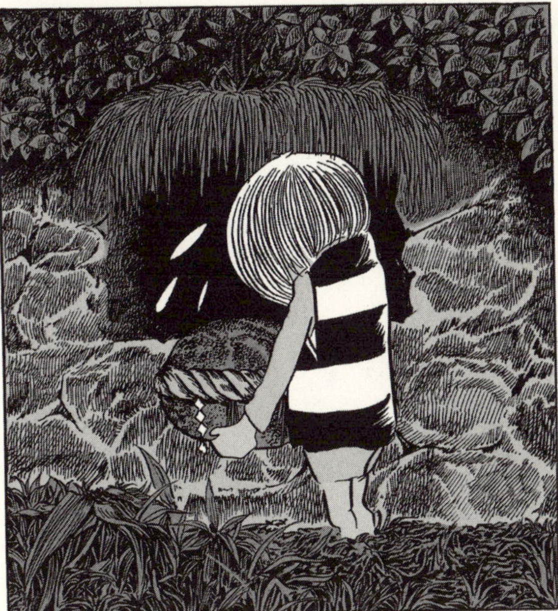

... EIN FÜRCHTERLICHER SCHREI ZU HÖREN. DA VERWANDELTE SICH DER BERGGEIST ZURÜCK IN EINE KRÖTE. DER KRÖTENEREMIT HATTE DEN VERSIEGELUNGSSTEIN AN SEINEN URSPRÜNGLICHEN PLATZ GESTELLT.

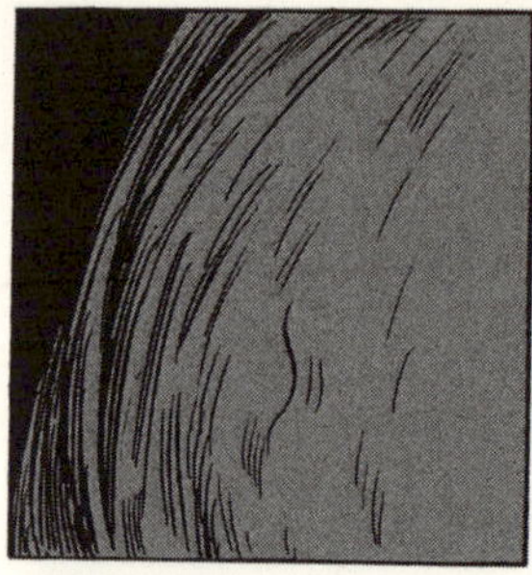

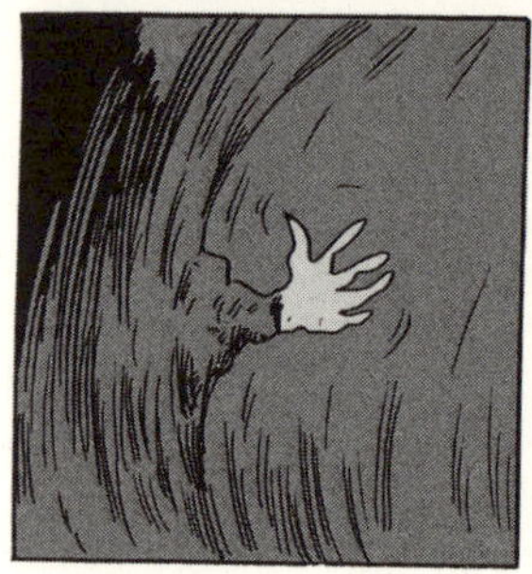

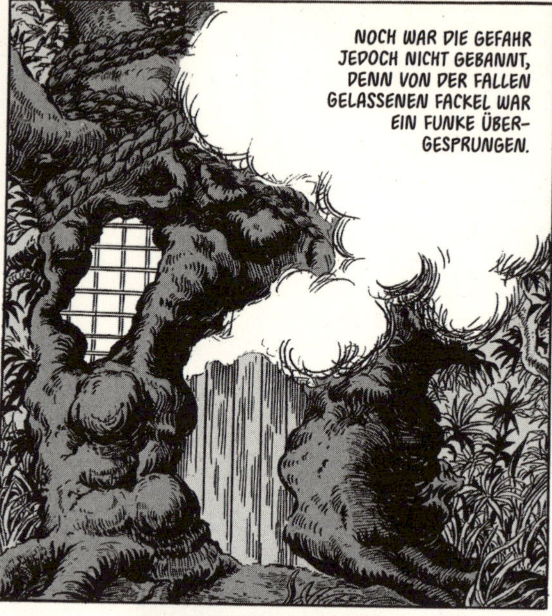
NOCH WAR DIE GEFAHR JEDOCH NICHT GEBANNT, DENN VON DER FALLEN GELASSENEN FACKEL WAR EIN FUNKE ÜBER-GESPRUNGEN.

MIT DEM VERSIEGELUNGSSTEIN IN SEINER URSPRÜNGLICHEN POSITION WIRKTE AUCH DAS GIFTGAS DES BERGGEISTES NICHT MEHR UND KITARO KAM WIEDER ZU SINNEN. ER VERLIESS UMGEHEND YOKAI-SEKIGAHARA UND BÄNDIGTE DIE FLAMMEN, DIE DROHTEN, AUF DIE HÜTTE DES EREMITEN ÜBERZU-GREIFEN. AUCH KITAROS VATER GEWANN SEINE NORMALE GESTALT ZURÜCK.

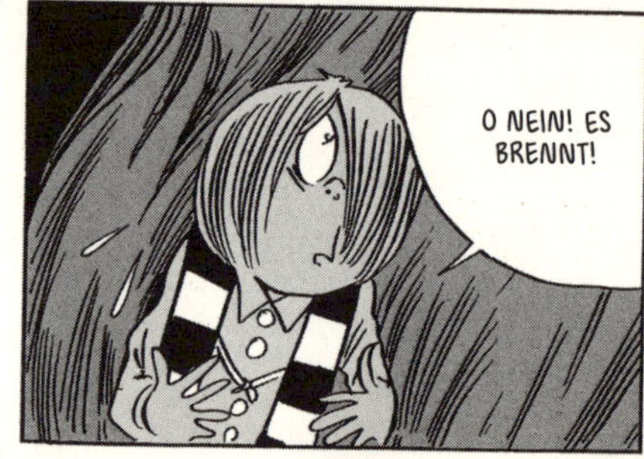
O NEIN! ES BRENNT!

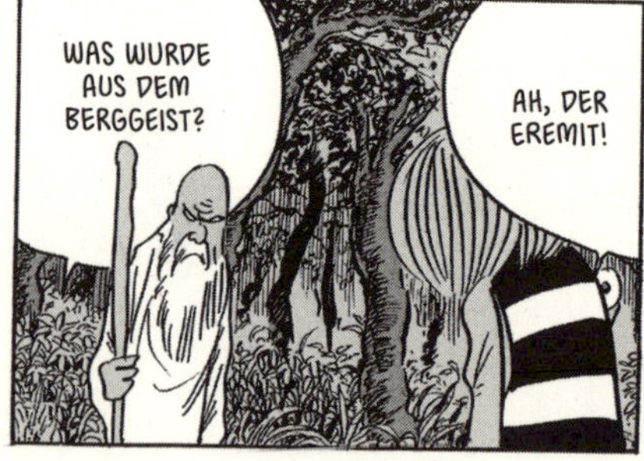
WAS WURDE AUS DEM BERGGEIST?
AH, DER EREMIT!

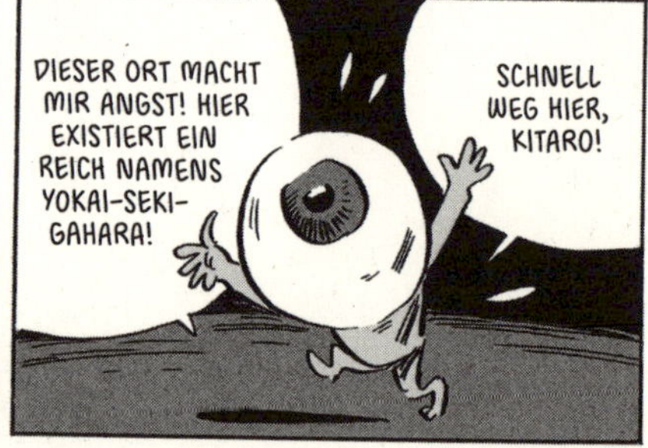
DIESER ORT MACHT MIR ANGST! HIER EXISTIERT EIN REICH NAMENS YOKAI-SEKI-GAHARA!
SCHNELL WEG HIER, KITARO!

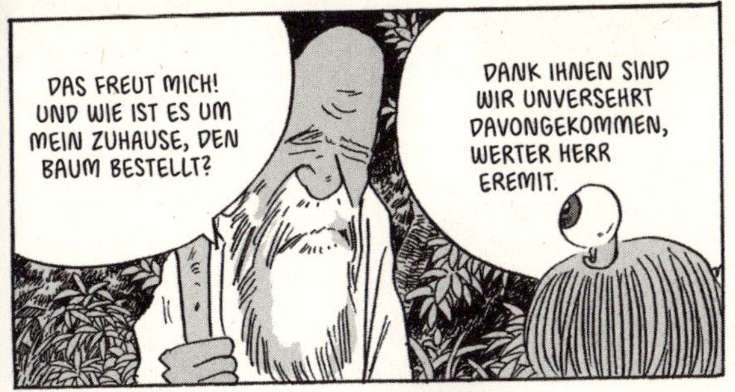
DANK IHNEN SIND WIR UNVERSEHRT DAVONGEKOMMEN, WERTER HERR EREMIT.
DAS FREUT MICH! UND WIE IST ES UM MEIN ZUHAUSE, DEN BAUM BESTELLT?

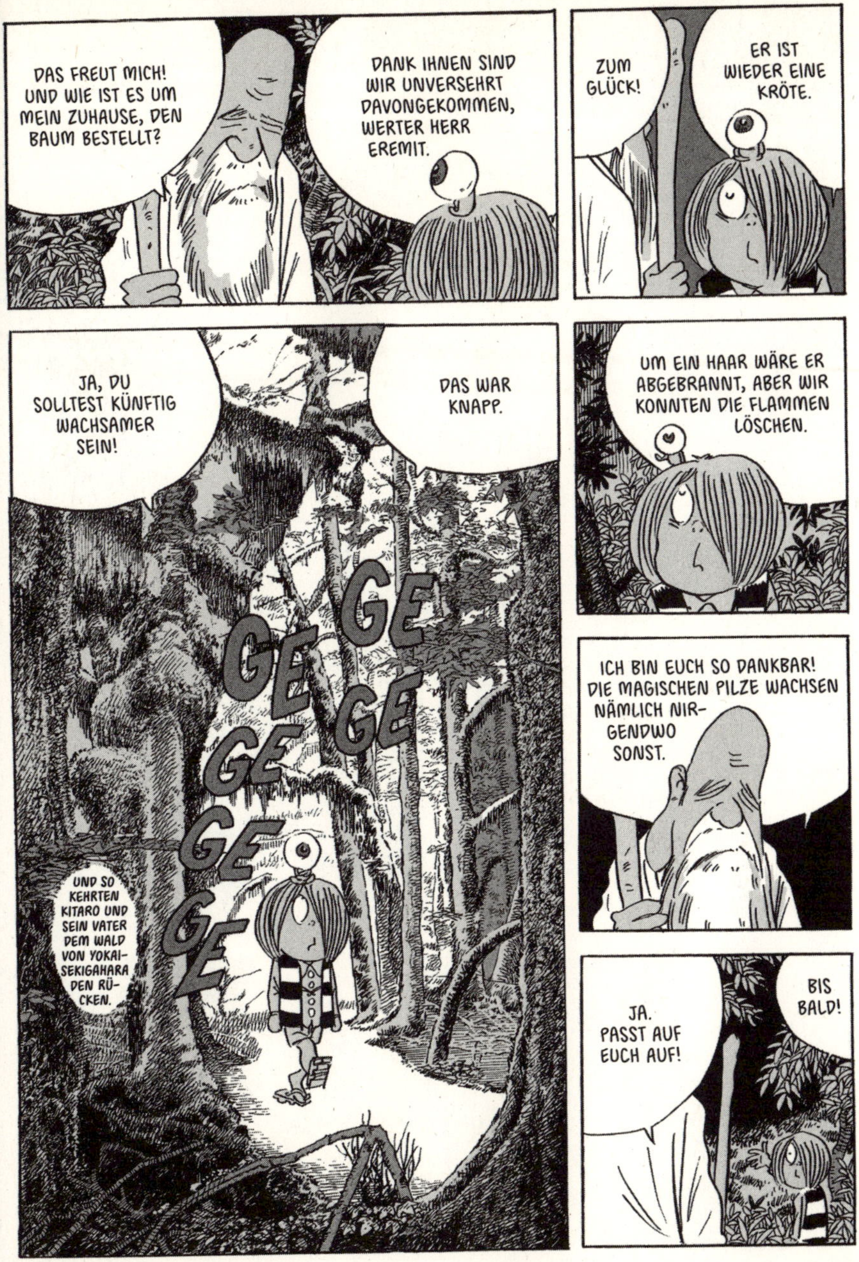

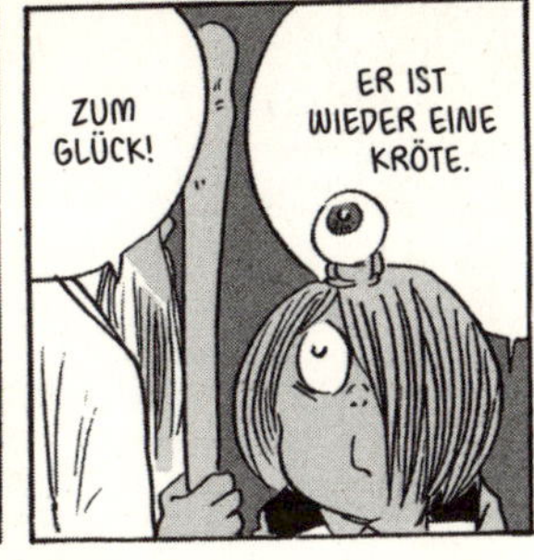
ER IST WIEDER EINE KRÖTE.
ZUM GLÜCK!

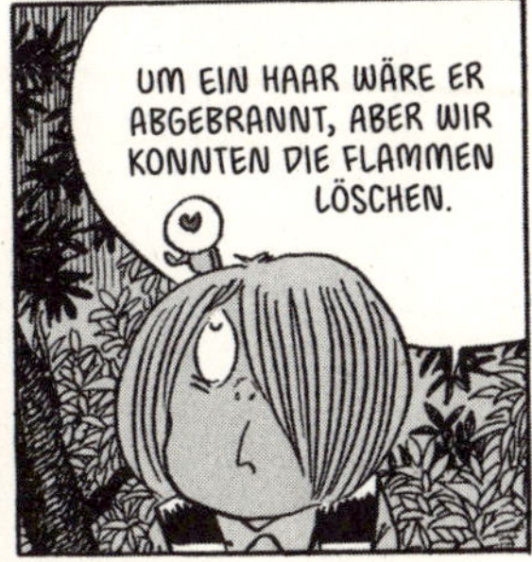
UM EIN HAAR WÄRE ER ABGEBRANNT, ABER WIR KONNTEN DIE FLAMMEN LÖSCHEN.

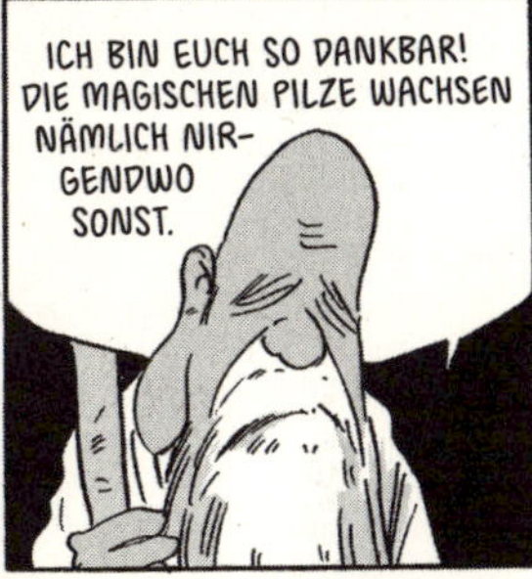
ICH BIN EUCH SO DANKBAR! DIE MAGISCHEN PILZE WACHSEN NÄMLICH NIRGENDWO SONST.

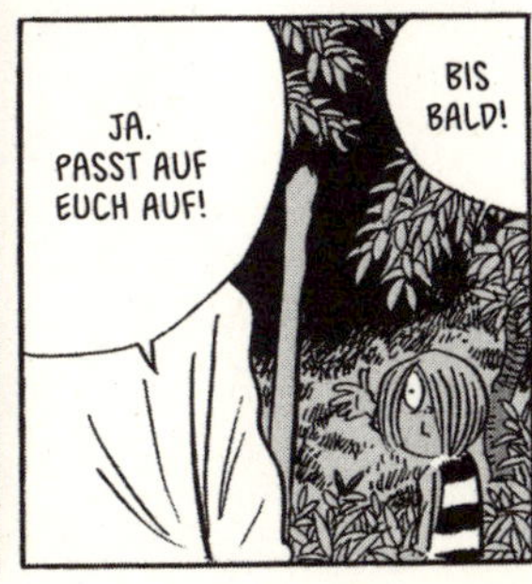
BIS BALD!
JA. PASST AUF EUCH AUF!

DAS WAR KNAPP.

JA, DU SOLLTEST KÜNFTIG WACHSAMER SEIN!

GE GE GE GE GE GE GE

UND SO KEHRTEN KITARO UND SEIN VATER DEM WALD VON YOKAI-SEKIGAHARA DEN RÜCKEN.

Yokai-Sekigahara, Teil 2 – Ende

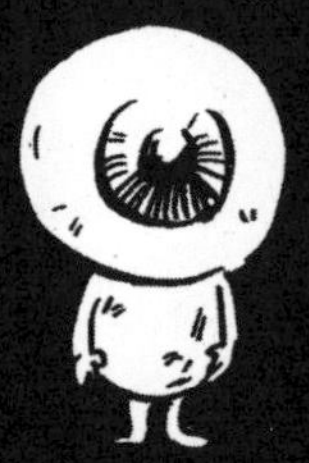

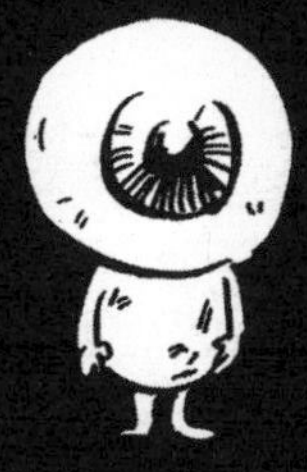

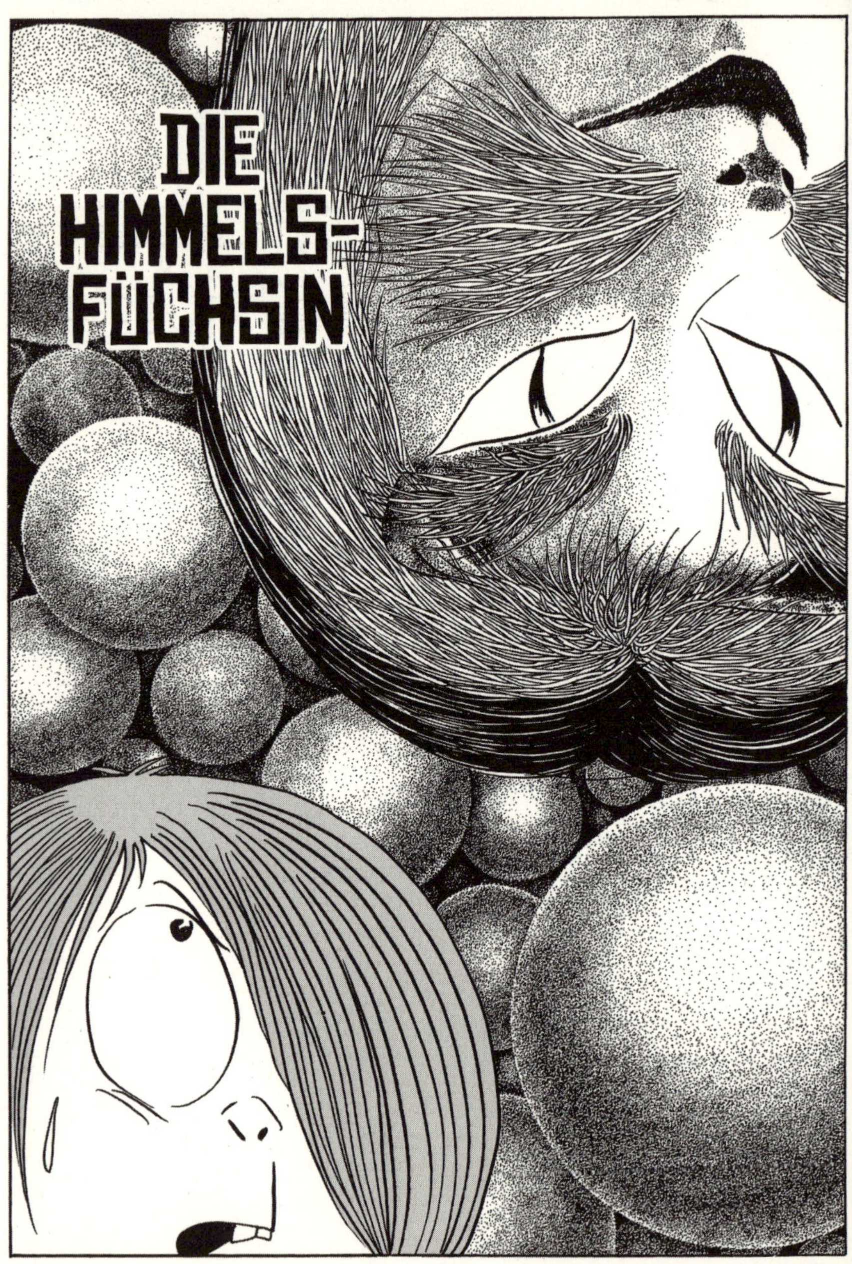
DIE HIMMELS-FÜCHSIN

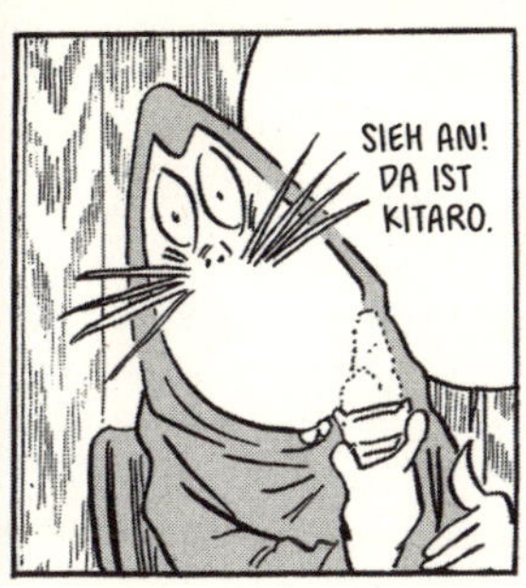
SIEH AN! DA IST KITARO.

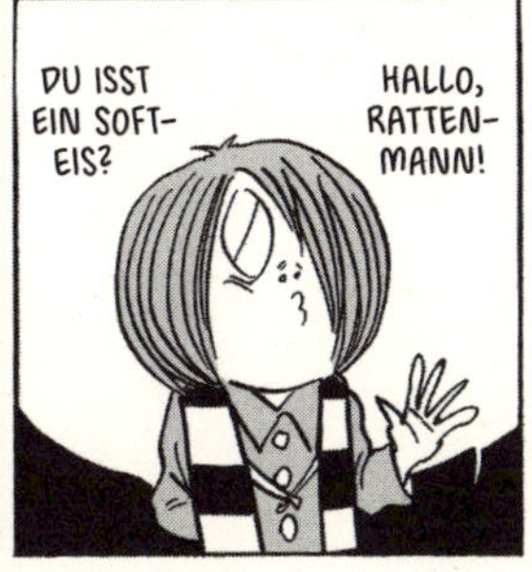
HALLO, RATTEN-MANN!
DU ISST EIN SOFT-EIS?

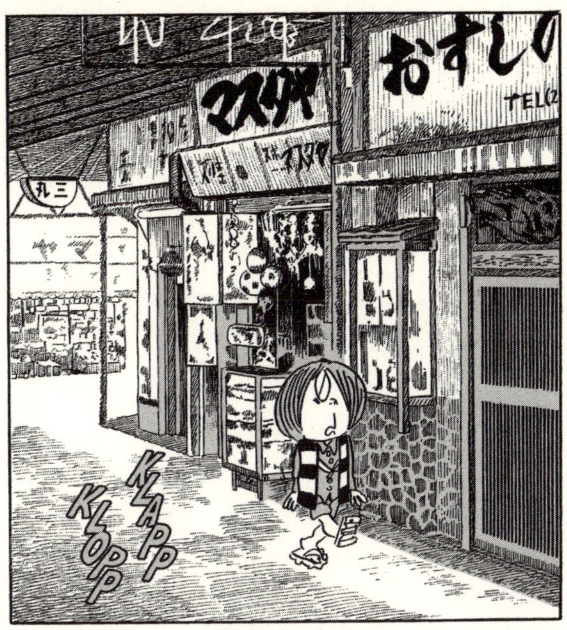
おすし
TEL(2
KLAPP
KLOPP

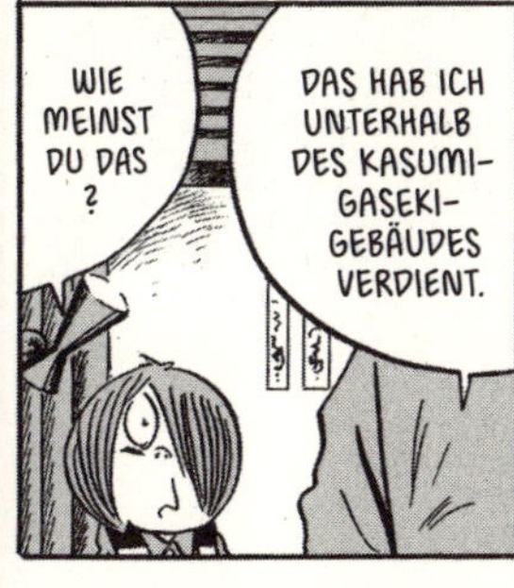
DAS HAB ICH UNTERHALB DES KASUMI-GASEKI-GEBÄUDES VERDIENT.
WIE MEINST DU DAS?

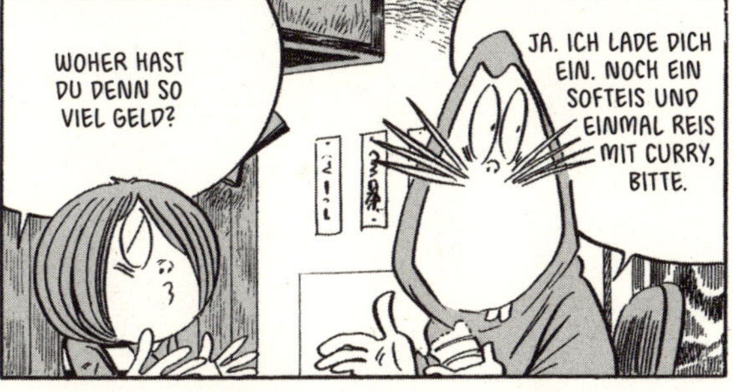
JA. ICH LADE DICH EIN. NOCH EIN SOFTEIS UND EINMAL REIS MIT CURRY, BITTE.
WOHER HAST DU DENN SO VIEL GELD?

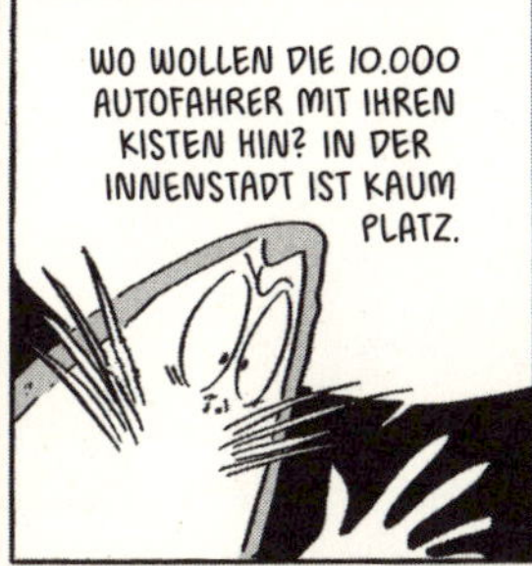
WO WOLLEN DIE 10.000 AUTOFAHRER MIT IHREN KISTEN HIN? IN DER INNENSTADT IST KAUM PLATZ.

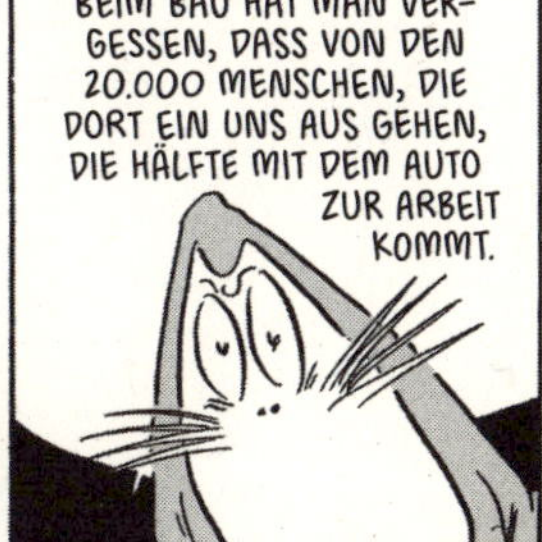
BEIM BAU HAT MAN VER-GESSEN, DASS VON DEN 20.000 MENSCHEN, DIE DORT EIN UND AUS GEHEN, DIE HÄLFTE MIT DEM AUTO ZUR ARBEIT KOMMT.

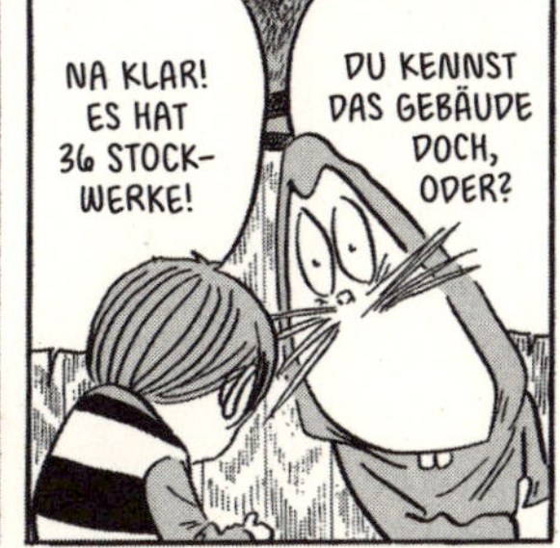
DU KENNST DAS GEBÄUDE DOCH, ODER?
NA KLAR! ES HAT 36 STOCK-WERKE!

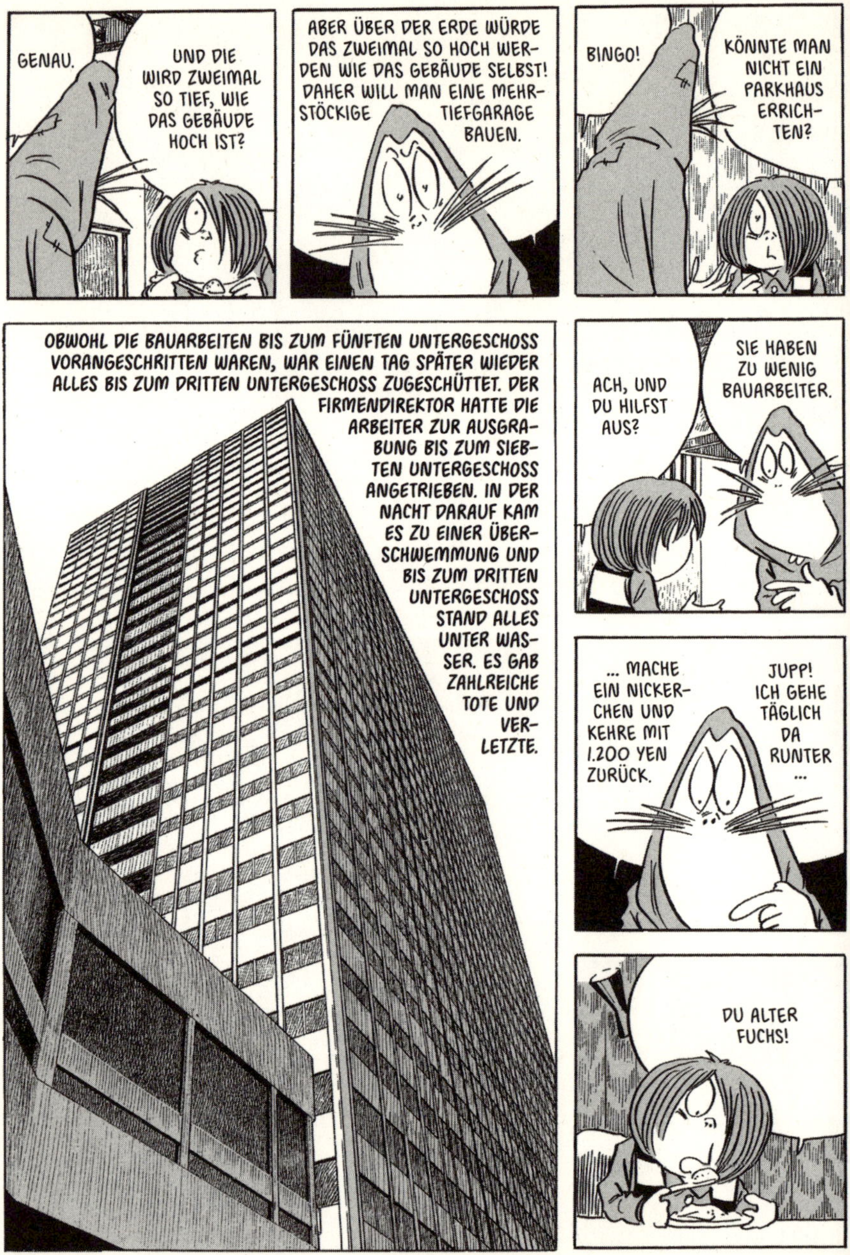

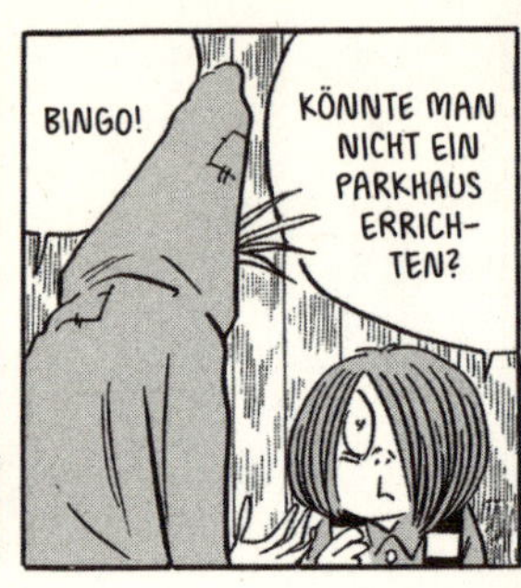
KÖNNTE MAN NICHT EIN PARKHAUS ERRICHTEN?
BINGO!

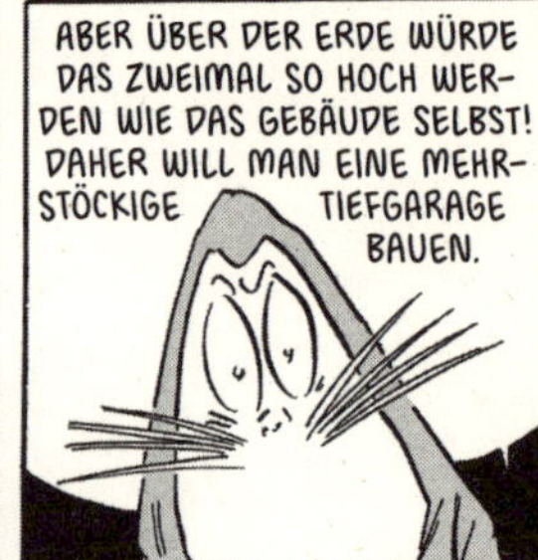
ABER ÜBER DER ERDE WÜRDE DAS ZWEIMAL SO HOCH WERDEN WIE DAS GEBÄUDE SELBST! DAHER WILL MAN EINE MEHRSTÖCKIGE TIEFGARAGE BAUEN.

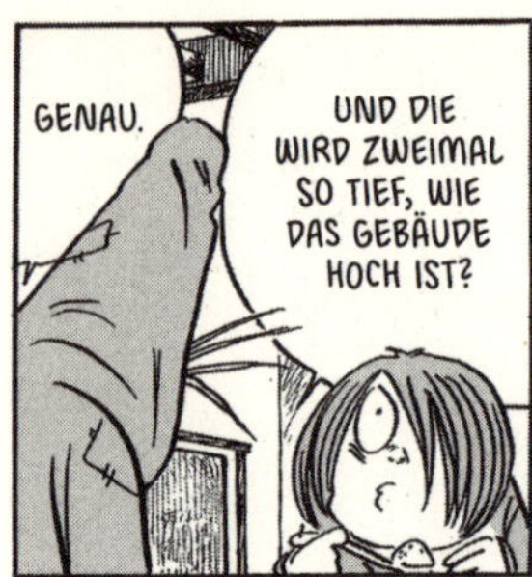
UND DIE WIRD ZWEIMAL SO TIEF, WIE DAS GEBÄUDE HOCH IST?
GENAU.

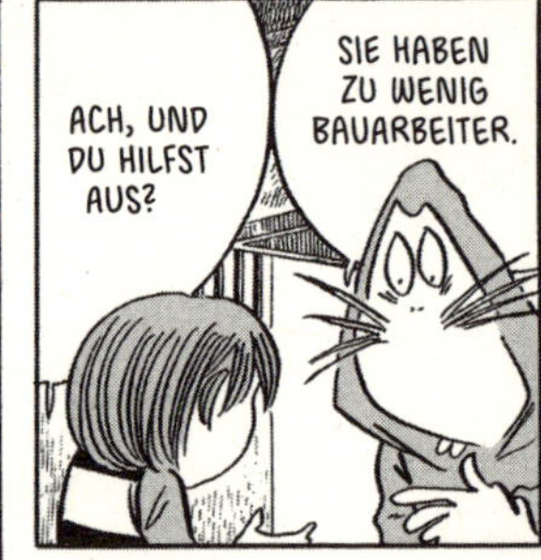
SIE HABEN ZU WENIG BAUARBEITER.
ACH, UND DU HILFST AUS?

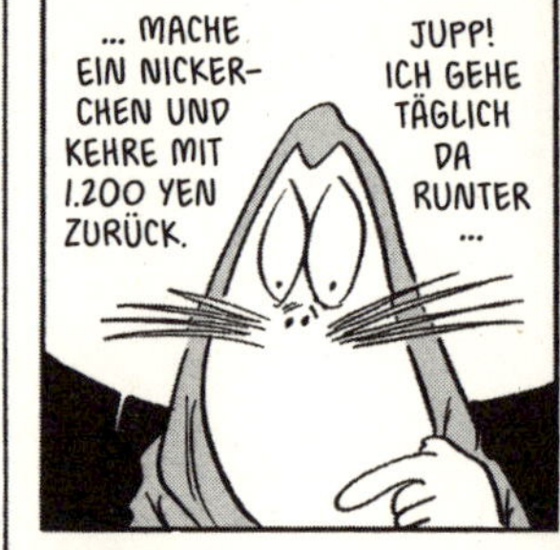
JUPP! ICH GEHE TÄGLICH DA RUNTER ...
... MACHE EIN NICKERCHEN UND KEHRE MIT 1.200 YEN ZURÜCK.

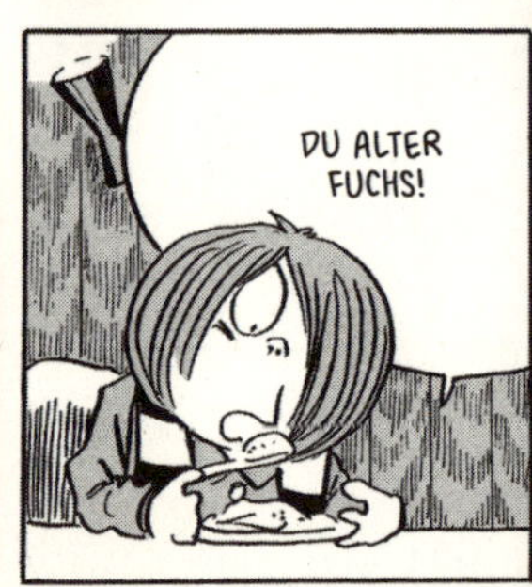
DU ALTER FUCHS!

OBWOHL DIE BAUARBEITEN BIS ZUM FÜNFTEN UNTERGESCHOSS VORANGESCHRITTEN WAREN, WAR EINEN TAG SPÄTER WIEDER ALLES BIS ZUM DRITTEN UNTERGESCHOSS ZUGESCHÜTTET. DER FIRMENDIREKTOR HATTE DIE ARBEITER ZUR AUSGRABUNG BIS ZUM SIEBTEN UNTERGESCHOSS ANGETRIEBEN. IN DER NACHT DARAUF KAM ES ZU EINER ÜBERSCHWEMMUNG UND BIS ZUM DRITTEN UNTERGESCHOSS STAND ALLES UNTER WASSER. ES GAB ZAHLREICHE TOTE UND VERLETZTE.

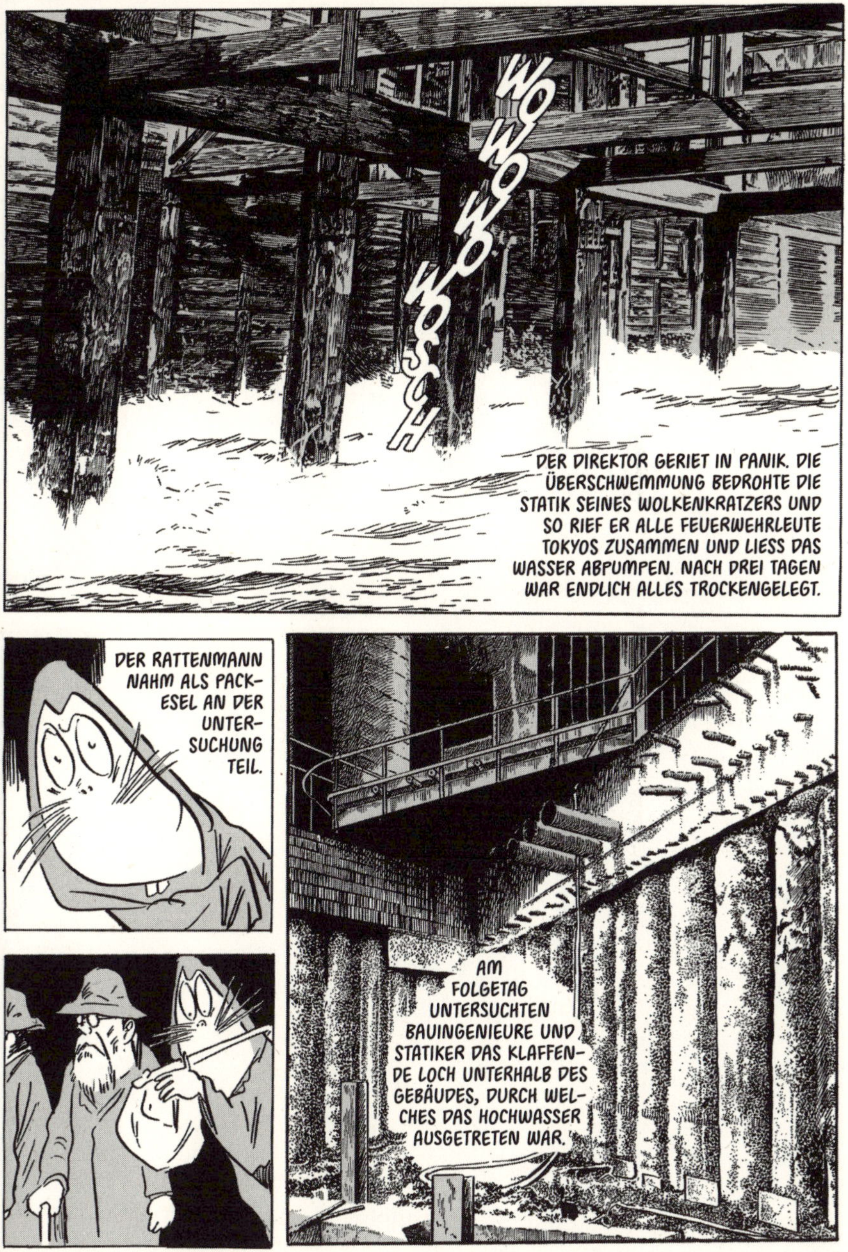

WOWOWOWOSCH

DER DIREKTOR GERIET IN PANIK. DIE ÜBERSCHWEMMUNG BEDROHTE DIE STATIK SEINES WOLKENKRATZERS UND SO RIEF ER ALLE FEUERWEHRLEUTE TOKYOS ZUSAMMEN UND LIESS DAS WASSER ABPUMPEN. NACH DREI TAGEN WAR ENDLICH ALLES TROCKENGELEGT.

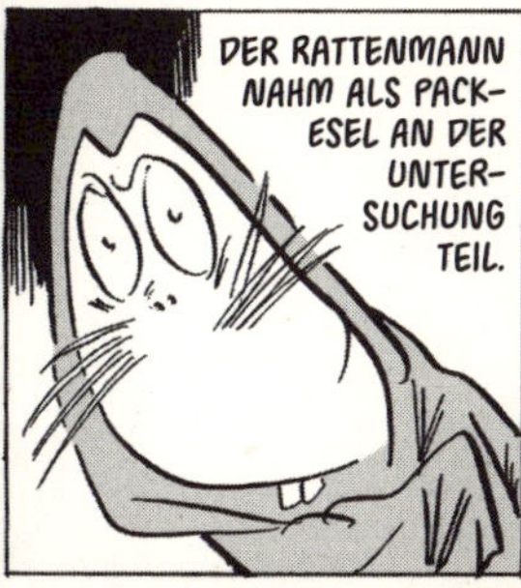
DER RATTENMANN NAHM ALS PACKESEL AN DER UNTERSUCHUNG TEIL.

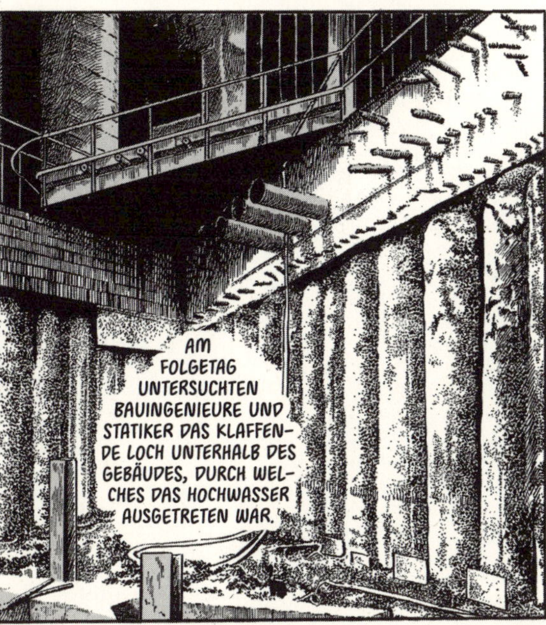
AM FOLGETAG UNTERSUCHTEN BAUINGENIEURE UND STATIKER DAS KLAFFENDE LOCH UNTERHALB DES GEBÄUDES, DURCH WELCHES DAS HOCHWASSER AUSGETRETEN WAR.

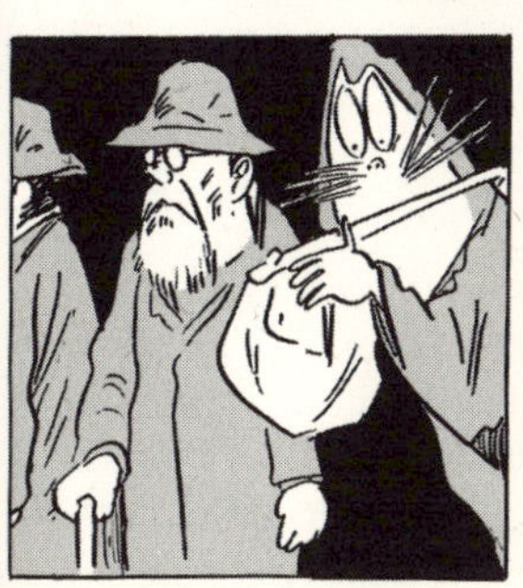

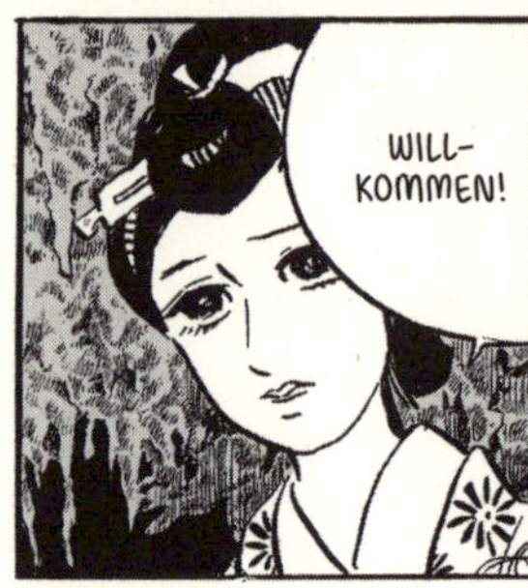
WILL-
KOMMEN!

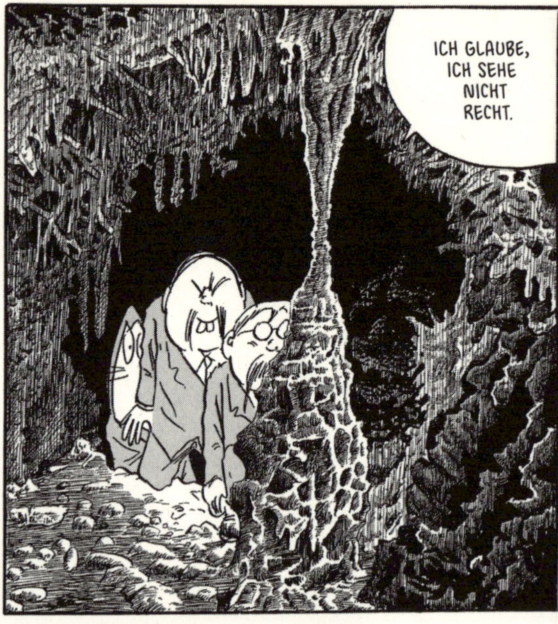
ICH GLAUBE,
ICH SEHE
NICHT
RECHT.

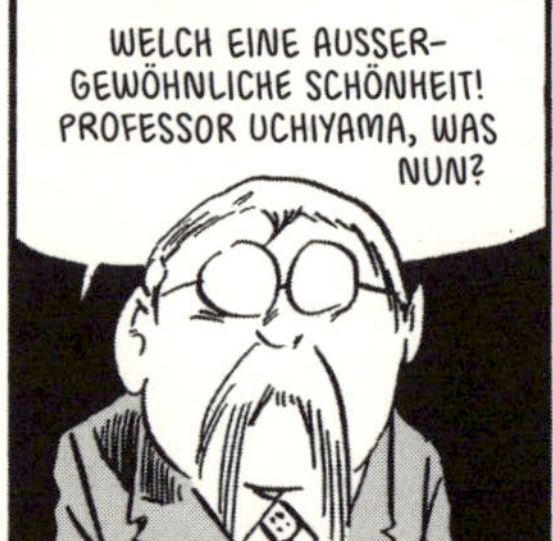
WELCH EINE AUSSER-
GEWÖHNLICHE SCHÖNHEIT!
PROFESSOR UCHIYAMA, WAS
NUN?

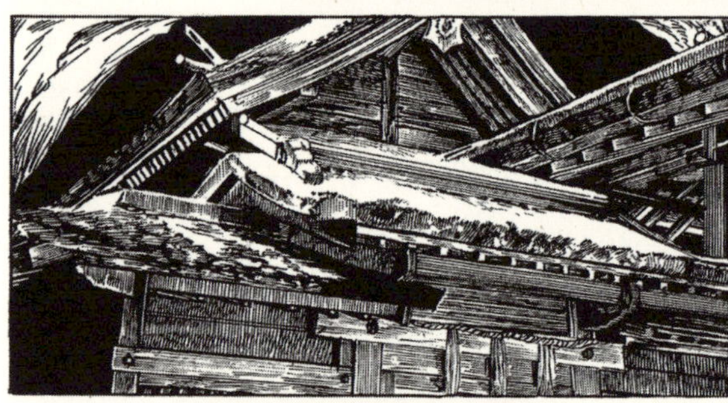

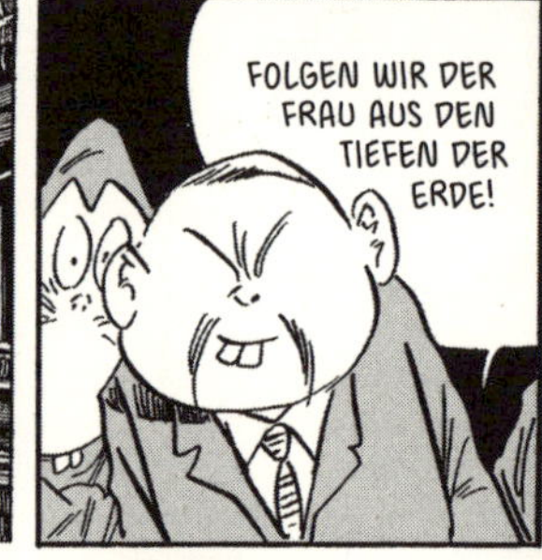
FOLGEN WIR DER
FRAU AUS DEN
TIEFEN DER
ERDE!

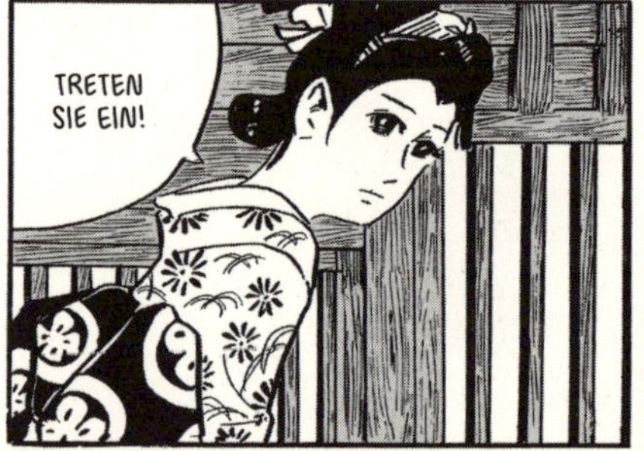
TRETEN
SIE EIN!

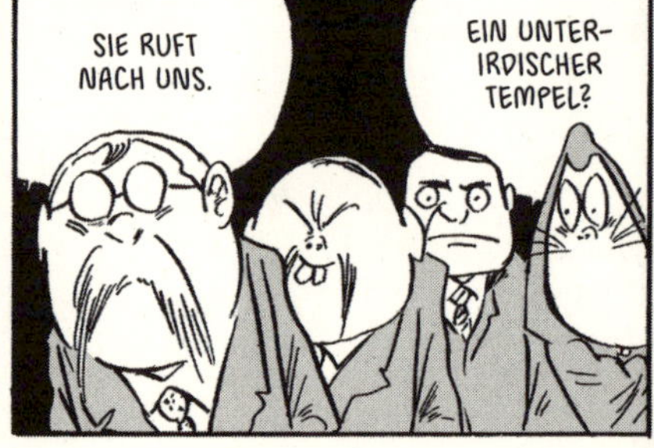
EIN UNTER-
IRDISCHER
TEMPEL?
SIE RUFT
NACH UNS.

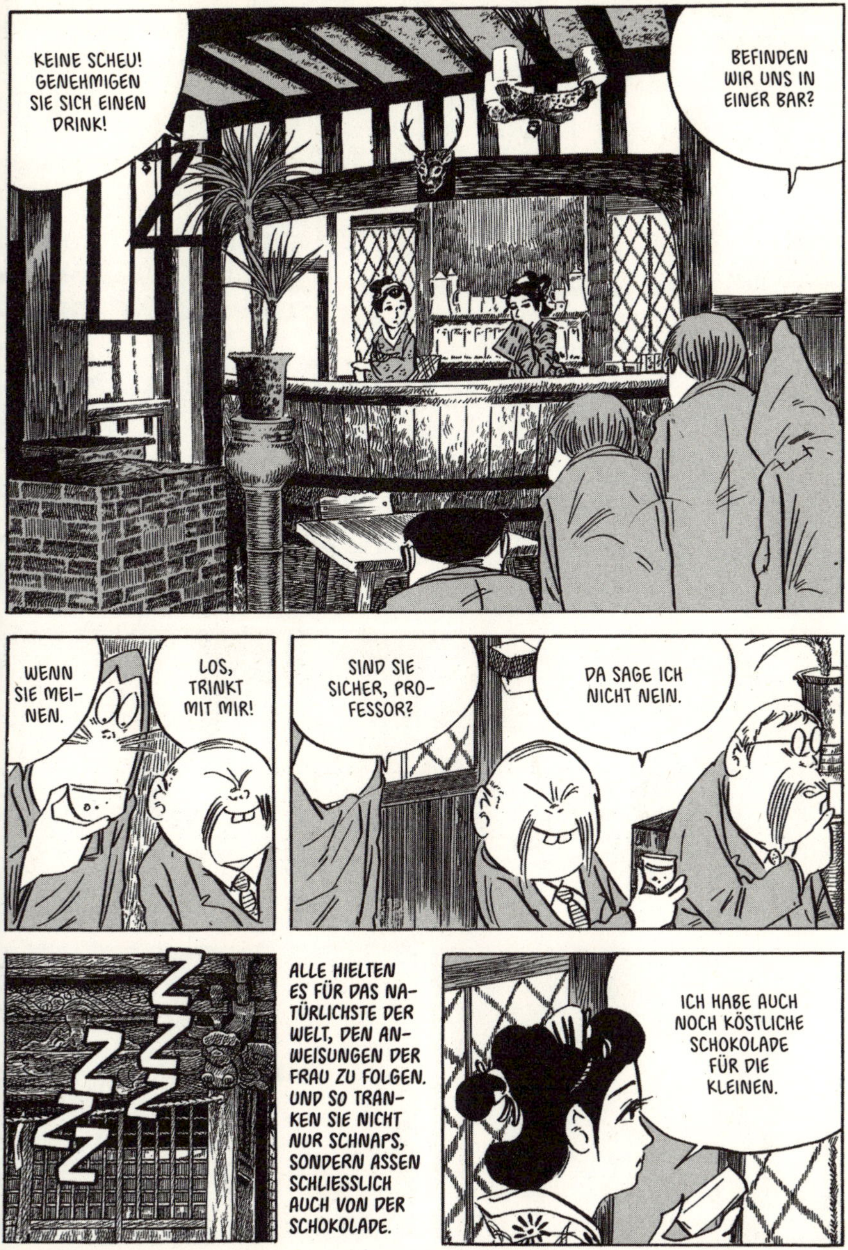

KEINE SCHEU! GENEHMIGEN SIE SICH EINEN DRINK!

BEFINDEN WIR UNS IN EINER BAR?

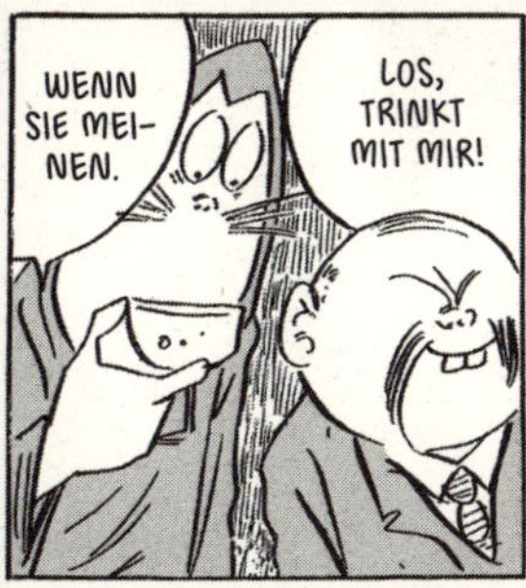

WENN SIE MEI-NEN.
LOS, TRINKT MIT MIR!

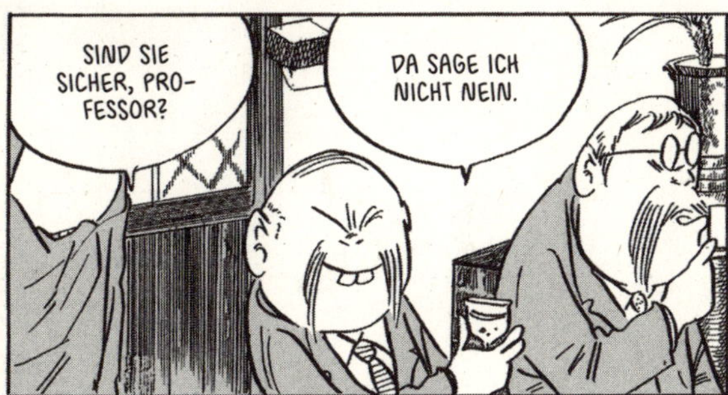

SIND SIE SICHER, PRO-FESSOR?
DA SAGE ICH NICHT NEIN.

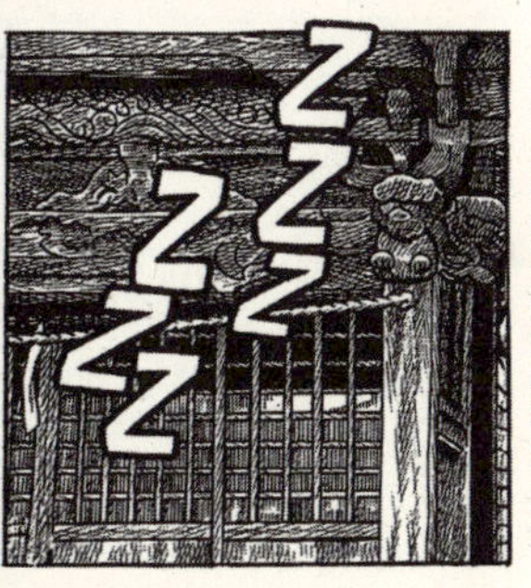

ZZZZ

ALLE HIELTEN ES FÜR DAS NATÜRLICHSTE DER WELT, DEN ANWEISUNGEN DER FRAU ZU FOLGEN. UND SO TRANKEN SIE NICHT NUR SCHNAPS, SONDERN ASSEN SCHLIESSLICH AUCH VON DER SCHOKOLADE.

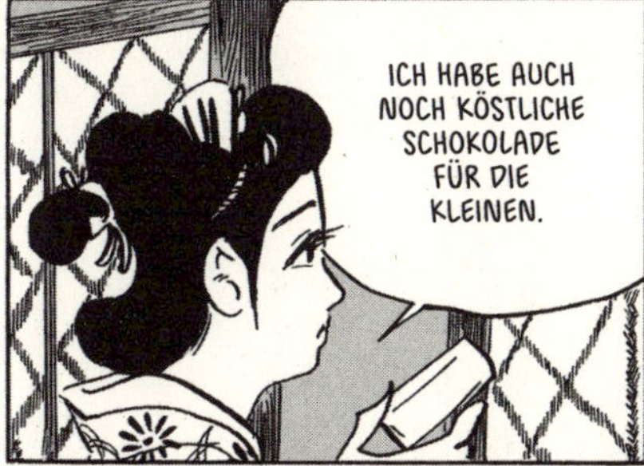

ICH HABE AUCH NOCH KÖSTLICHE SCHOKOLADE FÜR DIE KLEINEN.

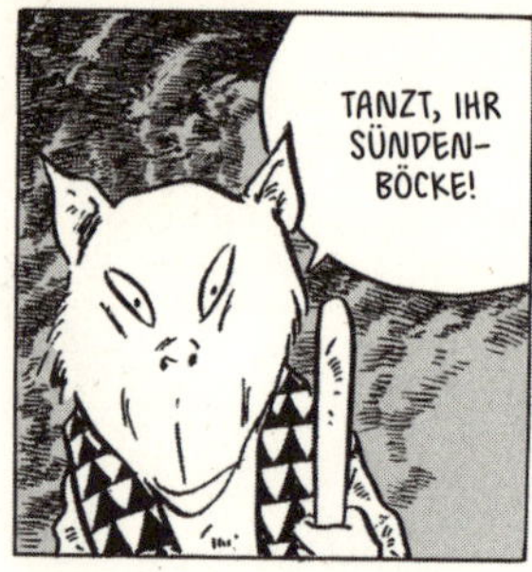
TANZT, IHR SÜNDEN-BÖCKE!

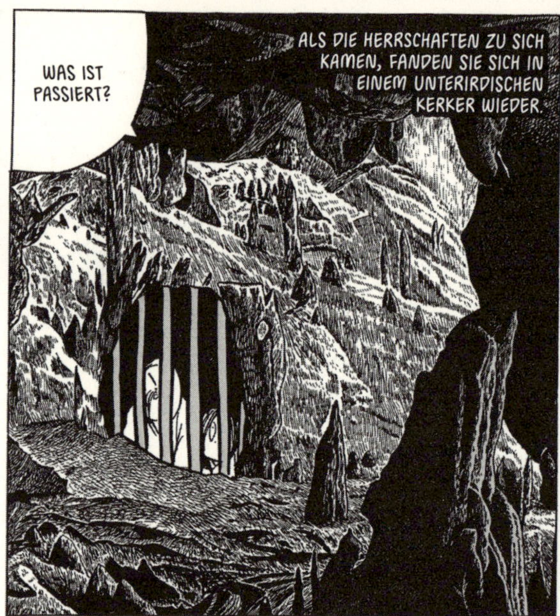
ALS DIE HERRSCHAFTEN ZU SICH KAMEN, FANDEN SIE SICH IN EINEM UNTERIRDISCHEN KERKER WIEDER.
WAS IST PASSIERT?

EIN WILDER FUCHS WAR ERSCHIENEN UND LIESS DIE MÄNNER UNENTWEGT IM KREIS TANZEN. WILDE FÜCHSE SIND UNTER DEN FUCHSGEISTERN DER NIEDRIGSTE RANG. ÜBER IHNEN BEFINDEN SICH DIE SEELENFÜCHSE, DIE VERWANDLUNGSKRÄFTE BESITZEN. DANN FOLGEN DIE ELEMENTARFÜCHSE, DIE ERDE, WASSER, FEUER UND WIND KONTROLLIEREN KÖNNEN. AN DER SPITZE THRONT DIE HIMMELSFÜCHSIN, DIE SICH NUR SELTEN ZEIGT.

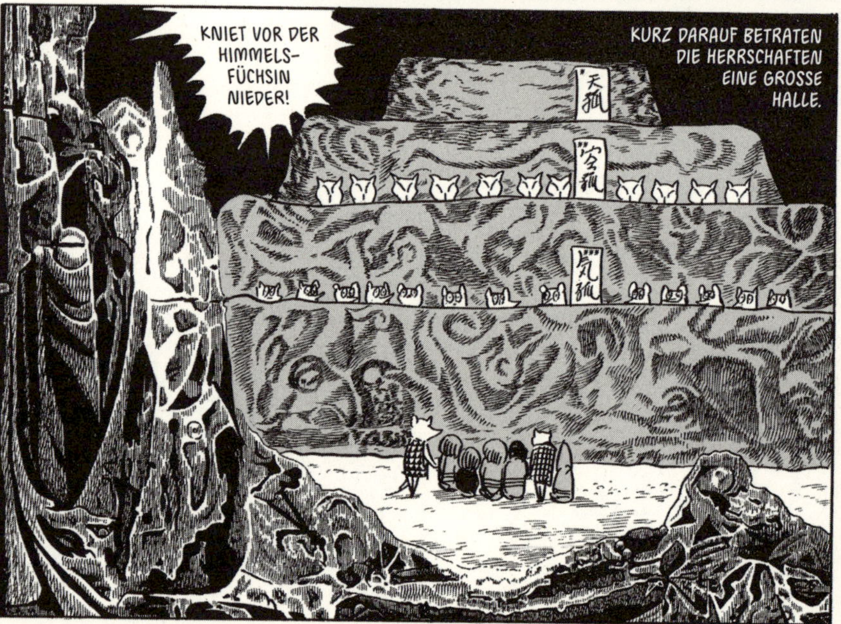

KURZ DARAUF BETRATEN DIE HERRSCHAFTEN EINE GROSSE HALLE.

KNIET VOR DER HIMMELSFÜCHSIN NIEDER!

* 天狐

** 空狐

*** 気狐

* HIMMELSFÜCHSIN ** ELEMENTARFÜCHSE *** SEELENFÜCHSE

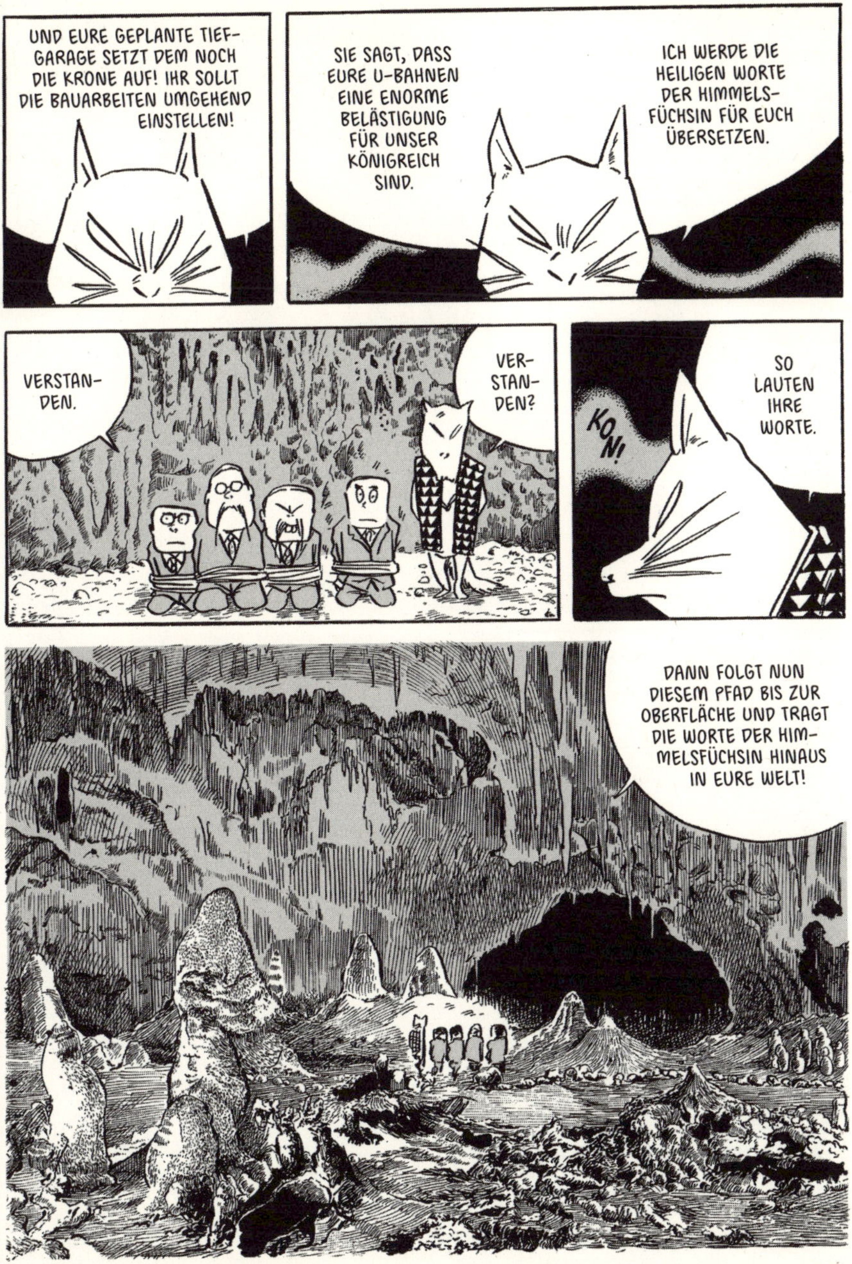

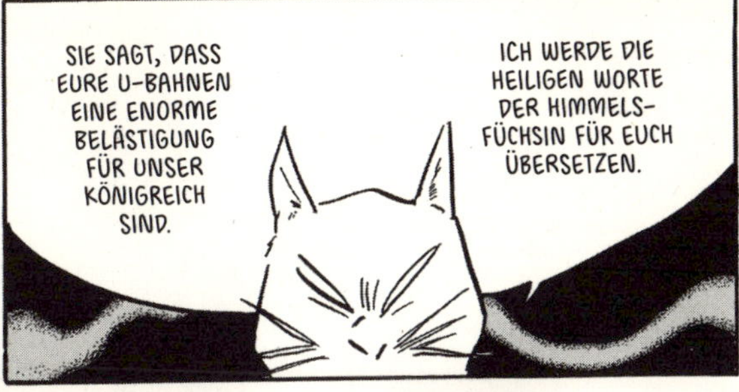
ICH WERDE DIE HEILIGEN WORTE DER HIMMELS-FÜCHSIN FÜR EUCH ÜBERSETZEN.
SIE SAGT, DASS EURE U-BAHNEN EINE ENORME BELÄSTIGUNG FÜR UNSER KÖNIGREICH SIND.

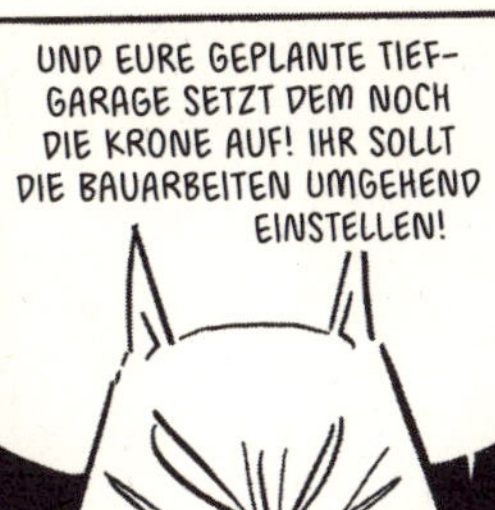
UND EURE GEPLANTE TIEF-GARAGE SETZT DEM NOCH DIE KRONE AUF! IHR SOLLT DIE BAUARBEITEN UMGEHEND EINSTELLEN!

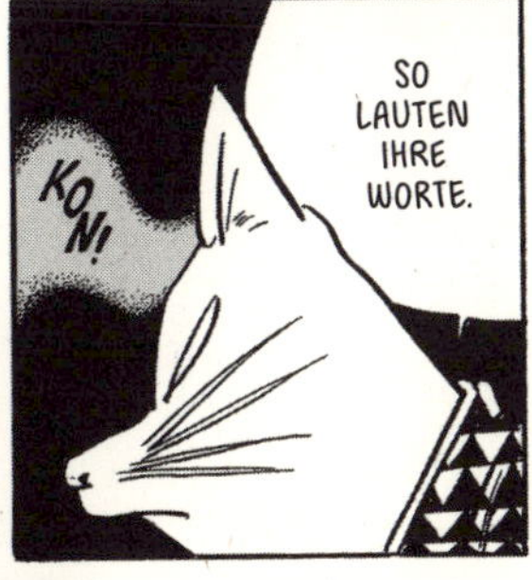
KON!
SO LAUTEN IHRE WORTE.

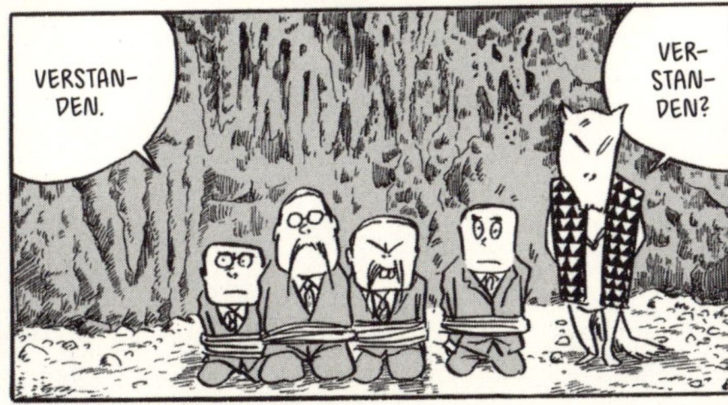
VER-STAN-DEN?
VERSTAN-DEN.

DANN FOLGT NUN DIESEM PFAD BIS ZUR OBERFLÄCHE UND TRAGT DIE WORTE DER HIM-MELSFÜCHSIN HINAUS IN EURE WELT!

UMGEHEND MELDETEN DIE PROFESSOREN DEN MYSTERIÖSEN VORFALL. SOGAR IM PARLAMENT WURDE DARÜBER DISKUTIERT. SCHLIESSLICH WURDE EIN SPEZIELLER TRUPP DER VERTEIDIGUNGSSTREITKRÄFTE ENTSANDT, VON DESSEN MITGLIEDERN JEDOCH KEINES WIEDERKEHRTE. DASS SIE VON FÜCHSEN HERUMKOMMANDIERT WURDEN, NAGTE AM SELBSTBEWUSSTSEIN DER JAPANISCHEN INGENIEURE. MAN SETZTE NOCH MEHR PERSONAL FÜR DAS PROJEKT EIN, DOCH NICHTS LIEF NACH PLAN. DIE ARBEITER WURDEN VON DEN FÜCHSEN AUSGETRICKST, BAUGERÜSTE STÜRZTEN EIN UND NICHT WENIGE WURDEN VERLETZT ODER STARBEN. DIE ZAHL DER OPFER WAR HOCH. AUF EMPFEHLUNG DES RATTENMANNS WURDE KITARO UM HILFE GERUFEN.

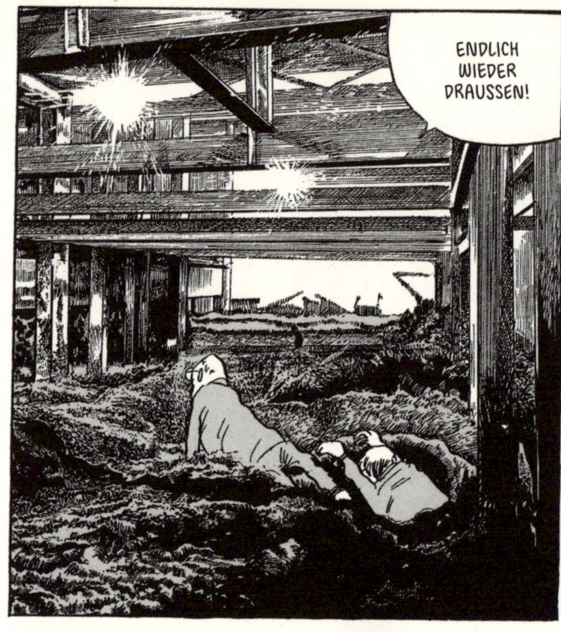
ENDLICH WIEDER DRAUSSEN!

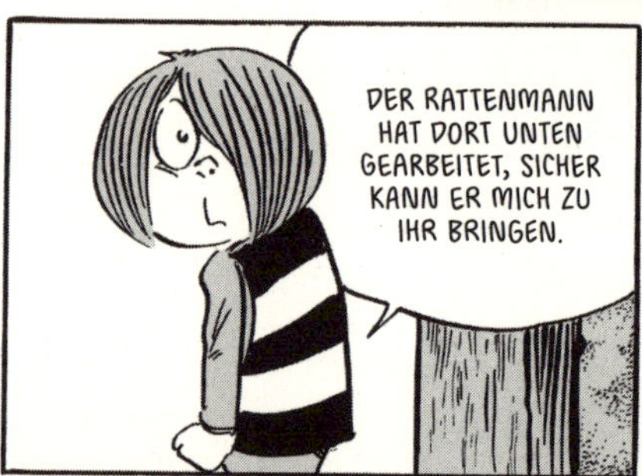
DER RATTENMANN HAT DORT UNTEN GEARBEITET, SICHER KANN ER MICH ZU IHR BRINGEN.

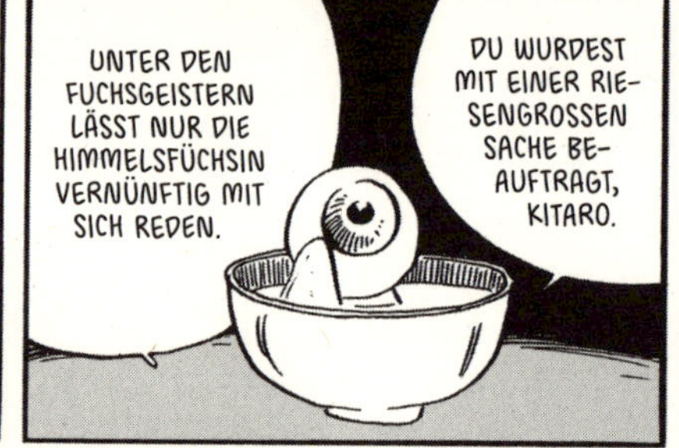
UNTER DEN FUCHSGEISTERN LÄSST NUR DIE HIMMELSFÜCHSIN VERNÜNFTIG MIT SICH REDEN.
DU WURDEST MIT EINER RIESENGROSSEN SACHE BEAUFTRAGT, KITARO.

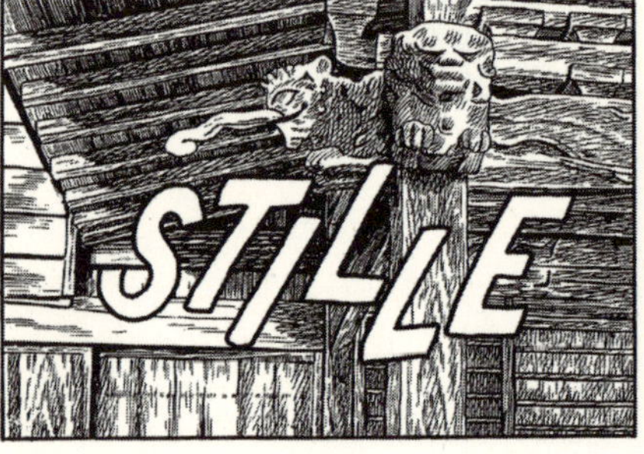
STILLE

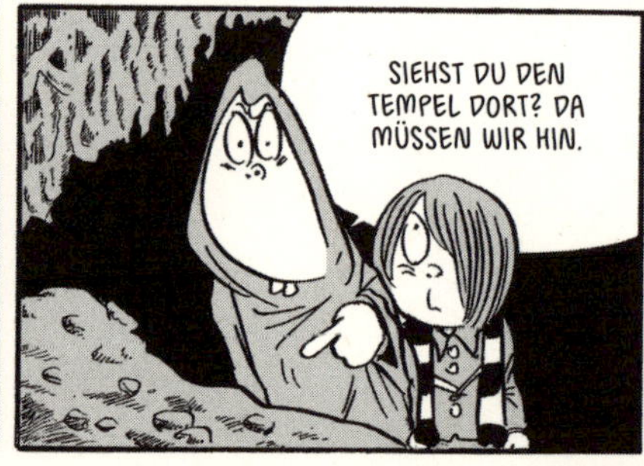
SIEHST DU DEN TEMPEL DORT? DA MÜSSEN WIR HIN.

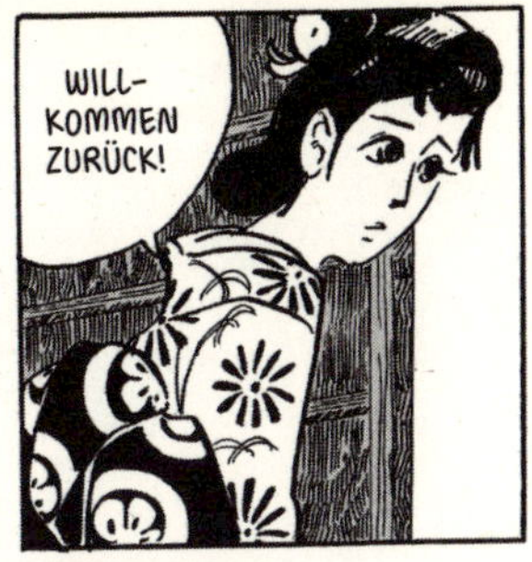
WILL-
KOMMEN
ZURÜCK!

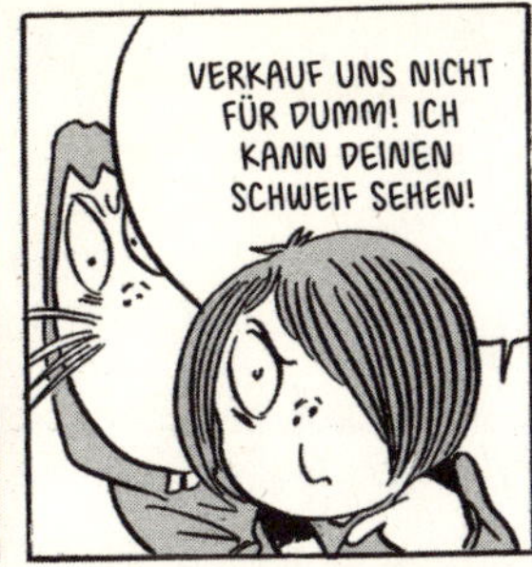
VERKAUF UNS NICHT FÜR DUMM! ICH KANN DEINEN SCHWEIF SEHEN!

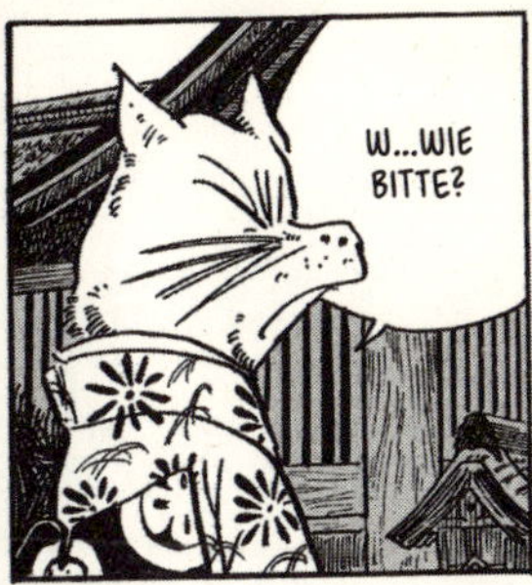
W...WIE BITTE?

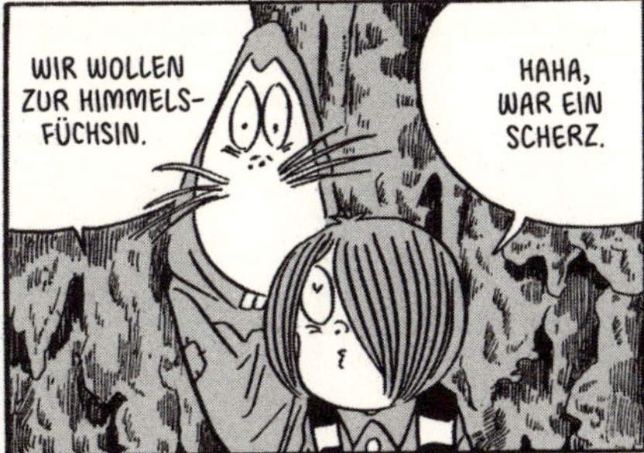
HAHA, WAR EIN SCHERZ.
WIR WOLLEN ZUR HIMMELS-FÜCHSIN.

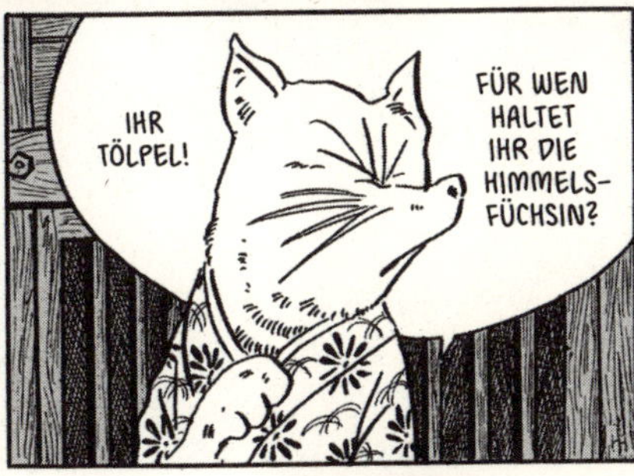
FÜR WEN HALTET IHR DIE HIMMELS-FÜCHSIN?
IHR TÖLPEL!

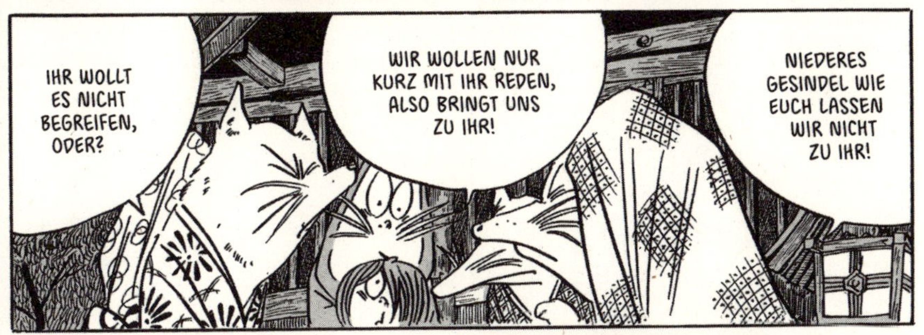
NIEDERES GESINDEL WIE EUCH LASSEN WIR NICHT ZU IHR!
WIR WOLLEN NUR KURZ MIT IHR REDEN, ALSO BRINGT UNS ZU IHR!
IHR WOLLT ES NICHT BEGREIFEN, ODER?

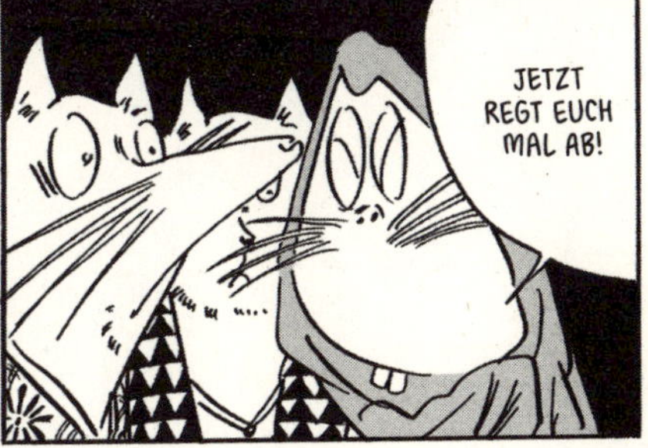
JETZT REGT EUCH MAL AB!

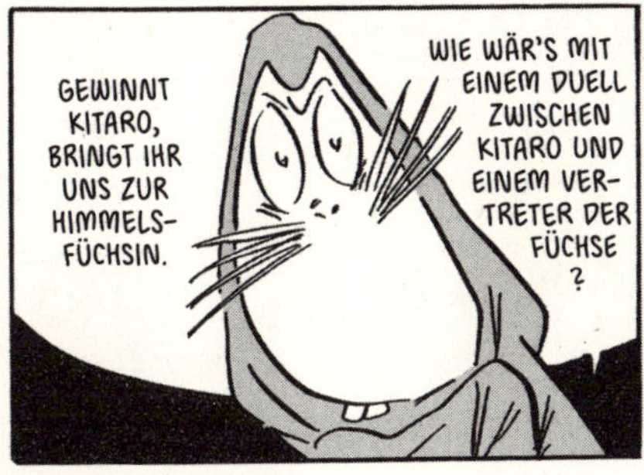
WIE WÄR'S MIT EINEM DUELL ZWISCHEN KITARO UND EINEM VER-TRETER DER FÜCHSE ?
GEWINNT KITARO, BRINGT IHR UNS ZUR HIMMELS-FÜCHSIN.

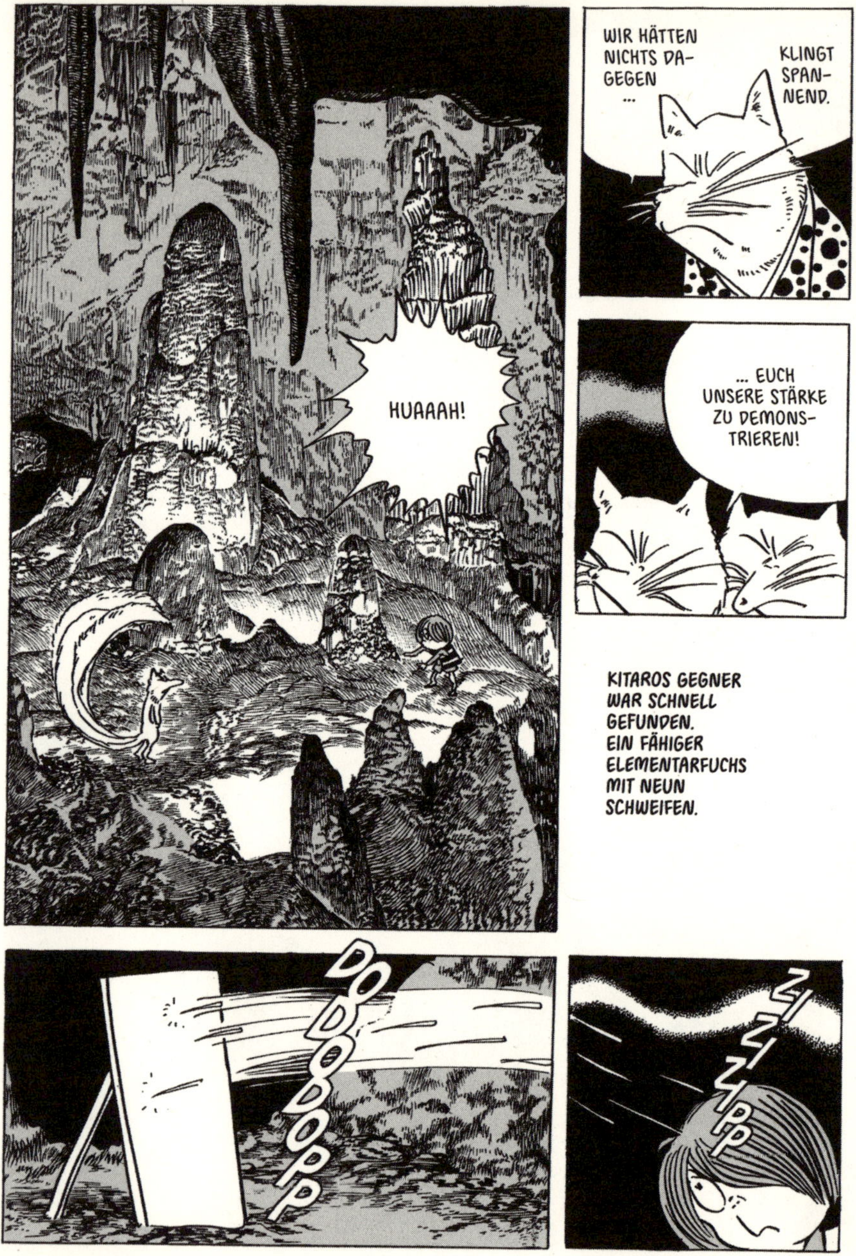

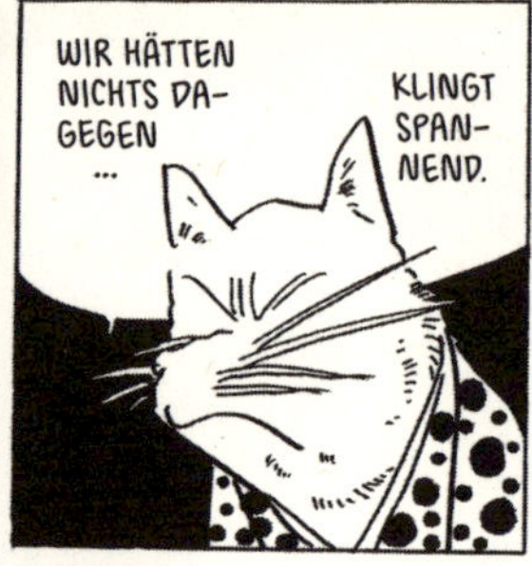
KLINGT SPAN-NEND.
WIR HÄTTEN NICHTS DAGEGEN ...

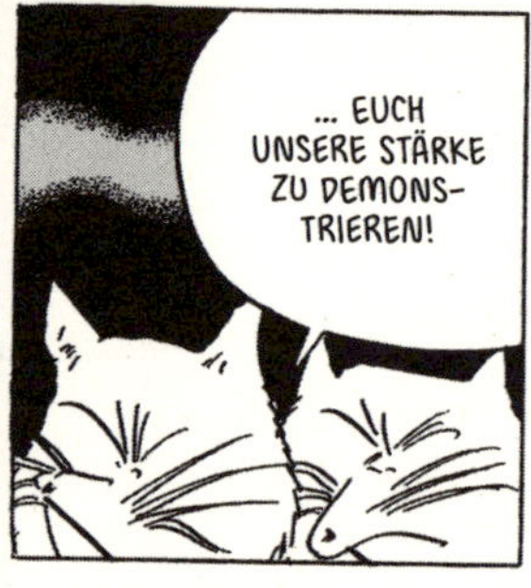
... EUCH UNSERE STÄRKE ZU DEMONSTRIEREN!

KITAROS GEGNER WAR SCHNELL GEFUNDEN. EIN FÄHIGER ELEMENTARFUCHS MIT NEUN SCHWEIFEN.

HUAAAH!

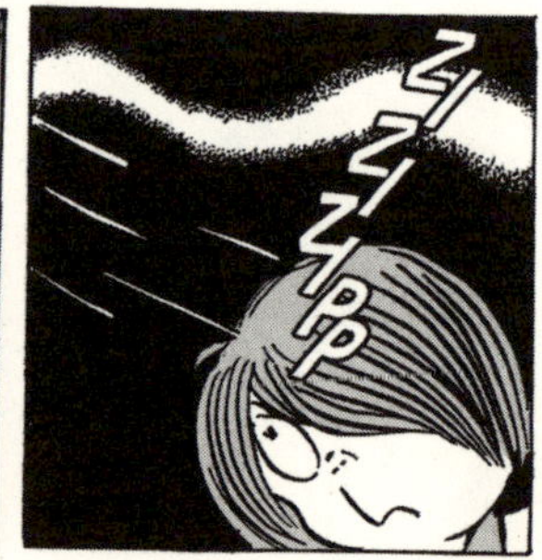
ZIZIZIPP

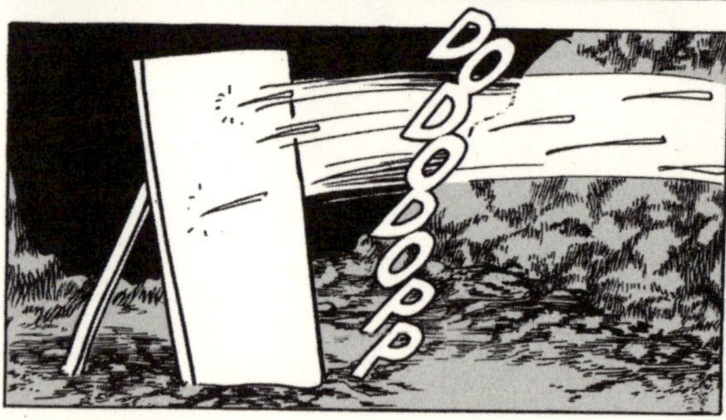
DODODOPP

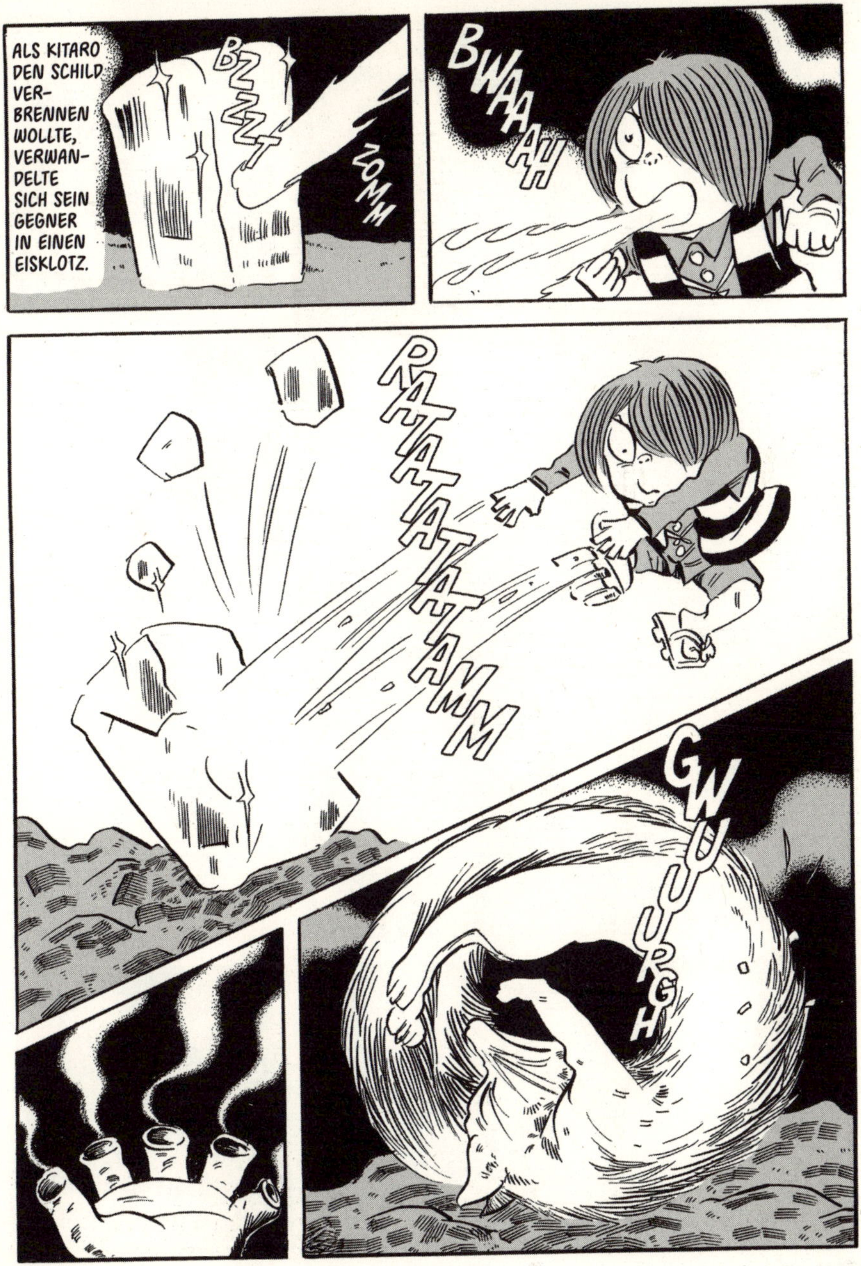

ALS KITARO DEN SCHILD VERBRENNEN WOLLTE, VERWANDELTE SICH SEIN GEGNER IN EINEN EISKLOTZ.

BZZZT

ZOMM

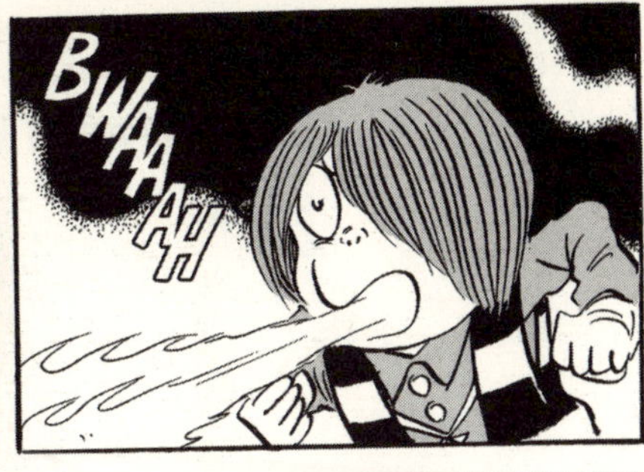

RATATATATAMM

GWUUURGH

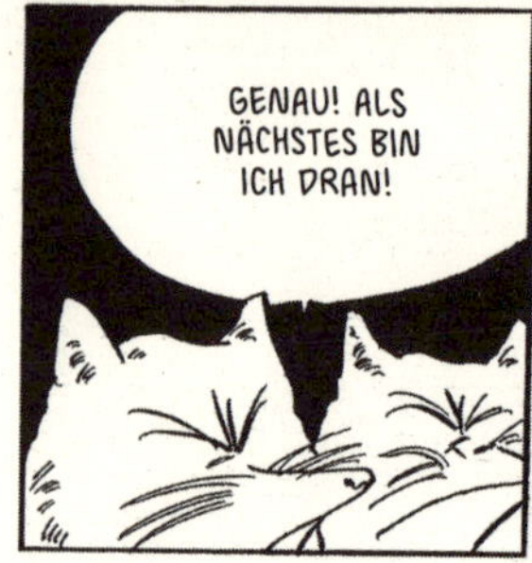
GENAU! ALS NÄCHSTES BIN ICH DRAN!

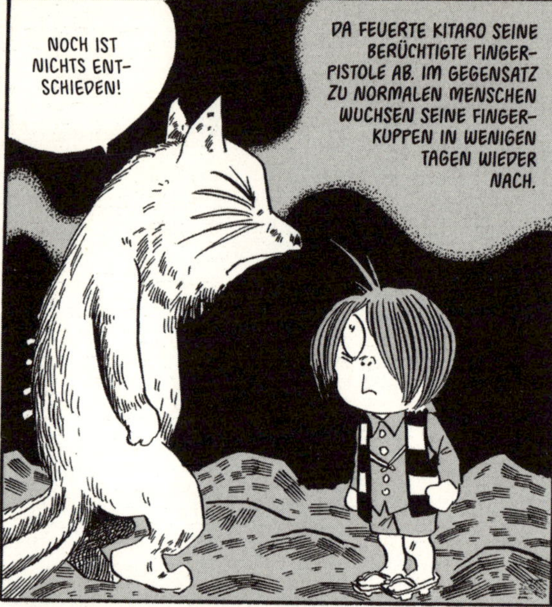
NOCH IST NICHTS ENT-SCHIEDEN!
DA FEUERTE KITARO SEINE BERÜCHTIGTE FINGER-PISTOLE AB. IM GEGENSATZ ZU NORMALEN MENSCHEN WUCHSEN SEINE FINGER-KUPPEN IN WENIGEN TAGEN WIEDER NACH.

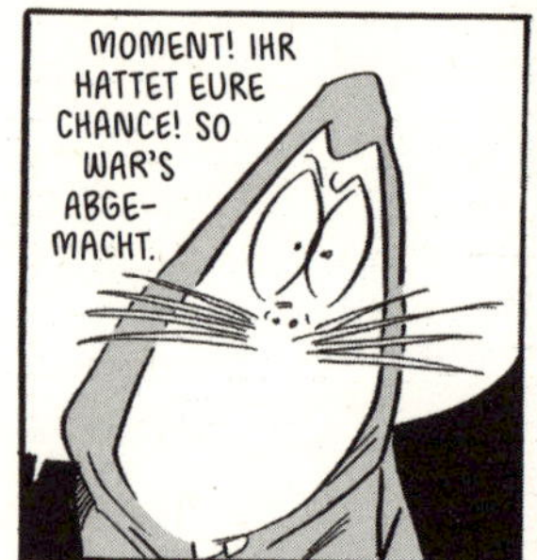
MOMENT! IHR HATTET EURE CHANCE! SO WAR'S ABGE-MACHT.

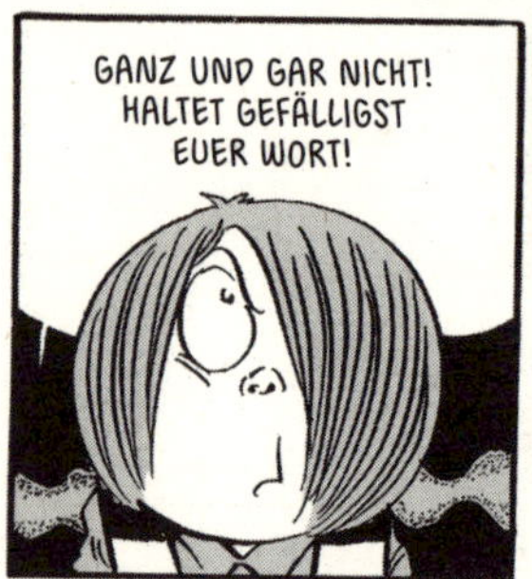
GANZ UND GAR NICHT! HALTET GEFÄLLIGST EUER WORT!

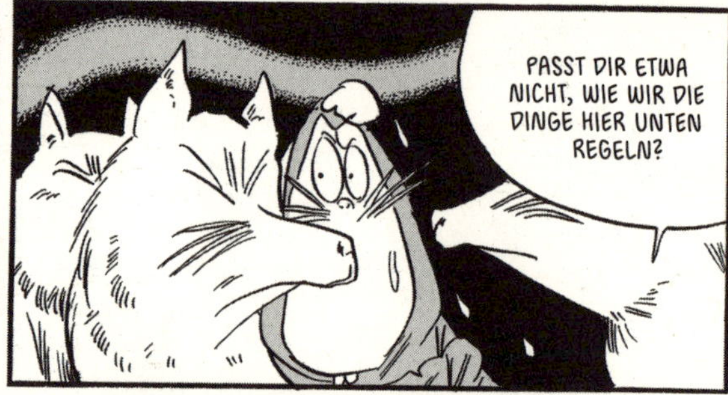
PASST DIR ETWA NICHT, WIE WIR DIE DINGE HIER UNTEN REGELN?

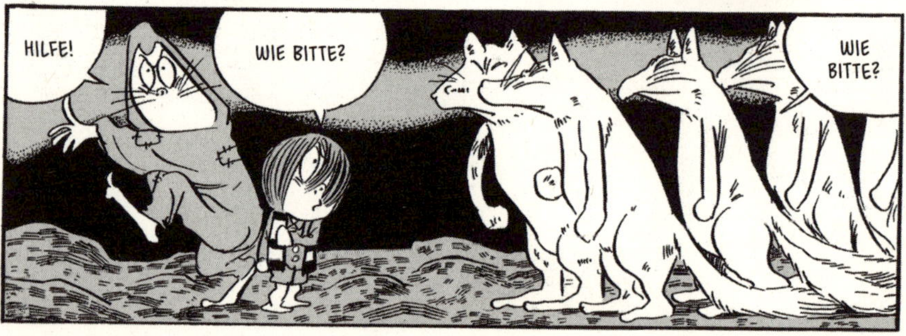
HILFE!
WIE BITTE?
WIE BITTE?

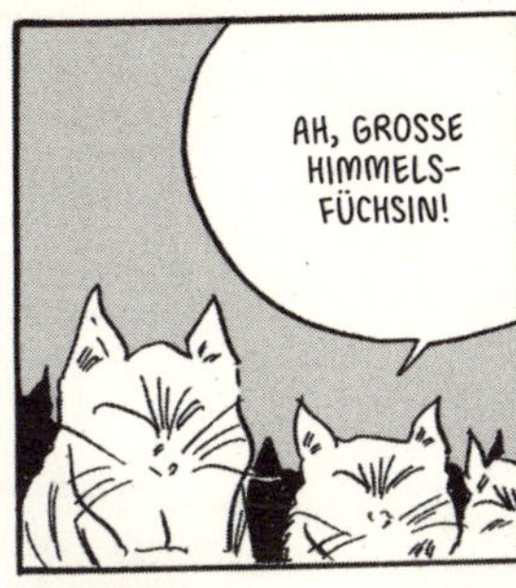
AH, GROSSE HIMMELS-FÜCHSIN!

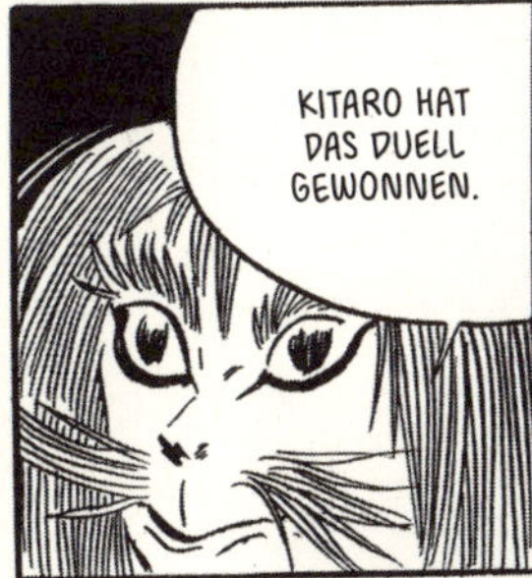
KITARO HAT DAS DUELL GEWONNEN.

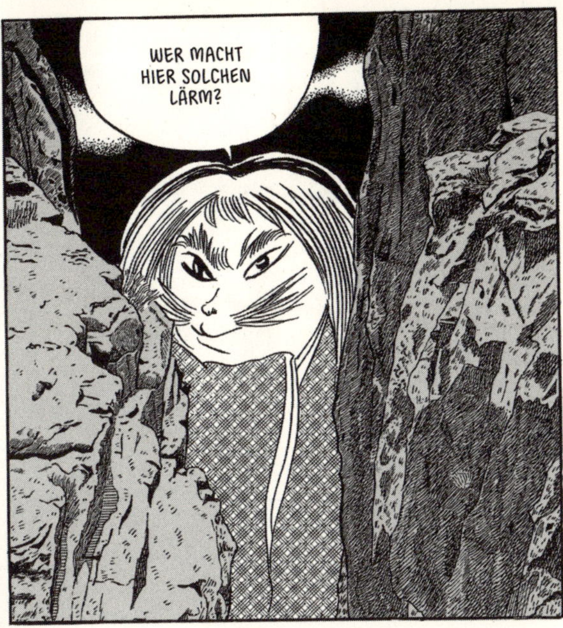
WER MACHT HIER SOLCHEN LÄRM?

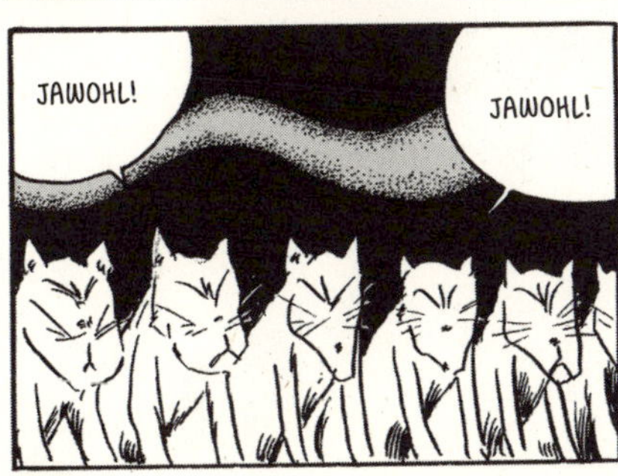
JAWOHL!
JAWOHL!

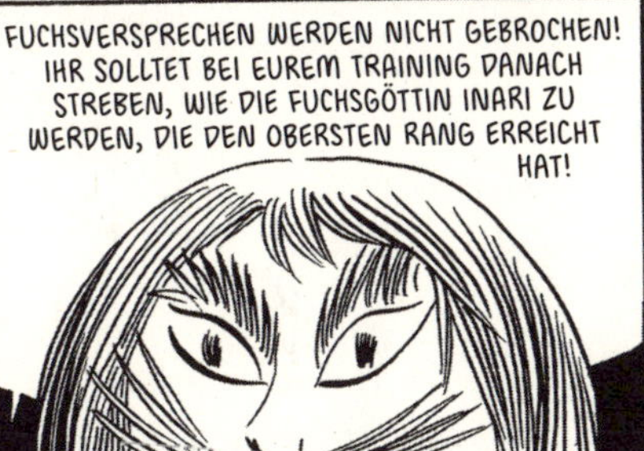
FUCHSVERSPRECHEN WERDEN NICHT GEBROCHEN! IHR SOLLTET BEI EUREM TRAINING DANACH STREBEN, WIE DIE FUCHSGÖTTIN INARI ZU WERDEN, DIE DEN OBERSTEN RANG ERREICHT HAT!

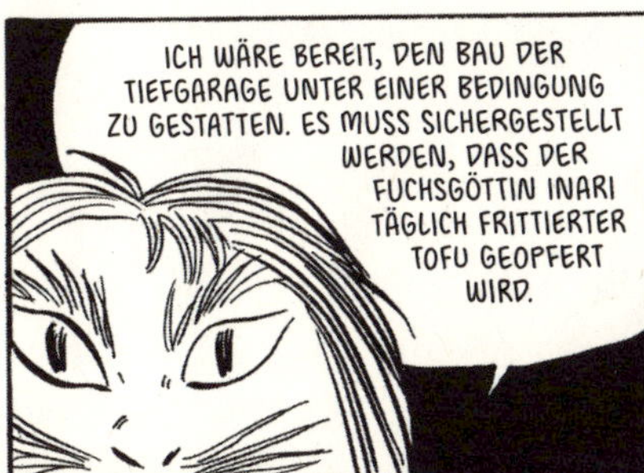
ICH WÄRE BEREIT, DEN BAU DER TIEFGARAGE UNTER EINER BEDINGUNG ZU GESTATTEN. ES MUSS SICHERGESTELLT WERDEN, DASS DER FUCHSGÖTTIN INARI TÄGLICH FRITTIERTER TOFU GEOPFERT WIRD.

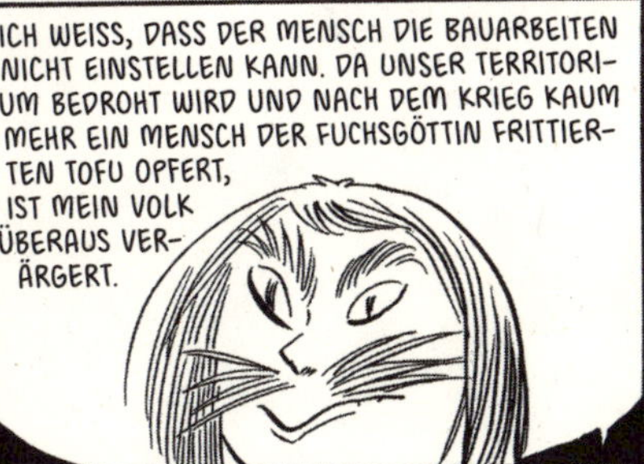
ICH WEISS, DASS DER MENSCH DIE BAUARBEITEN NICHT EINSTELLEN KANN. DA UNSER TERRITORIUM BEDROHT WIRD UND NACH DEM KRIEG KAUM MEHR EIN MENSCH DER FUCHSGÖTTIN FRITTIERTEN TOFU OPFERT, IST MEIN VOLK ÜBERAUS VERÄRGERT.

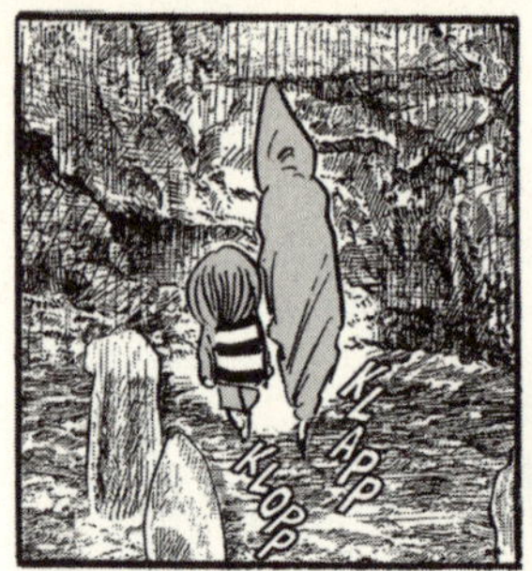
KLAPP
KLOPP

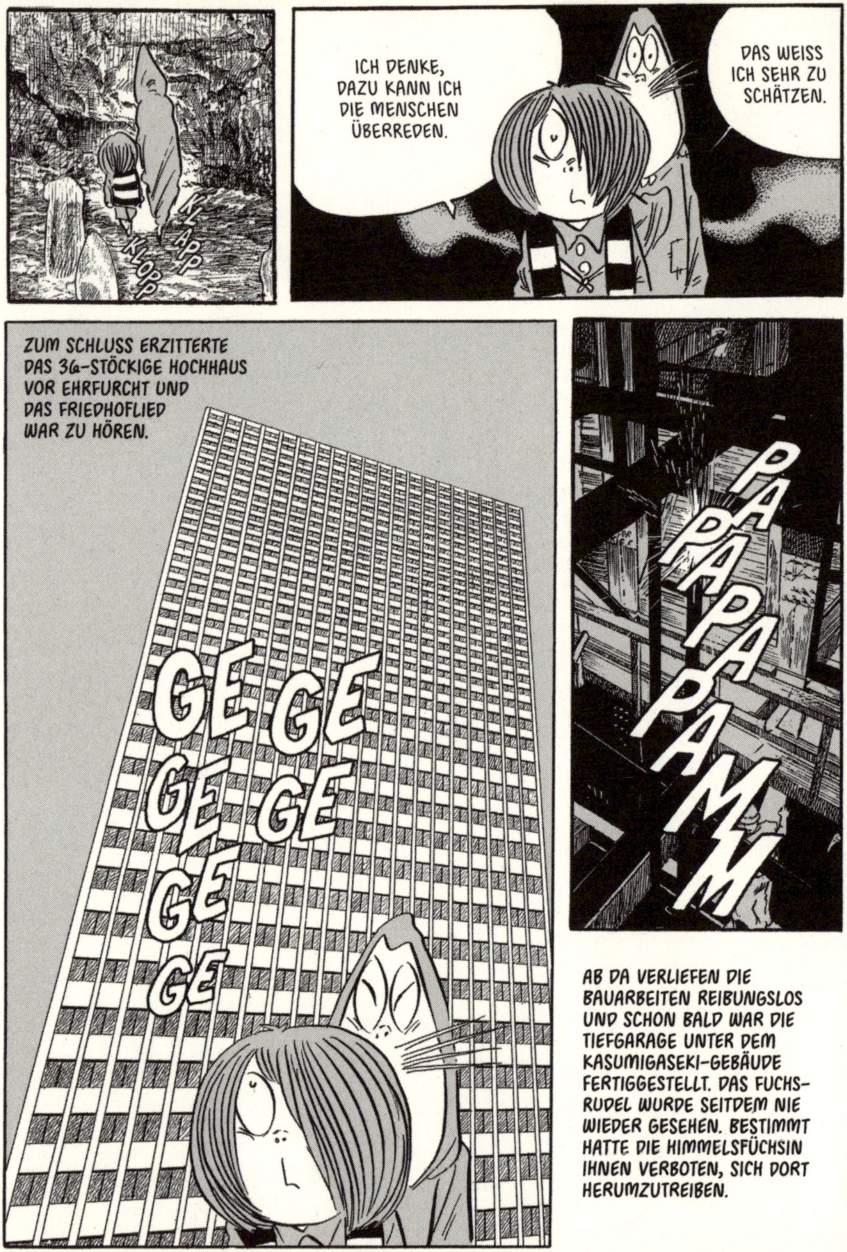

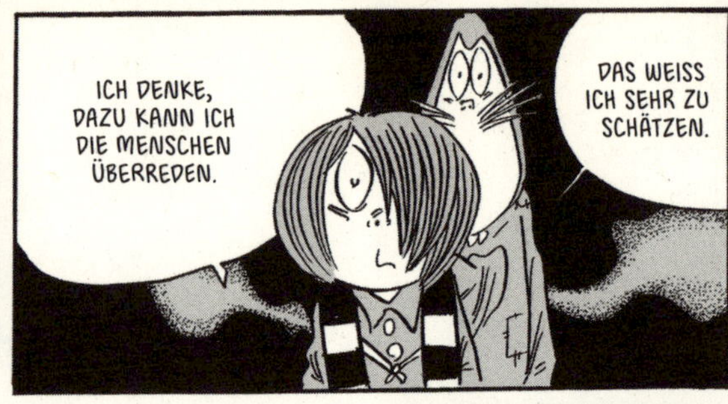
ICH DENKE, DAZU KANN ICH DIE MENSCHEN ÜBERREDEN.
DAS WEISS ICH SEHR ZU SCHÄTZEN.

ZUM SCHLUSS ERZITTERTE DAS 36-STÖCKIGE HOCHHAUS VOR EHRFURCHT UND DAS FRIEDHOFLIED WAR ZU HÖREN.

GE GE GE GE GE GE GE

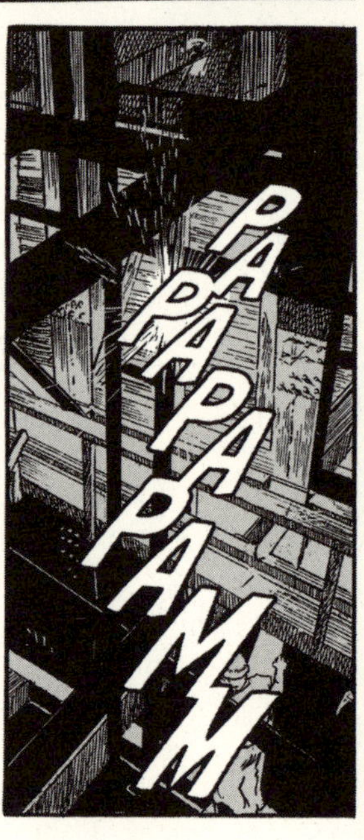
PAPAPAPAMM

AB DA VERLIEFEN DIE BAUARBEITEN REIBUNGSLOS UND SCHON BALD WAR DIE TIEFGARAGE UNTER DEM KASUMIGASEKI-GEBÄUDE FERTIGGESTELLT. DAS FUCHSRUDEL WURDE SEITDEM NIE WIEDER GESEHEN. BESTIMMT HATTE DIE HIMMELSFÜCHSIN IHNEN VERBOTEN, SICH DORT HERUMZUTREIBEN.

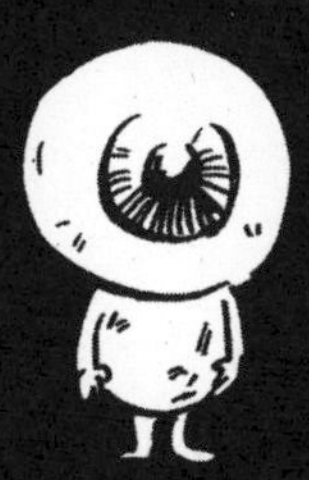

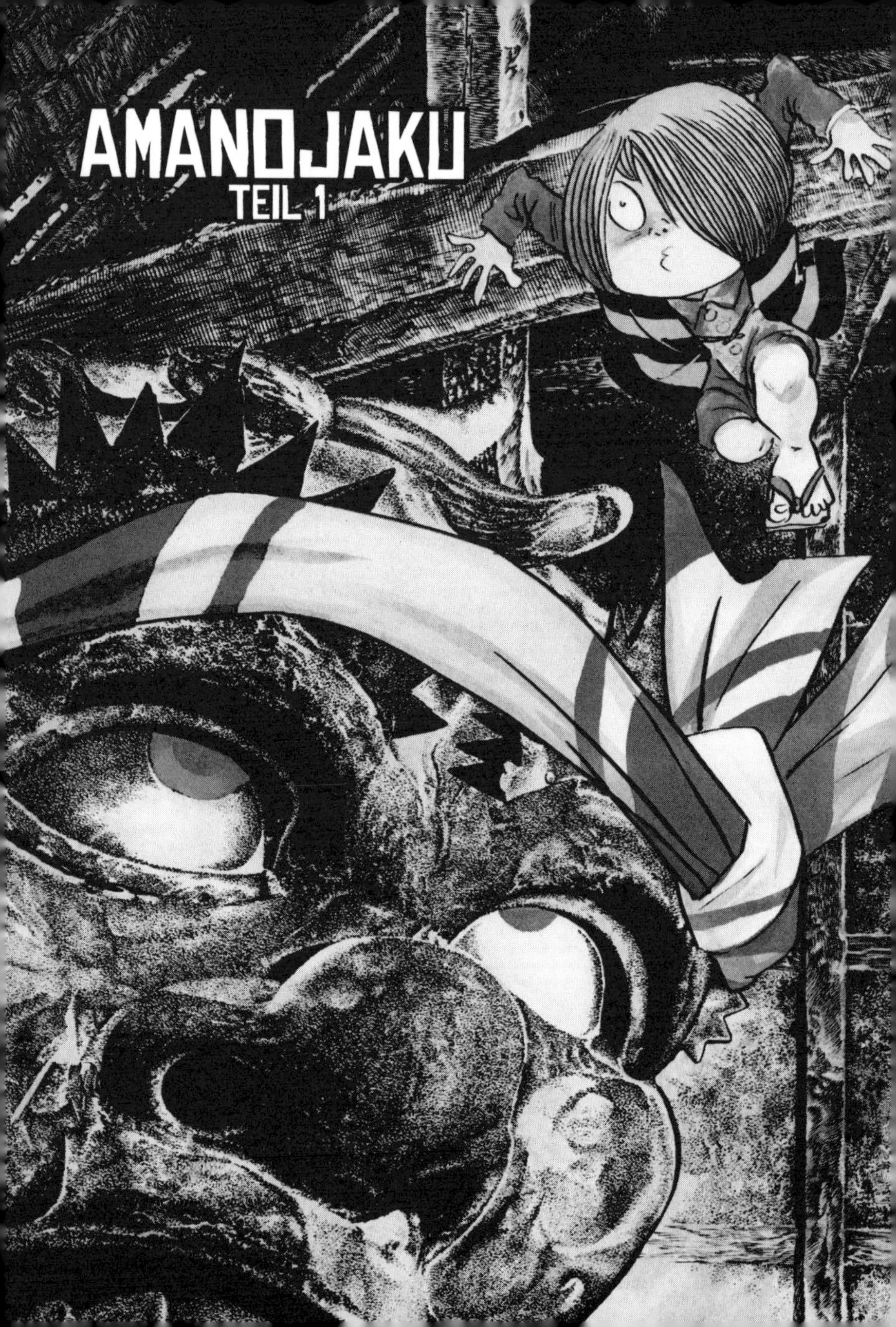
AMANOJAKU
TEIL 1

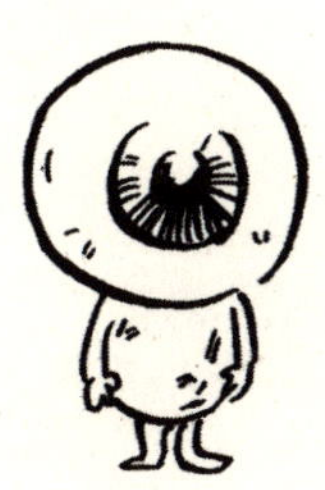

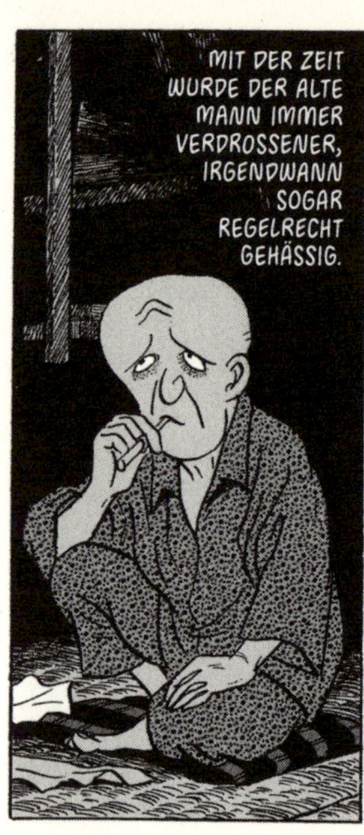

MIT DER ZEIT WURDE DER ALTE MANN IMMER VERDROSSENER, IRGENDWANN SOGAR REGELRECHT GEHÄSSIG.

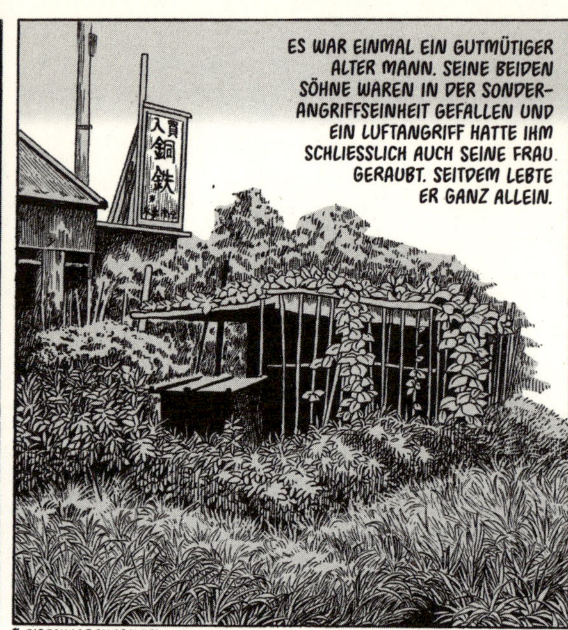

ES WAR EINMAL EIN GUTMÜTIGER ALTER MANN. SEINE BEIDEN SÖHNE WAREN IN DER SONDER-ANGRIFFSEINHEIT GEFALLEN UND EIN LUFTANGRIFF HATTE IHM SCHLIESSLICH AUCH SEINE FRAU GERAUBT. SEITDEM LEBTE ER GANZ ALLEIN.
買入
銅鉄

* EISENWARENHANDEL

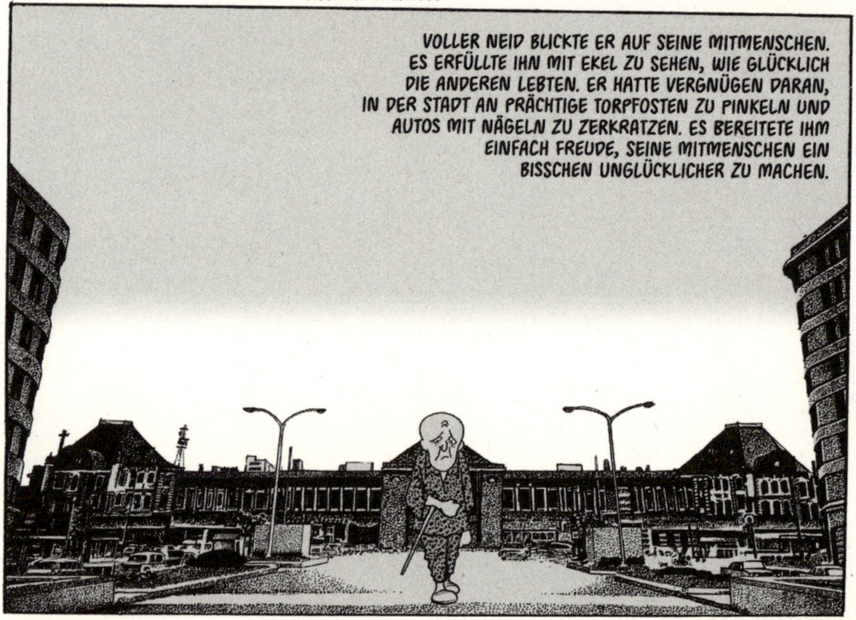

VOLLER NEID BLICKTE ER AUF SEINE MITMENSCHEN. ES ERFÜLLTE IHN MIT EKEL ZU SEHEN, WIE GLÜCKLICH DIE ANDEREN LEBTEN. ER HATTE VERGNÜGEN DARAN, IN DER STADT AN PRÄCHTIGE TORPFOSTEN ZU PINKELN UND AUTOS MIT NÄGELN ZU ZERKRATZEN. ES BEREITETE IHM EINFACH FREUDE, SEINE MITMENSCHEN EIN BISSCHEN UNGLÜCKLICHER ZU MACHEN.

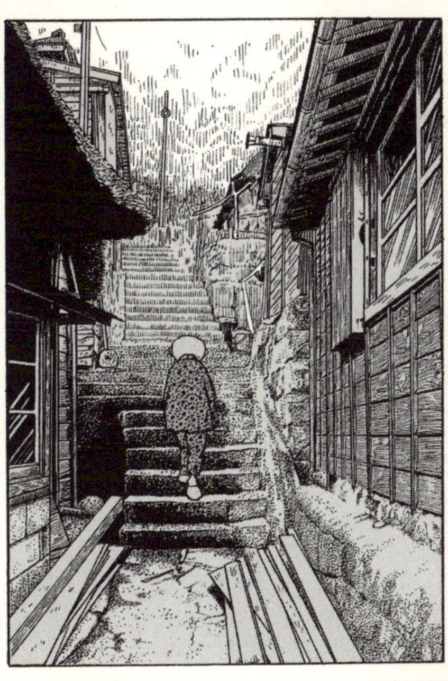

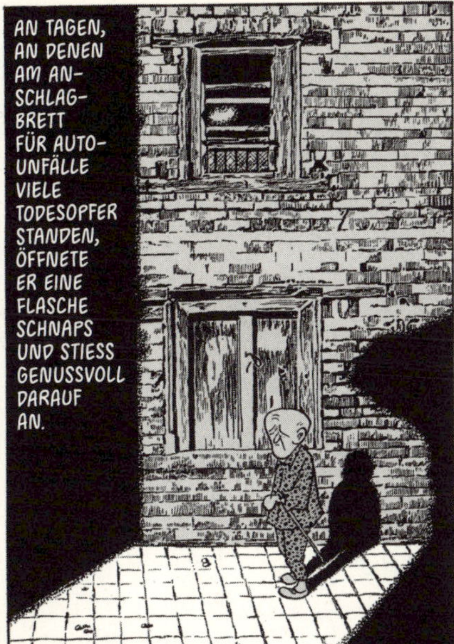
AN TAGEN, AN DENEN AM ANSCHLAGBRETT FÜR AUTOUNFÄLLE VIELE TODESOPFER STANDEN, ÖFFNETE ER EINE FLASCHE SCHNAPS UND STIESS GENUSSVOLL DARAUF AN.

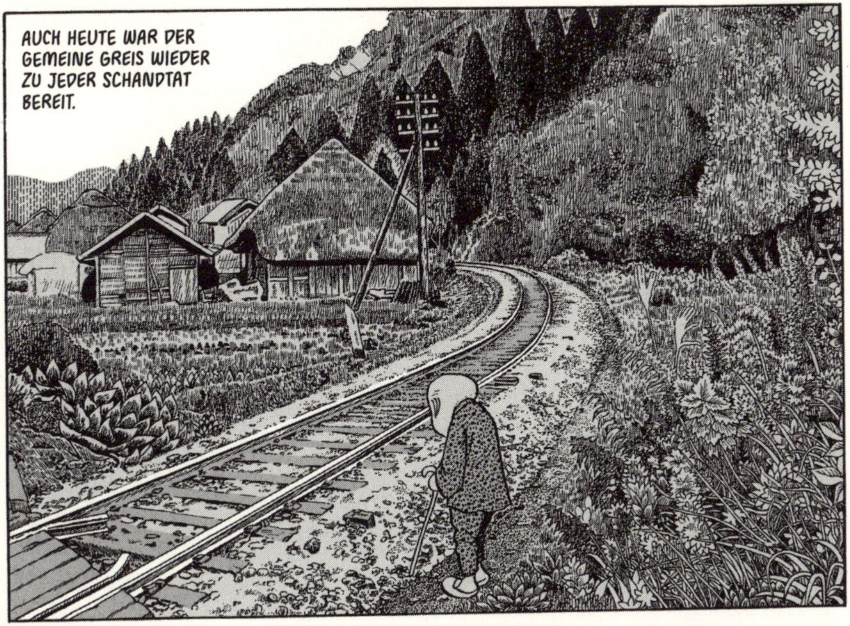

AUCH HEUTE WAR DER GEMEINE GREIS WIEDER ZU JEDER SCHANDTAT BEREIT.

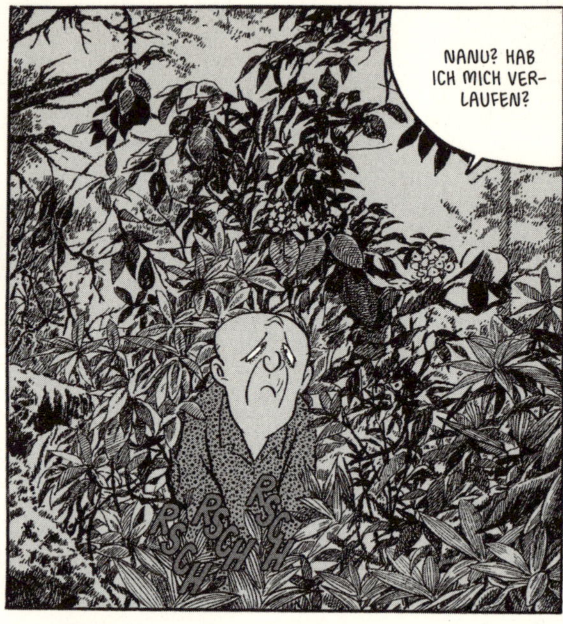
NANU? HAB ICH MICH VER-LAUFEN?
RSCH RSCH RSCH

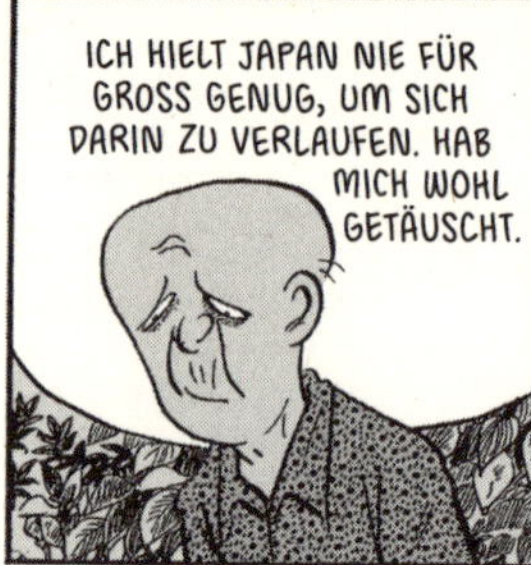
ICH HIELT JAPAN NIE FÜR GROSS GENUG, UM SICH DARIN ZU VERLAUFEN. HAB MICH WOHL GETÄUSCHT.

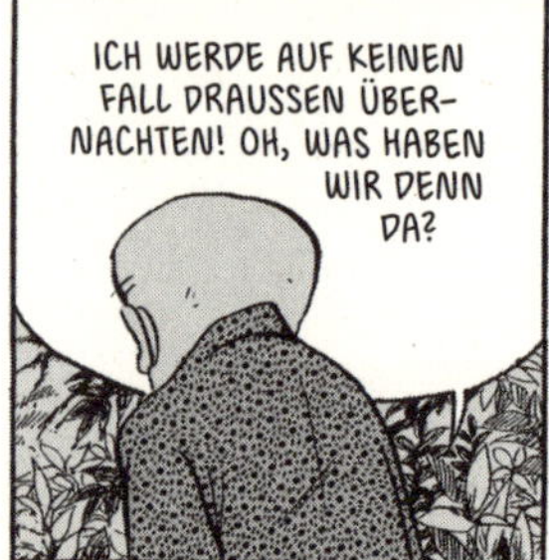
ICH WERDE AUF KEINEN FALL DRAUSSEN ÜBER-NACHTEN! OH, WAS HABEN WIR DENN DA?

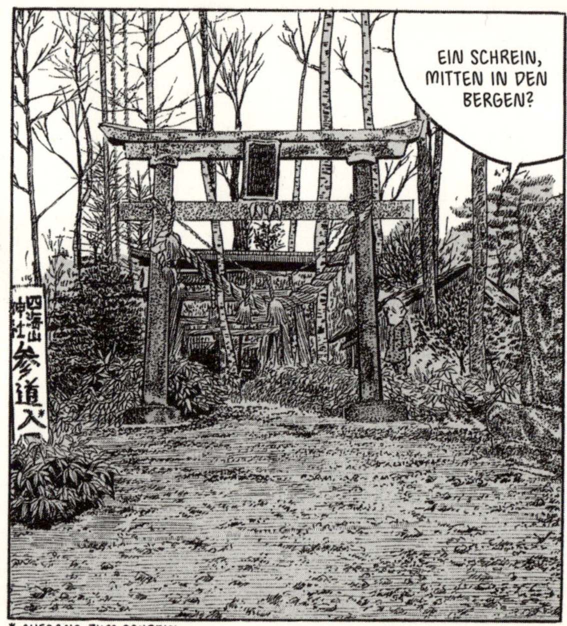
EIN SCHREIN, MITTEN IN DEN BERGEN?
四海山神社
参道入*

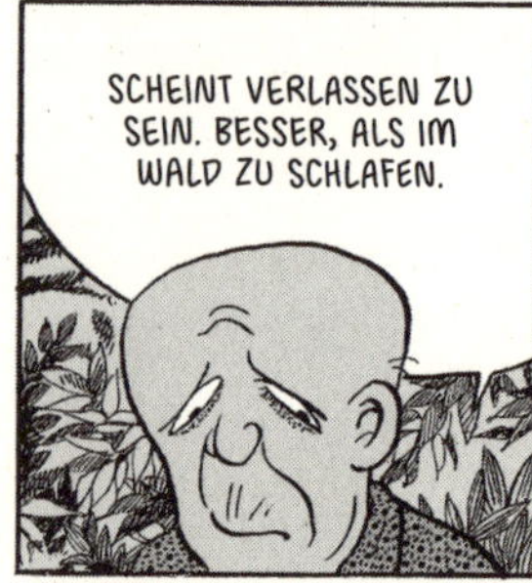
SCHEINT VERLASSEN ZU SEIN. BESSER, ALS IM WALD ZU SCHLAFEN.

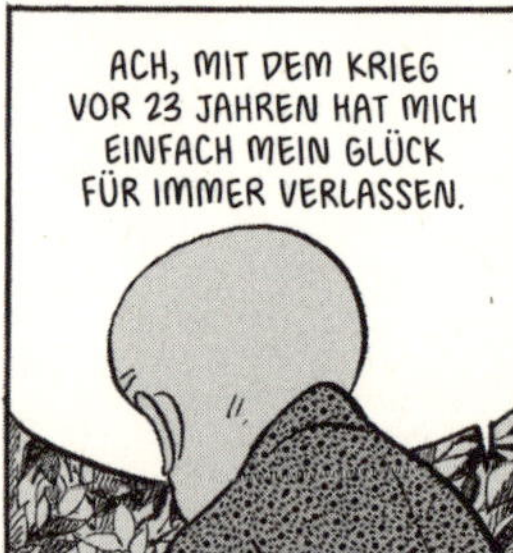
ACH, MIT DEM KRIEG VOR 23 JAHREN HAT MICH EINFACH MEIN GLÜCK FÜR IMMER VERLASSEN.

* AUFGANG ZUM SCHREIN

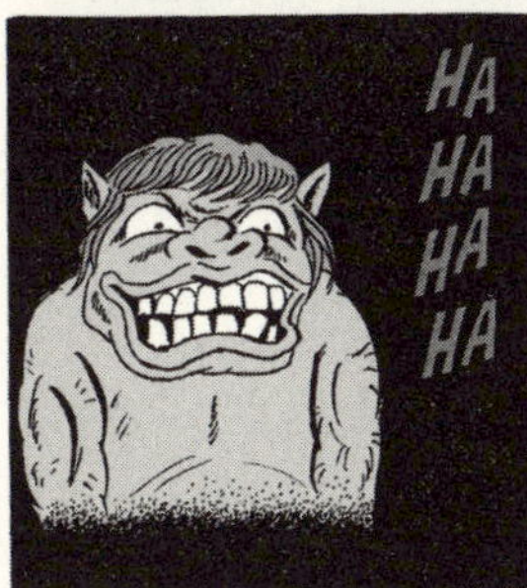
HA
HA
HA
HA

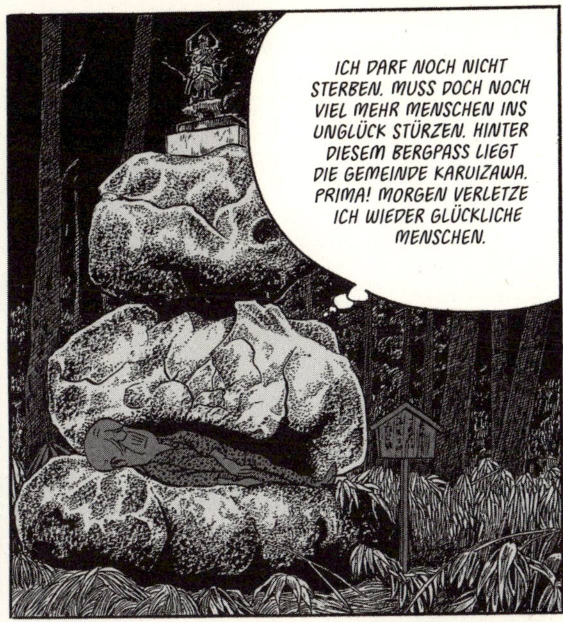
ICH DARF NOCH NICHT STERBEN. MUSS DOCH NOCH VIEL MEHR MENSCHEN INS UNGLÜCK STÜRZEN. HINTER DIESEM BERGPASS LIEGT DIE GEMEINDE KARUIZAWA. PRIMA! MORGEN VERLETZE ICH WIEDER GLÜCKLICHE MENSCHEN.

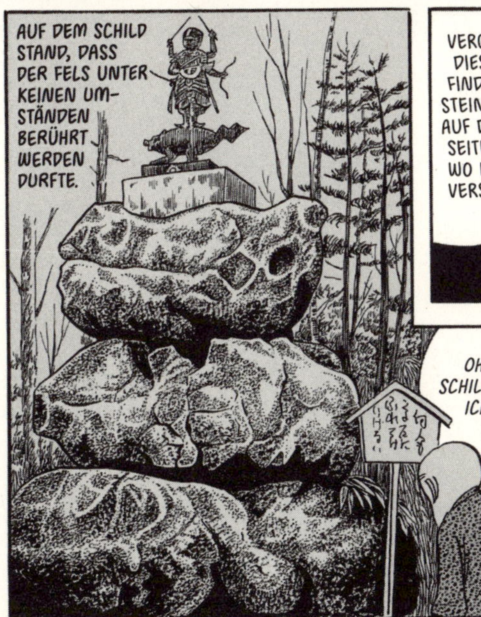
AUF DEM SCHILD STAND, DASS DER FELS UNTER KEINEN UMSTÄNDEN BERÜHRT WERDEN DURFTE.
KAUM WAR DER ALTE EINGESCHLUMMERT, ERSCHIEN IHM IM TRAUM DER GEIST AMANOJAKU.
VERGRABEN UNTER DIESEM FELSEN FINDEST DU EIN STEINERNES RAD. AUF DER RÜCKSEITE STEHT, WO ICH MICH VERSTECKE.
OH! DAS SCHILD MUSS ICH ÜBERSEHEN HABEN.

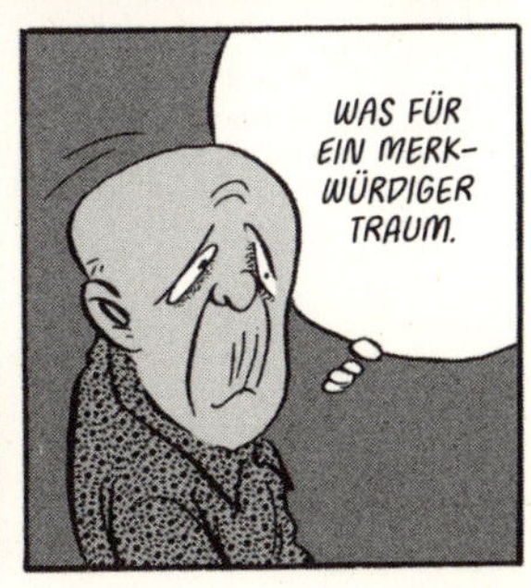
WAS FÜR EIN MERKWÜRDIGER TRAUM.

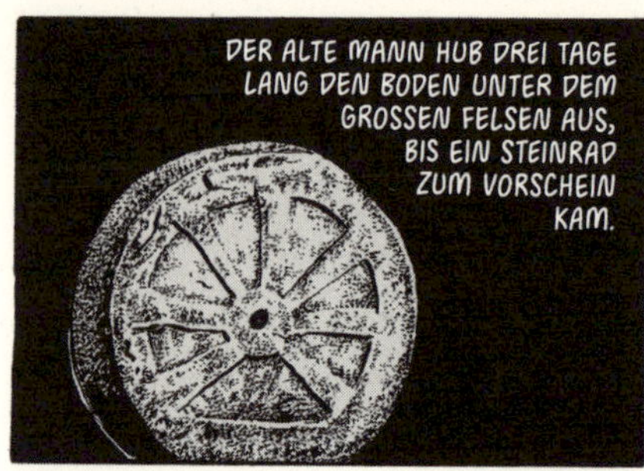
DER ALTE MANN HUB DREI TAGE LANG DEN BODEN UNTER DEM GROSSEN FELSEN AUS, BIS EIN STEINRAD ZUM VORSCHEIN KAM.

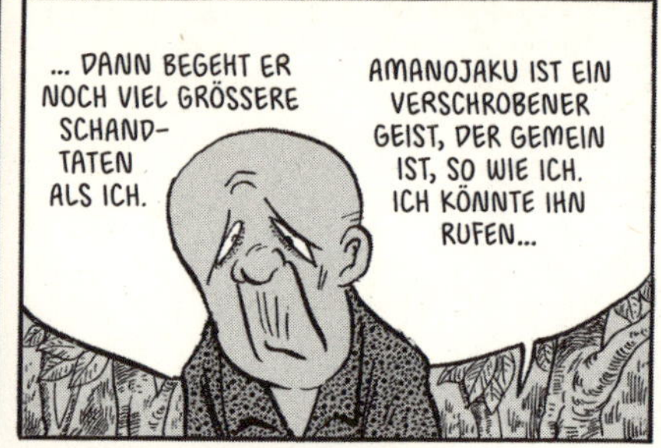
AMANOJAKU IST EIN VERSCHROBENER GEIST, DER GEMEIN IST, SO WIE ICH. ICH KÖNNTE IHN RUFEN...
... DANN BEGEHT ER NOCH VIEL GRÖSSERE SCHAND-TATEN ALS ICH.

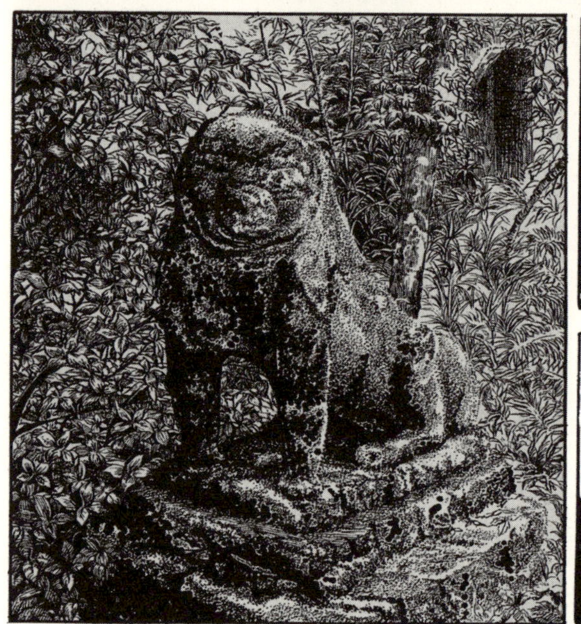

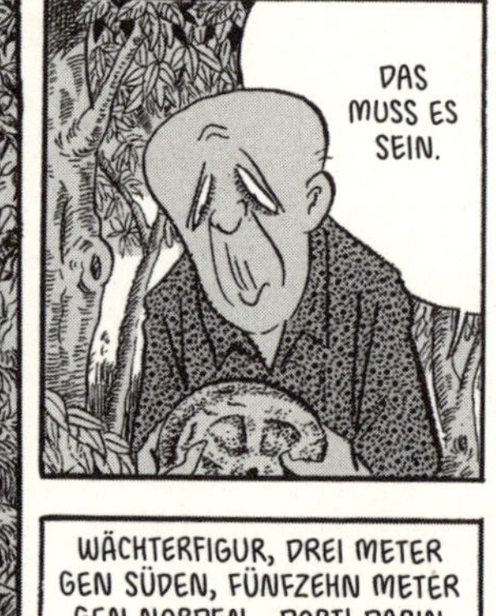
DAS MUSS ES SEIN.
WÄCHTERFIGUR, DREI METER GEN SÜDEN, FÜNFZEHN METER GEN NORDEN... DORT! DARIN VERSTECKT SICH AMA-NOJA-KU!

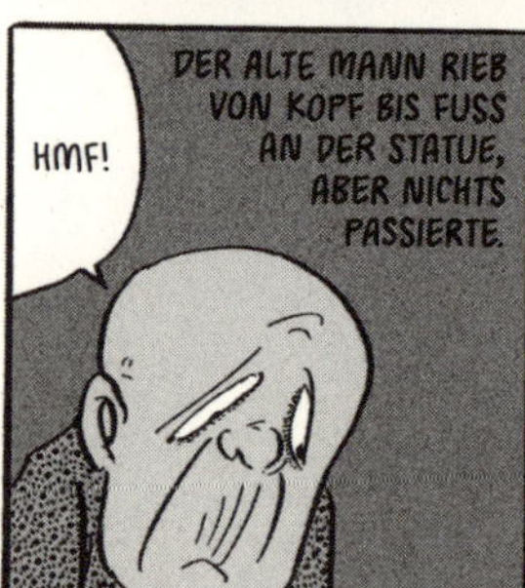
DER ALTE MANN RIEB VON KOPF BIS FUSS AN DER STATUE, ABER NICHTS PASSIERTE.
HMF!

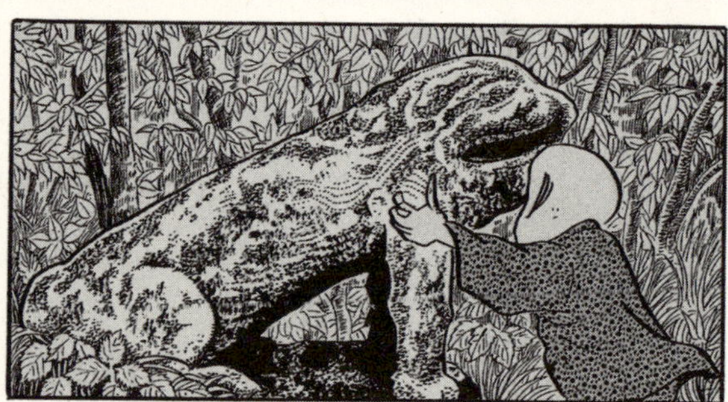

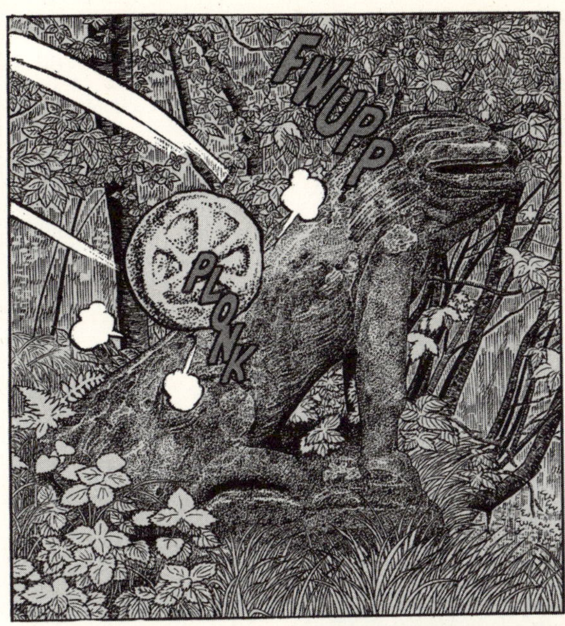
FWUPP
PLONK

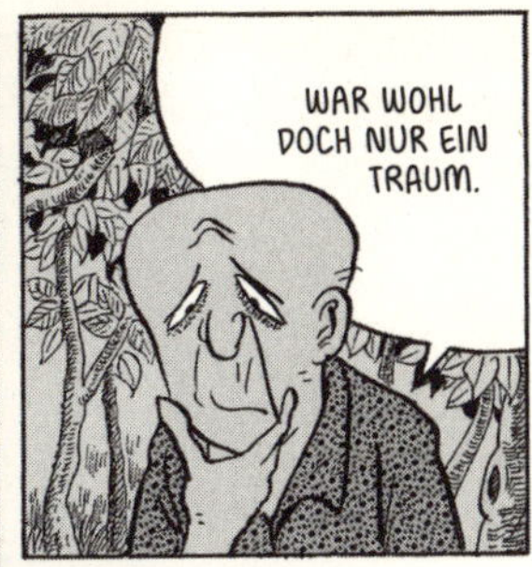
WAR WOHL DOCH NUR EIN TRAUM.

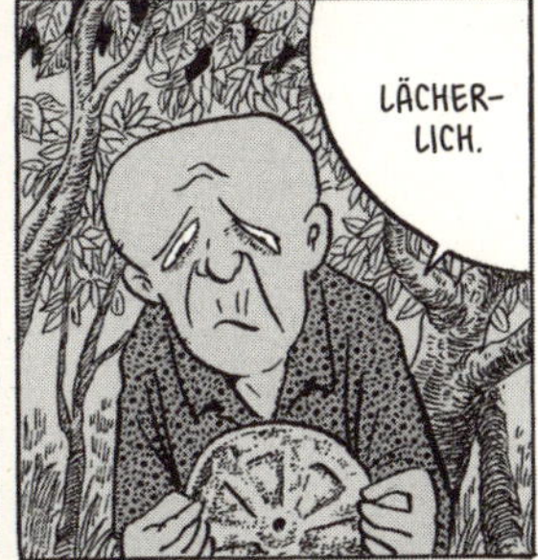
LÄCHER-LICH.

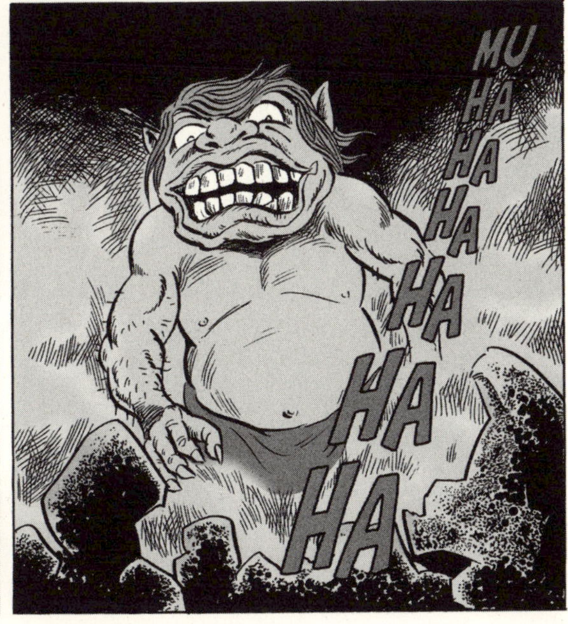
MUHAHAHAHAHAHAHA

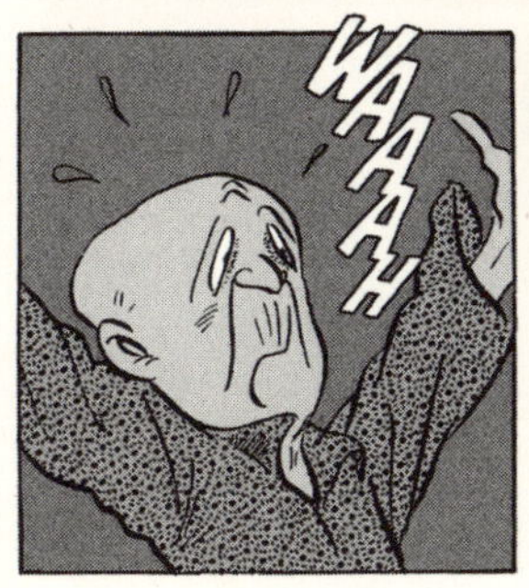
WAAAAH

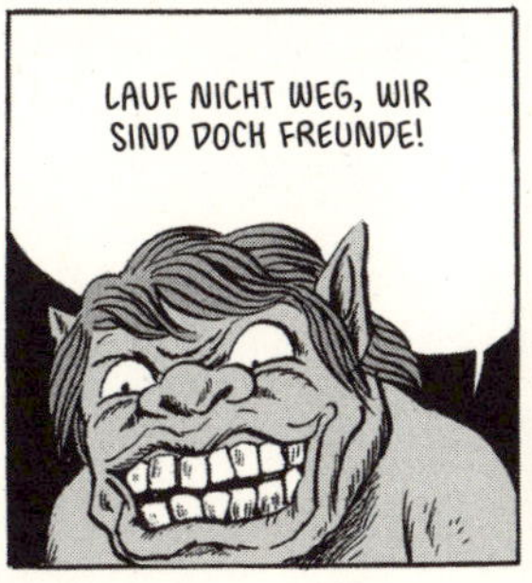
LAUF NICHT WEG, WIR SIND DOCH FREUNDE!

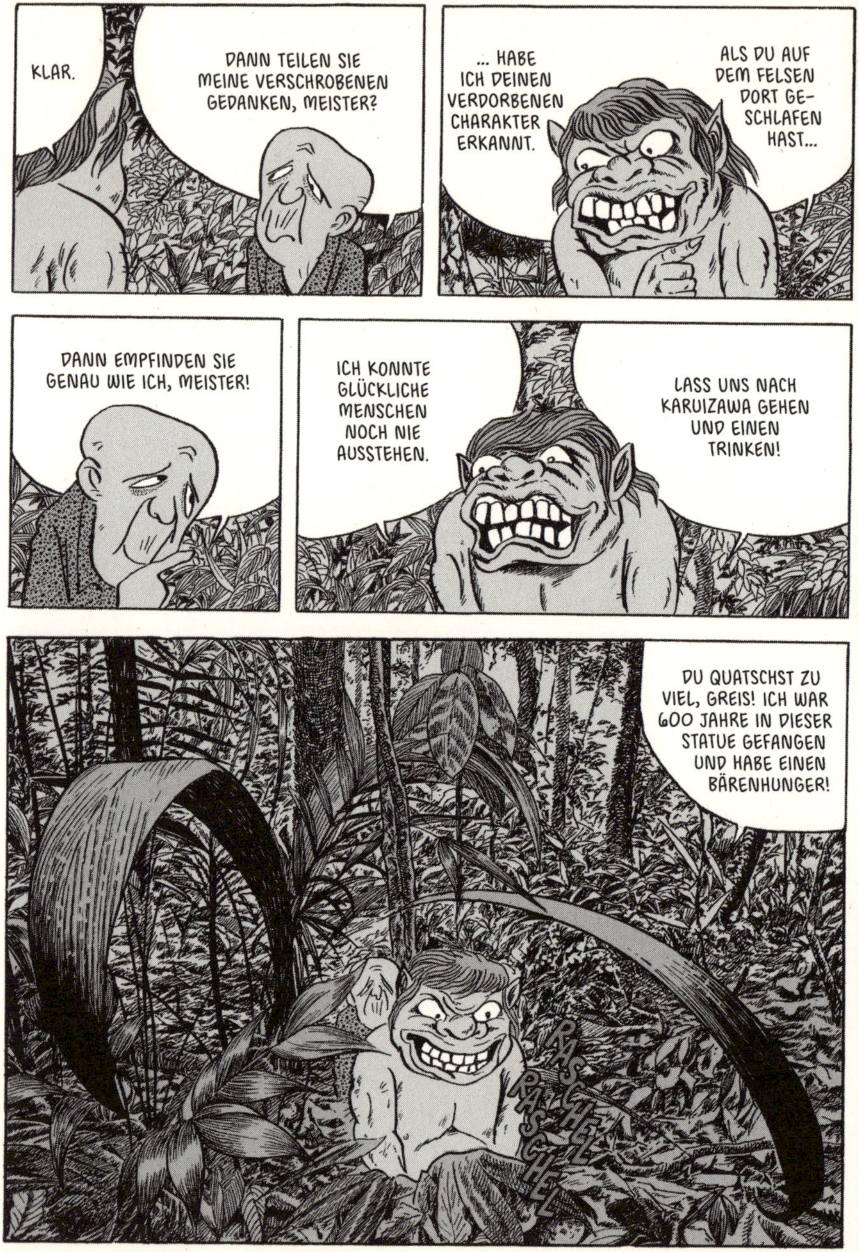

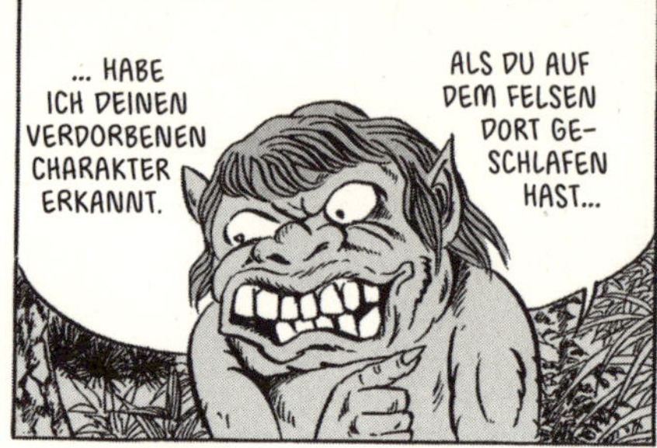
ALS DU AUF DEM FELSEN DORT GE-SCHLAFEN HAST...
... HABE ICH DEINEN VERDORBENEN CHARAKTER ERKANNT.

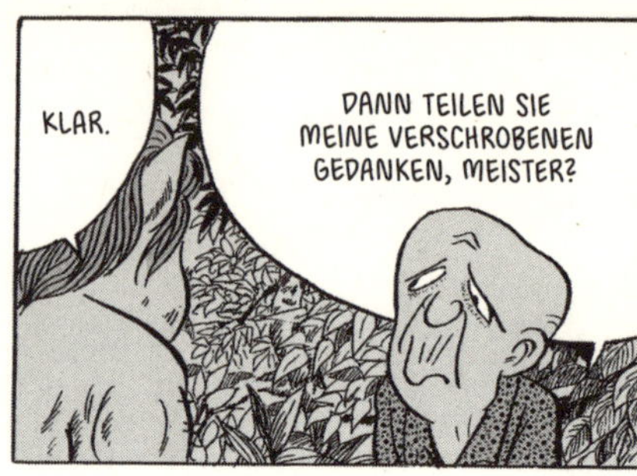
DANN TEILEN SIE MEINE VERSCHROBENEN GEDANKEN, MEISTER?
KLAR.

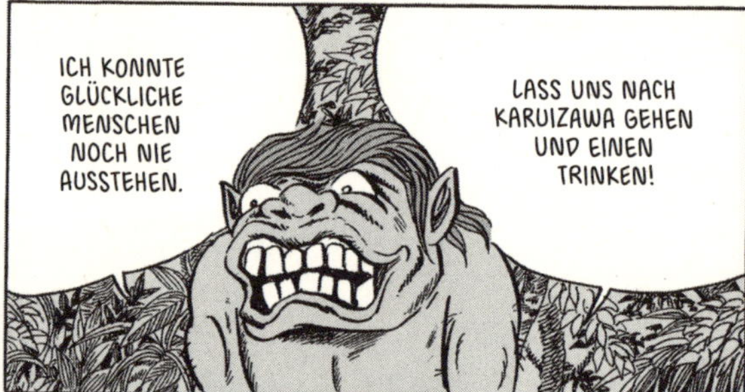
LASS UNS NACH KARUIZAWA GEHEN UND EINEN TRINKEN!
ICH KONNTE GLÜCKLICHE MENSCHEN NOCH NIE AUSSTEHEN.

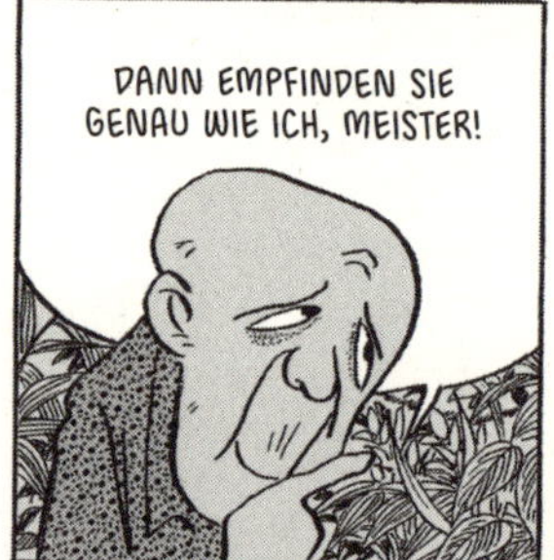
DANN EMPFINDEN SIE GENAU WIE ICH, MEISTER!

DU QUATSCHST ZU VIEL, GREIS! ICH WAR 600 JAHRE IN DIESER STATUE GEFANGEN UND HABE EINEN BÄRENHUNGER!

RASCHEL RASCHEL

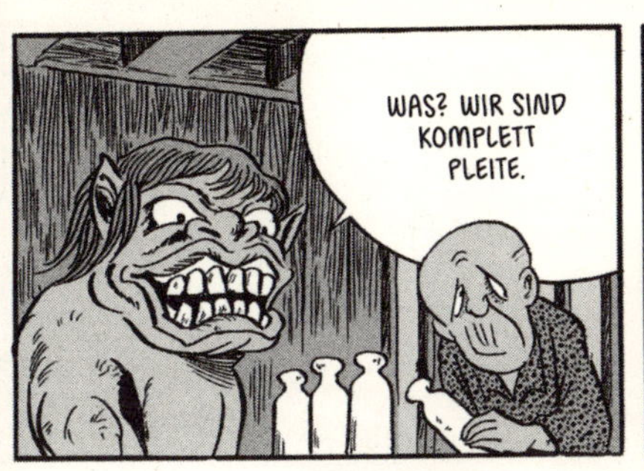
WAS? WIR SIND KOMPLETT PLEITE.

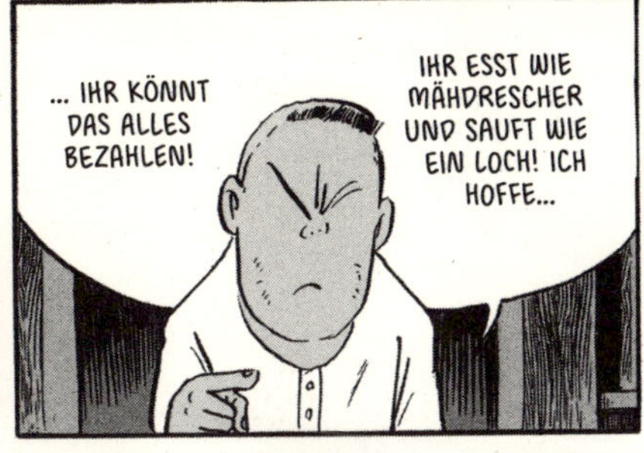
IHR ESST WIE MÄHDRESCHER UND SAUFT WIE EIN LOCH! ICH HOFFE...
... IHR KÖNNT DAS ALLES BEZAHLEN!

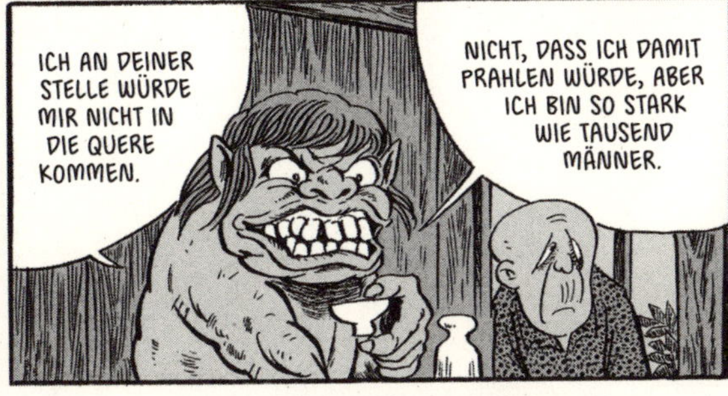
NICHT, DASS ICH DAMIT PRAHLEN WÜRDE, ABER ICH BIN SO STARK WIE TAUSEND MÄNNER.
ICH AN DEINER STELLE WÜRDE MIR NICHT IN DIE QUERE KOMMEN.

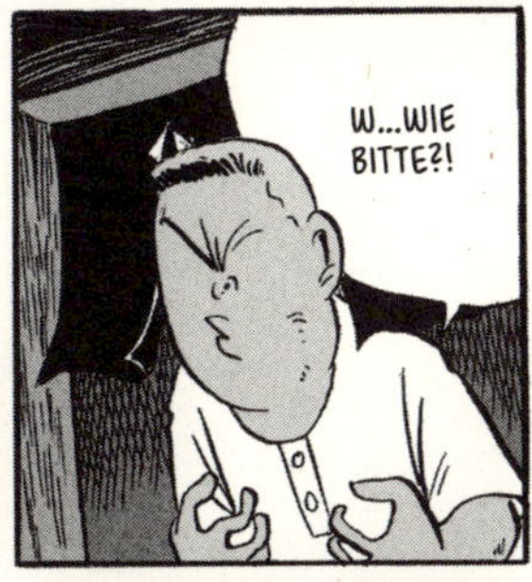
W...WIE BITTE?!

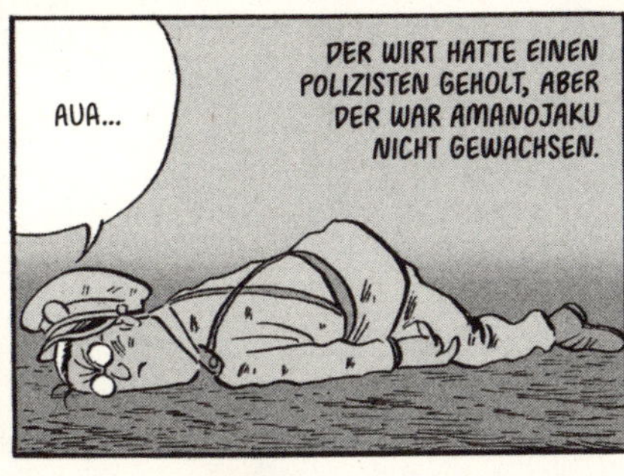
DER WIRT HATTE EINEN POLIZISTEN GEHOLT, ABER DER WAR AMANOJAKU NICHT GEWACHSEN.
AUA...

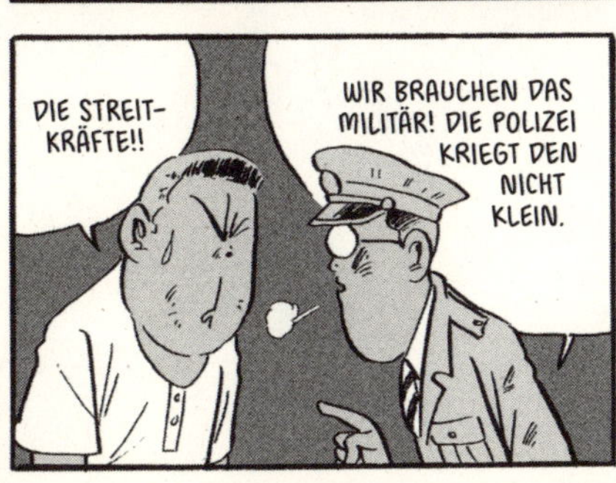
WIR BRAUCHEN DAS MILITÄR! DIE POLIZEI KRIEGT DEN NICHT KLEIN.
DIE STREIT-KRÄFTE!!

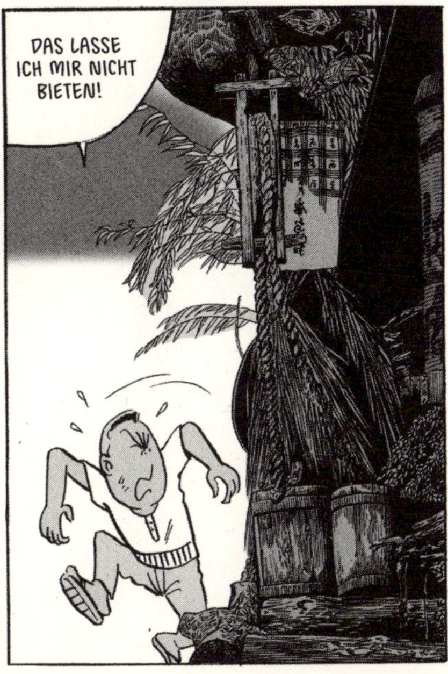
DAS LASSE ICH MIR NICHT BIETEN!

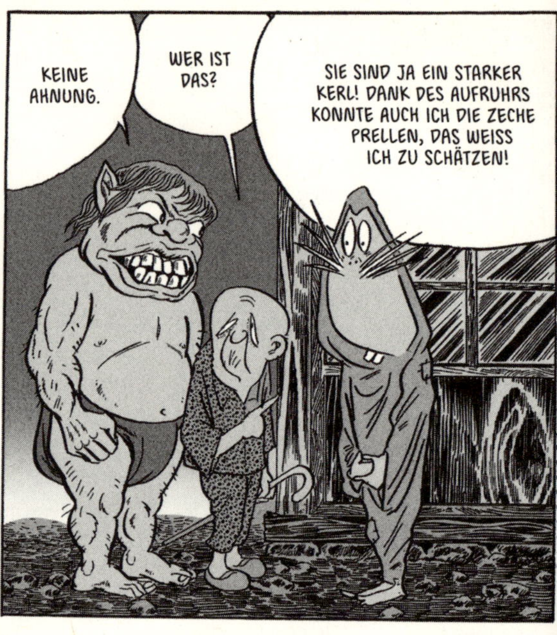
SIE SIND JA EIN STARKER KERL! DANK DES AUFRUHRS KONNTE AUCH ICH DIE ZECHE PRELLEN, DAS WEISS ICH ZU SCHÄTZEN!
WER IST DAS?
KEINE AHNUNG.

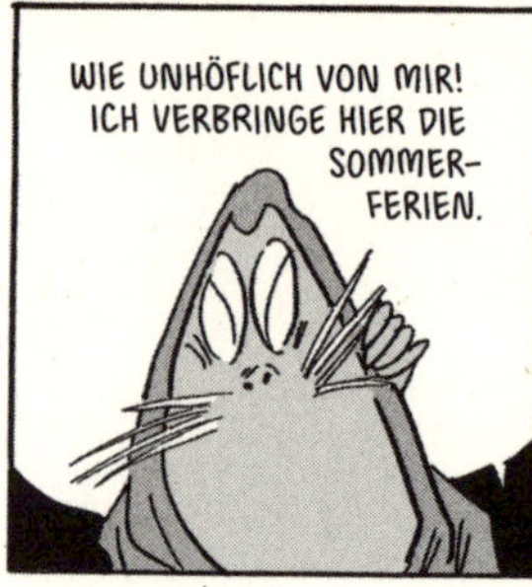
WIE UNHÖFLICH VON MIR! ICH VERBRINGE HIER DIE SOMMER-FERIEN.

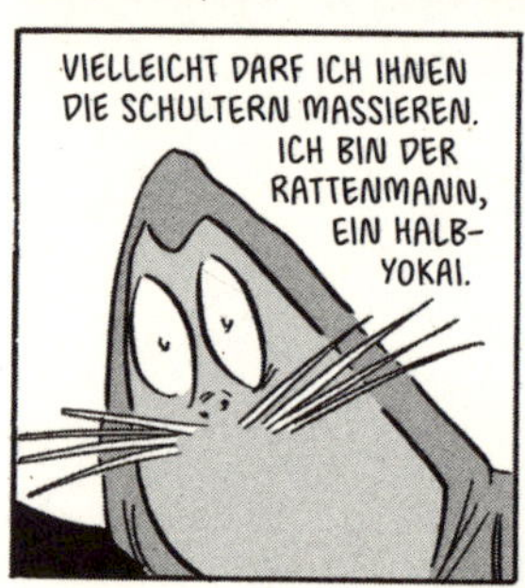
VIELLEICHT DARF ICH IHNEN DIE SCHULTERN MASSIEREN. ICH BIN DER RATTENMANN, EIN HALB-YOKAI.

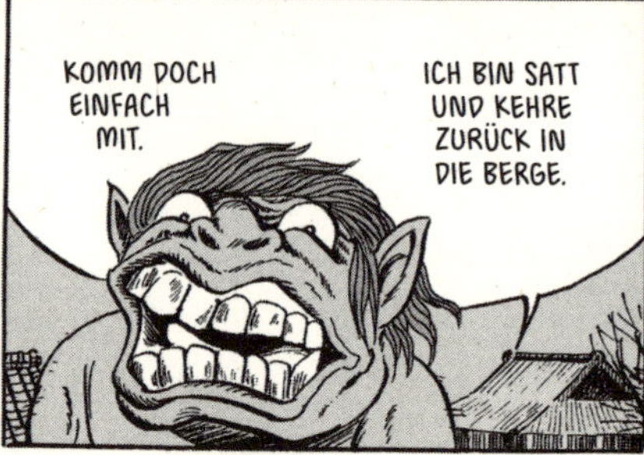
ICH BIN SATT UND KEHRE ZURÜCK IN DIE BERGE.
KOMM DOCH EINFACH MIT.

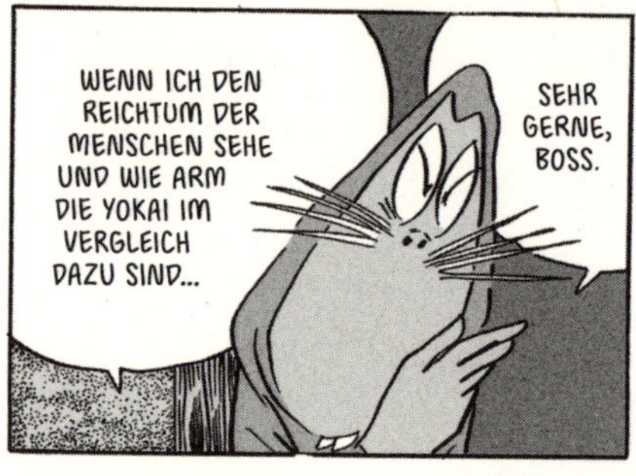
SEHR GERNE, BOSS.
WENN ICH DEN REICHTUM DER MENSCHEN SEHE UND WIE ARM DIE YOKAI IM VERGLEICH DAZU SIND...

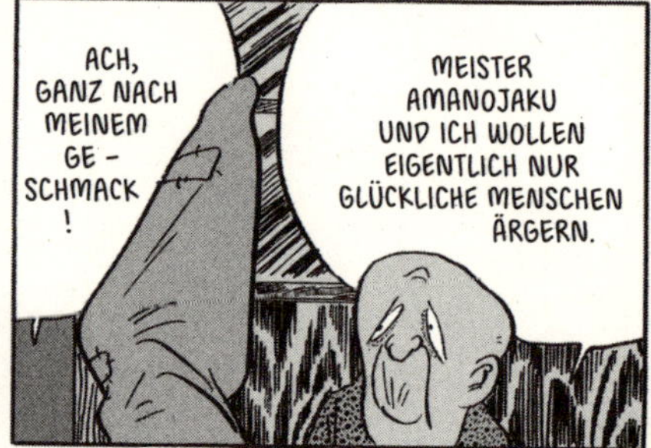
MEISTER AMANOJAKU UND ICH WOLLEN EIGENTLICH NUR GLÜCKLICHE MENSCHEN ÄRGERN.
ACH, GANZ NACH MEINEM GE - SCHMACK!

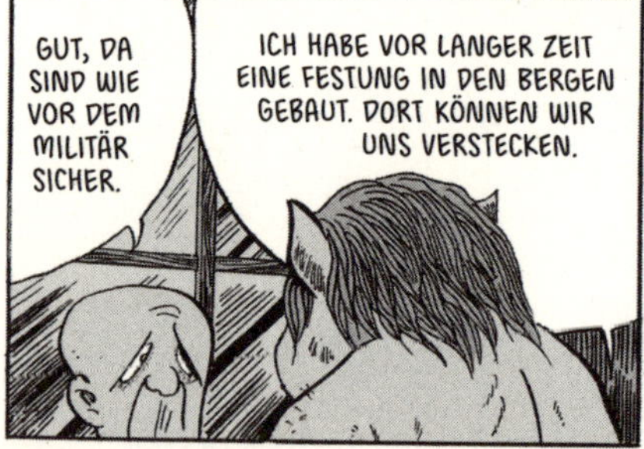
ICH HABE VOR LANGER ZEIT EINE FESTUNG IN DEN BERGEN GEBAUT. DORT KÖNNEN WIR UNS VERSTECKEN.
GUT, DA SIND WIE VOR DEM MILITÄR SICHER.

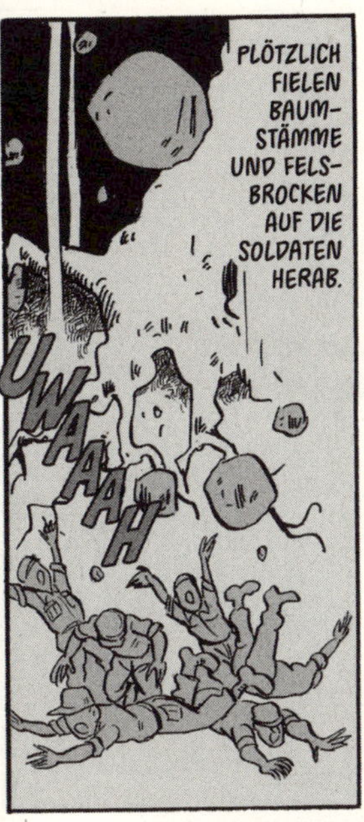
PLÖTZLICH FIELEN BAUMSTÄMME UND FELSBROCKEN AUF DIE SOLDATEN HERAB.
UWAAAAH

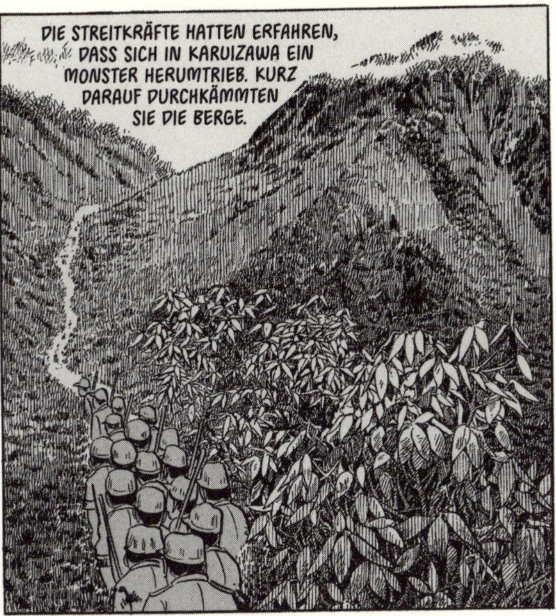
DIE STREITKRÄFTE HATTEN ERFAHREN, DASS SICH IN KARUIZAWA EIN MONSTER HERUMTRIEB. KURZ DARAUF DURCHKÄMMTEN SIE DIE BERGE.

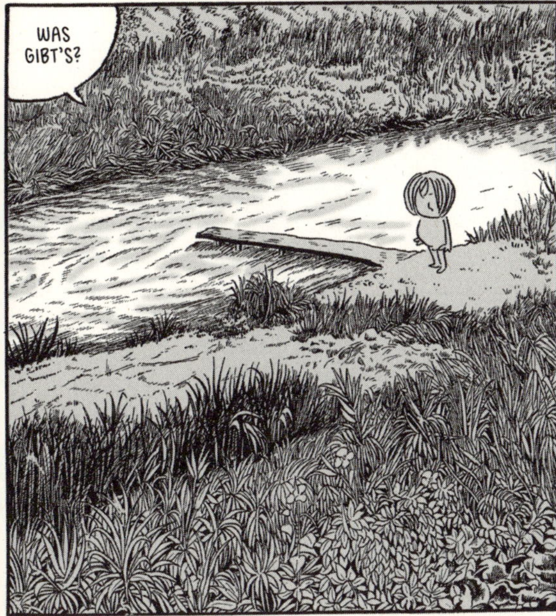
WAS GIBT'S?

VÖLLIG ÜBERRUMPELT ZOG SICH DAS MILITÄR ZURÜCK. MAN SAH DARIN DAS WERK EINES YOKAI UND BESCHLOSS, KITARO UM HILFE ZU BITTEN. DENN EIN YOKAI ERLEDIGTE MAN AM BESTEN MIT EINEM ANDEREN YOKAI.

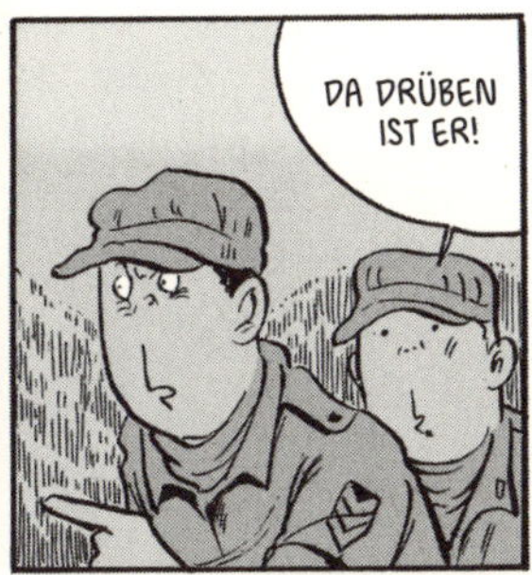
DA DRÜBEN IST ER!

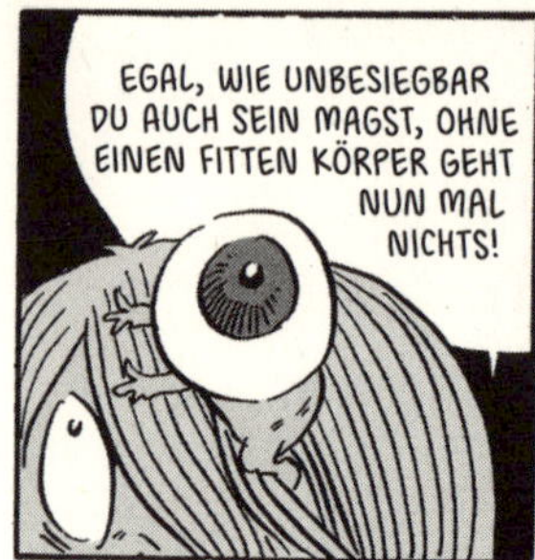
EGAL, WIE UNBESIEGBAR DU AUCH SEIN MAGST, OHNE EINEN FITTEN KÖRPER GEHT NUN MAL NICHTS!

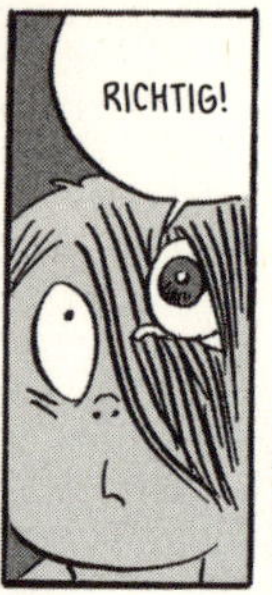
RICHTIG!

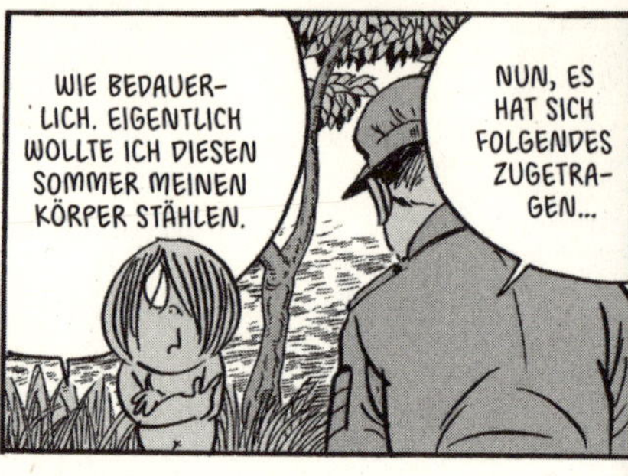
WIE BEDAUERLICH. EIGENTLICH WOLLTE ICH DIESEN SOMMER MEINEN KÖRPER STÄHLEN.
NUN, ES HAT SICH FOLGENDES ZUGETRAGEN...

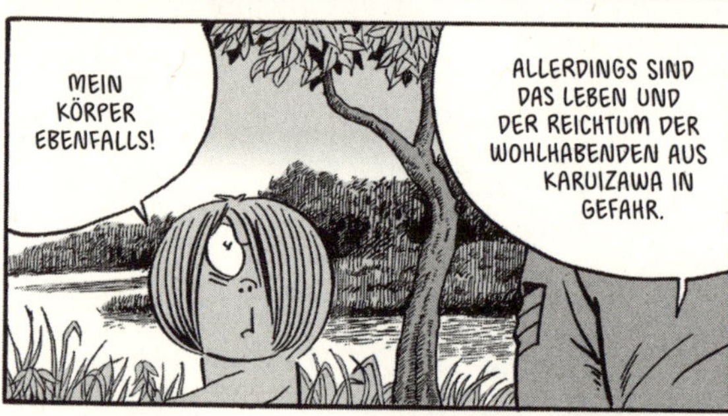
MEIN KÖRPER EBENFALLS!
ALLERDINGS SIND DAS LEBEN UND DER REICHTUM DER WOHLHABENDEN AUS KARUIZAWA IN GEFAHR.

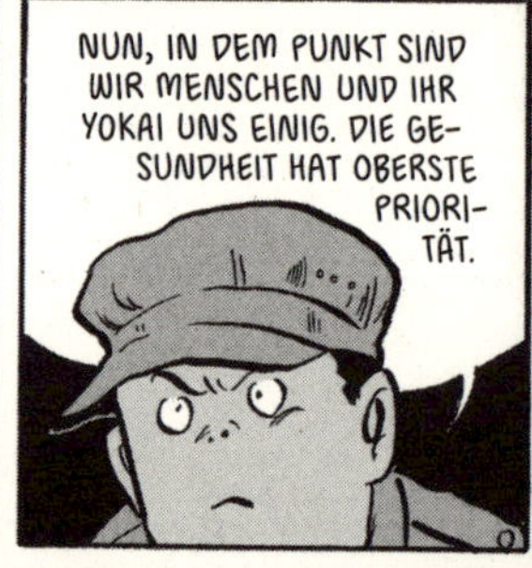
NUN, IN DEM PUNKT SIND WIR MENSCHEN UND IHR YOKAI UNS EINIG. DIE GESUNDHEIT HAT OBERSTE PRIORITÄT.

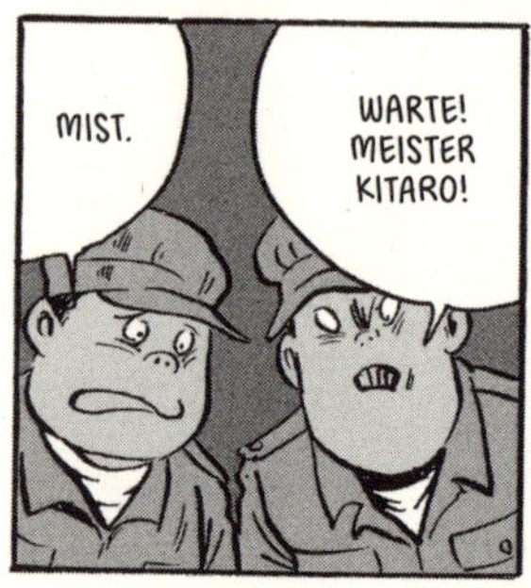
MIST.
WARTE! MEISTER KITARO!

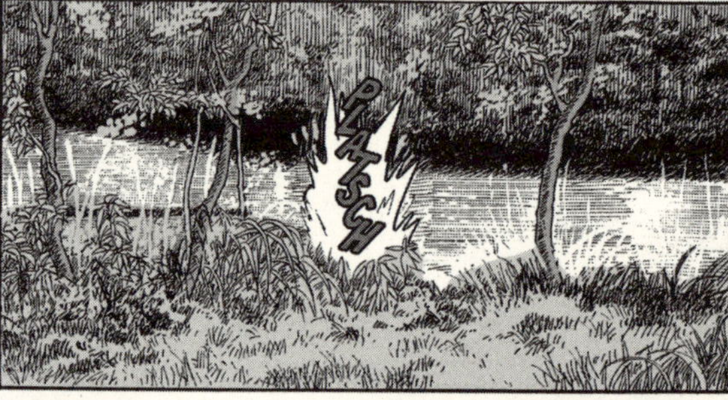
PLATSCH

ALS AM TAG DARAUF JEDOCH IN DER ZEITUNG STAND, DASS IRGENDJEMAND DEN FLUSSLAUF VON KARUIZAWA BLOCKIERT HATTE UND DIE LANDWIRTE IN DER UMGEBUNG SEHR UNTER DER ÜBERSCHWEMMUNG LITTEN, LEGTE KITARO SEINE URLAUBSPLÄNE DOCH AUF EIS UND LIESS SICH MIT EINEM MILITÄRHUBSCHRAUBER DORTHIN FLIEGEN.

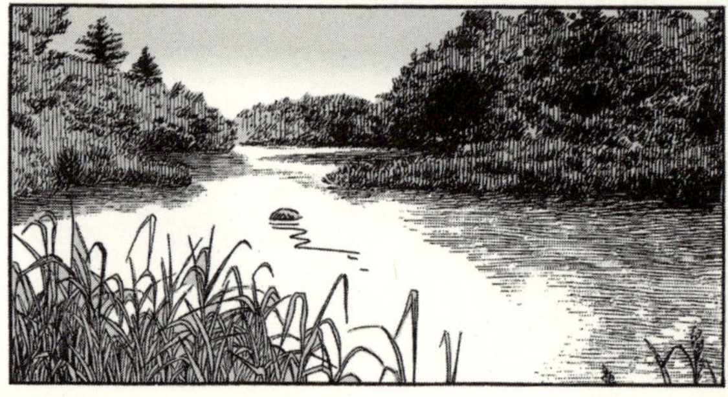

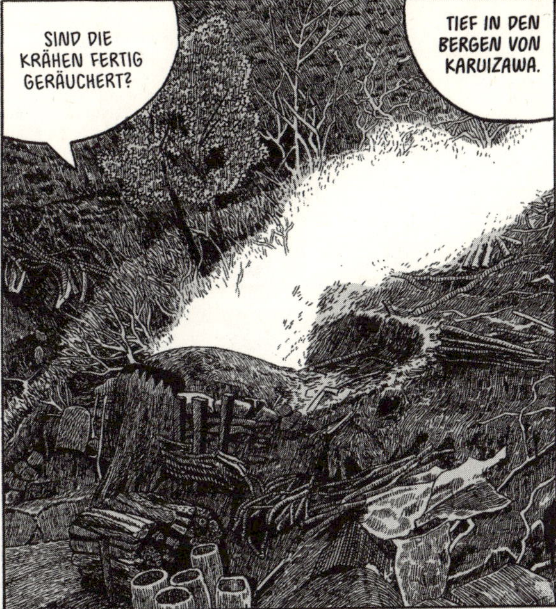

TIEF IN DEN BERGEN VON KARUIZAWA.
SIND DIE KRÄHEN FERTIG GERÄUCHERT?

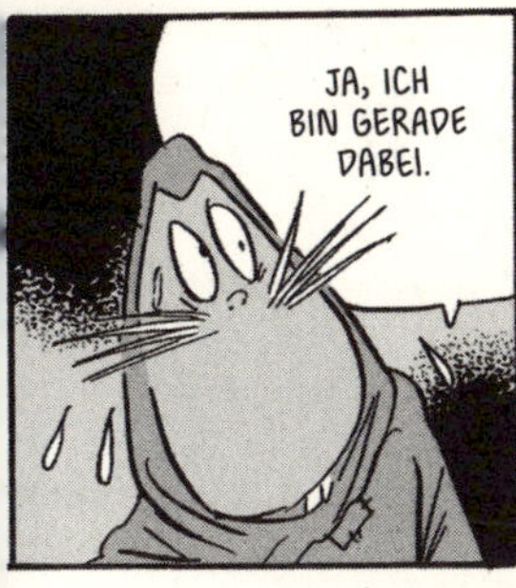

JA, ICH BIN GERADE DABEI.

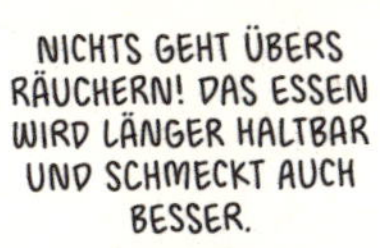

NICHTS GEHT ÜBERS RÄUCHERN! DAS ESSEN WIRD LÄNGER HALTBAR UND SCHMECKT AUCH BESSER.

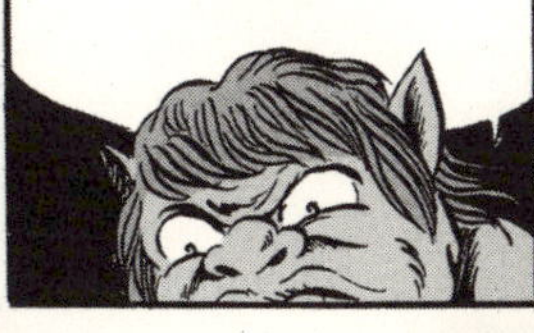

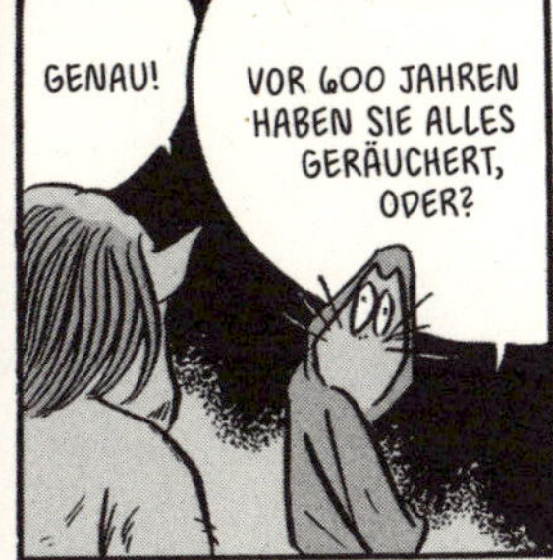

VOR 600 JAHREN HABEN SIE ALLES GERÄUCHERT, ODER?
GENAU!

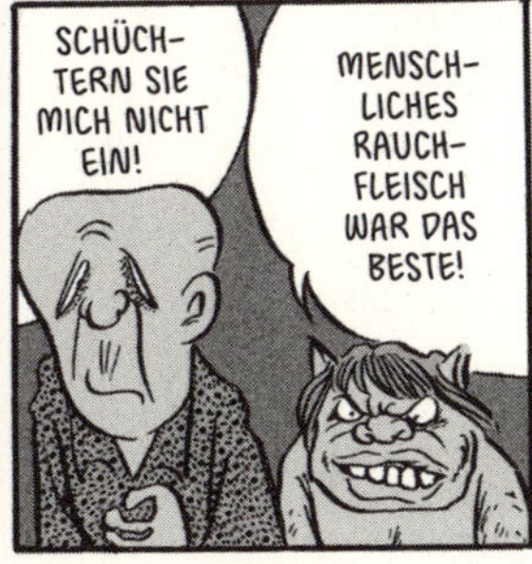

MENSCHLICHES RAUCHFLEISCH WAR DAS BESTE!
SCHÜCHTERN SIE MICH NICHT EIN!

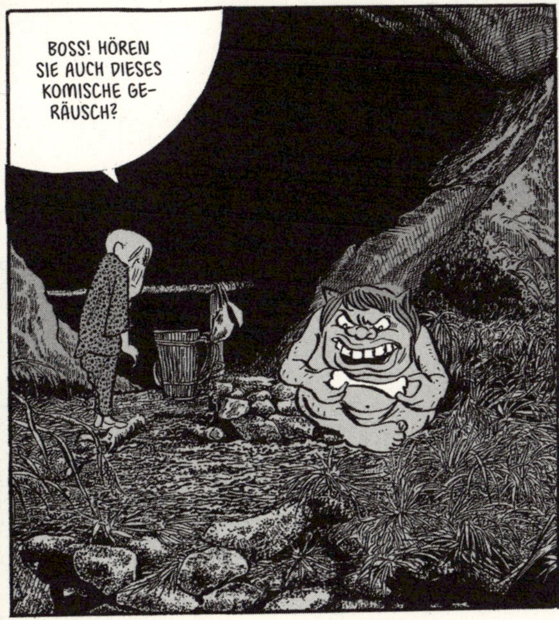

BOSS! HÖREN SIE AUCH DIESES KOMISCHE GERÄUSCH?

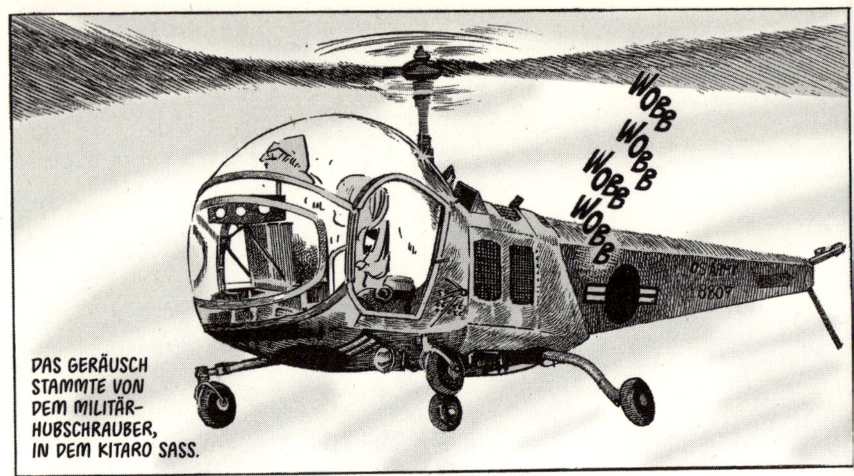
WOBB
WOBB
WOBB
WOBB
DAS GERÄUSCH STAMMTE VON DEM MILITÄR-HUBSCHRAUBER, IN DEM KITARO SASS.

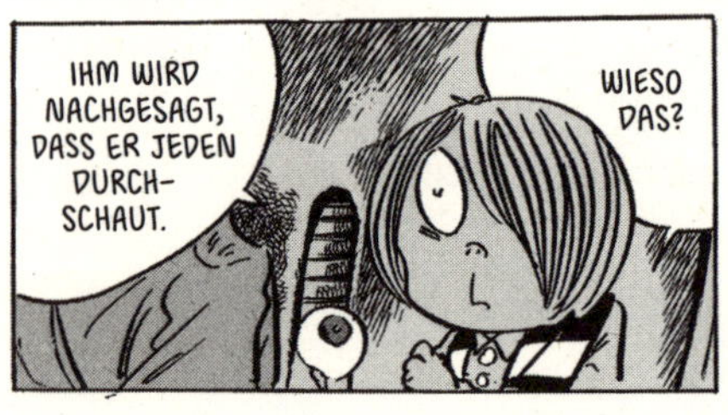
WIESO DAS?
IHM WIRD NACHGESAGT, DASS ER JEDEN DURCH-SCHAUT.

Kitaro! Dem Treiben nach zu urteilen, haben wir es mit Amanojaku zu tun. Gegen den wirst du es schwer haben.

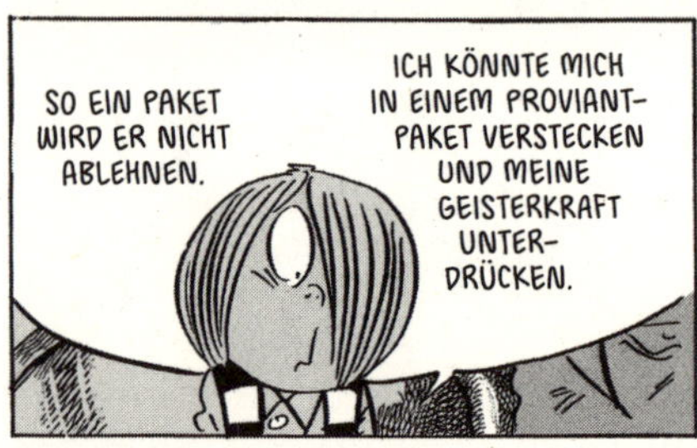
ICH KÖNNTE MICH IN EINEM PROVIANT-PAKET VERSTECKEN UND MEINE GEISTERKRAFT UNTER-DRÜCKEN.
SO EIN PAKET WIRD ER NICHT ABLEHNEN.

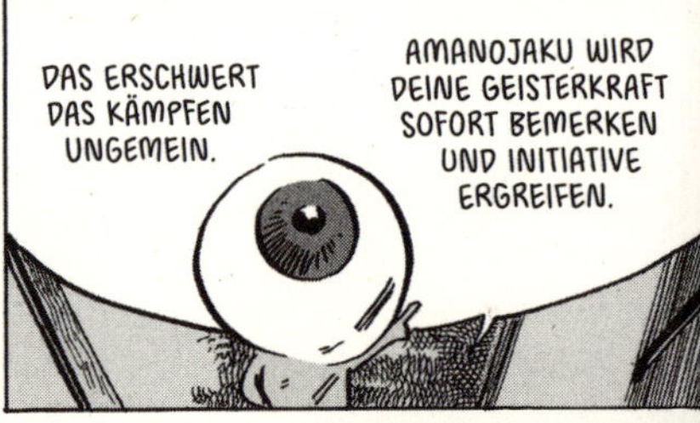
AMANOJAKU WIRD DEINE GEISTERKRAFT SOFORT BEMERKEN UND INITIATIVE ERGREIFEN.
DAS ERSCHWERT DAS KÄMPFEN UNGEMEIN.

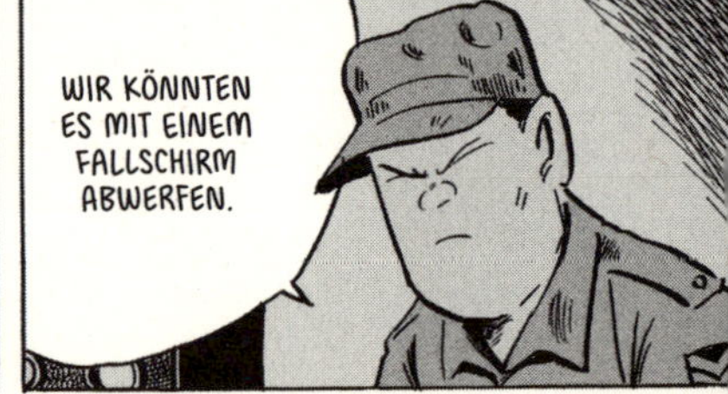
WIR KÖNNTEN ES MIT EINEM FALLSCHIRM ABWERFEN.

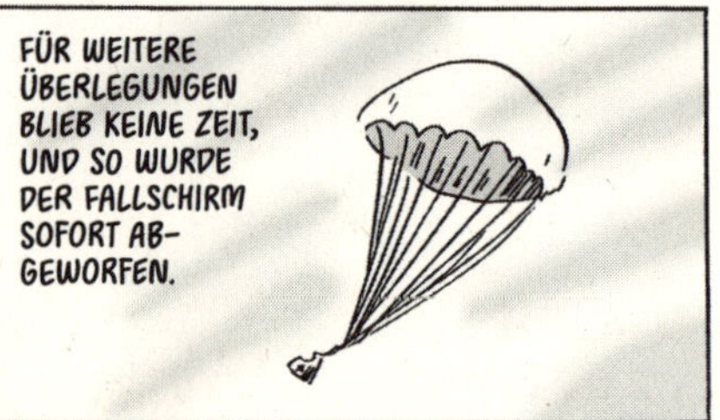
FÜR WEITERE ÜBERLEGUNGEN BLIEB KEINE ZEIT, UND SO WURDE DER FALLSCHIRM SOFORT AB-GEWORFEN.

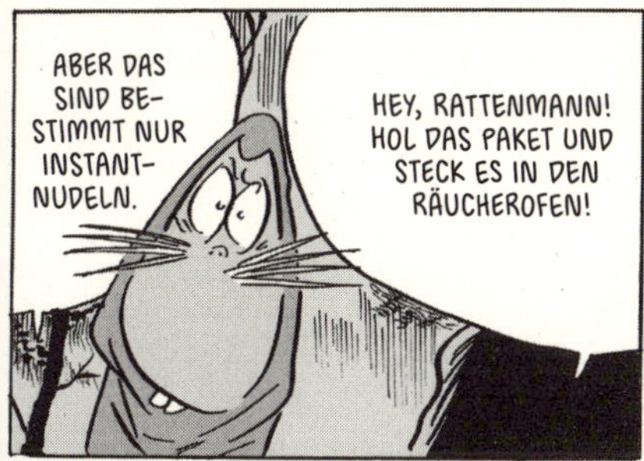
HEY, RATTENMANN! HOL DAS PAKET UND STECK ES IN DEN RÄUCHEROFEN!
ABER DAS SIND BESTIMMT NUR INSTANTNUDELN.

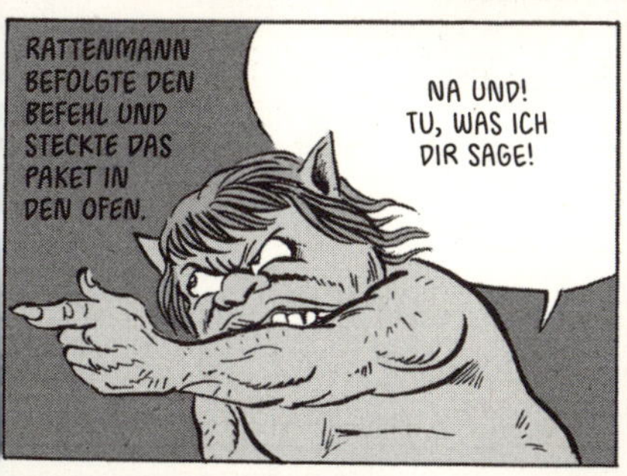
NA UND! TU, WAS ICH DIR SAGE!
RATTENMANN BEFOLGTE DEN BEFEHL UND STECKTE DAS PAKET IN DEN OFEN.

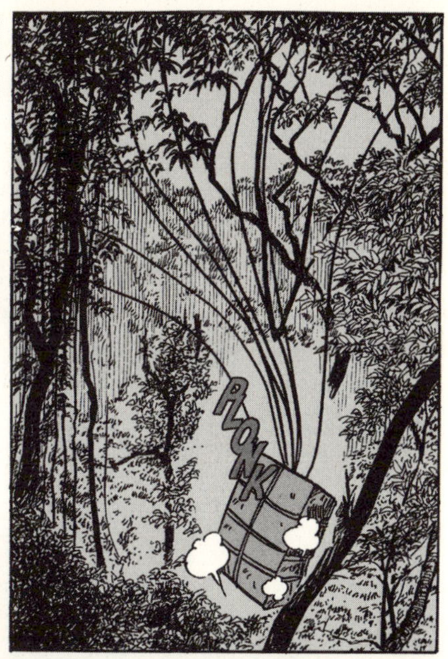
PLONK

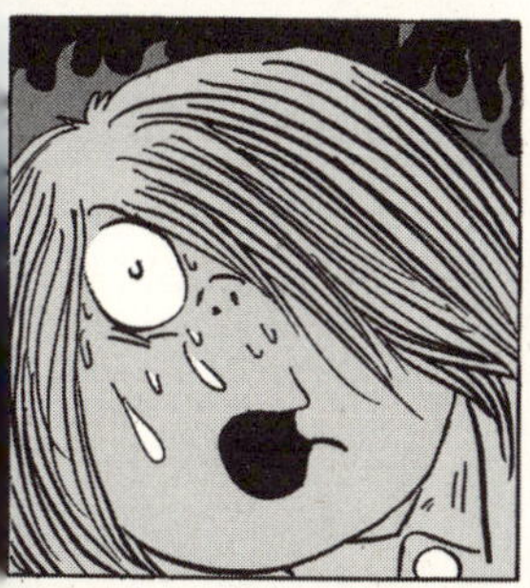

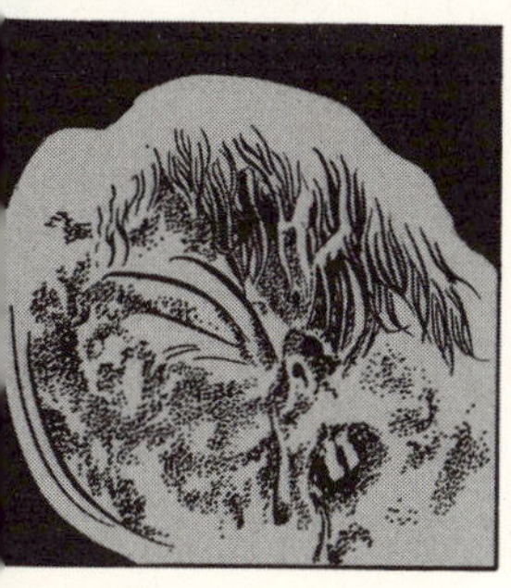

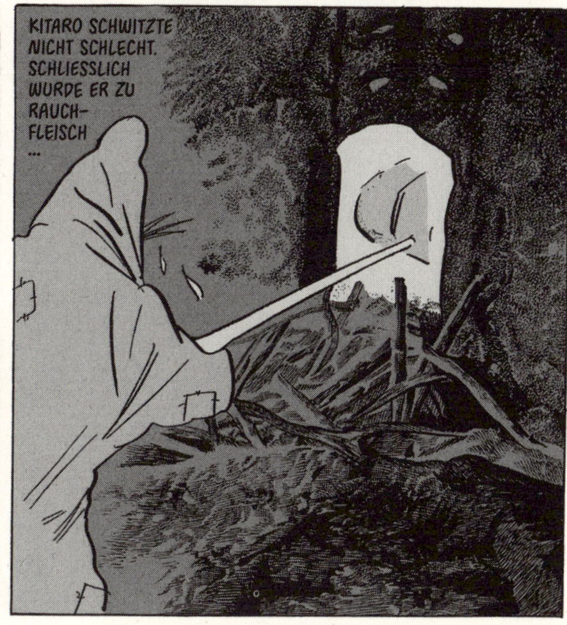
KITARO SCHWITZTE NICHT SCHLECHT. SCHLIESSLICH WURDE ER ZU RAUCHFLEISCH …

Amanojaku, Teil 1 – Ende

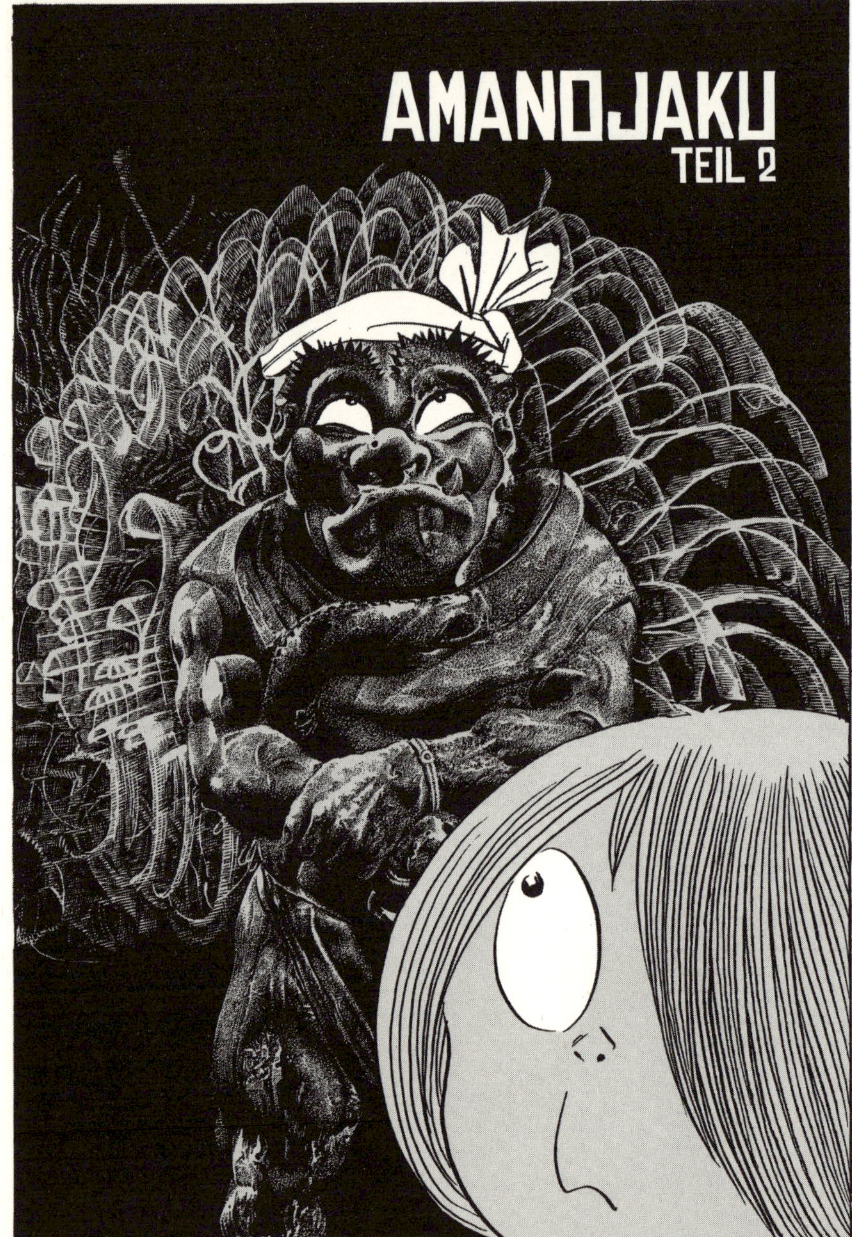
AMANOJAKU
TEIL 2

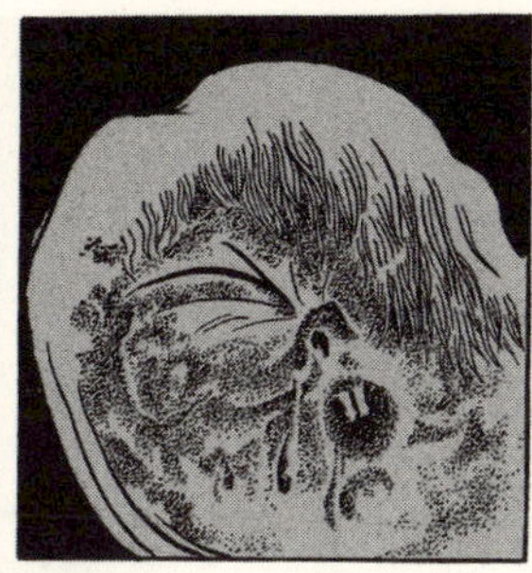

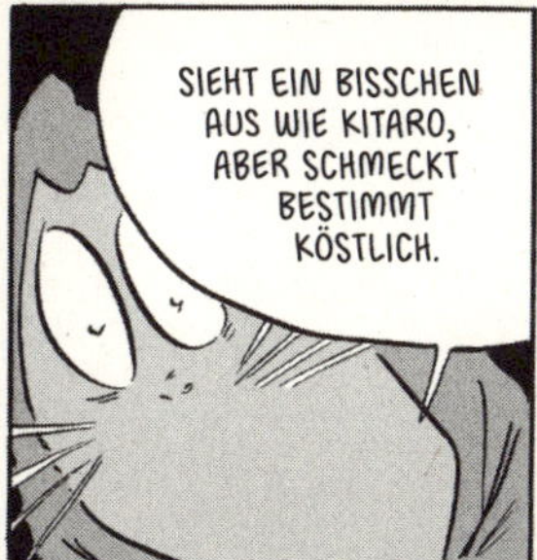
SIEHT EIN BISSCHEN AUS WIE KITARO, ABER SCHMECKT BESTIMMT KÖSTLICH.

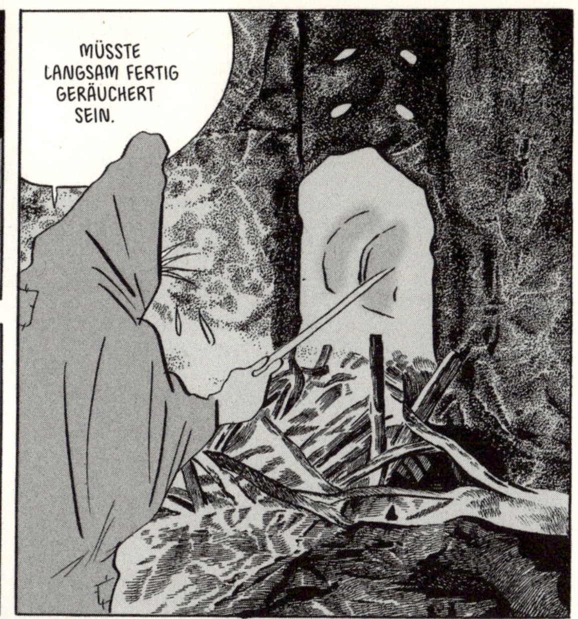
MÜSSTE LANGSAM FERTIG GERÄUCHERT SEIN.

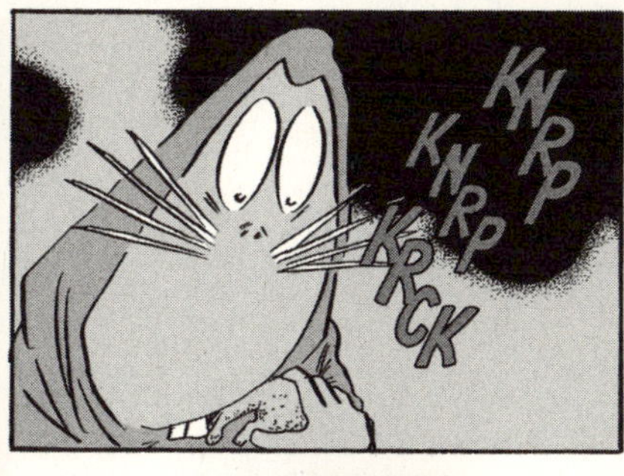
KNRP
KNRP
KRCK

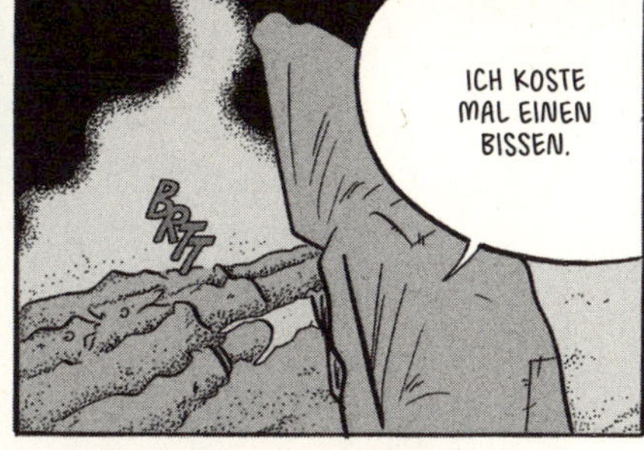
ICH KOSTE MAL EINEN BISSEN.
BRTT

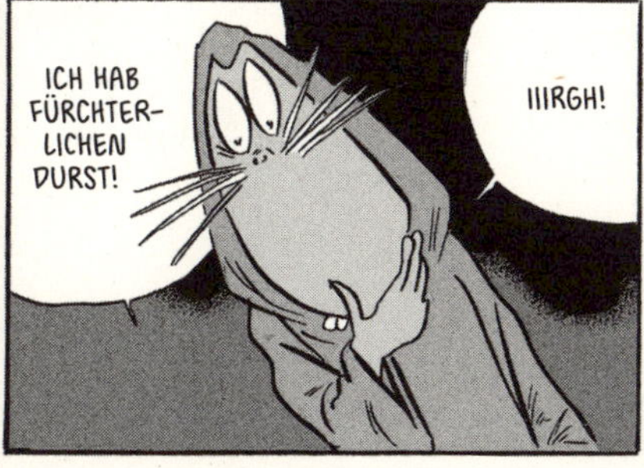
ICH HAB FÜRCHTER-LICHEN DURST!
IIIRGH!

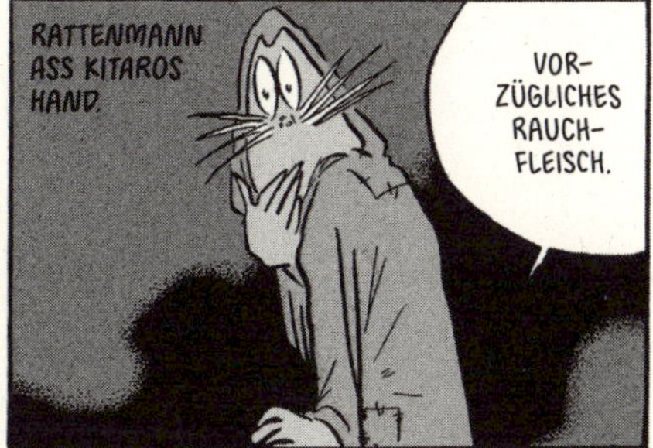
RATTENMANN ASS KITAROS HAND.
VOR-ZÜGLICHES RAUCH-FLEISCH.

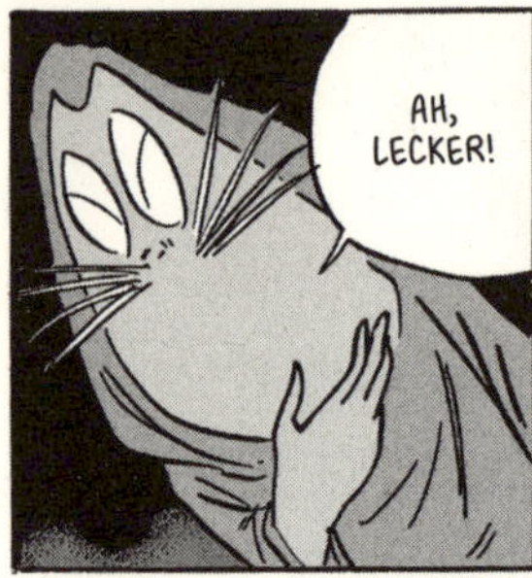
AH,
LECKER!

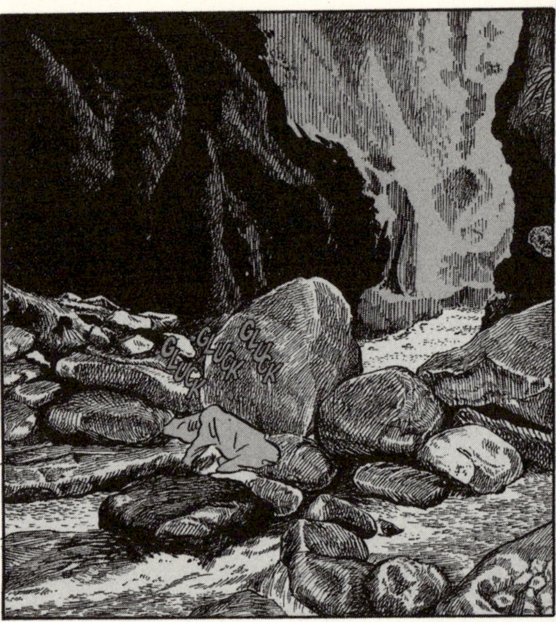
GLUCK
GLUCK

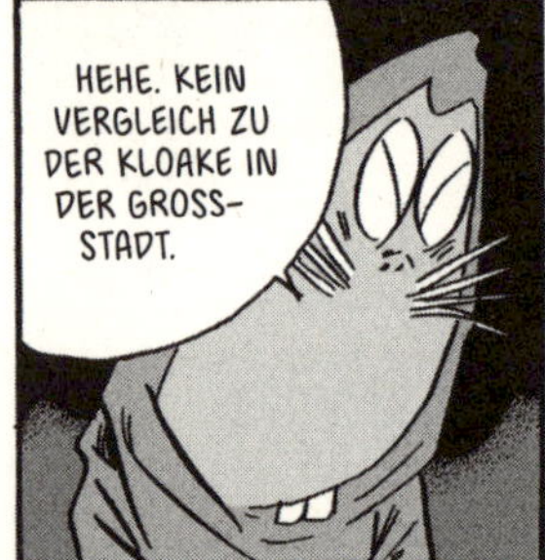
HEHE. KEIN VERGLEICH ZU DER KLOAKE IN DER GROSS-STADT.

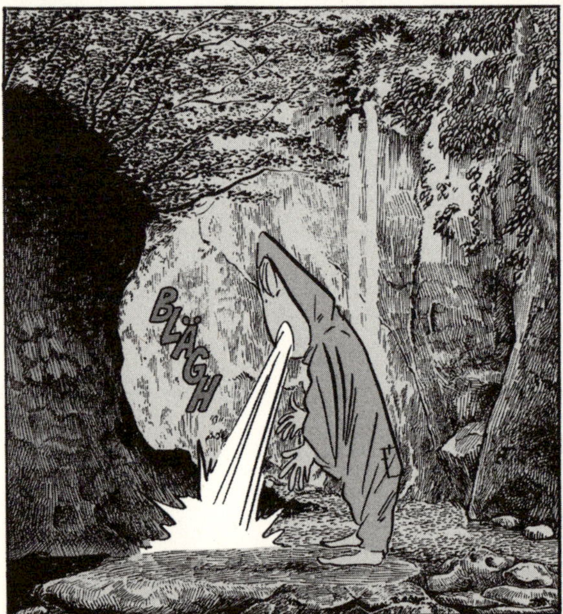
BLÄGH

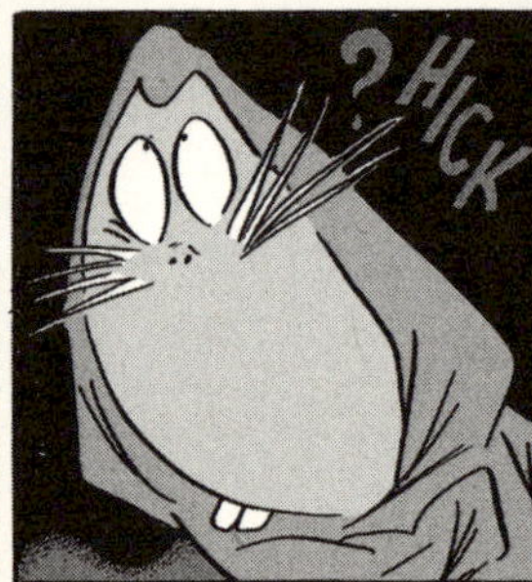
?.HICK

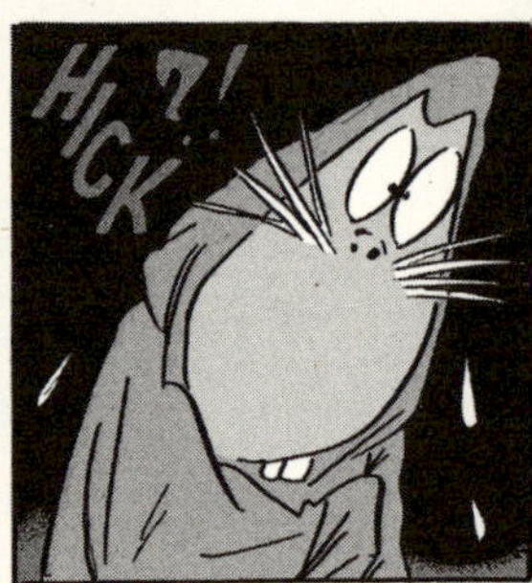
HICK
?!

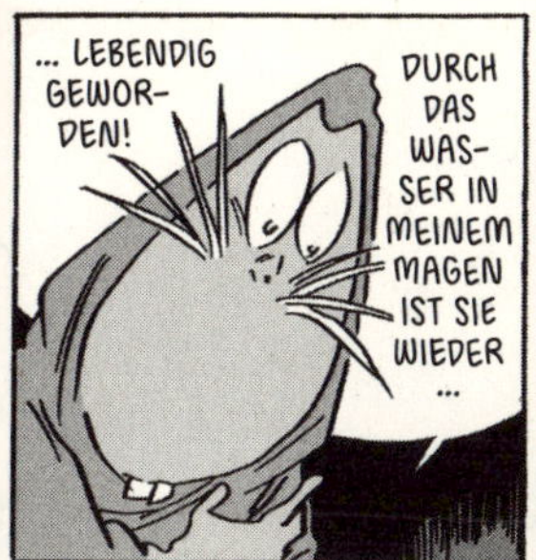
... LEBENDIG GEWOR-DEN!
DURCH DAS WAS-SER IN MEINEM MAGEN IST SIE WIEDER ...

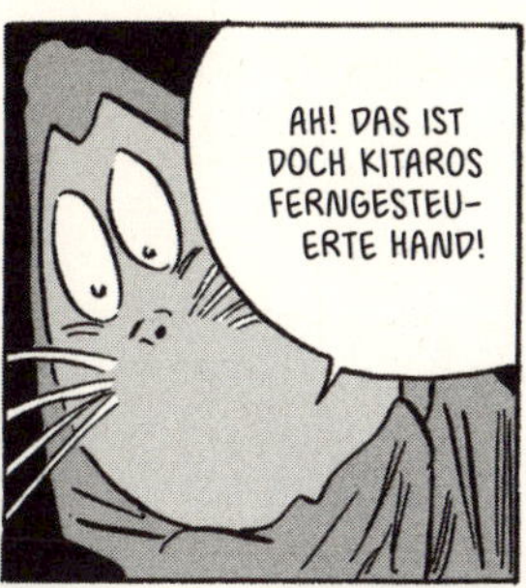
AH! DAS IST DOCH KITAROS FERNGESTEU-ERTE HAND!

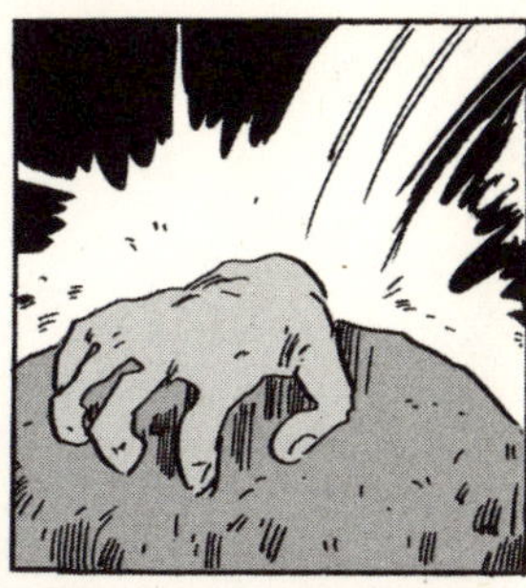

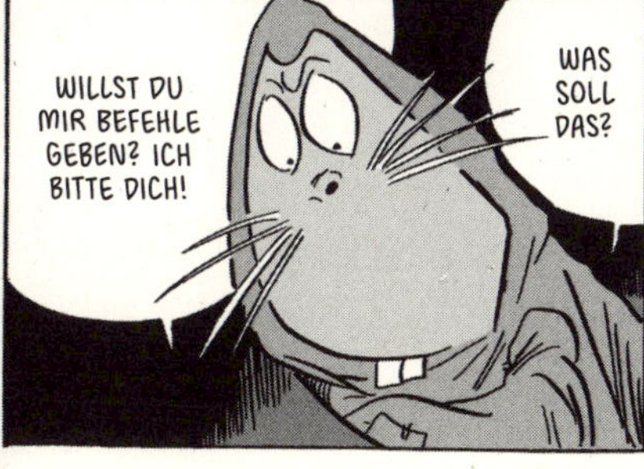
WAS SOLL DAS?
WILLST DU MIR BEFEHLE GEBEN? ICH BITTE DICH!

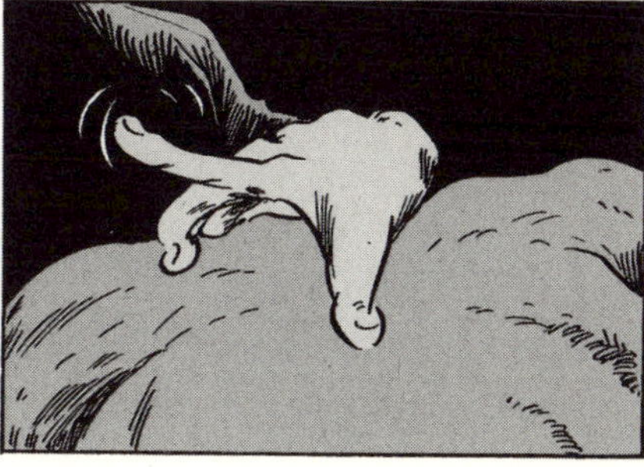

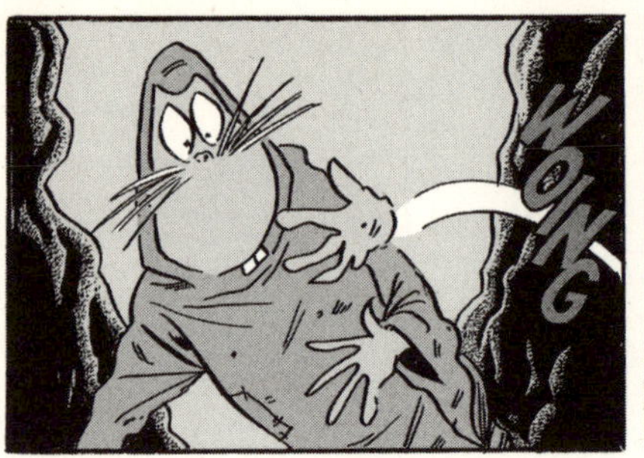
WOING

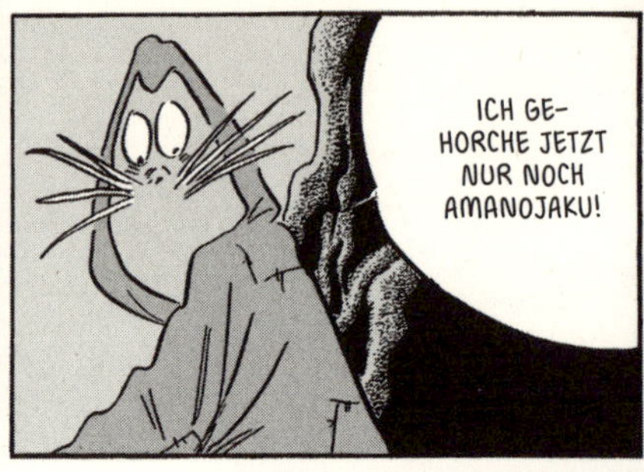
ICH GE-
HORCHE JETZT
NUR NOCH
AMANOJAKU!

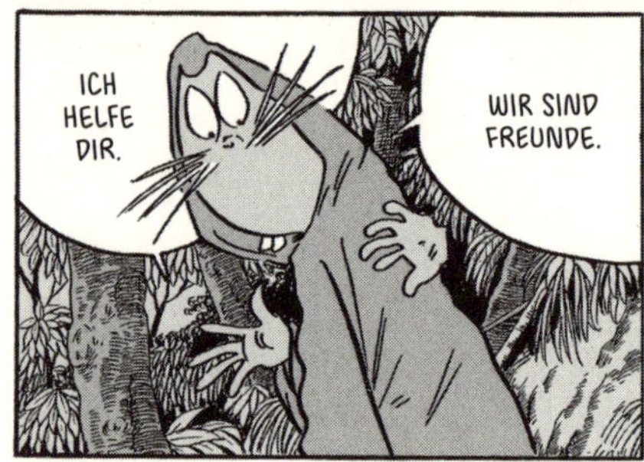
ICH
HELFE
DIR.
WIR SIND
FREUNDE.

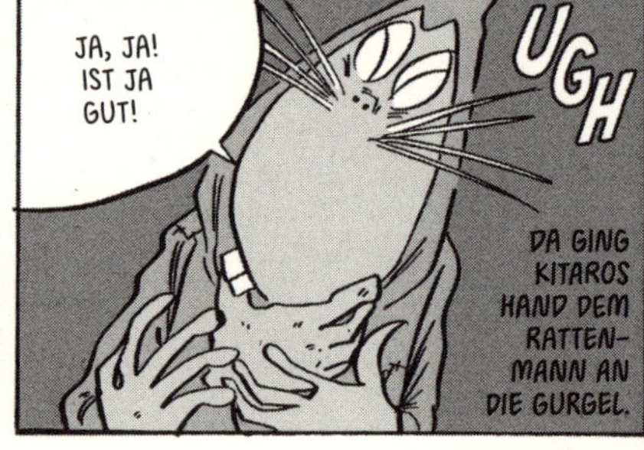
JA, JA!
IST JA
GUT!
UGH
DA GING
KITAROS
HAND DEM
RATTEN-
MANN AN
DIE GURGEL.

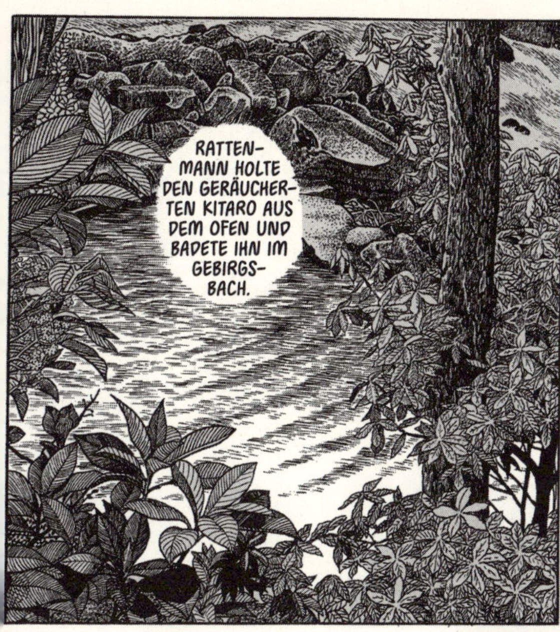
RATTENMANN HOLTE DEN GERÄUCHERTEN KITARO AUS DEM OFEN UND BADETE IHN IM GEBIRGSBACH.

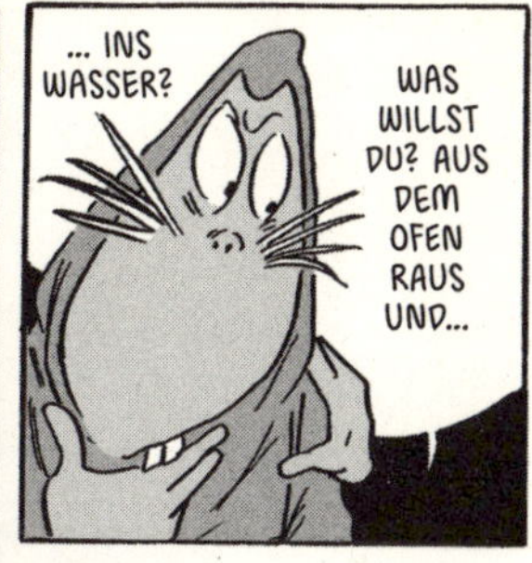
... INS WASSER?
WAS WILLST DU? AUS DEM OFEN RAUS UND...

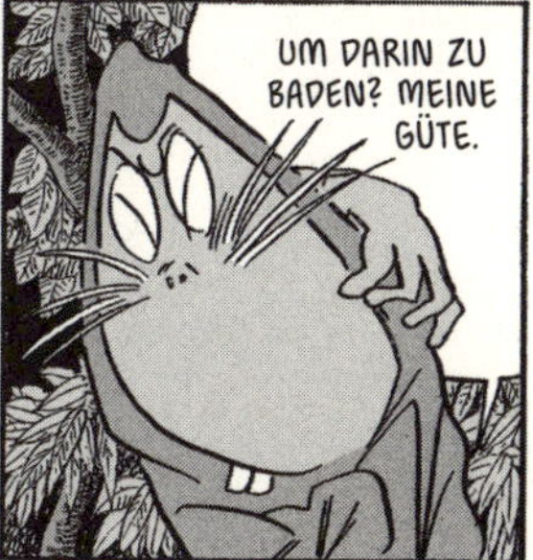
UM DARIN ZU BADEN? MEINE GÜTE.

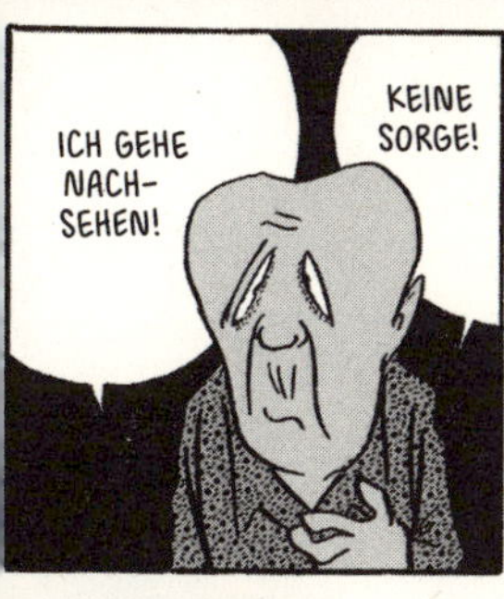
KEINE SORGE!
ICH GEHE NACHSEHEN!

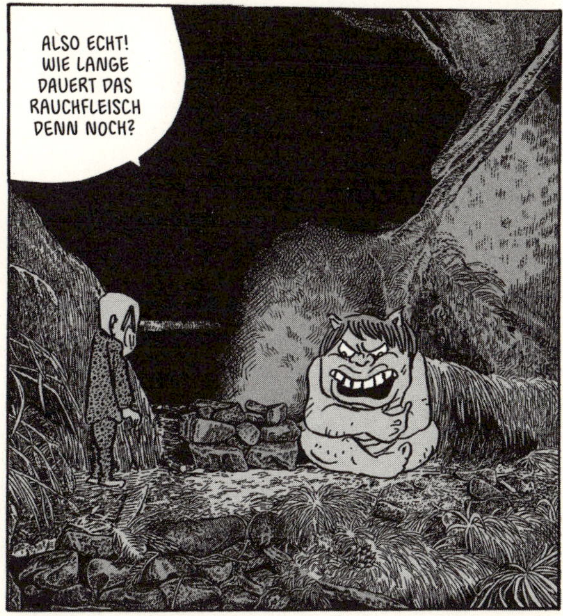
ALSO ECHT! WIE LANGE DAUERT DAS RAUCHFLEISCH DENN NOCH?

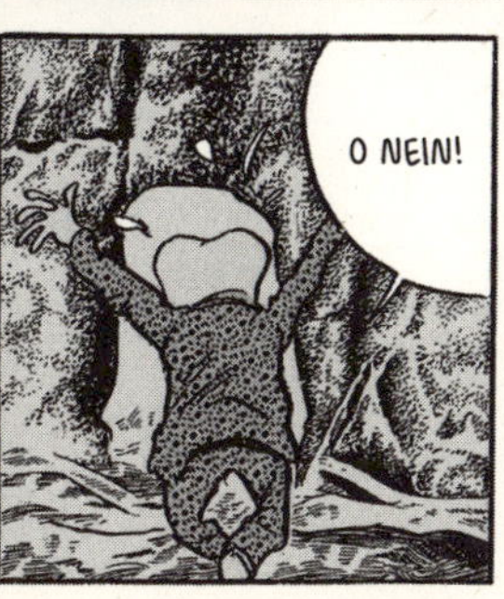
O NEIN!

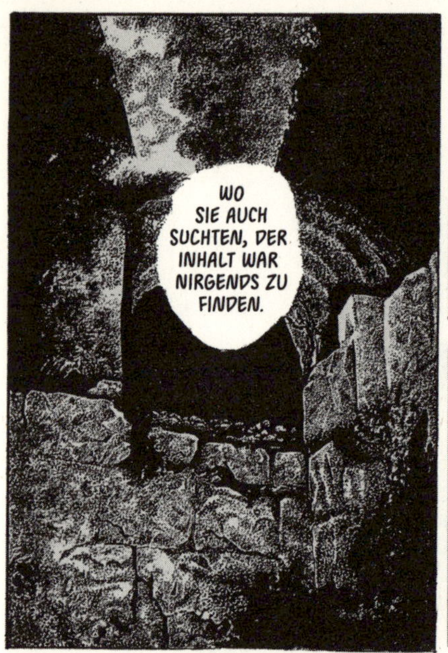
WO SIE AUCH SUCHTEN, DER INHALT WAR NIRGENDS ZU FINDEN.

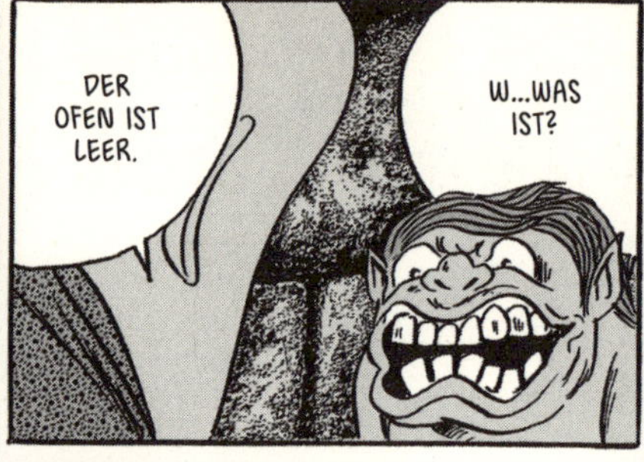
DER OFEN IST LEER.
W...WAS IST?

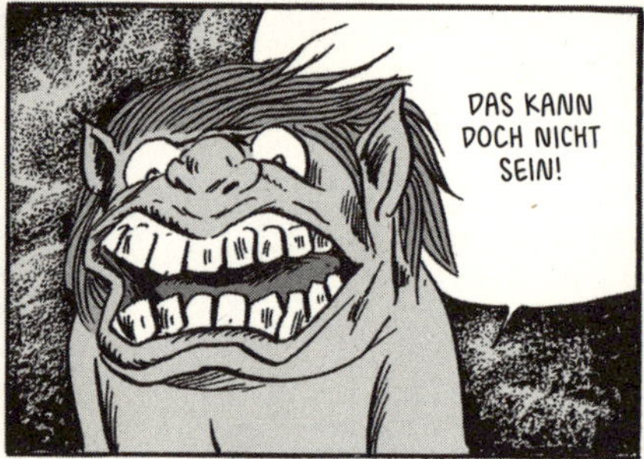
DAS KANN DOCH NICHT SEIN!

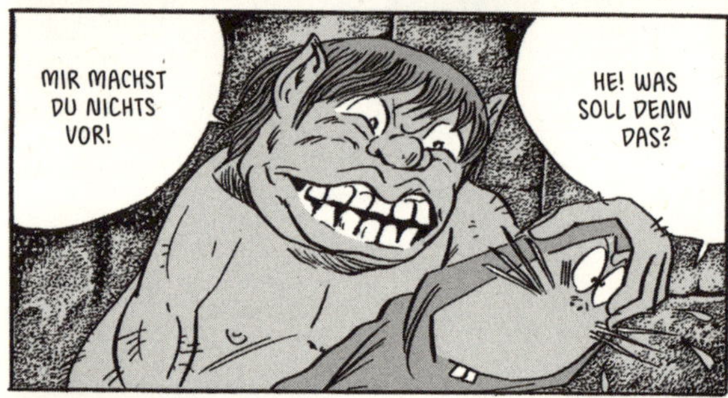
HE! WAS SOLL DENN DAS?
MIR MACHST DU NICHTS VOR!

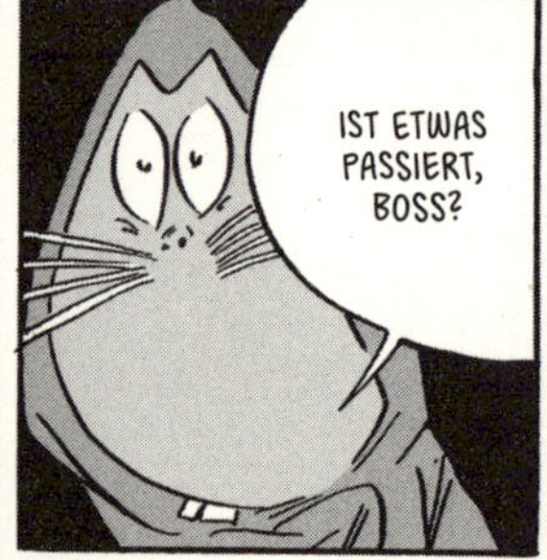
IST ETWAS PASSIERT, BOSS?

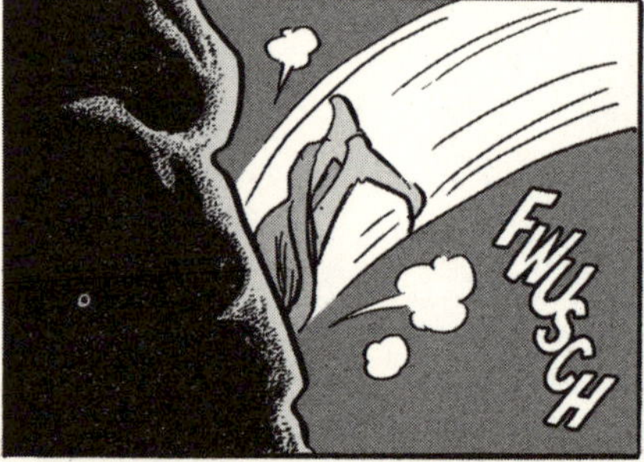
FWUSCH

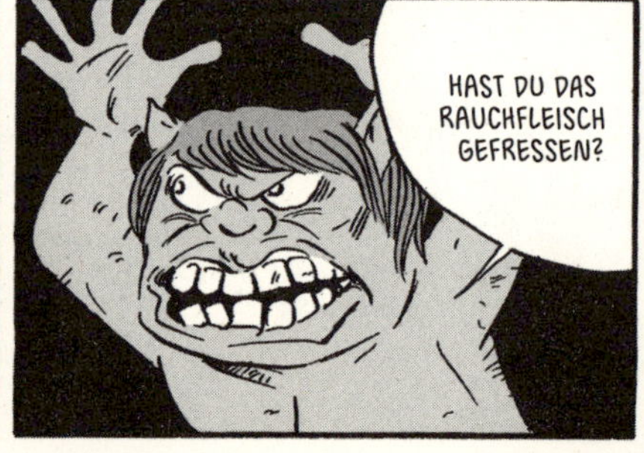
HAST DU DAS RAUCHFLEISCH GEFRESSEN?

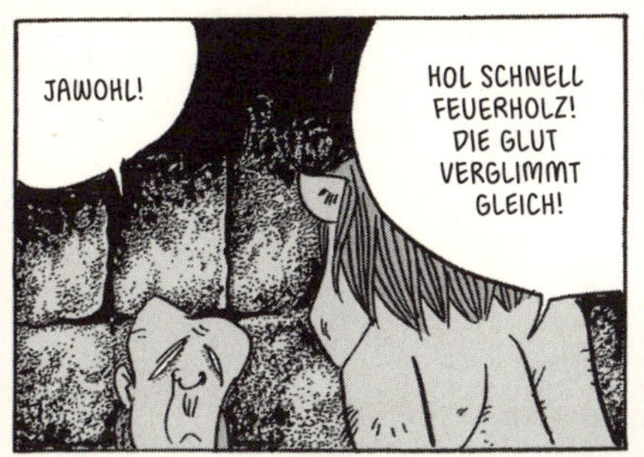
HOL SCHNELL FEUERHOLZ! DIE GLUT VERGLIMMT GLEICH!
JAWOHL!

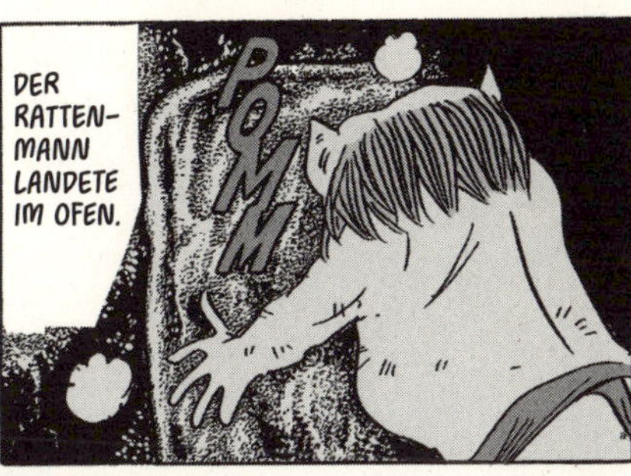
DER RATTEN-MANN LANDETE IM OFEN.
POMM

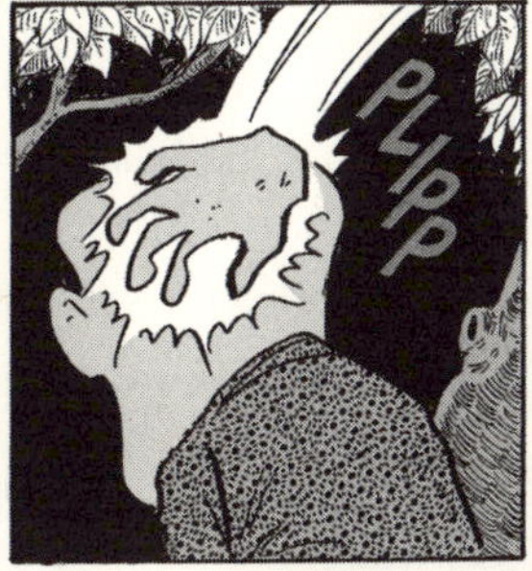
PLIPP

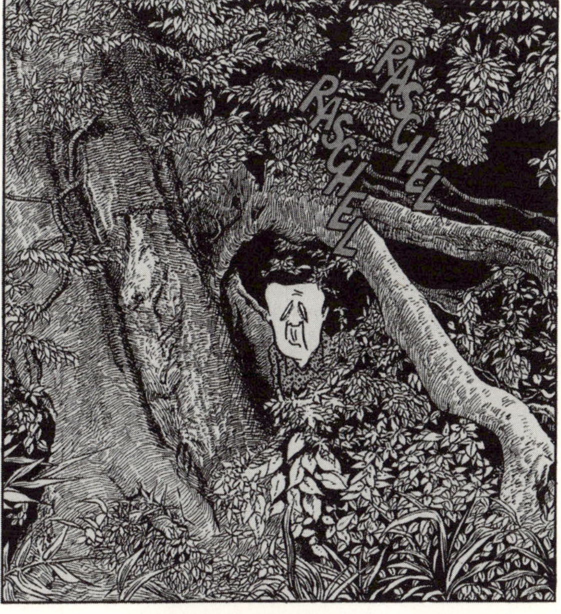
RASCHEL
RASCHEL

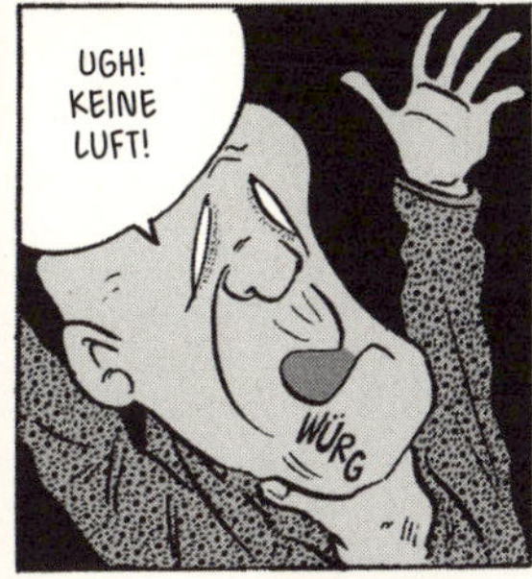
UGH! KEINE LUFT!
WÜRG

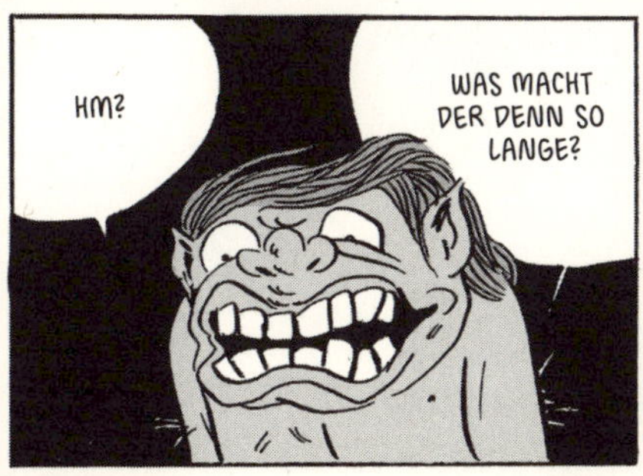
WAS MACHT DER DENN SO LANGE?
HM?

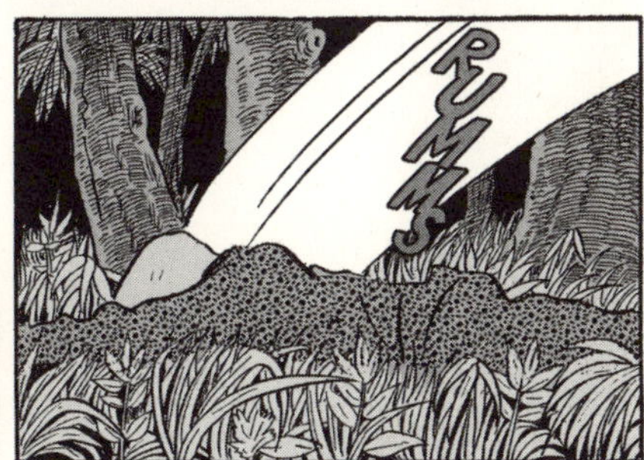
RUMMS

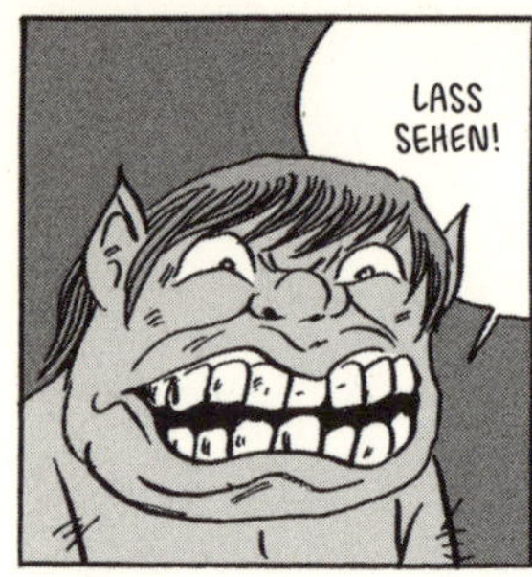
LASS SEHEN!

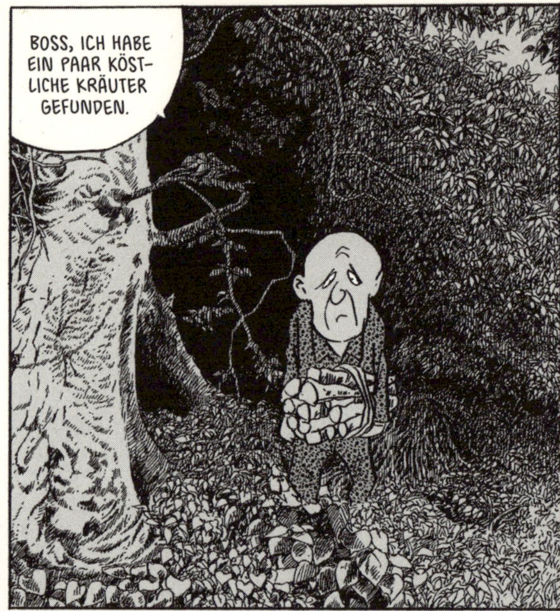
BOSS, ICH HABE EIN PAAR KÖST-LICHE KRÄUTER GEFUNDEN.

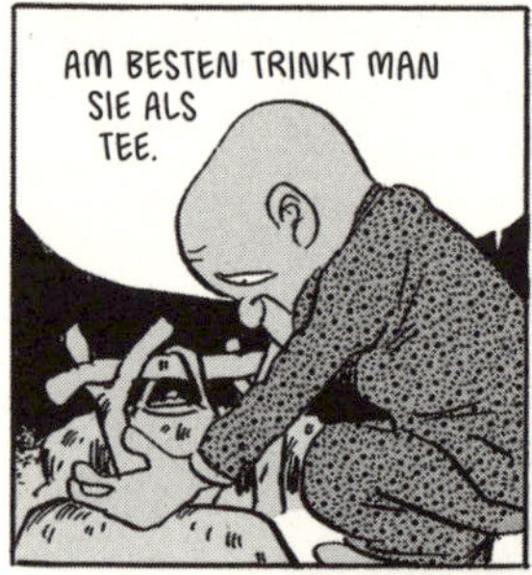
AM BESTEN TRINKT MAN SIE ALS TEE.

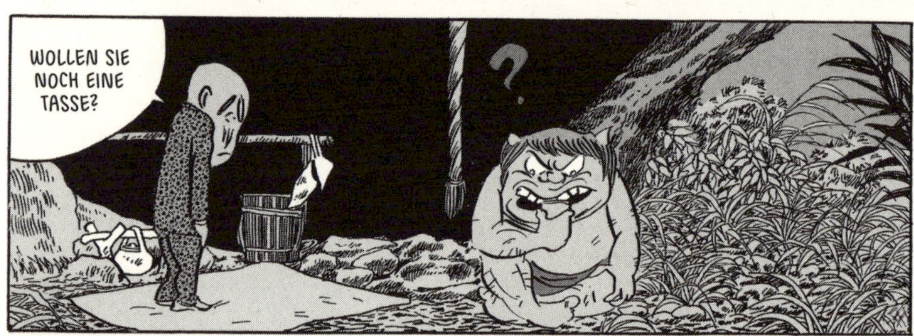
WOLLEN SIE NOCH EINE TASSE?
?

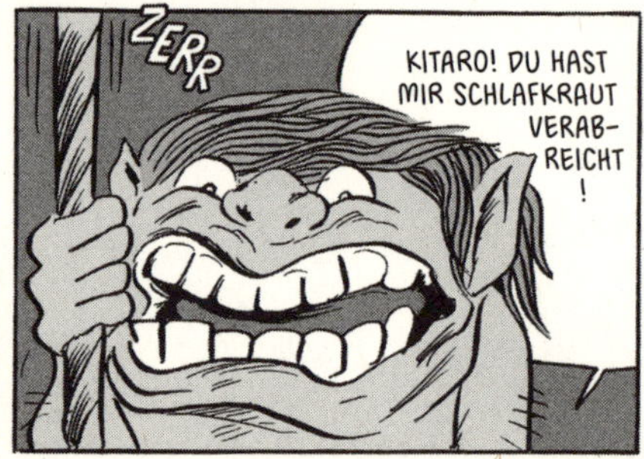
ZERR
KITARO! DU HAST MIR SCHLAFKRAUT VERAB-REICHT!

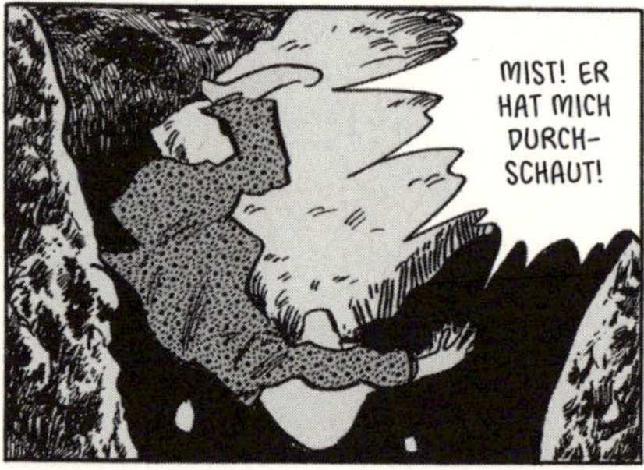
MIST! ER HAT MICH DURCH-SCHAUT!

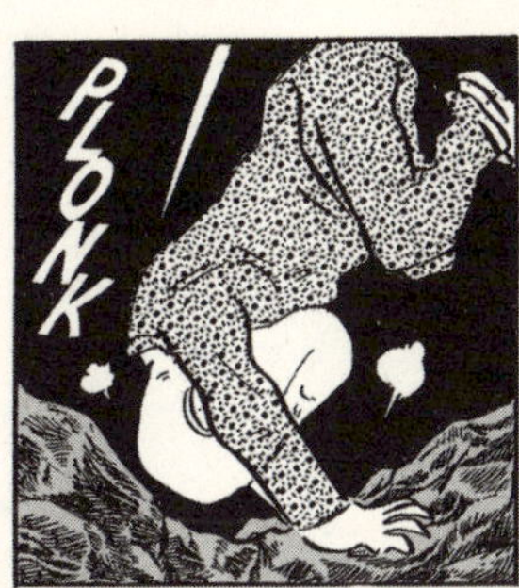
PLONK

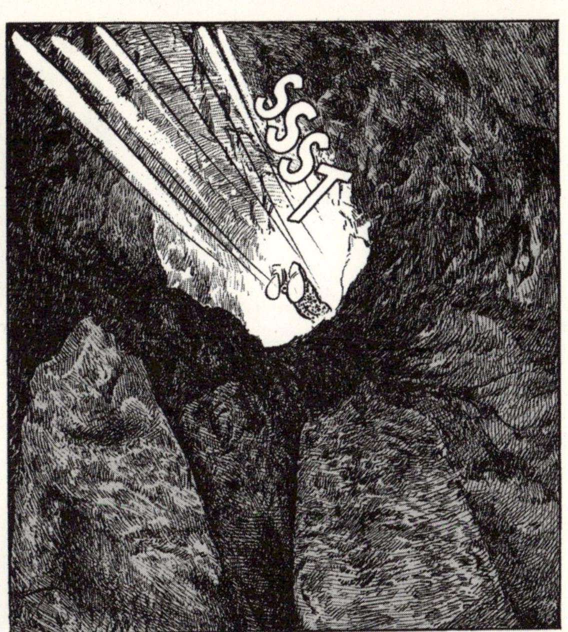
SSST

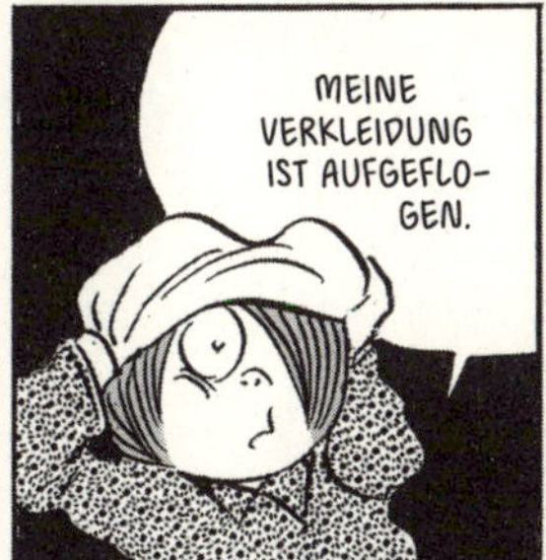
MEINE VERKLEIDUNG IST AUFGEFLO-GEN.

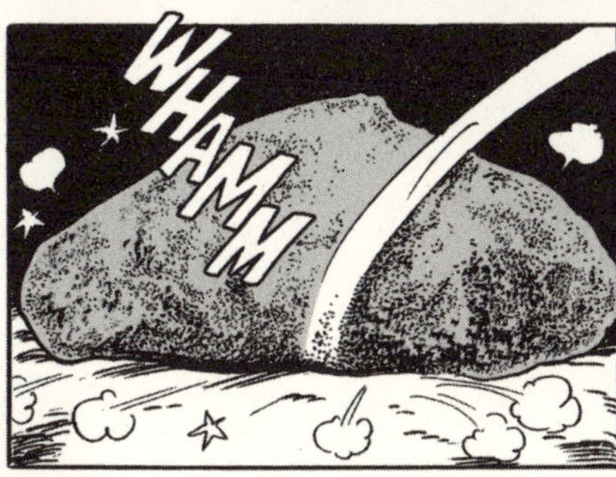
WHAMM

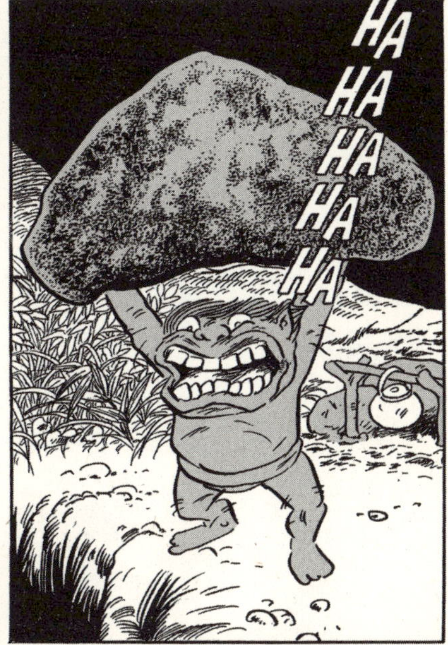
HA HA HA HA HA HA

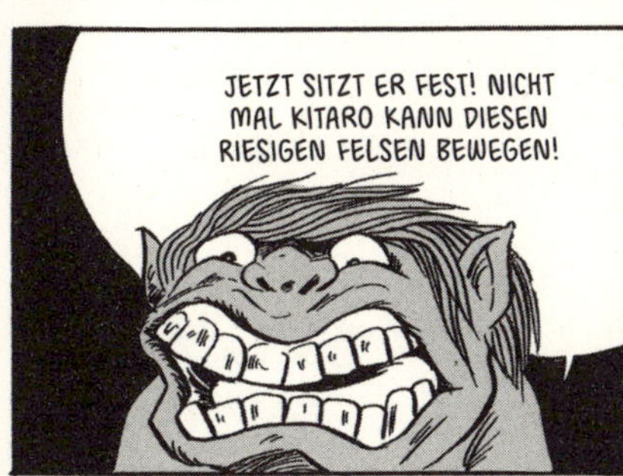
JETZT SITZT ER FEST! NICHT MAL KITARO KANN DIESEN RIESIGEN FELSEN BEWEGEN!

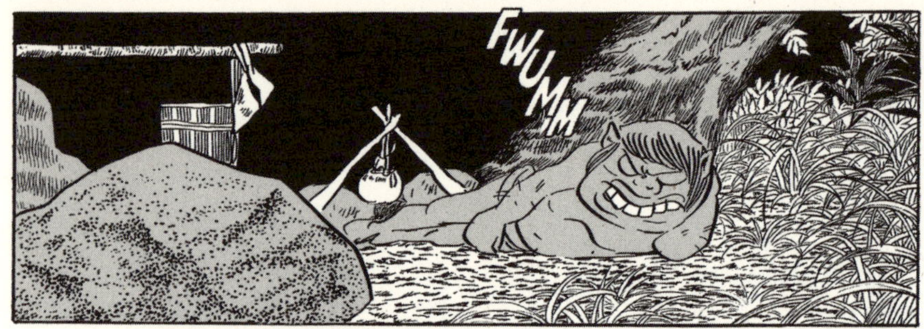
FWUMM

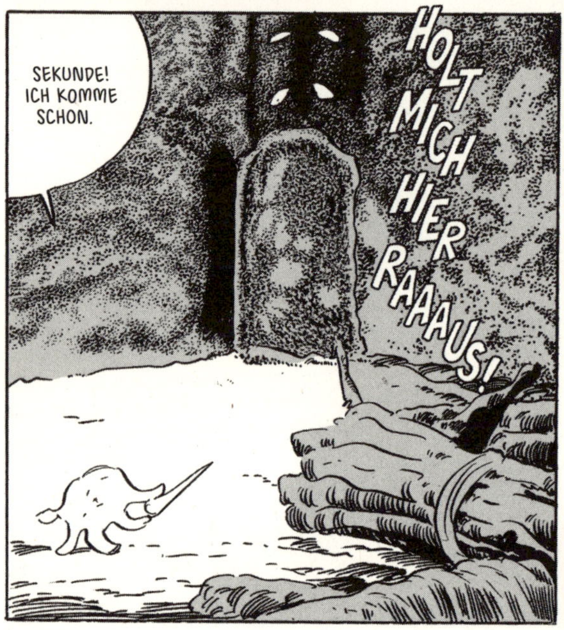
SEKUNDE! ICH KOMME SCHON.
HOLT MICH HIER RAAAUS!

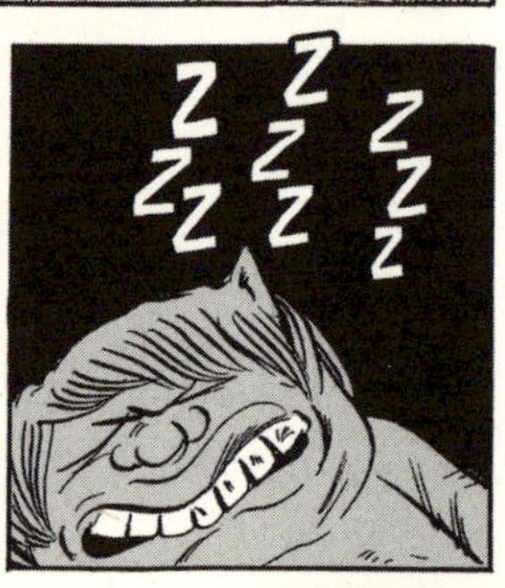
Z Z Z Z Z Z Z Z

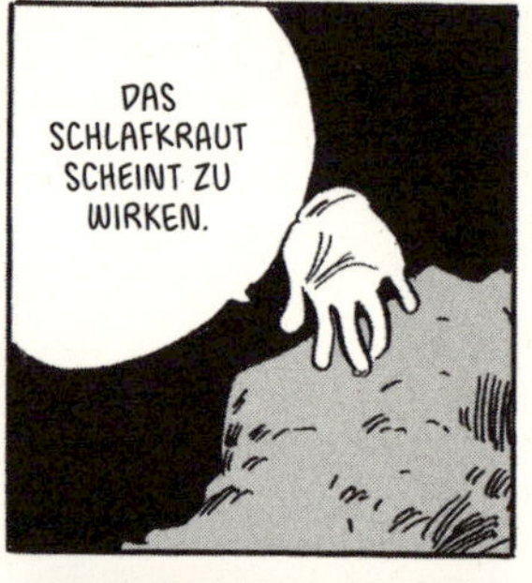
DAS SCHLAFKRAUT SCHEINT ZU WIRKEN.

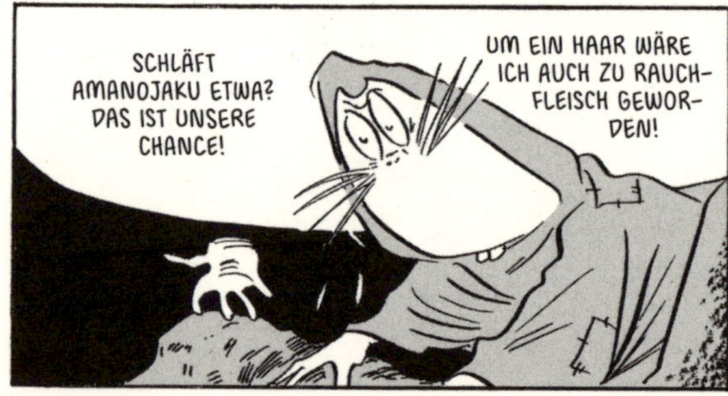
UM EIN HAAR WÄRE ICH AUCH ZU RAUCH-FLEISCH GEWOR-DEN!
SCHLÄFT AMANOJAKU ETWA? DAS IST UNSERE CHANCE!

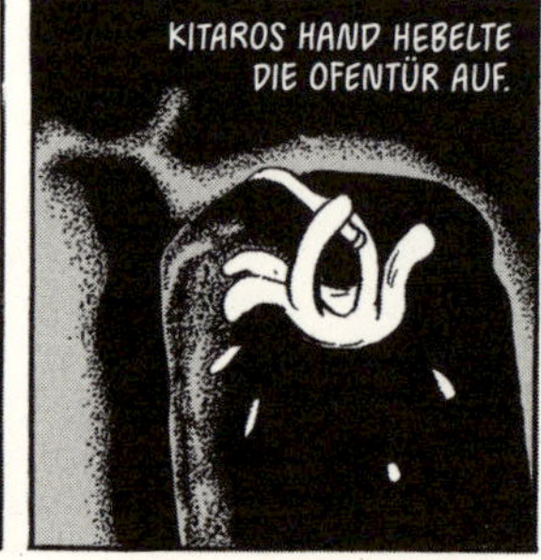
KITAROS HAND HEBELTE DIE OFENTÜR AUF.

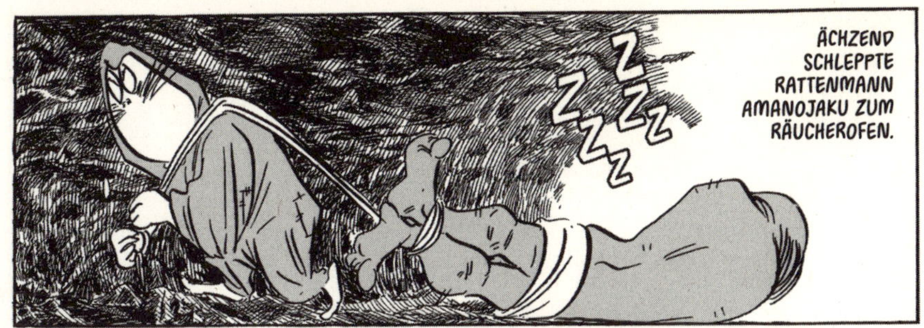
ÄCHZEND SCHLEPPTE RATTENMANN AMANOJAKU ZUM RÄUCHEROFEN.
ZZZZZ

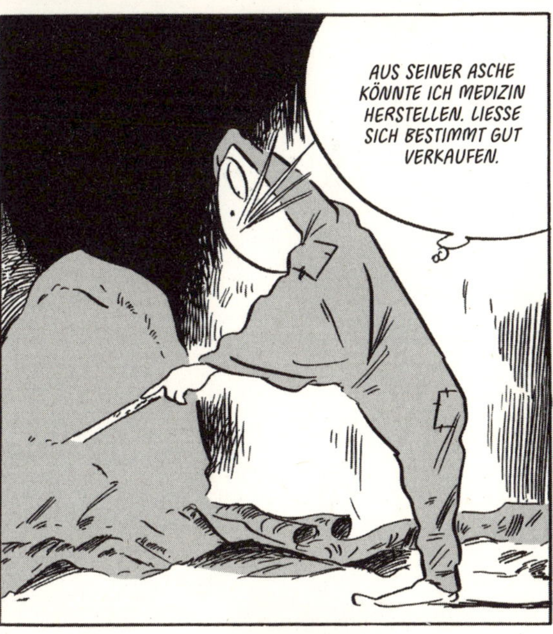
AUS SEINER ASCHE KÖNNTE ICH MEDIZIN HERSTELLEN. LIESSE SICH BESTIMMT GUT VERKAUFEN.

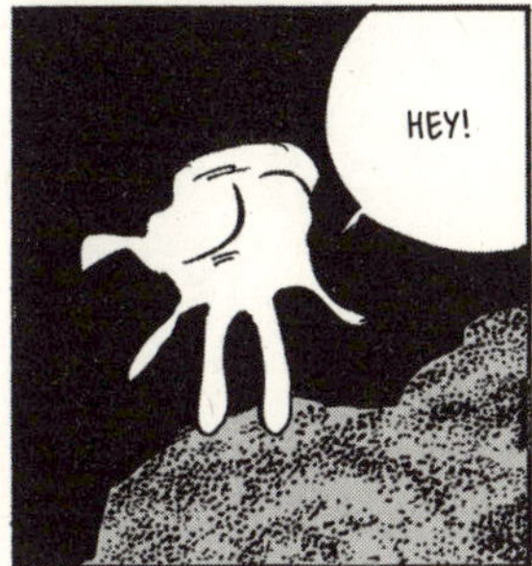
HEY!

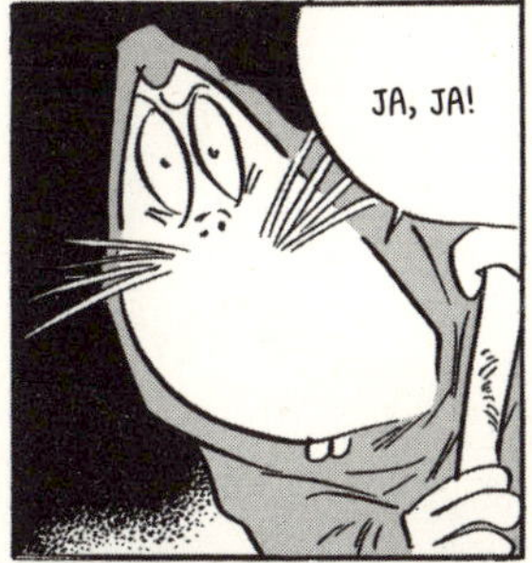
JA, JA!

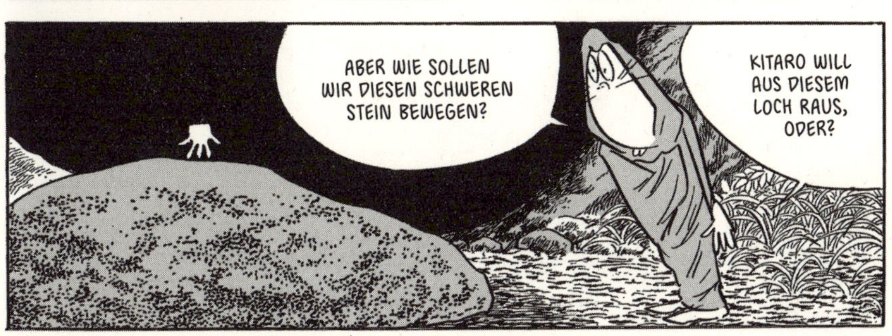
KITARO WILL AUS DIESEM LOCH RAUS, ODER?
ABER WIE SOLLEN WIR DIESEN SCHWEREN STEIN BEWEGEN?

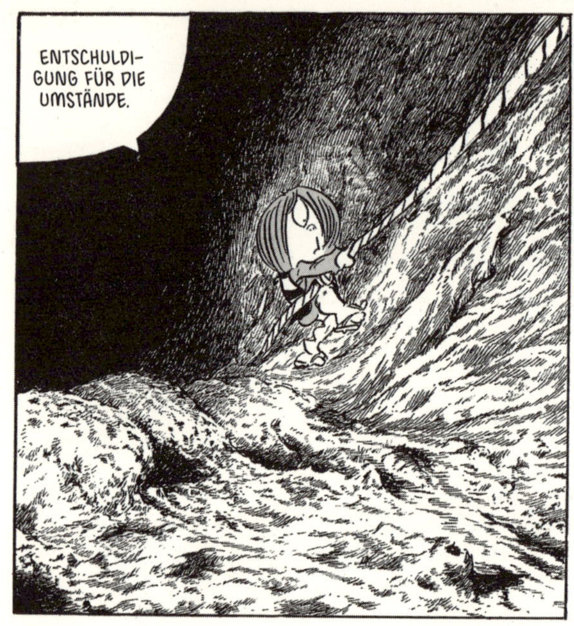
ENTSCHULDIGUNG FÜR DIE UMSTÄNDE.

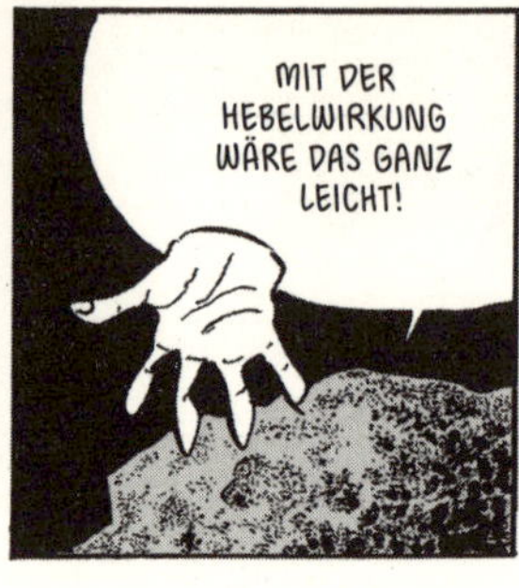
MIT DER HEBELWIRKUNG WÄRE DAS GANZ LEICHT!

EIN LANGER AST WAR SCHNELL GEFUNDEN, DOCH DAS AUFHEBELN WAR DANN DOCH RECHT MÜHSAM.

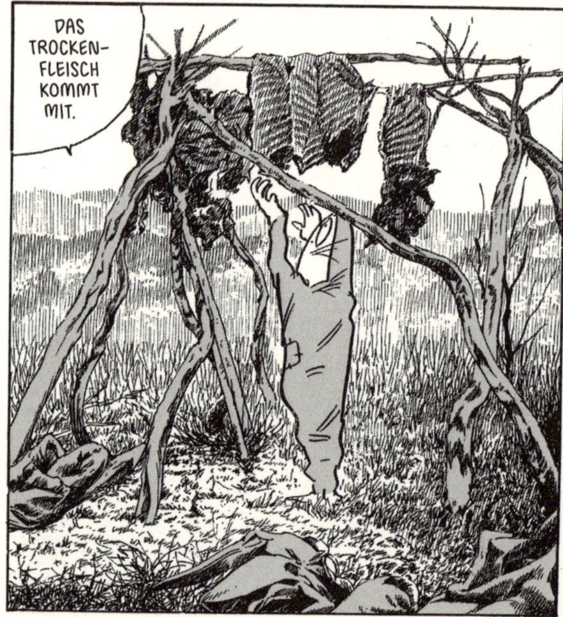
DAS TROCKENFLEISCH KOMMT MIT.

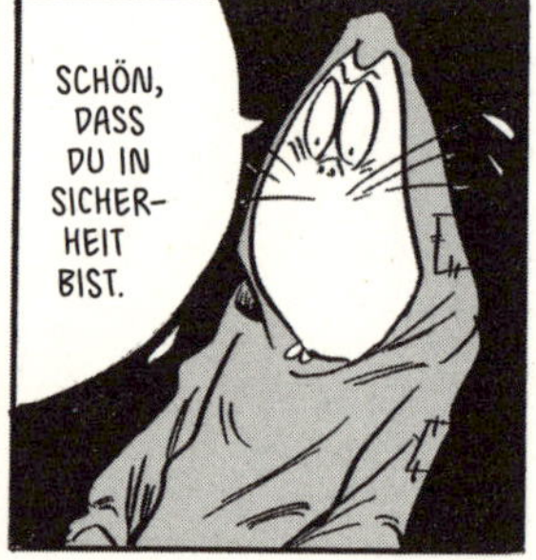
SCHÖN, DASS DU IN SICHERHEIT BIST.

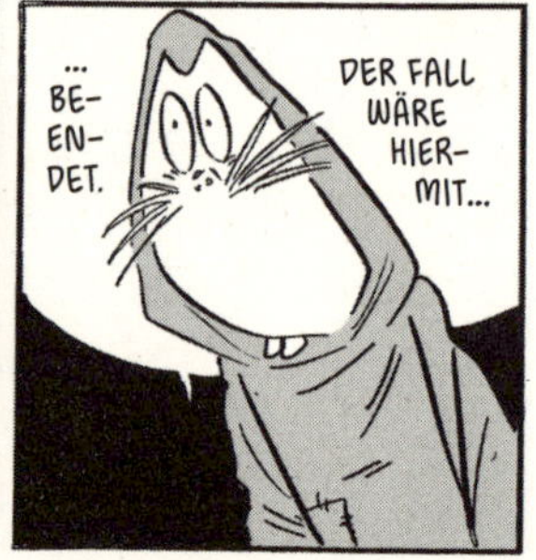
DER FALL WÄRE HIERMIT...
... BEENDET.

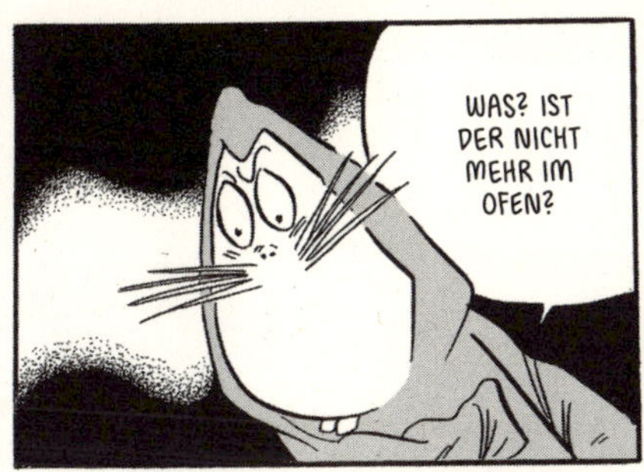
WAS? IST DER NICHT MEHR IM OFEN?

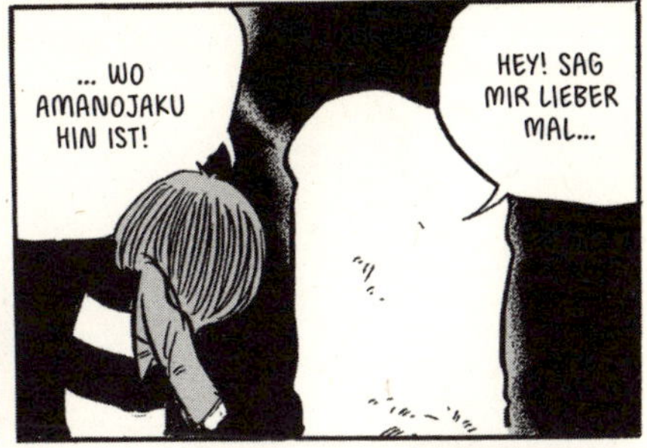
HEY! SAG MIR LIEBER MAL...
... WO AMANOJAKU HIN IST!

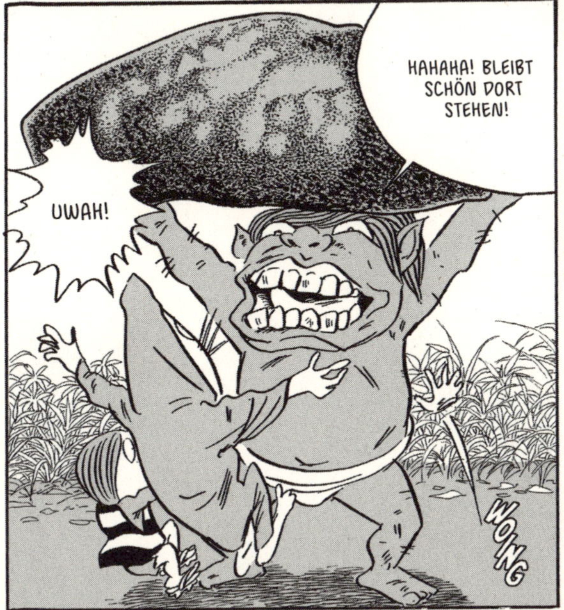
HAHAHA! BLEIBT SCHÖN DORT STEHEN!
UWAH!
WOING

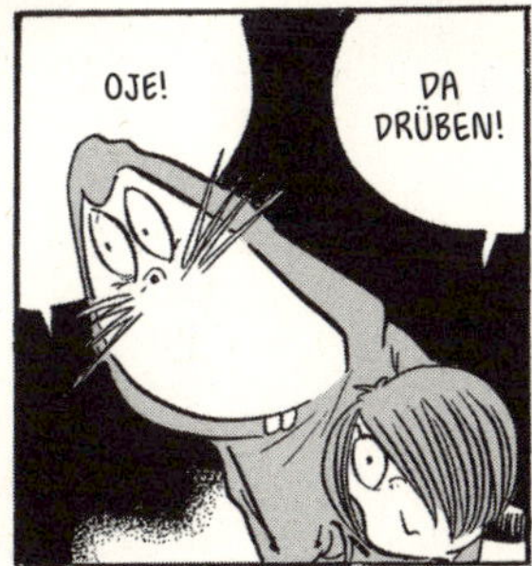
OJE!
DA DRÜBEN!

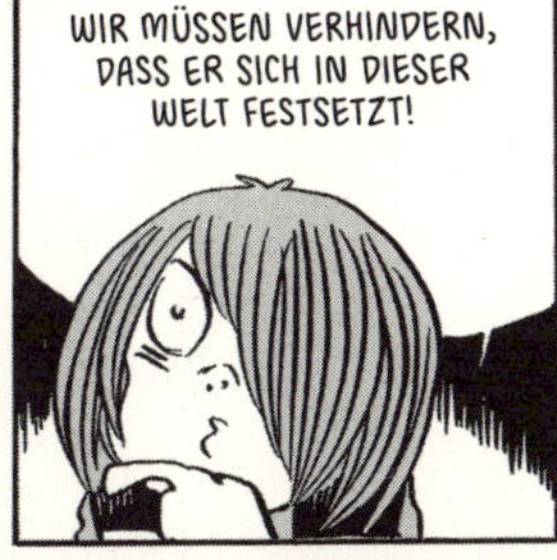
WIR MÜSSEN VERHINDERN, DASS ER SICH IN DIESER WELT FESTSETZT!

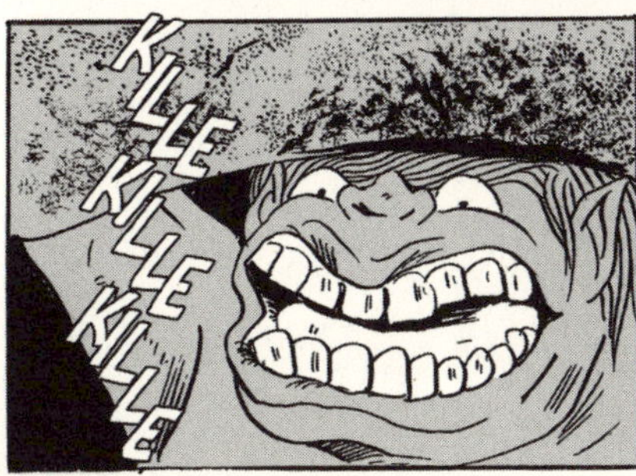
KILLE KILLE KILLE KILLE

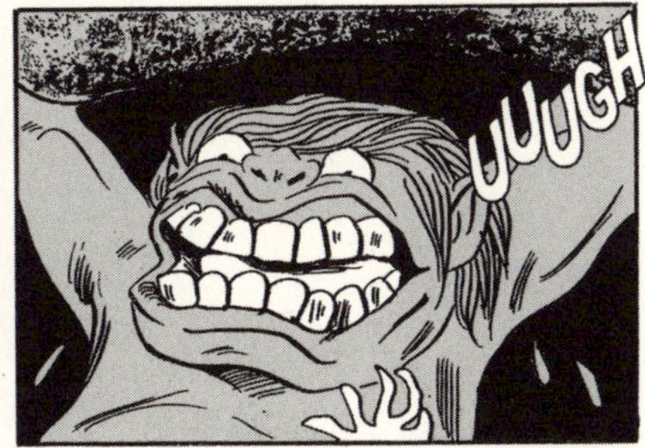
UUUGH

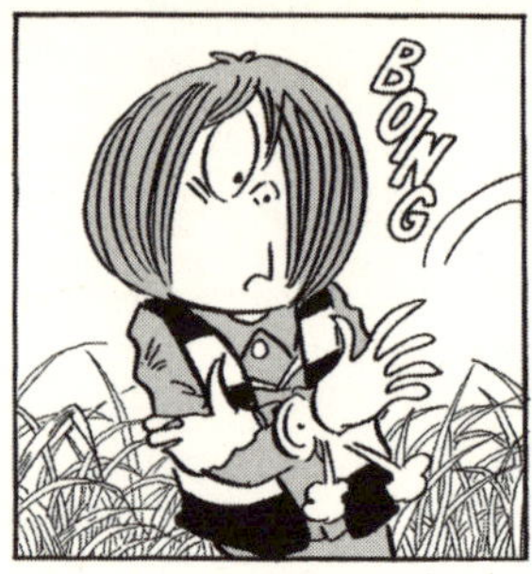
BOING

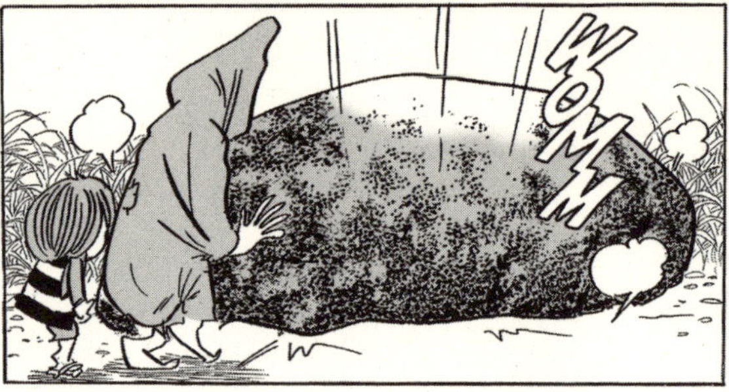
WOMM

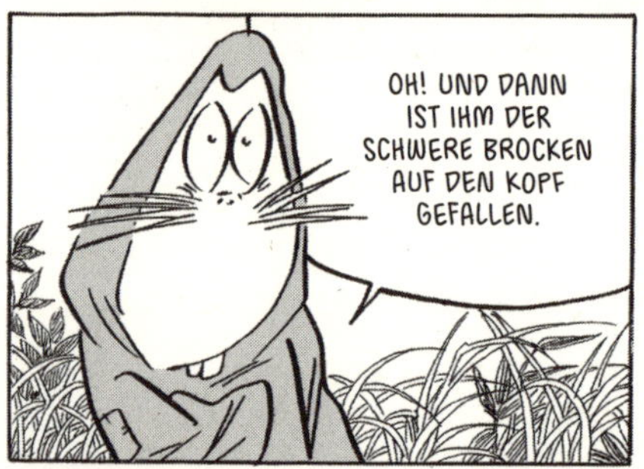
OH! UND DANN IST IHM DER SCHWERE BROCKEN AUF DEN KOPF GEFALLEN.

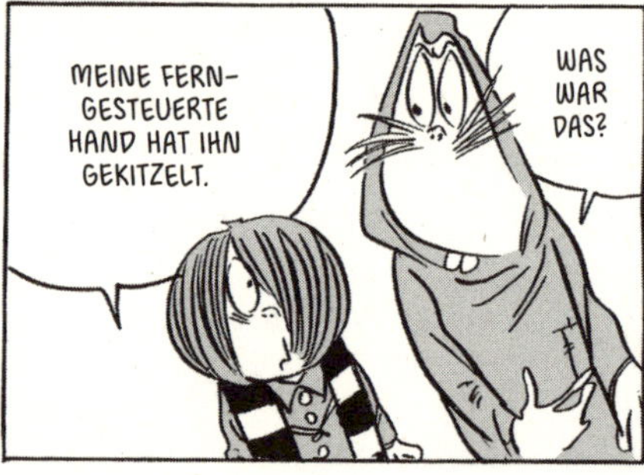
WAS WAR DAS?
MEINE FERN-GESTEUERTE HAND HAT IHN GEKITZELT.

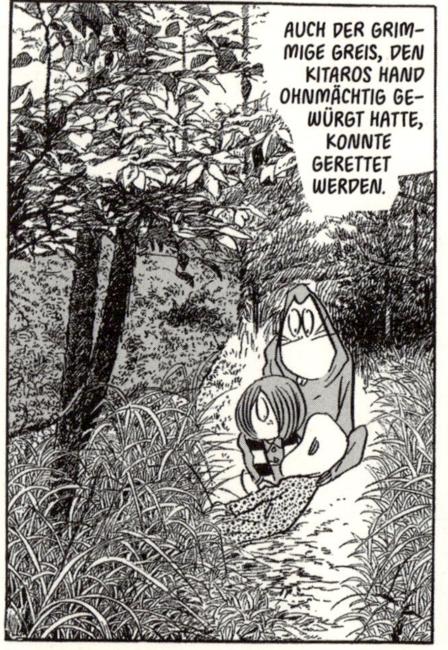
AUCH DER GRIMMIGE GREIS, DEN KITAROS HAND OHNMÄCHTIG GEWÜRGT HATTE, KONNTE GERETTET WERDEN.

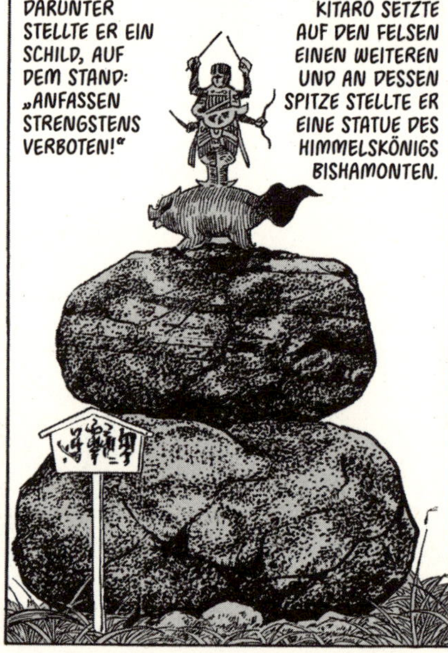
KITARO SETZTE AUF DEN FELSEN EINEN WEITEREN UND AN DESSEN SPITZE STELLTE ER EINE STATUE DES HIMMELSKÖNIGS BISHAMONTEN.
DARUNTER STELLTE ER EIN SCHILD, AUF DEM STAND: „ANFASSEN STRENGSTENS VERBOTEN!“

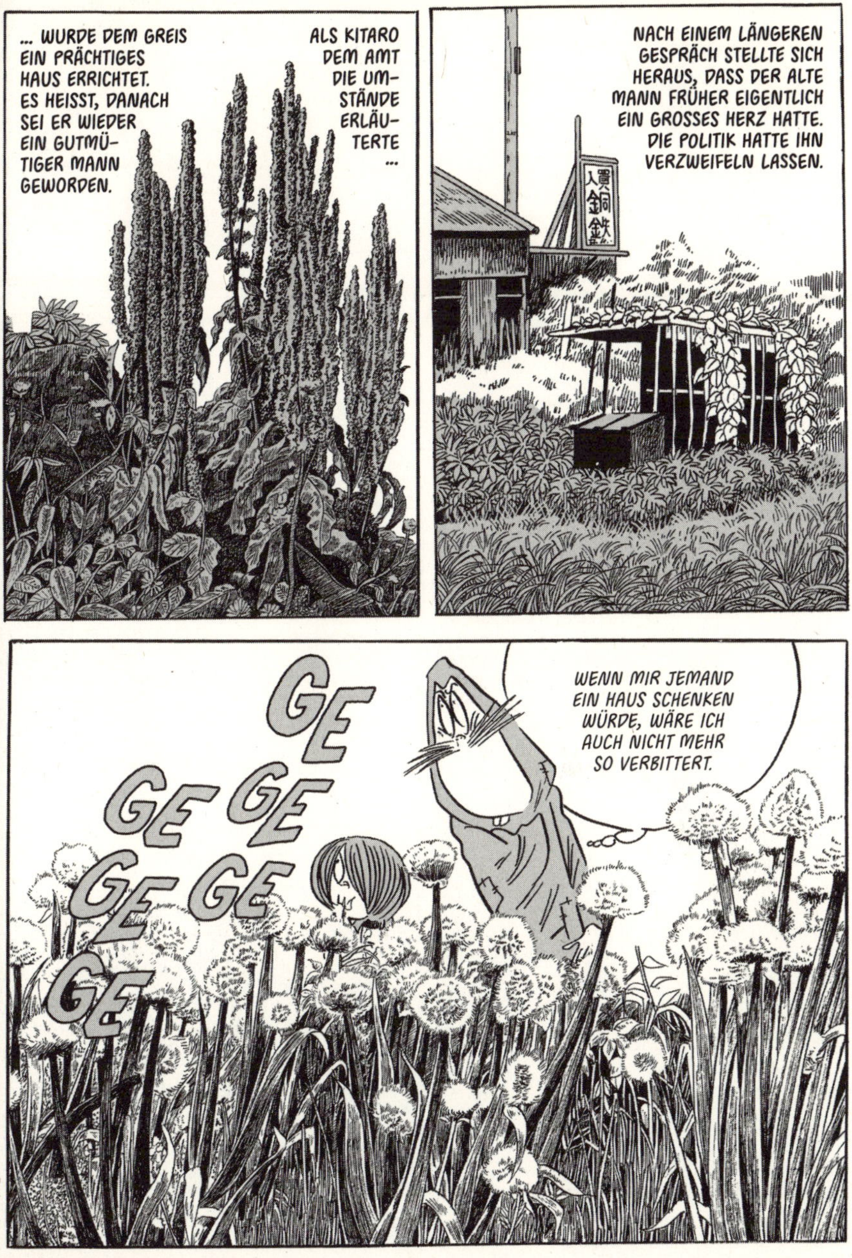

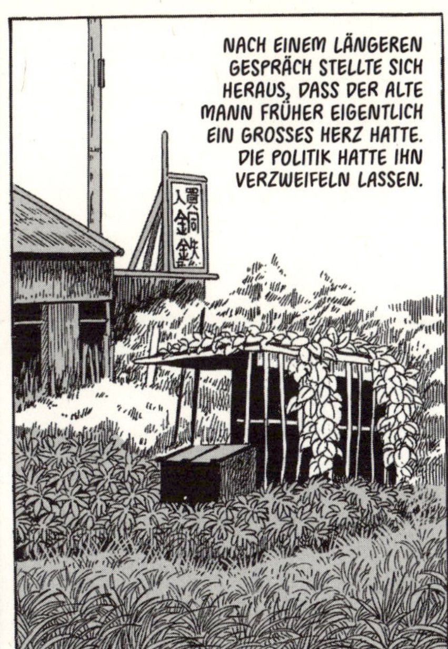
NACH EINEM LÄNGEREN GESPRÄCH STELLTE SICH HERAUS, DASS DER ALTE MANN FRÜHER EIGENTLICH EIN GROSSES HERZ HATTE. DIE POLITIK HATTE IHN VERZWEIFELN LASSEN.

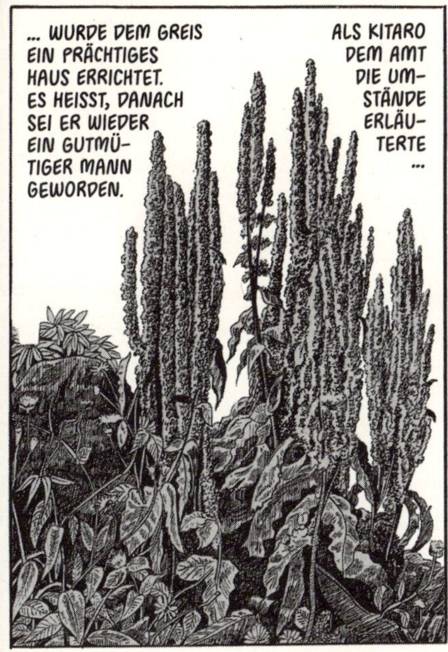
ALS KITARO DEM AMT DIE UMSTÄNDE ERLÄUTERTE ...
... WURDE DEM GREIS EIN PRÄCHTIGES HAUS ERRICHTET. ES HEISST, DANACH SEI ER WIEDER EIN GUTMÜTIGER MANN GEWORDEN.

WENN MIR JEMAND EIN HAUS SCHENKEN WÜRDE, WÄRE ICH AUCH NICHT MEHR SO VERBITTERT.
GE GE GE GE GE GE GE

Amanojaku, Teil 2 – Ende

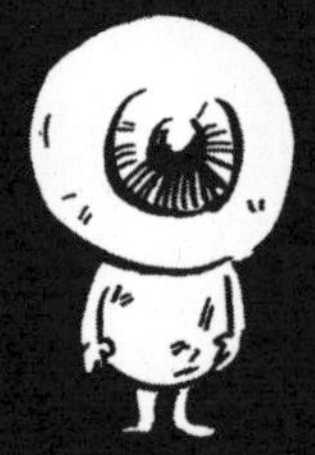

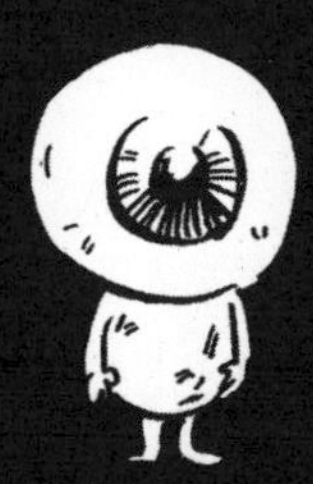

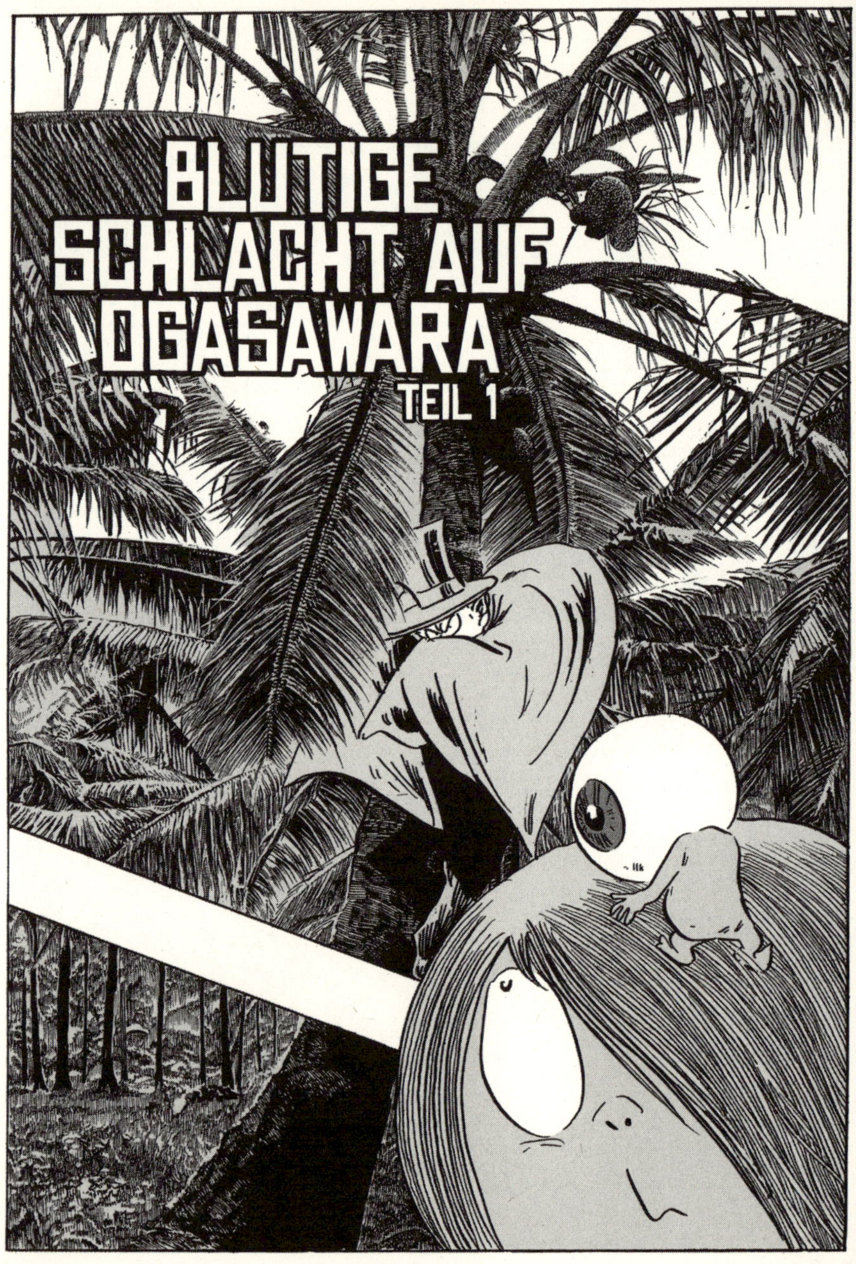
BLUTIGE SCHLACHT AUF OGASAWARA
TEIL 1

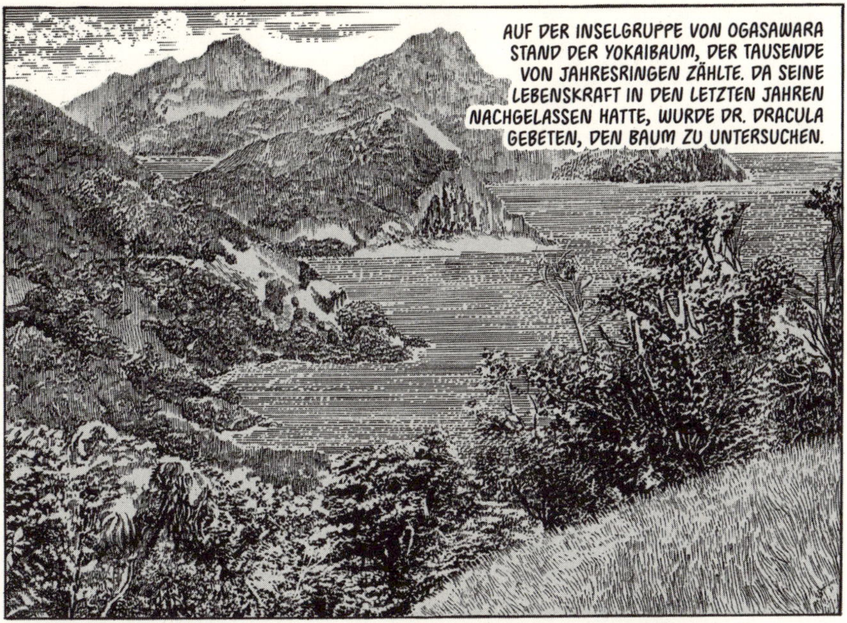

AUF DER INSELGRUPPE VON OGASAWARA STAND DER YOKAIBAUM, DER TAUSENDE VON JAHRESRINGEN ZÄHLTE. DA SEINE LEBENSKRAFT IN DEN LETZTEN JAHREN NACHGELASSEN HATTE, WURDE DR. DRACULA GEBETEN, DEN BAUM ZU UNTERSUCHEN.

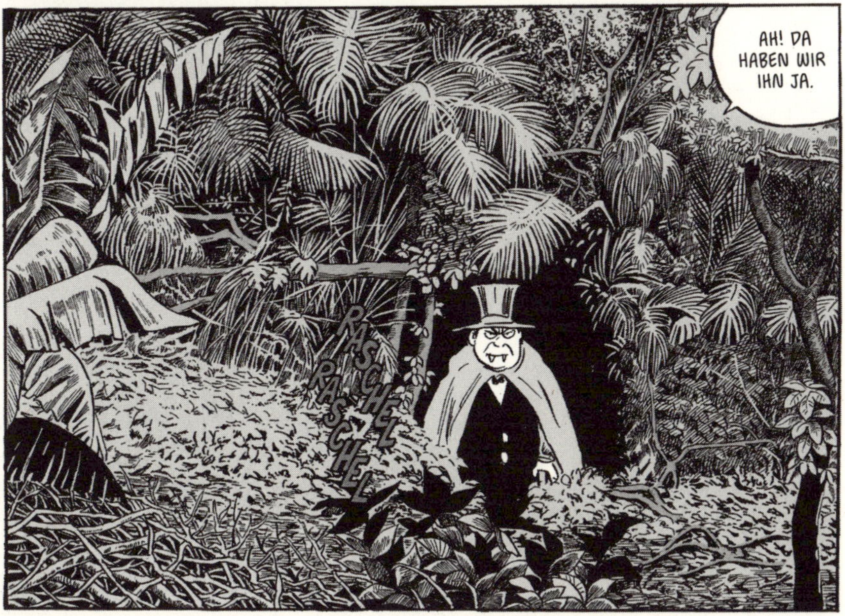

AH! DA HABEN WIR IHN JA.

RASCHEL RASCHEL

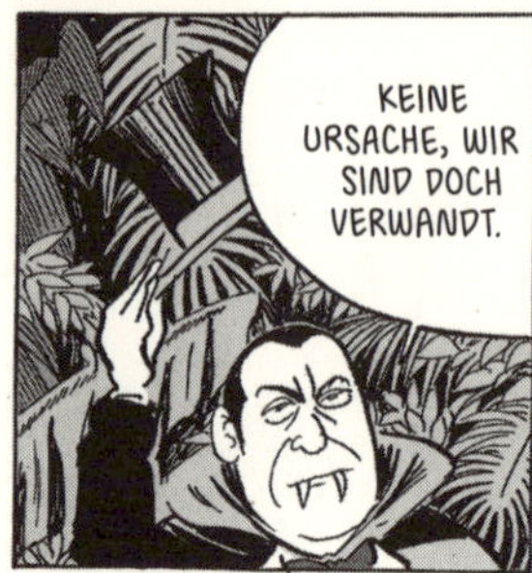
KEINE URSACHE, WIR SIND DOCH VERWANDT.

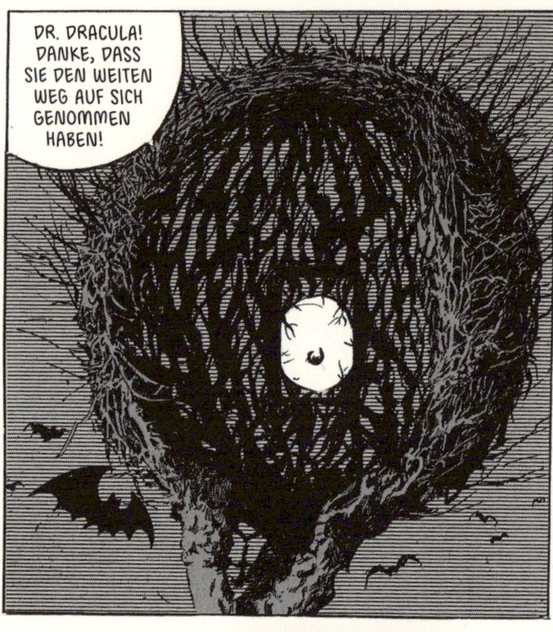
DR. DRACULA! DANKE, DASS SIE DEN WEITEN WEG AUF SICH GENOMMEN HABEN!

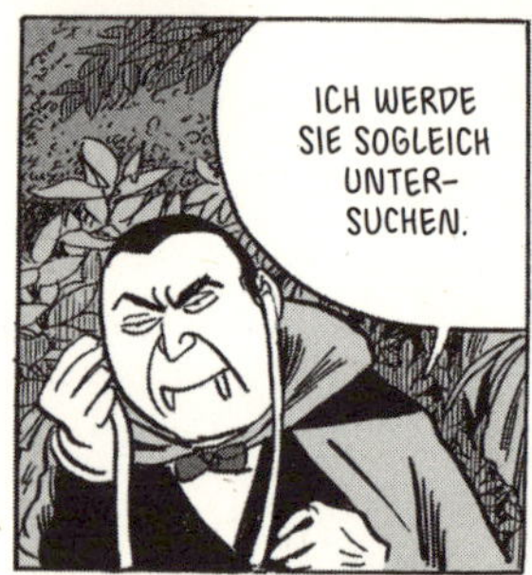
ICH WERDE SIE SOGLEICH UNTER-SUCHEN.

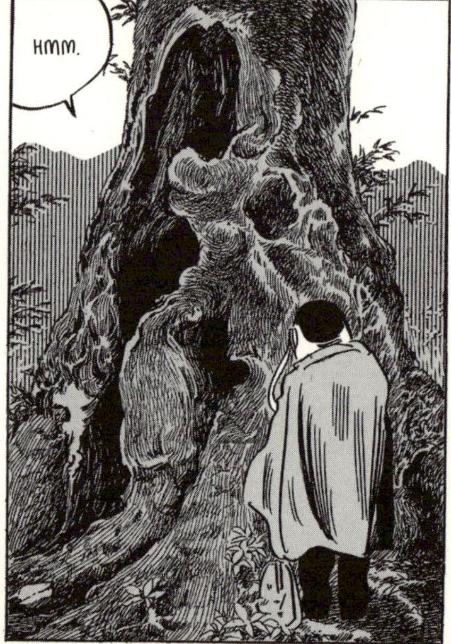
HMM.

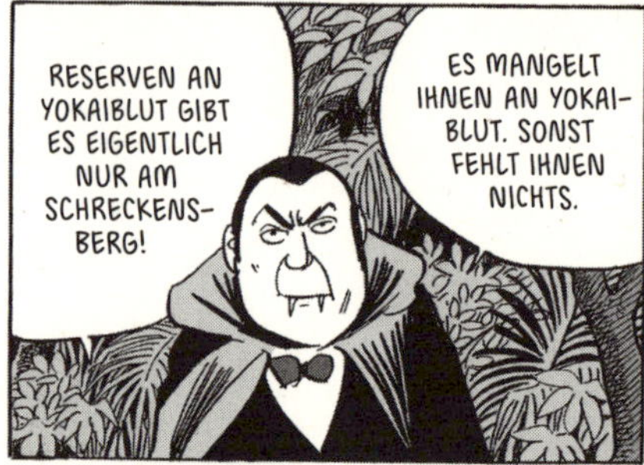
ES MANGELT IHNEN AN YOKAI-BLUT. SONST FEHLT IHNEN NICHTS.
RESERVEN AN YOKAIBLUT GIBT ES EIGENTLICH NUR AM SCHRECKENS-BERG!

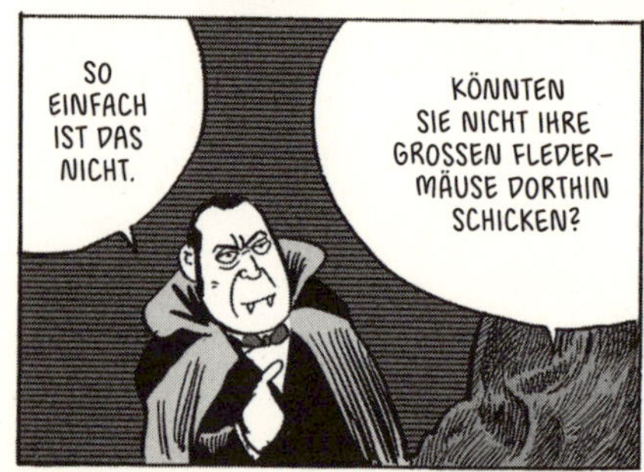
KÖNNTEN SIE NICHT IHRE GROSSEN FLEDER-MÄUSE DORTHIN SCHICKEN?
SO EINFACH IST DAS NICHT.

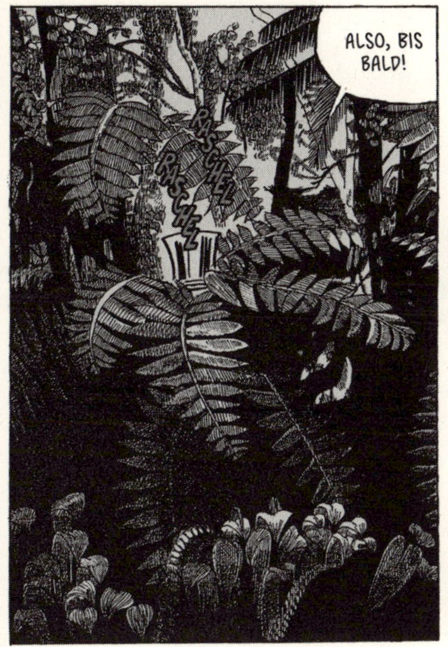
ALSO, BIS BALD!
RASCHEL
RASCHEL

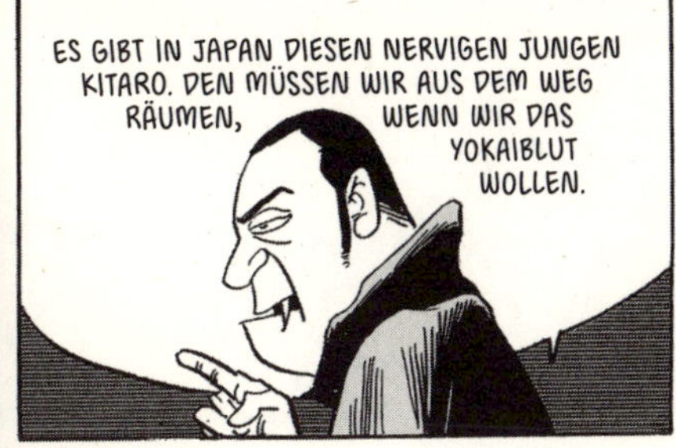
ES GIBT IN JAPAN DIESEN NERVIGEN JUNGEN KITARO. DEN MÜSSEN WIR AUS DEM WEG RÄUMEN, WENN WIR DAS YOKAIBLUT WOLLEN.

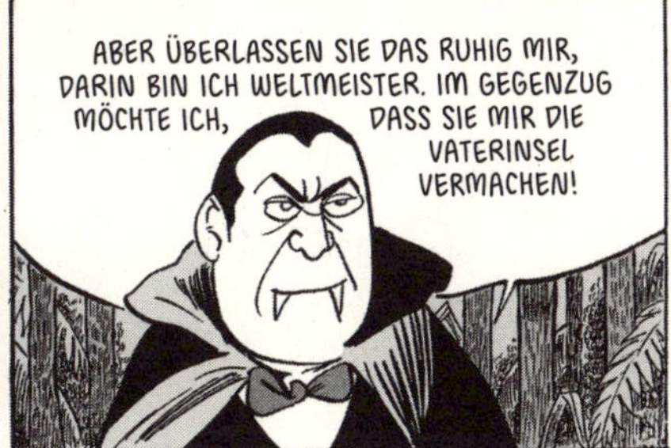
ABER ÜBERLASSEN SIE DAS RUHIG MIR, DARIN BIN ICH WELTMEISTER. IM GEGENZUG MÖCHTE ICH, DASS SIE MIR DIE VATERINSEL VERMACHEN!

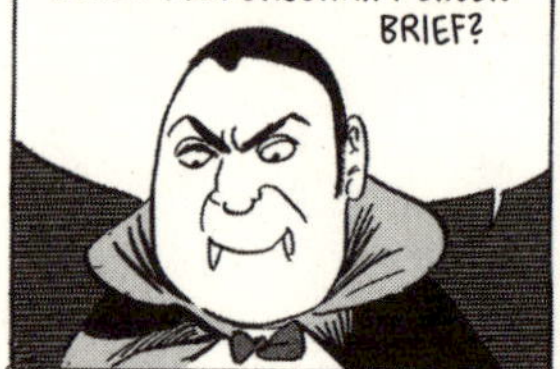
HIER HABT IHR WAS SÜSSES. GARANTIERT NICHT VERGIFTET. SCHREIBT IHR MIR DAFÜR IN EURER KINDERSCHRIFT EINEN BRIEF?

DER YOKAIARZT DRACULA LIESS DIE KINDER MIT IHRER UNSCHULDIGEN HANDSCHRIFT EINEN BRIEF SCHREIBEN, DEN ER DANN PERSÖNLICH ZUR HAUPTINSEL JAPANS TRANSPORTIERTE UND DORT IN DEN YOKAIBRIEFKASTEN WARF. SO EINEN KASTEN GAB ES NÄMLICH AUF DEN OGASAWARA-INSELN NOCH NICHT.

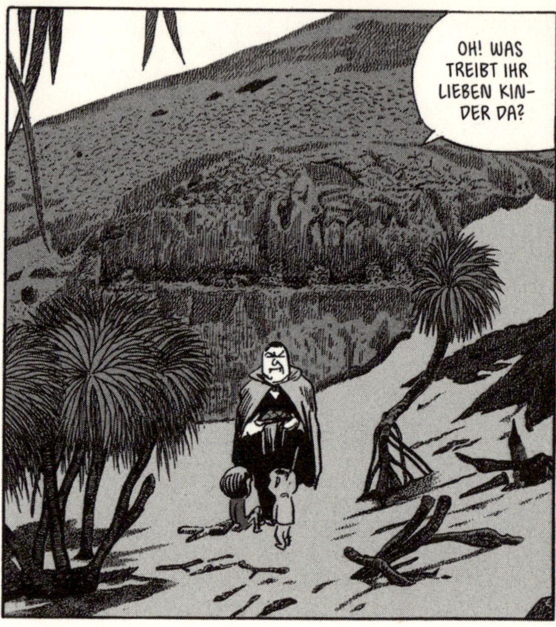
OH! WAS TREIBT IHR LIEBEN KINDER DA?

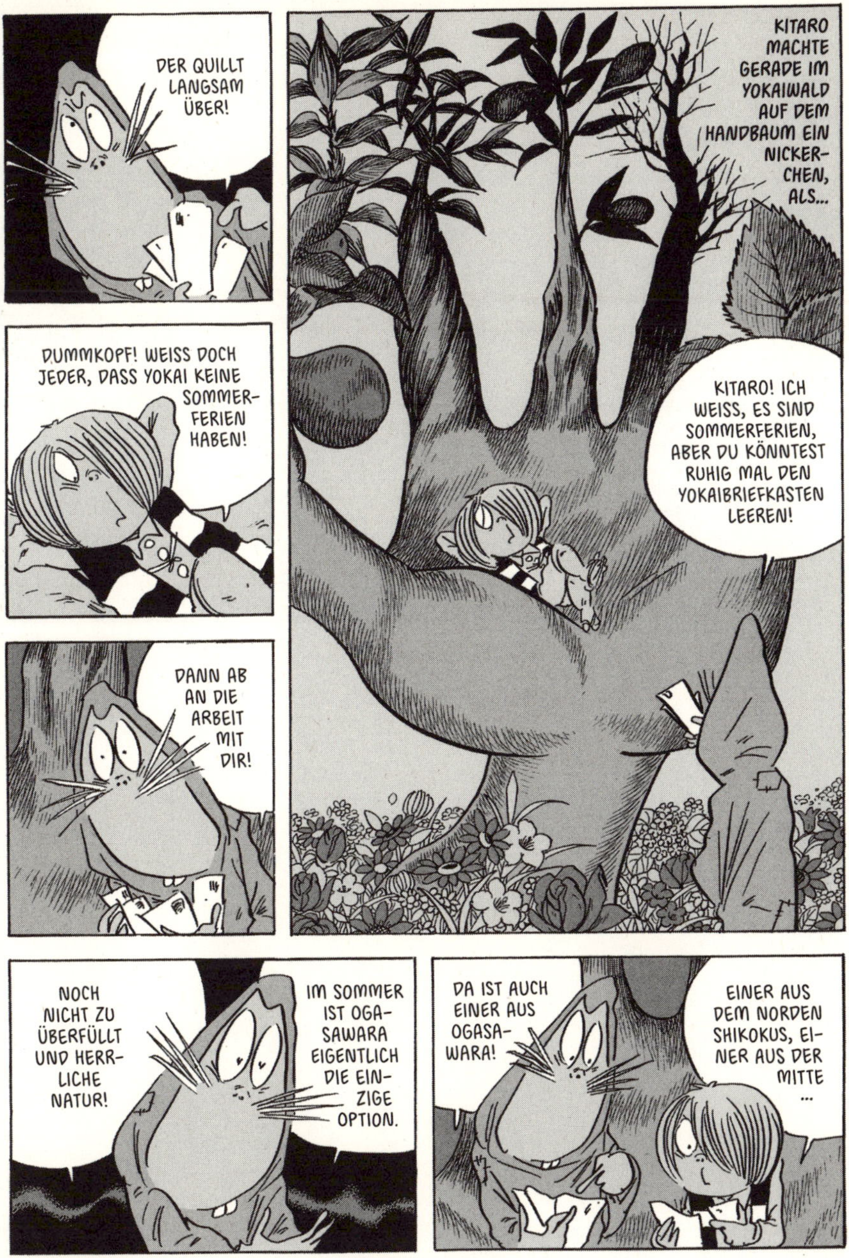

KITARO MACHTE GERADE IM YOKAIWALD AUF DEM HANDBAUM EIN NICKERCHEN, ALS...

KITARO! ICH WEISS, ES SIND SOMMERFERIEN, ABER DU KÖNNTEST RUHIG MAL DEN YOKAIBRIEFKASTEN LEEREN!

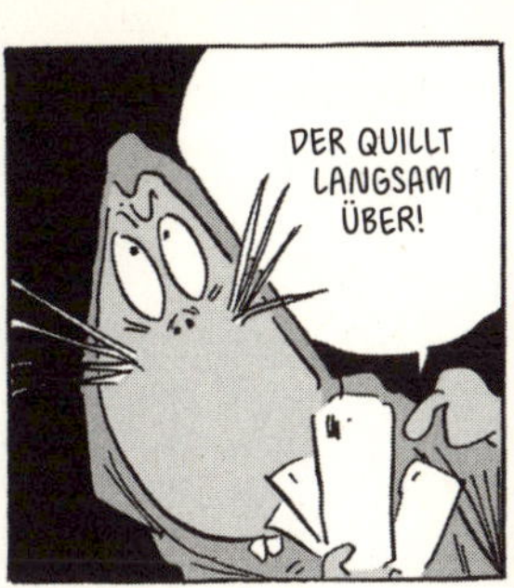
DER QUILLT LANGSAM ÜBER!

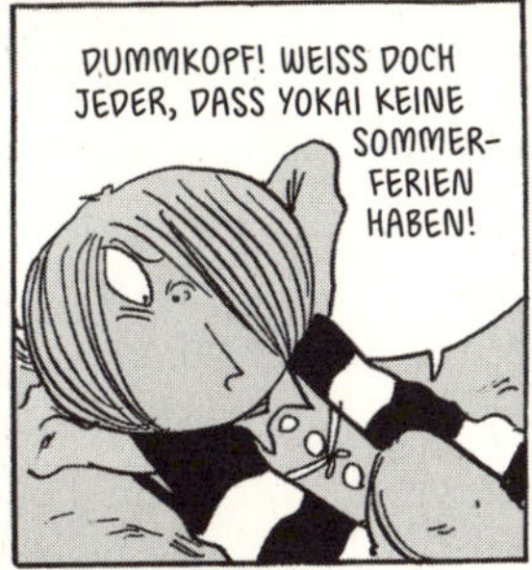
DUMMKOPF! WEISS DOCH JEDER, DASS YOKAI KEINE SOMMERFERIEN HABEN!

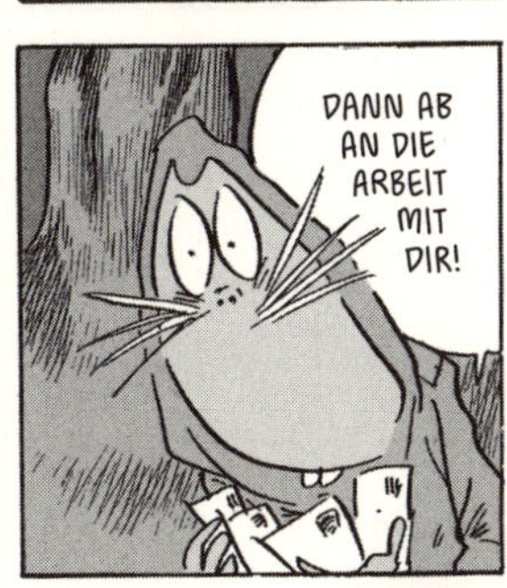
DANN AB AN DIE ARBEIT MIT DIR!

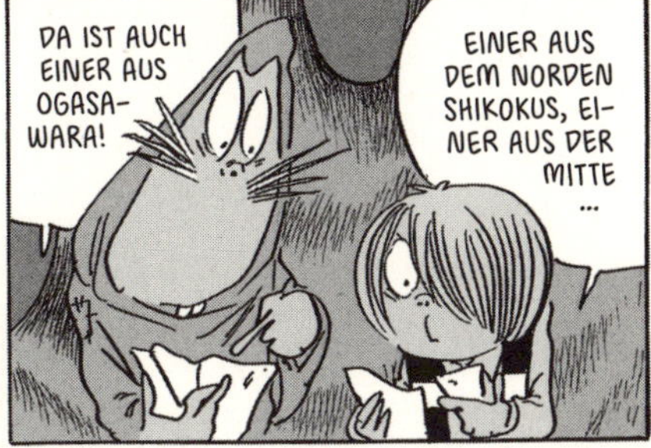
EINER AUS DEM NORDEN SHIKOKUS, EINER AUS DER MITTE ...
DA IST AUCH EINER AUS OGASAWARA!

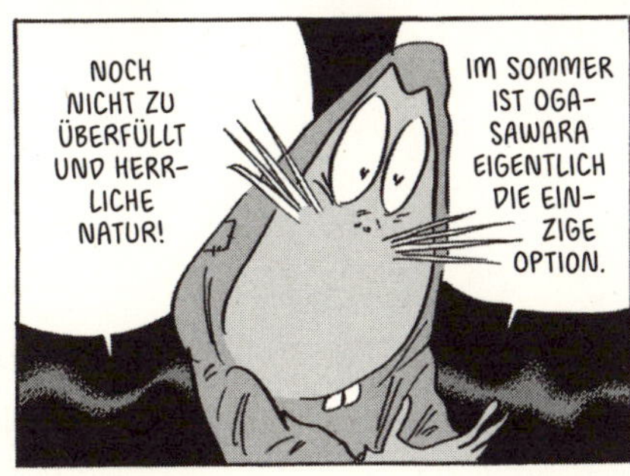
IM SOMMER IST OGASAWARA EIGENTLICH DIE EINZIGE OPTION.
NOCH NICHT ZU ÜBERFÜLLT UND HERRLICHE NATUR!

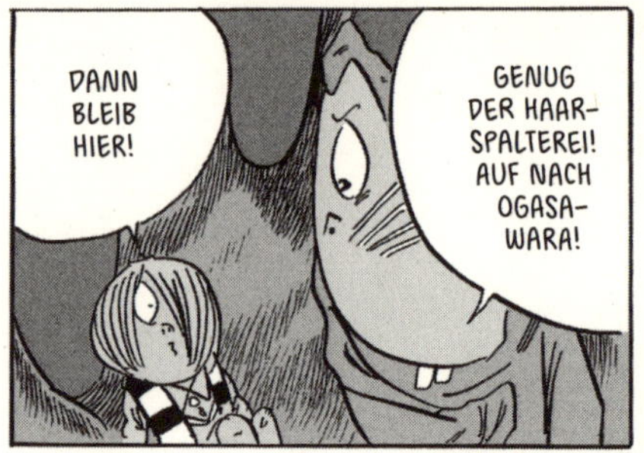
DANN BLEIB HIER!
GENUG DER HAARSPALTEREI! AUF NACH OGASAWARA!

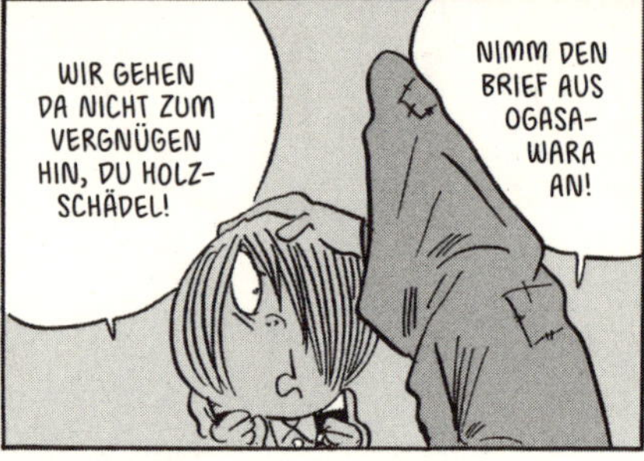
WIR GEHEN DA NICHT ZUM VERGNÜGEN HIN, DU HOLZSCHÄDEL!
NIMM DEN BRIEF AUS OGASAWARA AN!

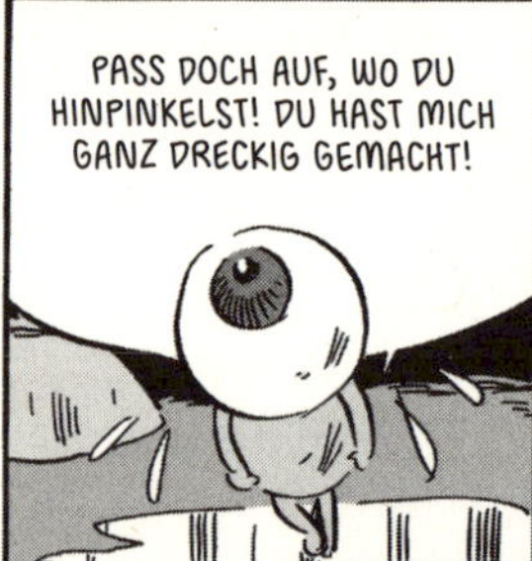
PASS DOCH AUF, WO DU HINPINKELST! DU HAST MICH GANZ DRECKIG GEMACHT!

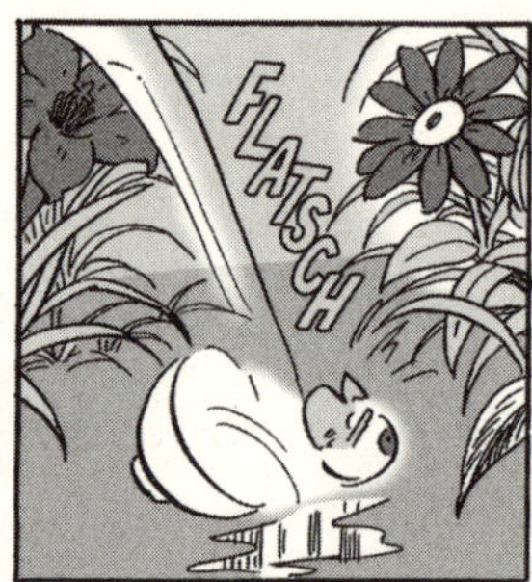
FLATSCH

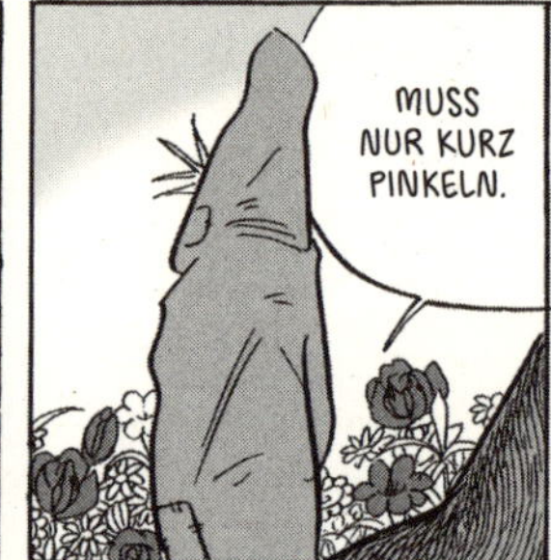
MUSS NUR KURZ PINKELN.

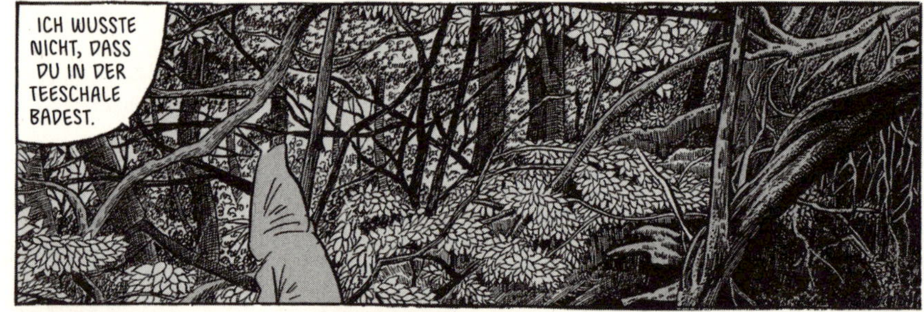
ICH WUSSTE NICHT, DASS DU IN DER TEESCHALE BADEST.

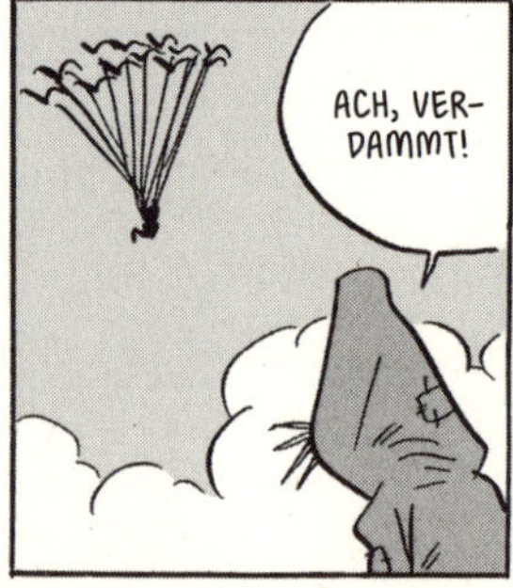
ACH, VERDAMMT!

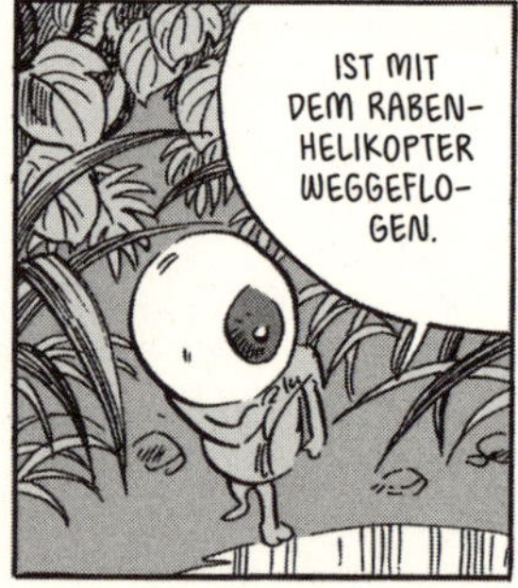
IST MIT DEM RABENHELIKOPTER WEGGEFLOGEN.

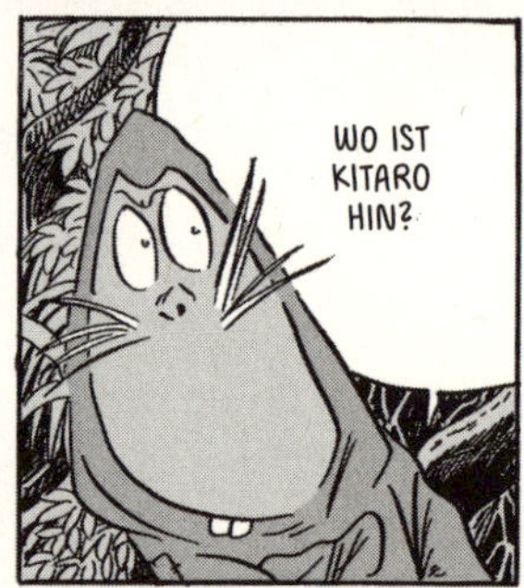
WO IST KITARO HIN?

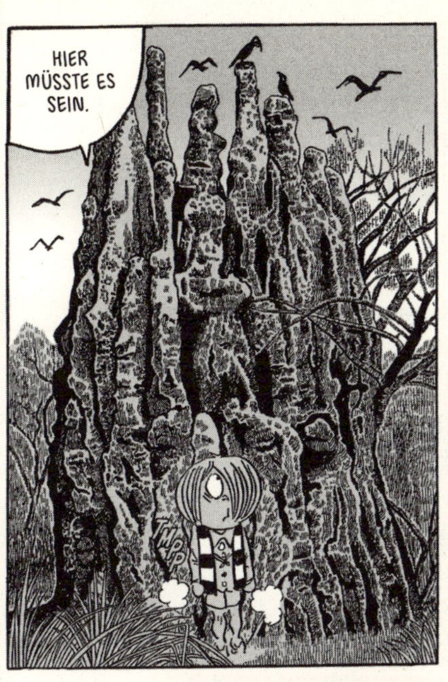
HIER MÜSSTE ES SEIN.

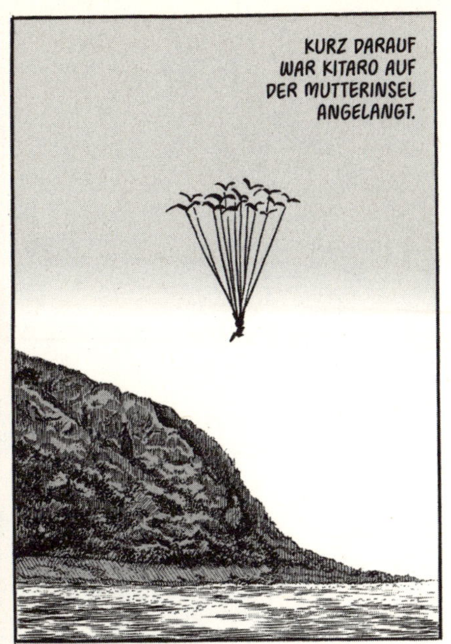
KURZ DARAUF WAR KITARO AUF DER MUTTERINSEL ANGELANGT.

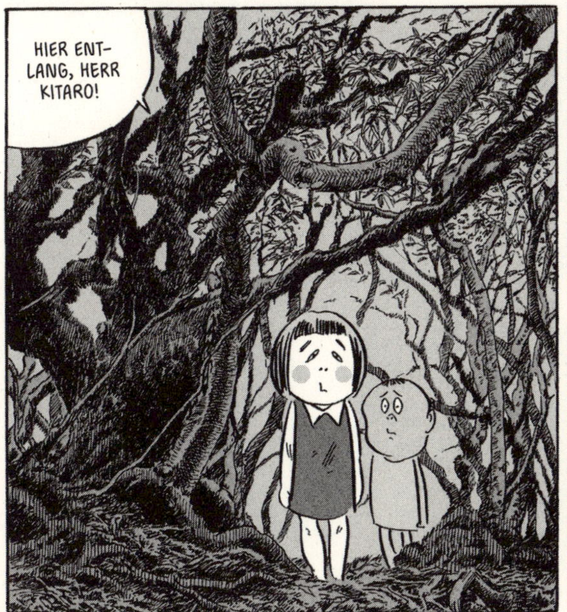
HIER ENT-LANG, HERR KITARO!

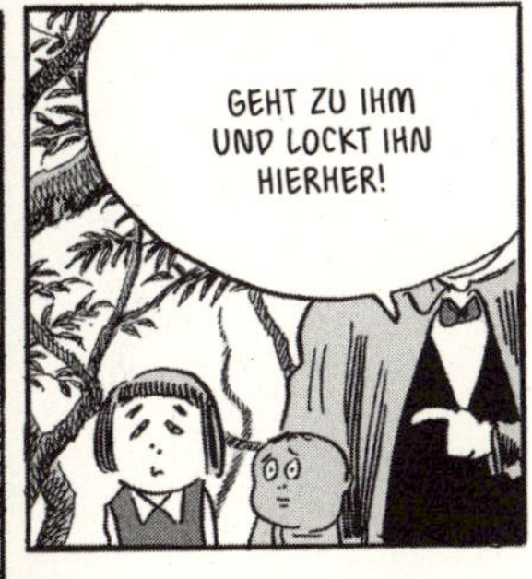
GEHT ZU IHM UND LOCKT IHN HIERHER!

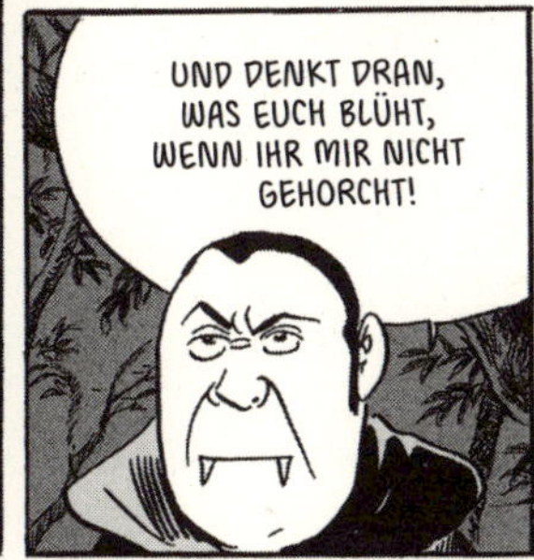
UND DENKT DRAN, WAS EUCH BLÜHT, WENN IHR MIR NICHT GEHORCHT!

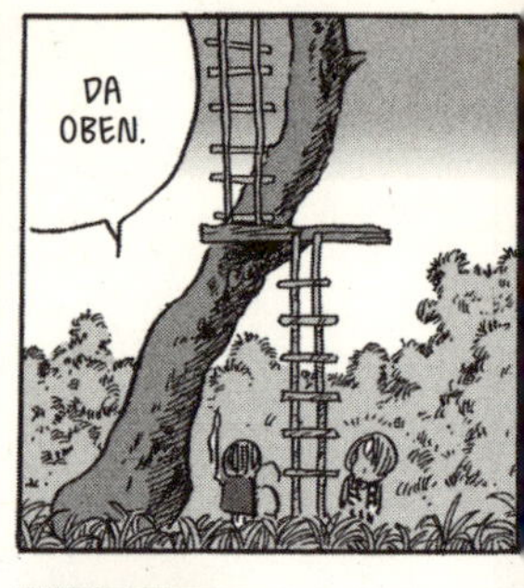
DA OBEN.

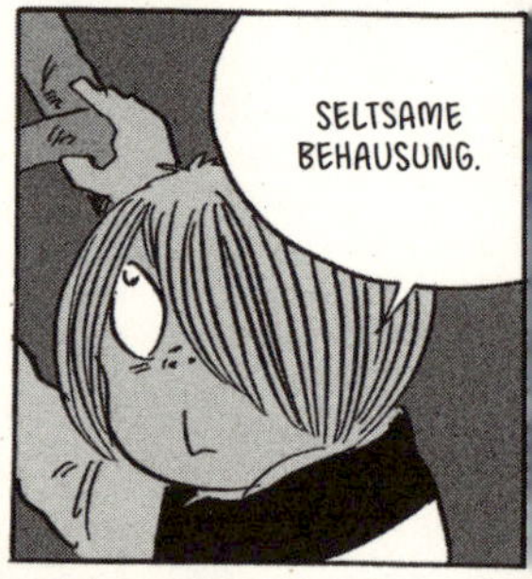
SELTSAME BEHAUSUNG.

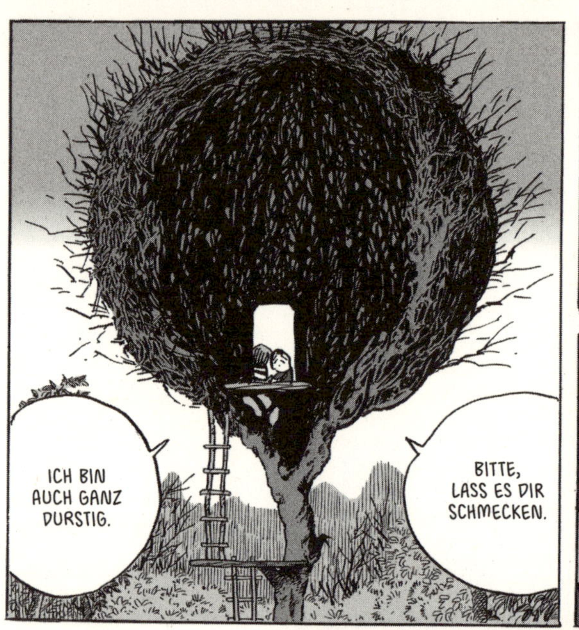
BITTE, LASS ES DIR SCHMECKEN.
ICH BIN AUCH GANZ DURSTIG.

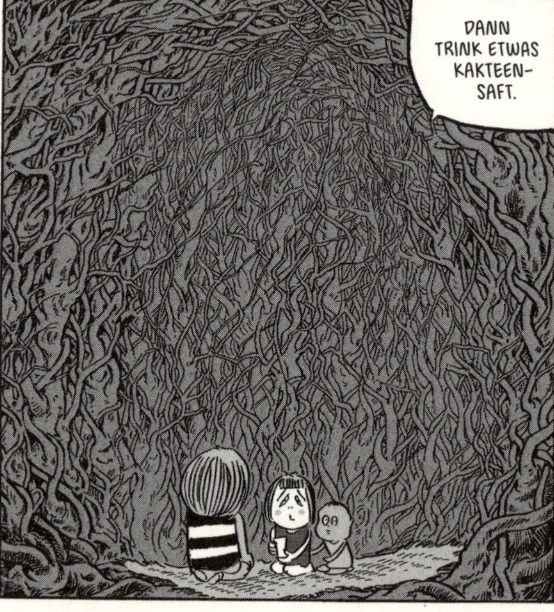
DANN TRINK ETWAS KAKTEEN-SAFT.

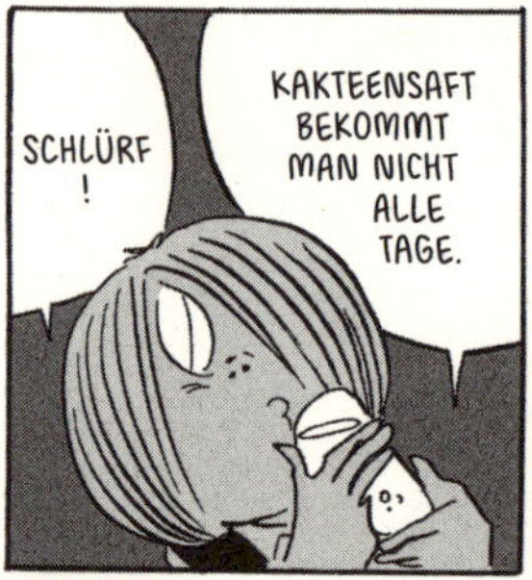
KAKTEENSAFT BEKOMMT MAN NICHT ALLE TAGE.
SCHLÜRF !

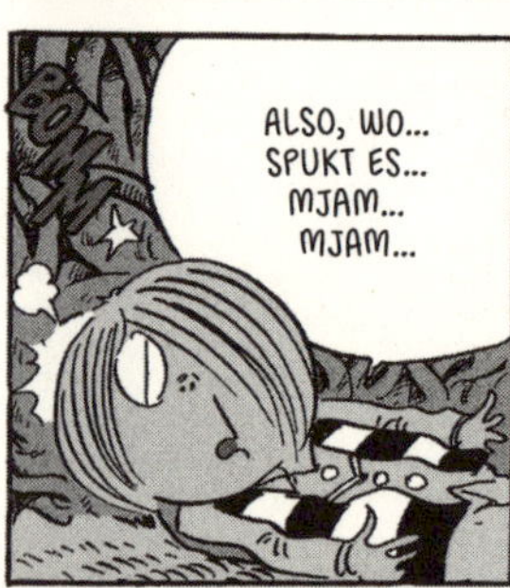
ALSO, WO... SPUKT ES... MJAM... MJAM...

ICH VERDURSTE... WO BIN ICH HIER?

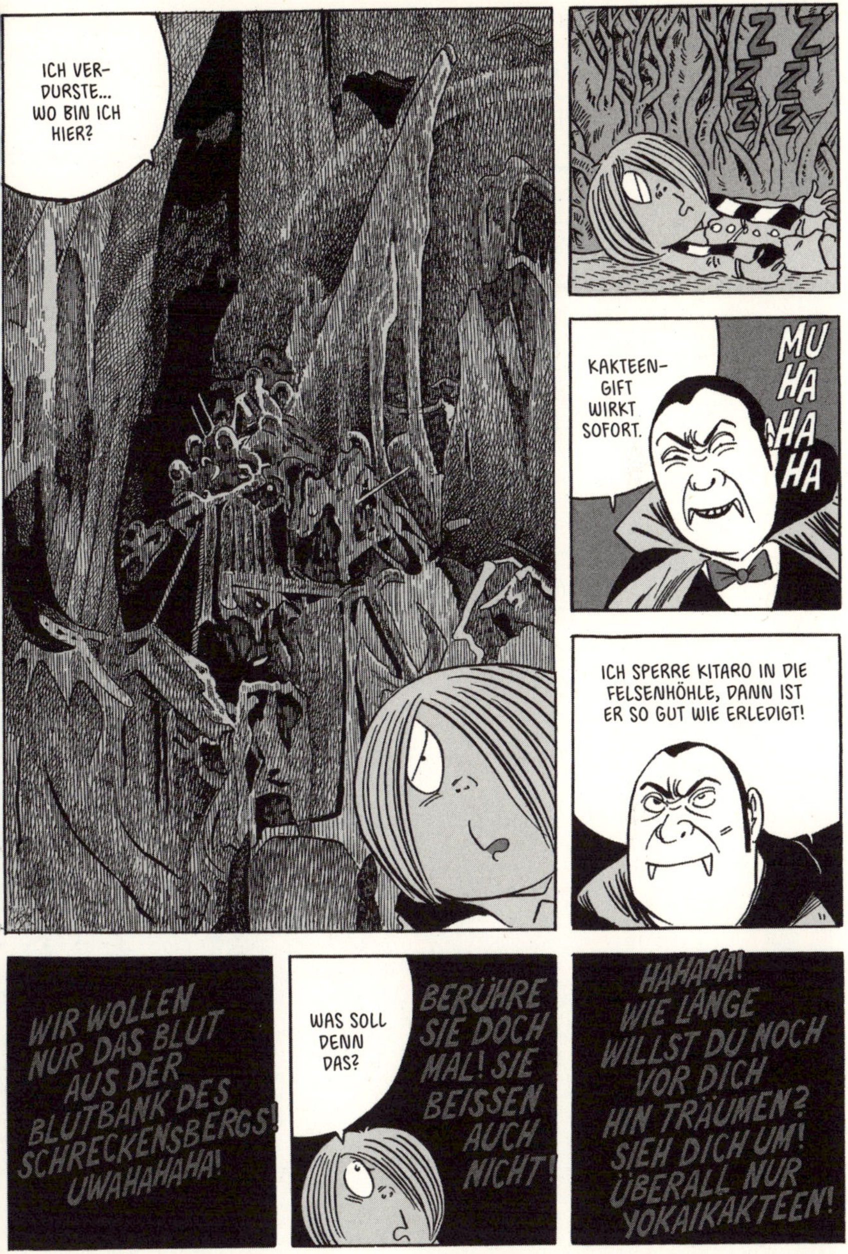

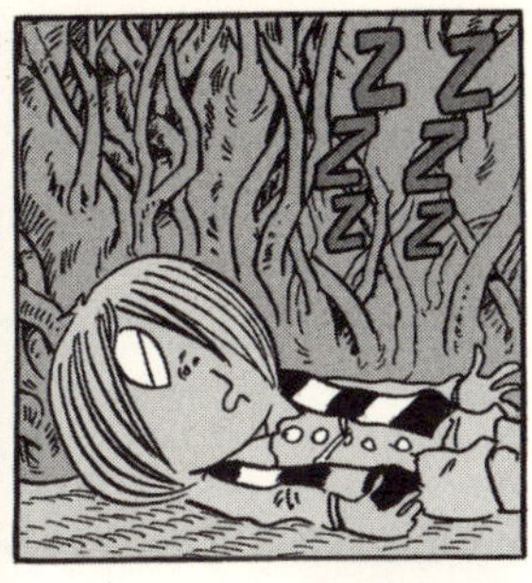

ZZZ ZZZ

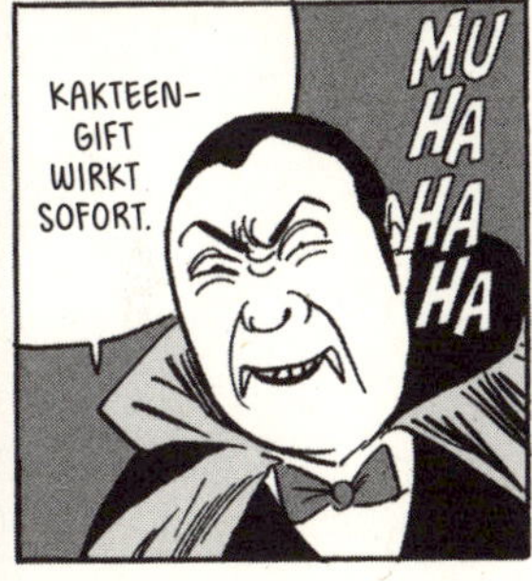

KAKTEENGIFT WIRKT SOFORT.
MUHAHAHAHA

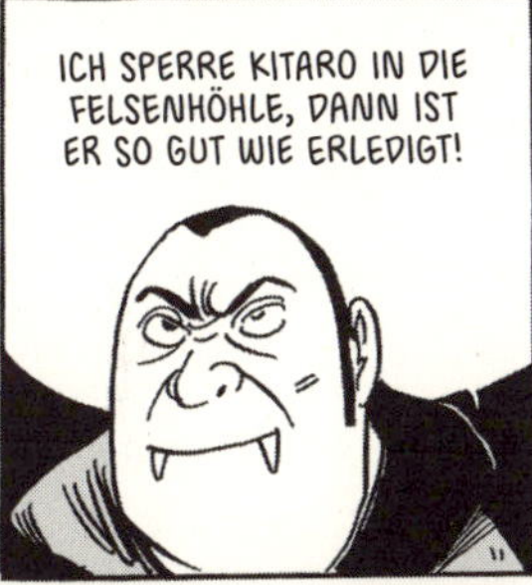

ICH SPERRE KITARO IN DIE FELSENHÖHLE, DANN IST ER SO GUT WIE ERLEDIGT!

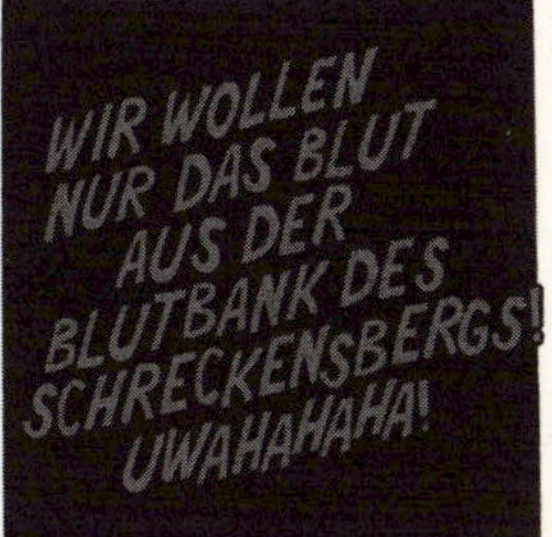

WIR WOLLEN NUR DAS BLUT AUS DER BLUTBANK DES SCHRECKENSBERGS! UWAHAHAHA!

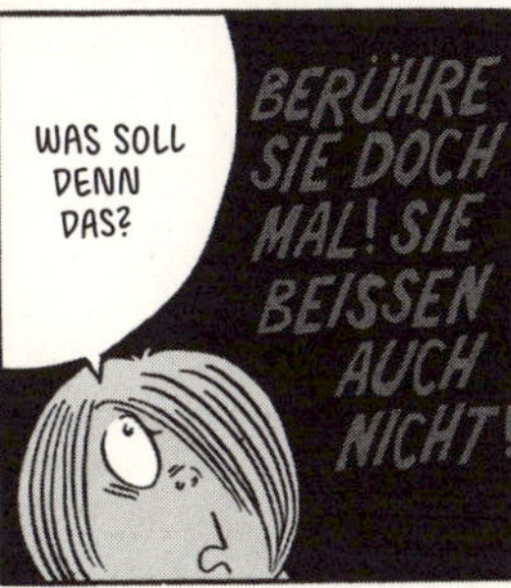

WAS SOLL DENN DAS?
BERÜHRE SIE DOCH MAL! SIE BEISSEN AUCH NICHT!

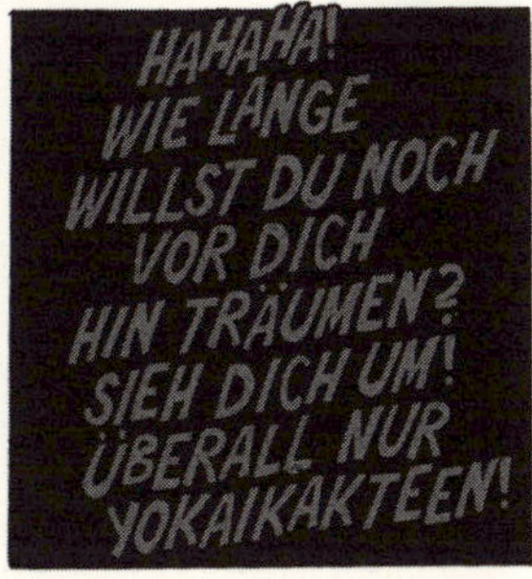

HAHAHA! WIE LANGE WILLST DU NOCH VOR DICH HIN TRÄUMEN? SIEH DICH UM! ÜBERALL NUR YOKAIKAKTEEN!

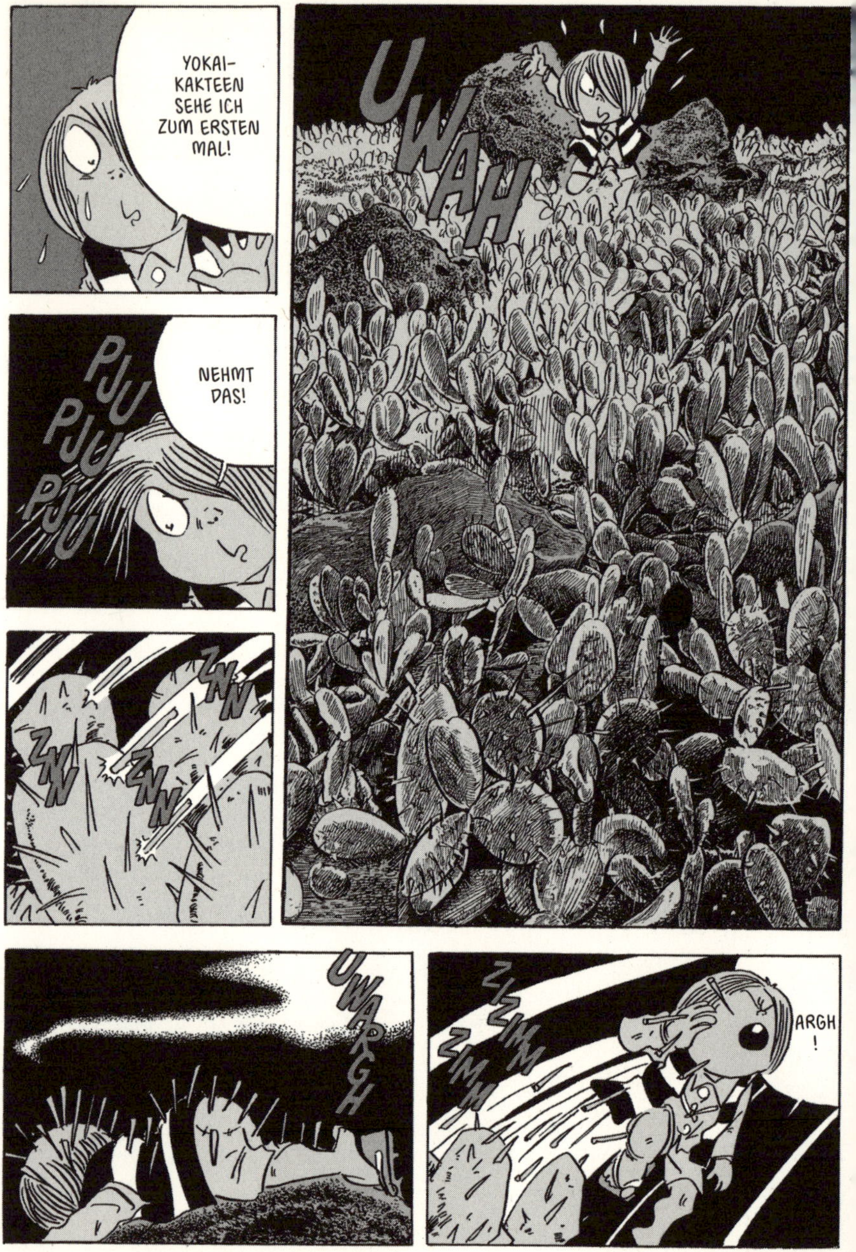

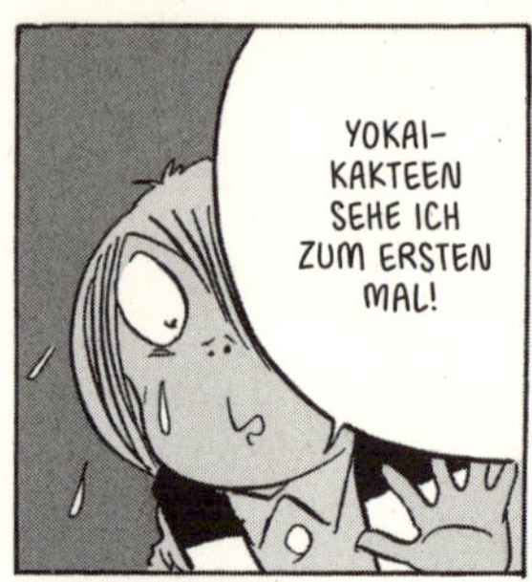
YOKAI-
KAKTEEN
SEHE ICH
ZUM ERSTEN
MAL!

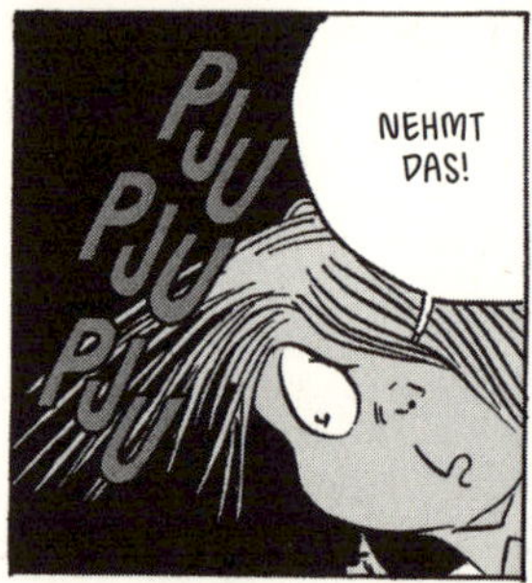
PJU
PJU
PJU
NEHMT
DAS!

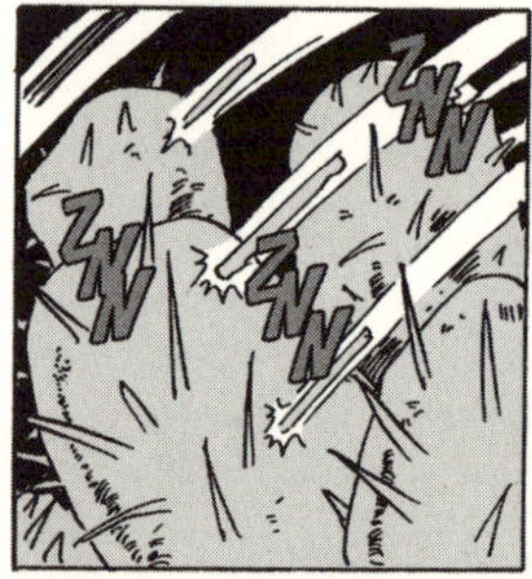
ZNN
ZNN
ZNN

UWAH

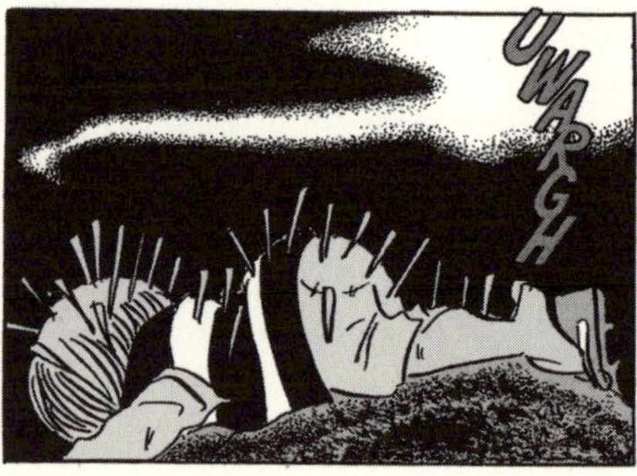
UWARGH

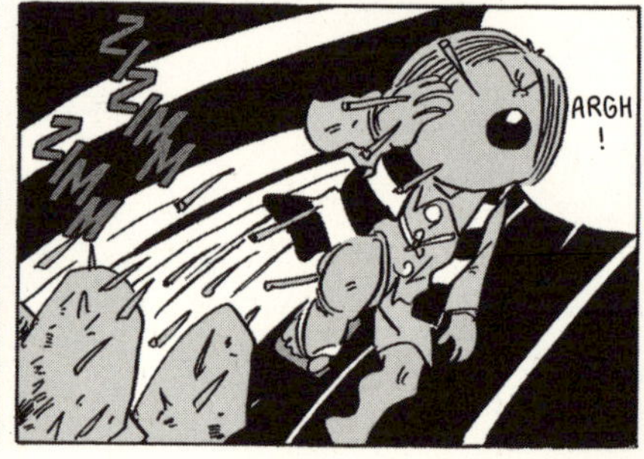
ZIMM
ZIMM
ARGH
!

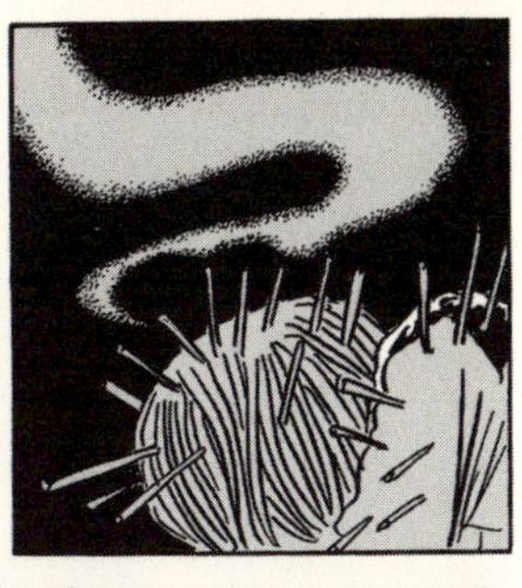

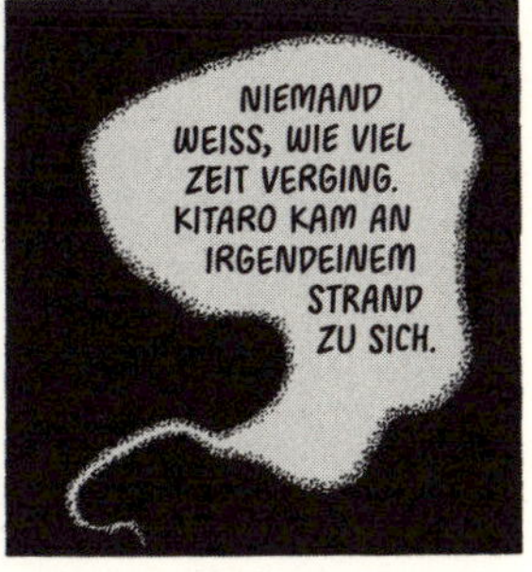
NIEMAND WEISS, WIE VIEL ZEIT VERGING. KITARO KAM AN IRGENDEINEM STRAND ZU SICH.

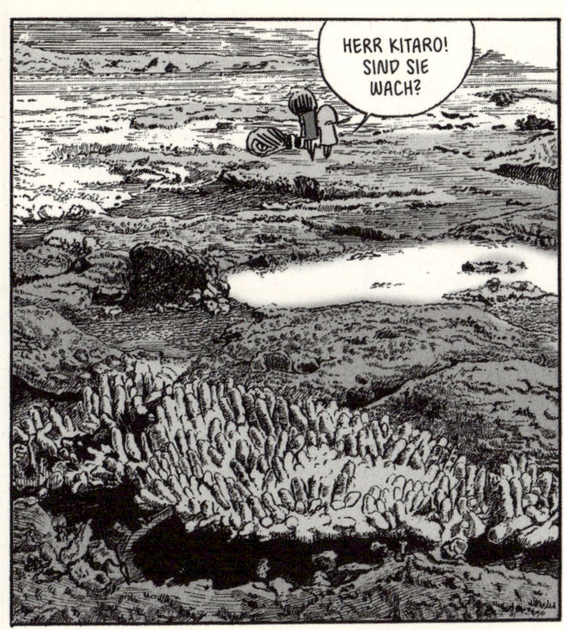
HERR KITARO! SIND SIE WACH?

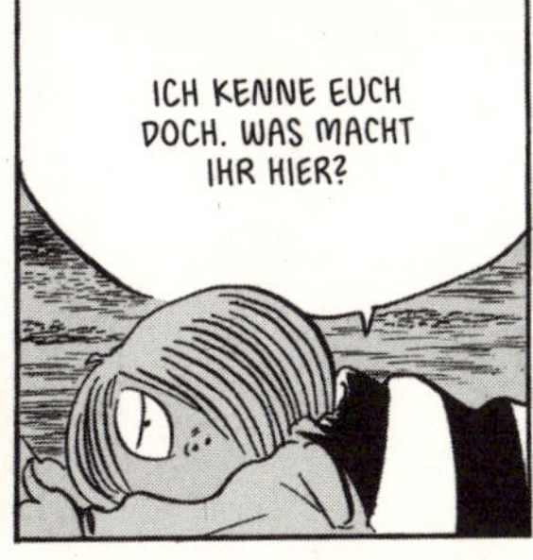
ICH KENNE EUCH DOCH. WAS MACHT IHR HIER?

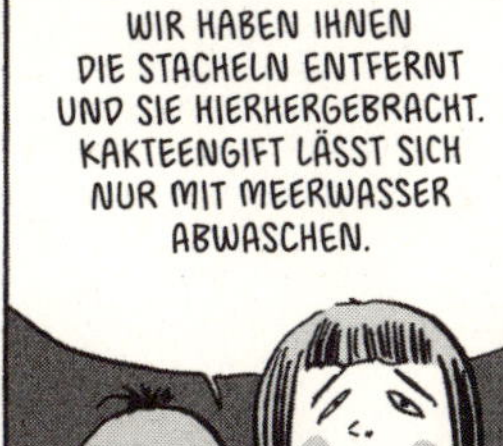
WIR HABEN IHNEN DIE STACHELN ENTFERNT UND SIE HIERHERGEBRACHT. KAKTEENGIFT LÄSST SICH NUR MIT MEERWASSER ABWASCHEN.

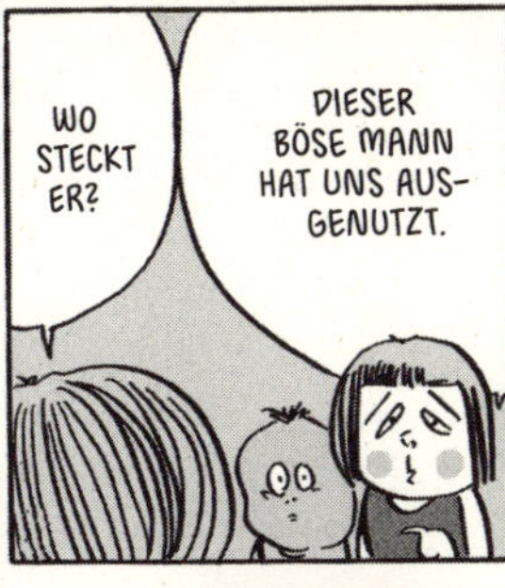
DIESER BÖSE MANN HAT UNS AUS-GENUTZT.
WO STECKT ER?

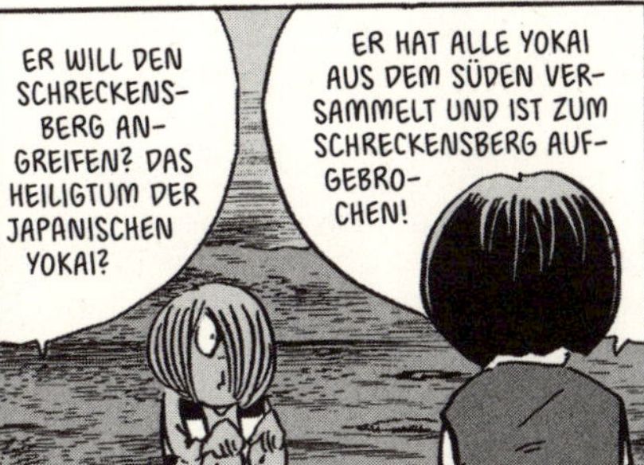
ER HAT ALLE YOKAI AUS DEM SÜDEN VER-SAMMELT UND IST ZUM SCHRECKENSBERG AUF-GEBRO-CHEN!
ER WILL DEN SCHRECKENS-BERG AN-GREIFEN? DAS HEILIGTUM DER JAPANISCHEN YOKAI?

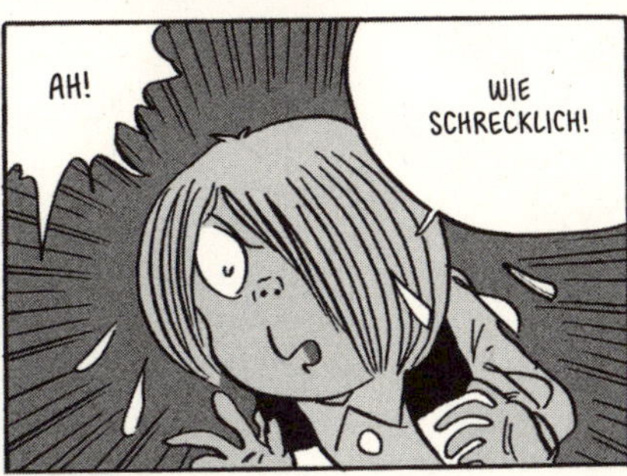
WIE SCHRECKLICH!
AH!

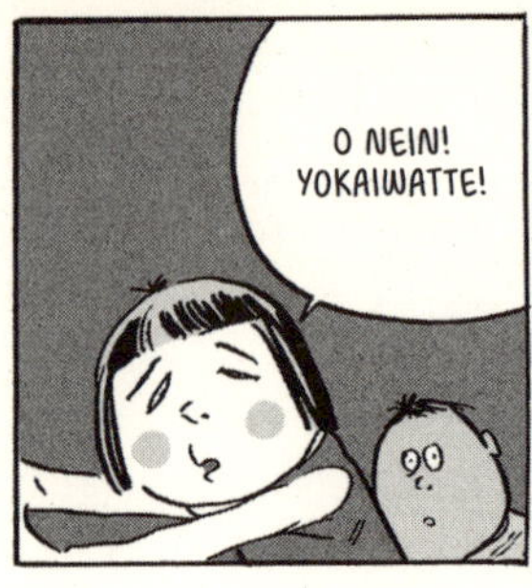
O NEIN! YOKAIWATTE!

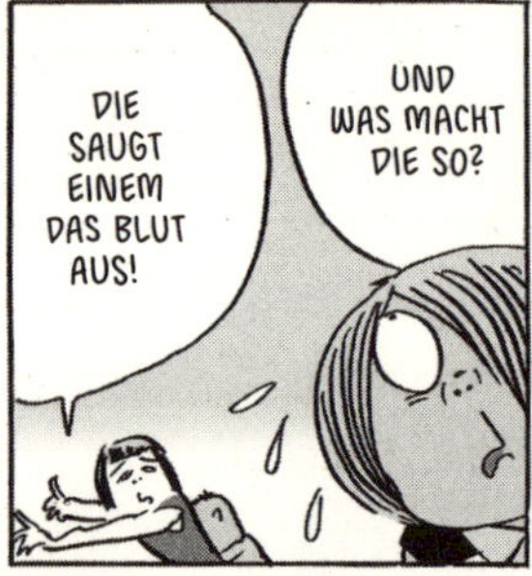
UND WAS MACHT DIE SO?
DIE SAUGT EINEM DAS BLUT AUS!

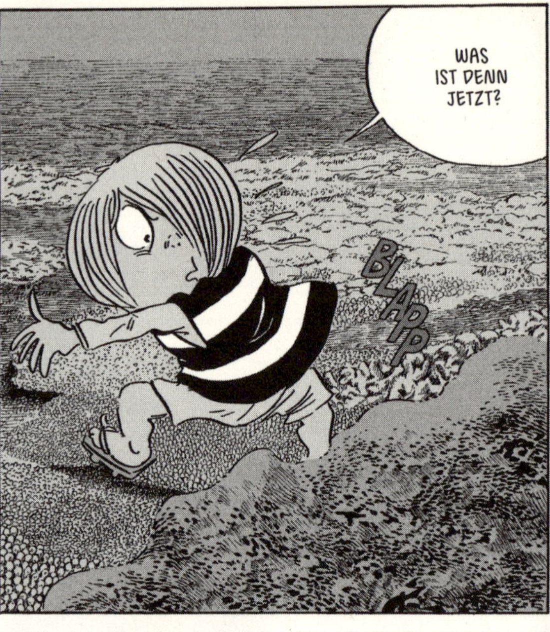
WAS IST DENN JETZT?
BLAPP

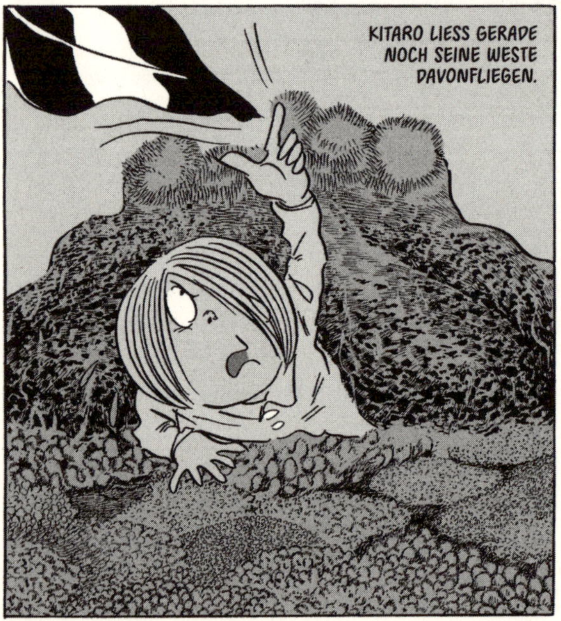
KITARO LIESS GERADE NOCH SEINE WESTE DAVONFLIEGEN.

AUF DEN ENTLEGENEN INSELN VON OGASAWARA HABEN SICH ALSO BLUT-SAUGENDE YOKAI EINGENISTET.

VERMUTLICH WAR DAS KAKTEENGIFT NOCH NICHT VOLLSTÄNDIG AUS KITAROS KÖRPER ENTWICHEN UND DER ANGRIFF GESCHAH SO SCHNELL, DASS KITARO VON DER YOKAIWATTE ZU BODEN GERISSEN WURDE.

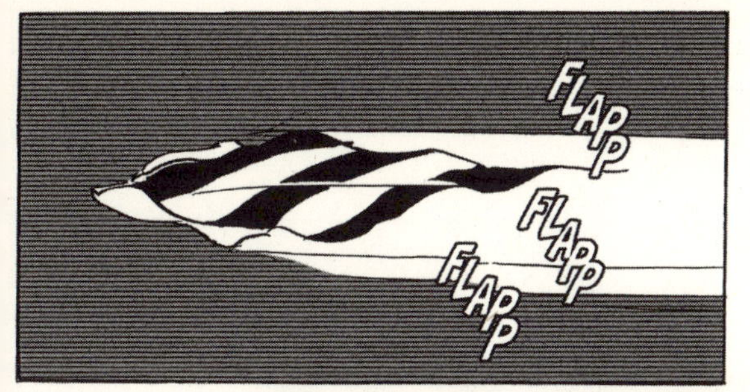
FLAPP
FLAPP
FLAPP

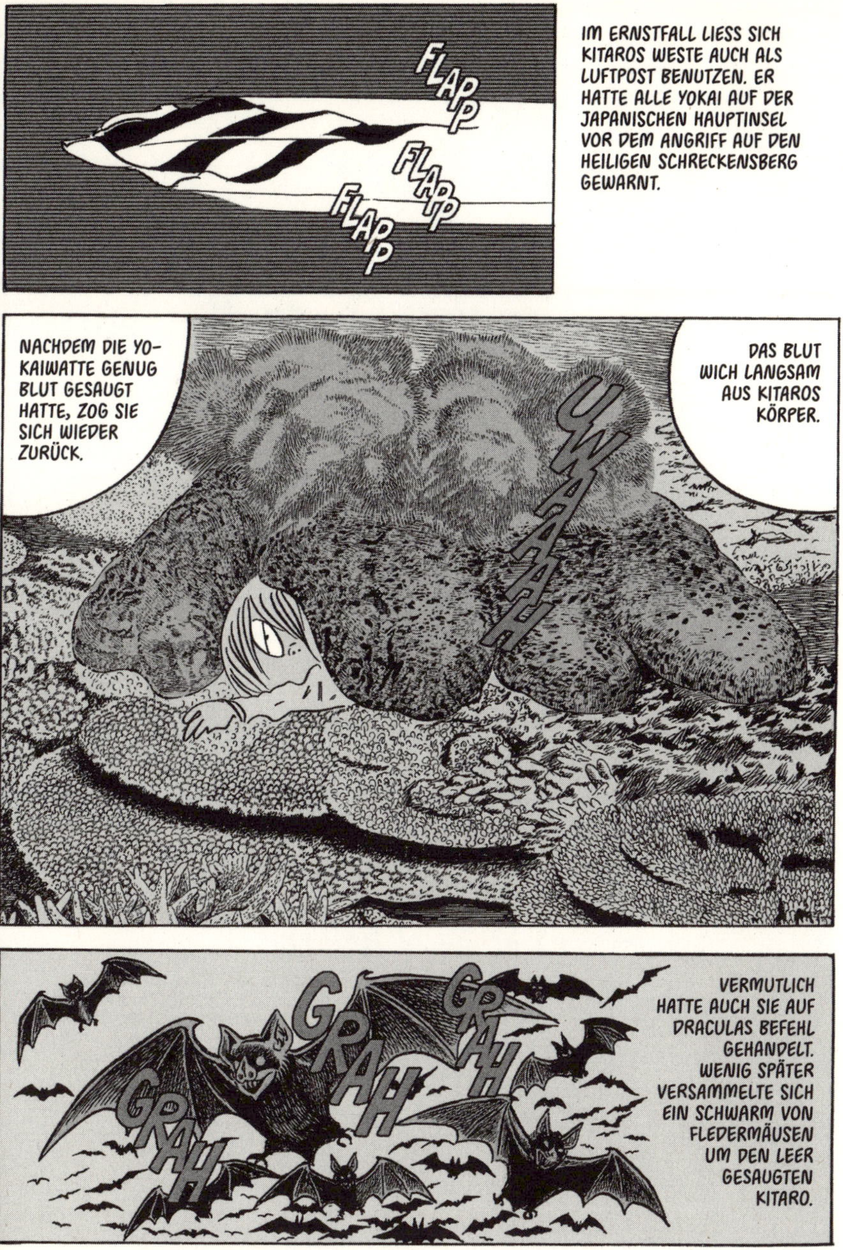

IM ERNSTFALL LIESS SICH KITAROS WESTE AUCH ALS LUFTPOST BENUTZEN. ER HATTE ALLE YOKAI AUF DER JAPANISCHEN HAUPTINSEL VOR DEM ANGRIFF AUF DEN HEILIGEN SCHRECKENSBERG GEWARNT.

NACHDEM DIE YOKAIWATTE GENUG BLUT GESAUGT HATTE, ZOG SIE SICH WIEDER ZURÜCK.

UWAAAAH

DAS BLUT WICH LANGSAM AUS KITAROS KÖRPER.

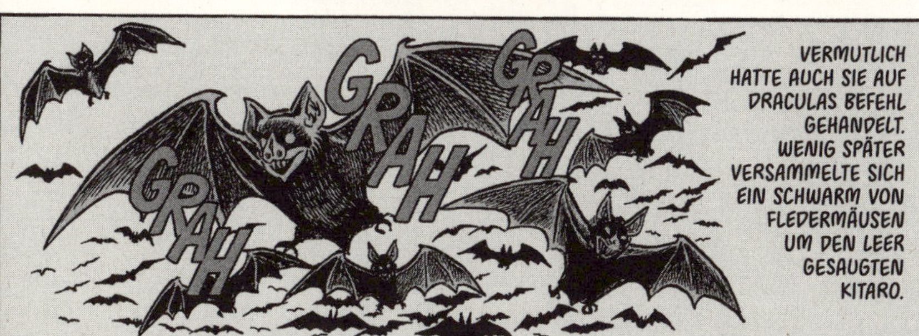
GRAH
GRAH
GRAH
VERMUTLICH HATTE AUCH SIE AUF DRACULAS BEFEHL GEHANDELT. WENIG SPÄTER VERSAMMELTE SICH EIN SCHWARM VON FLEDERMÄUSEN UM DEN LEER GESAUGTEN KITARO.

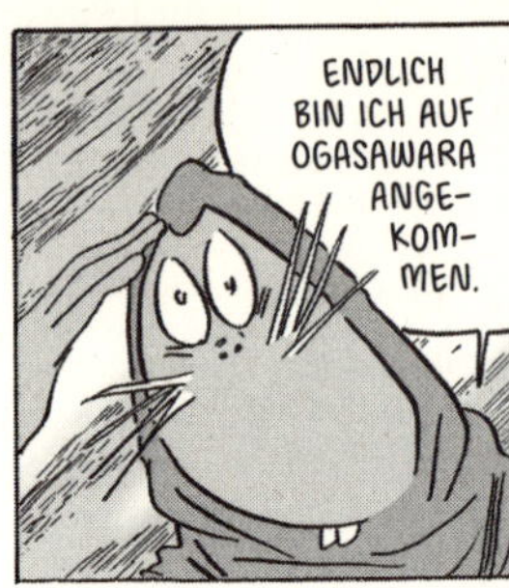
ENDLICH BIN ICH AUF OGASAWARA ANGE-KOM-MEN.

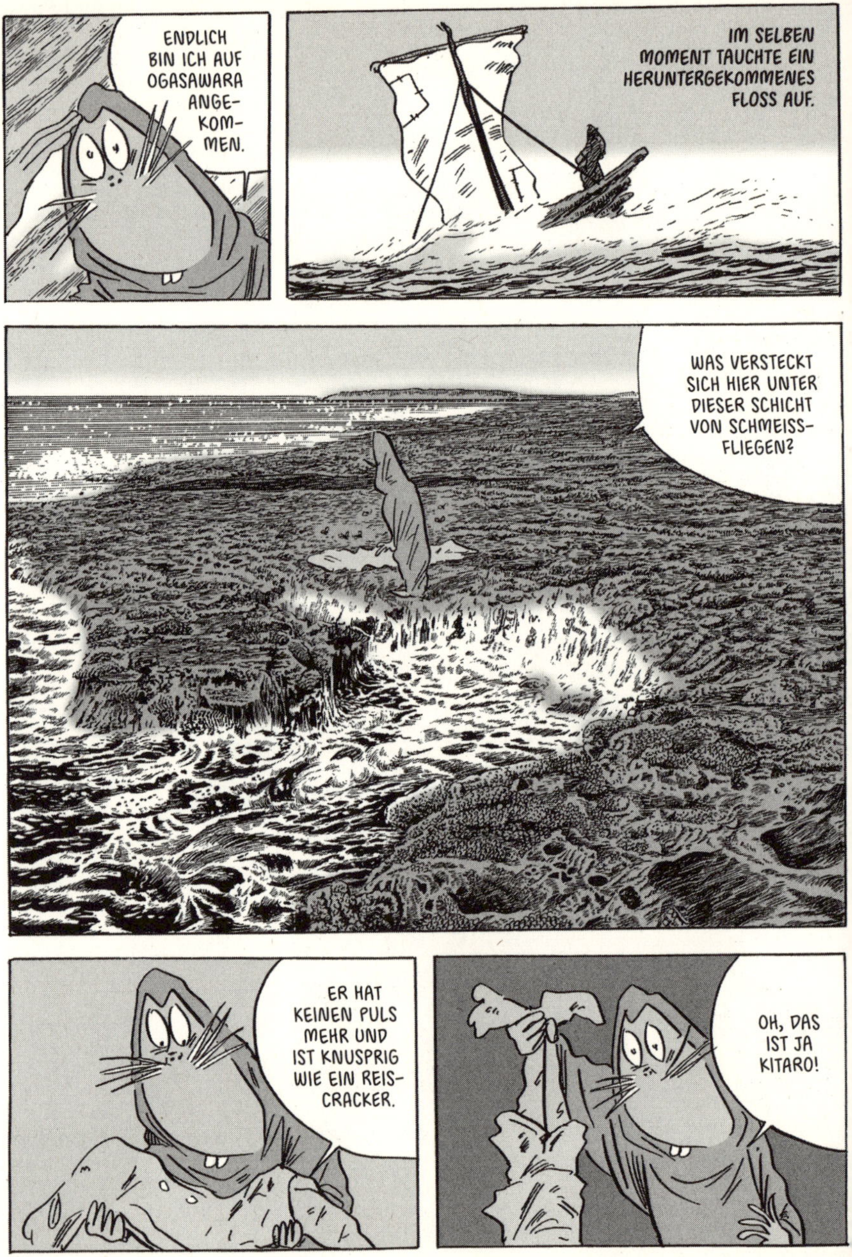

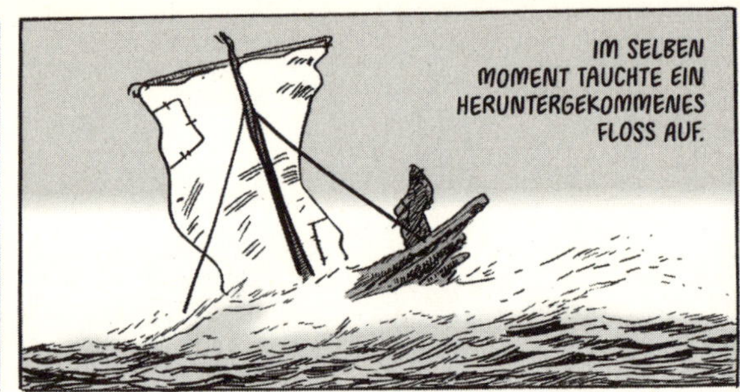
IM SELBEN MOMENT TAUCHTE EIN HERUNTERGEKOMMENES FLOSS AUF.

WAS VERSTECKT SICH HIER UNTER DIESER SCHICHT VON SCHMEISS-FLIEGEN?

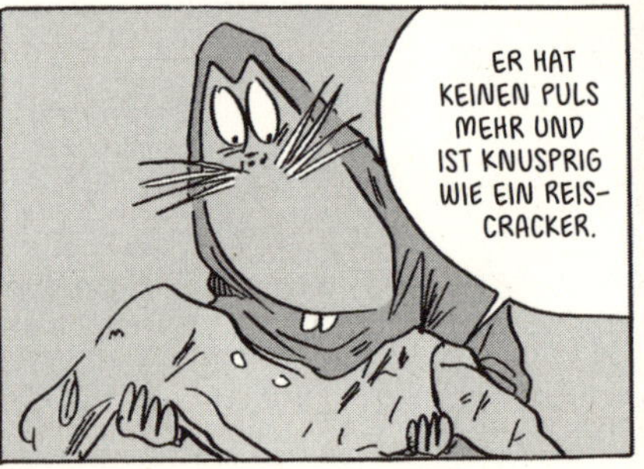
ER HAT KEINEN PULS MEHR UND IST KNUSPRIG WIE EIN REIS-CRACKER.

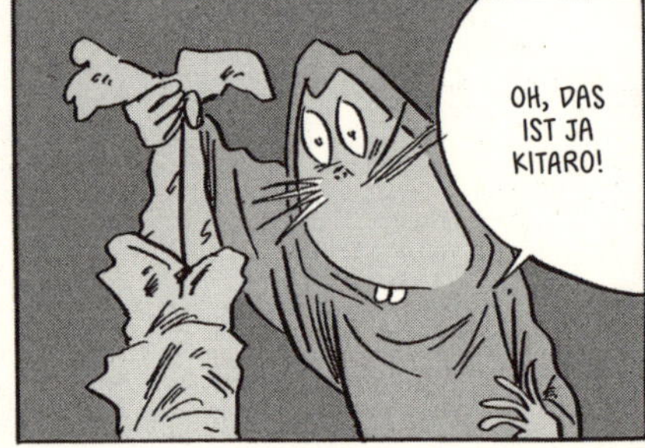
OH, DAS IST JA KITARO!

DER RATTENMANN BEFÜRCHTETE, DASS KITARO OHNE HILFE STERBEN WÜRDE. HASTIG LUD ER KITARO AUF SEIN FLOSS UND ZERRTE IHN DAVON. ZU DIESER ZEIT HATTE SICH KITAROS MAGISCHE WESTE AUFGELÖST UND SCHRIEB MIT IHREN FÄDEN EINEN NOTRUF IN DEN HIMMEL.

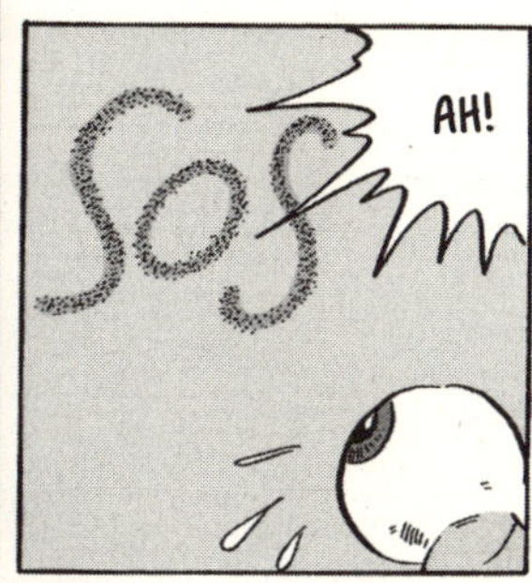
AH!
SOS

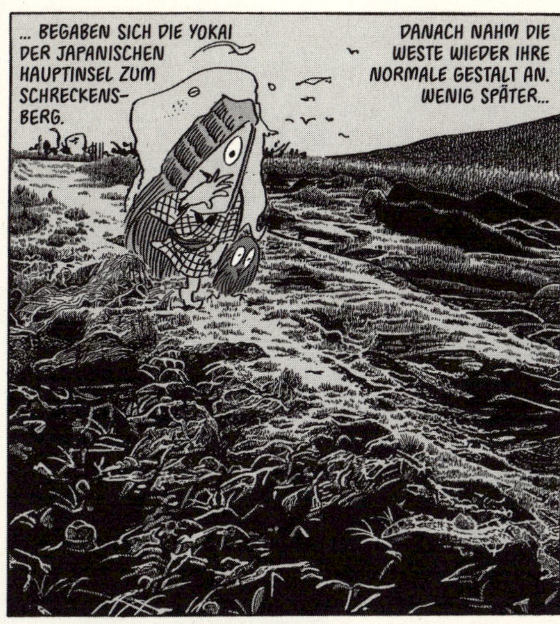
DANACH NAHM DIE WESTE WIEDER IHRE NORMALE GESTALT AN. WENIG SPÄTER...
... BEGABEN SICH DIE YOKAI DER JAPANISCHEN HAUPTINSEL ZUM SCHRECKENS-BERG.

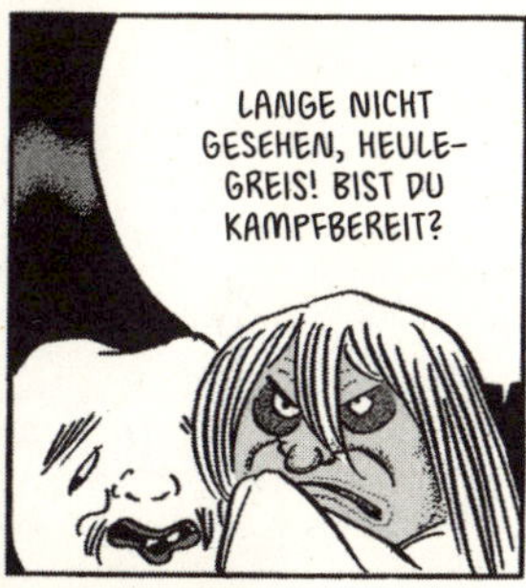
LANGE NICHT GESEHEN, HEULE-GREIS! BIST DU KAMPFBEREIT?

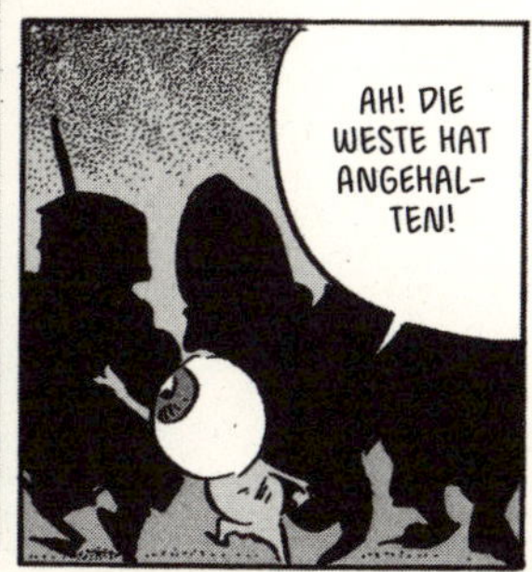
AH! DIE WESTE HAT ANGEHAL-TEN!

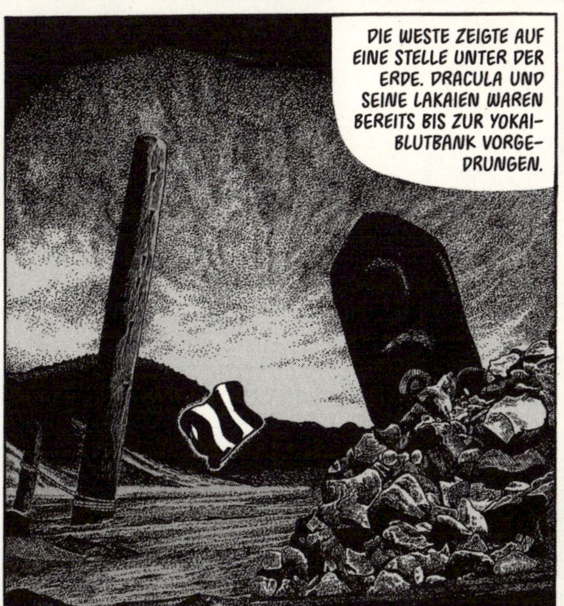
DIE WESTE ZEIGTE AUF EINE STELLE UNTER DER ERDE. DRACULA UND SEINE LAKAIEN WAREN BEREITS BIS ZUR YOKAI-BLUTBANK VORGE-DRUNGEN.

Blutige Schlacht auf Ogasawara, Teil 1 – Ende

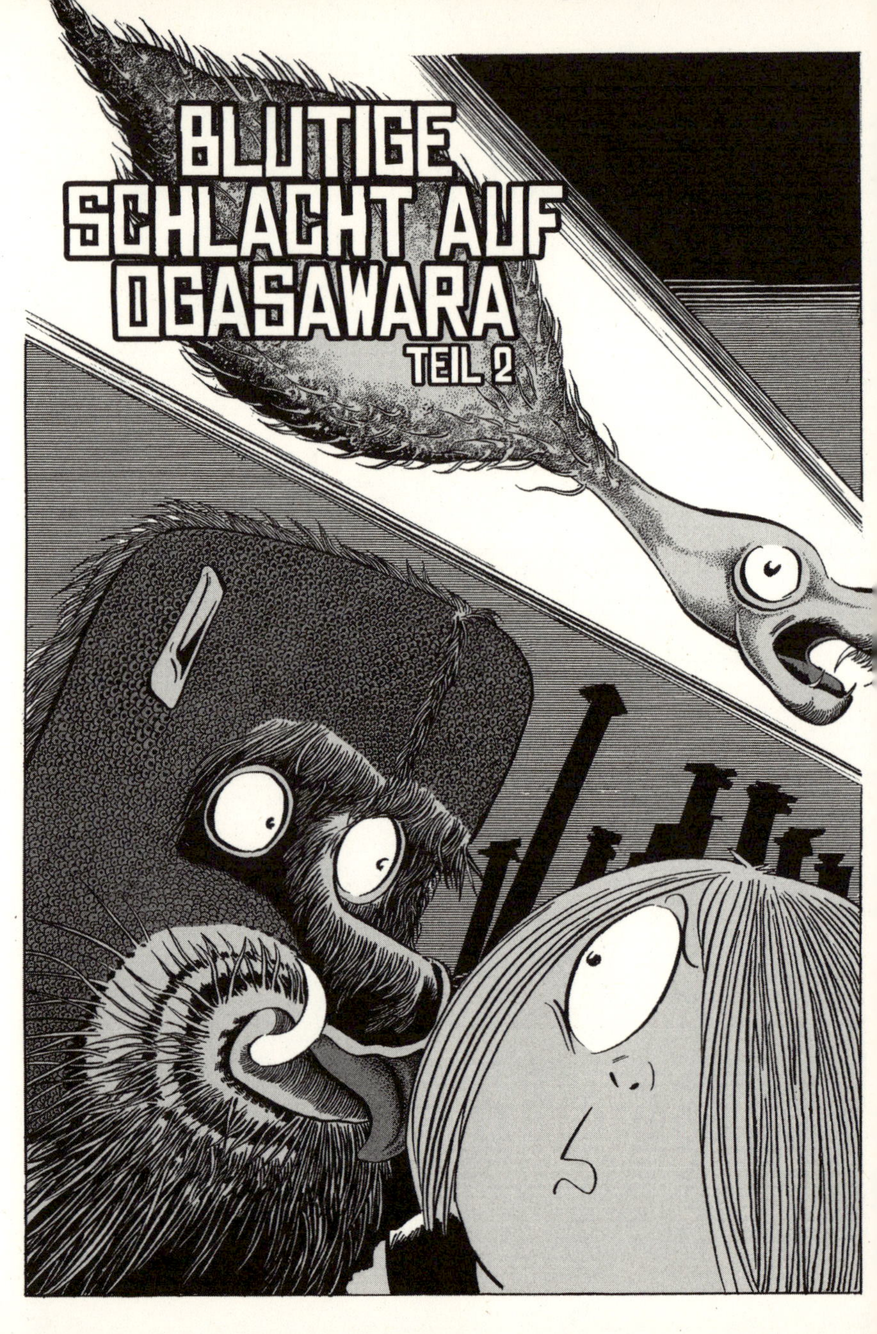
BLUTIGE
SCHLACHT AUF
OGASAWARA
TEIL 2

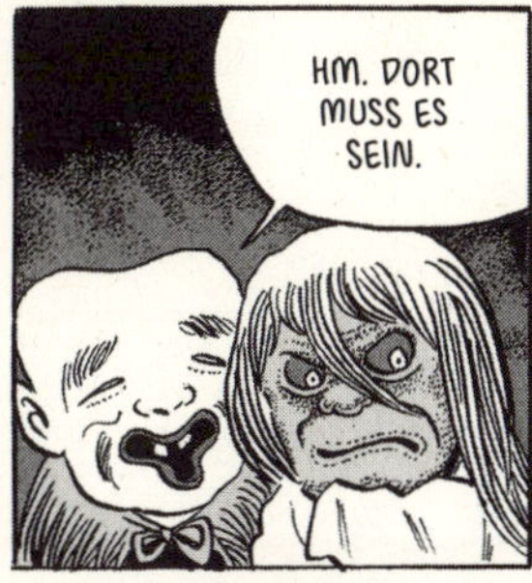
HM. DORT MUSS ES SEIN.

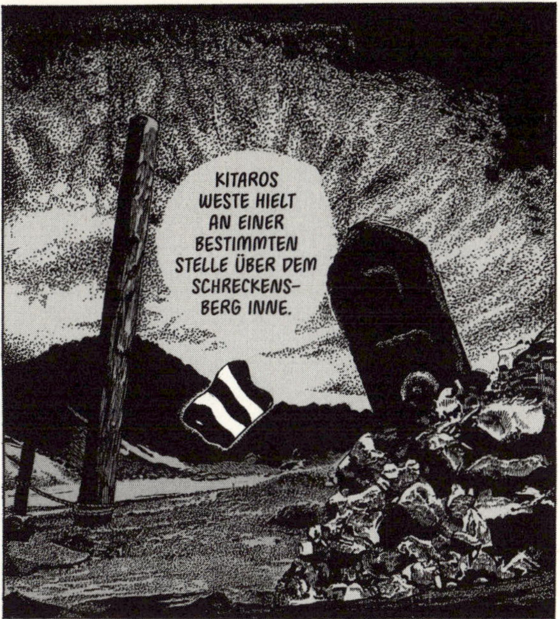
KITAROS WESTE HIELT AN EINER BESTIMMTEN STELLE ÜBER DEM SCHRECKENS-BERG INNE.

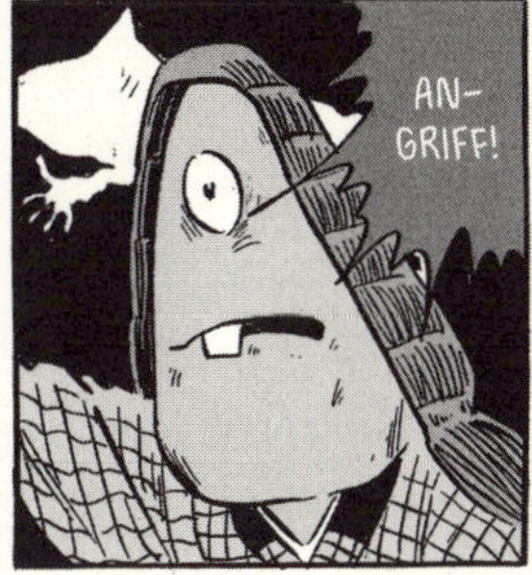
AN-GRIFF!

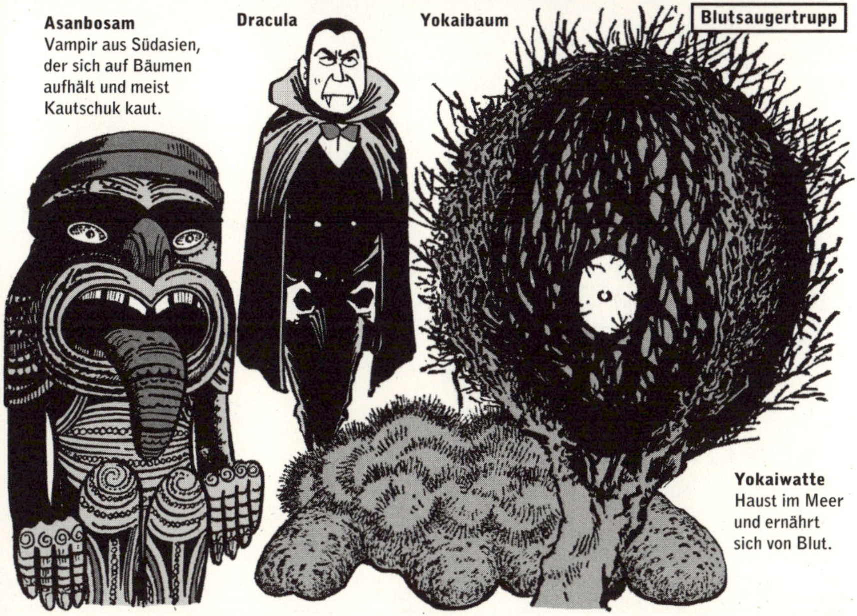

Blutsaugertrupp

Asanbosam
Vampir aus Südasien, der sich auf Bäumen aufhält und meist Kautschuk kaut.

Dracula

Yokaibaum

Yokaiwatte
Haust im Meer und ernährt sich von Blut.

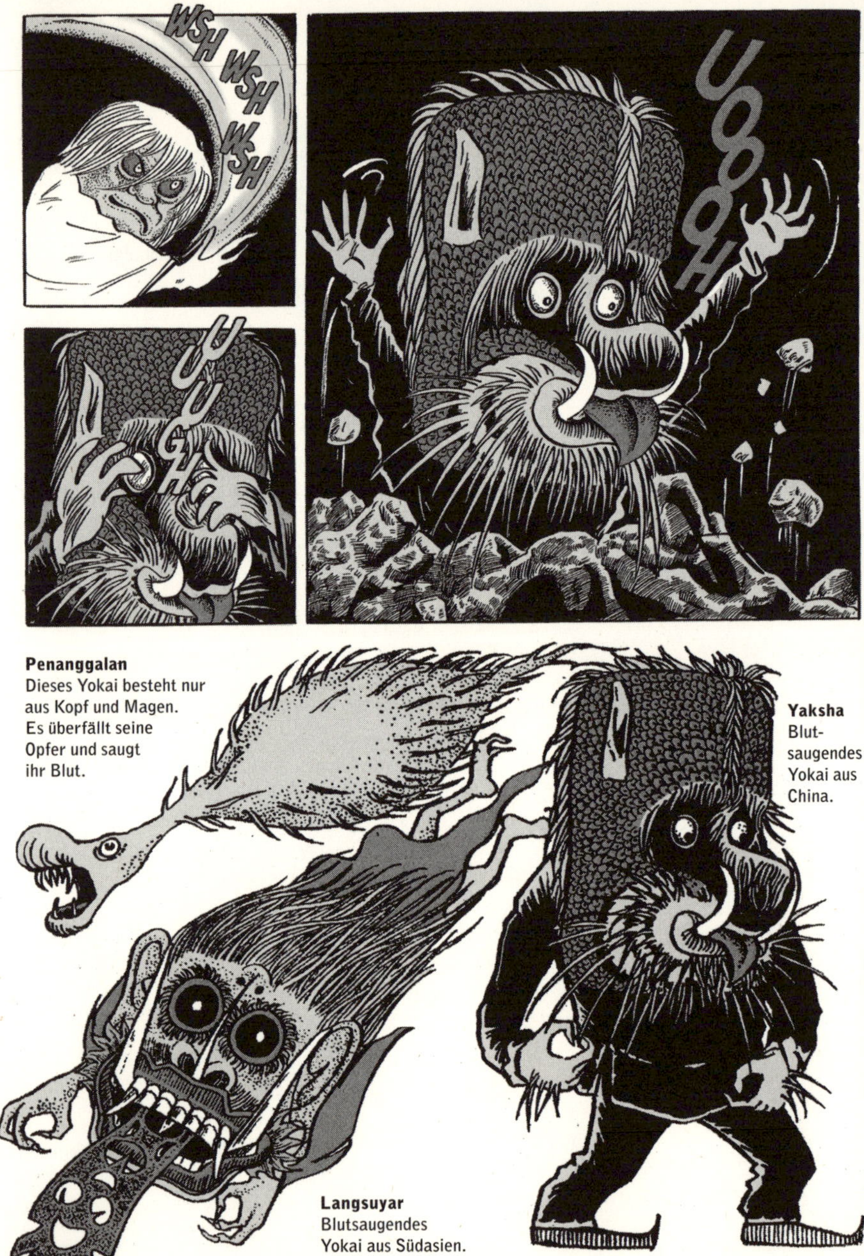
WSH WSH WSH
UUUGH
UOOOH
Penanggalan
Dieses Yokai besteht nur aus Kopf und Magen. Es überfällt seine Opfer und saugt ihr Blut.
Yaksha
Blutsaugendes Yokai aus China.
Langsuyar
Blutsaugendes Yokai aus Südasien.

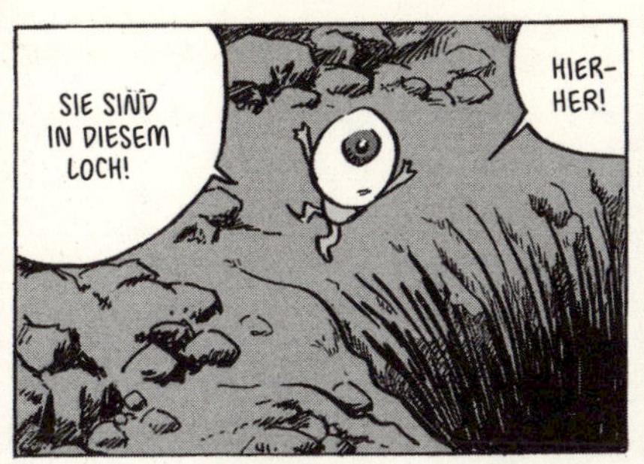
HIER-
HER!
SIE SIND
IN DIESEM
LOCH!

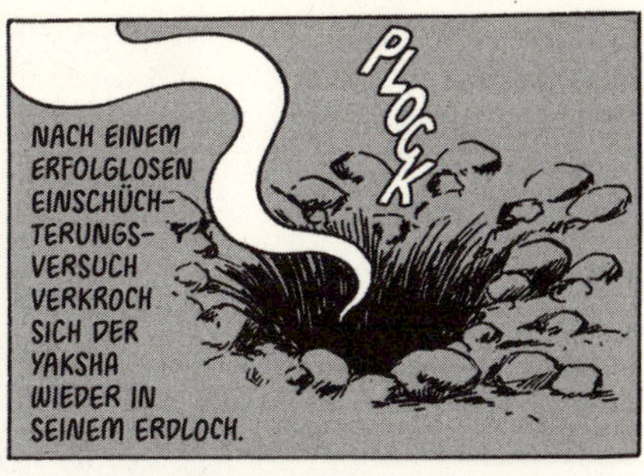
PLOCK
NACH EINEM
ERFOLGLOSEN
EINSCHÜCH-
TERUNGS-
VERSUCH
VERKROCH
SICH DER
YAKSHA
WIEDER IN
SEINEM ERDLOCH.

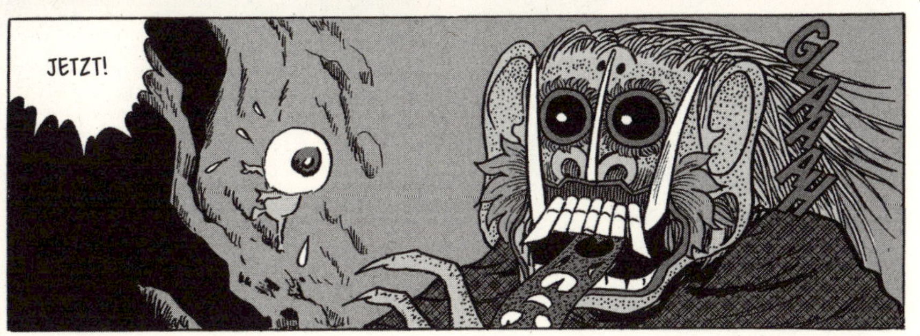
GLAAAH
JETZT!

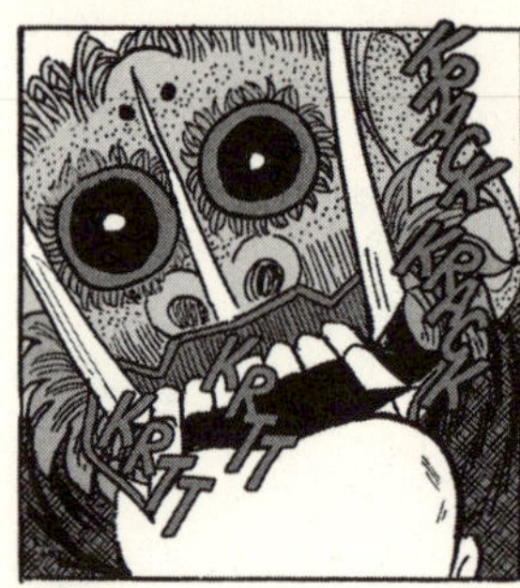
KRACK KRACK
KRITT KRITT

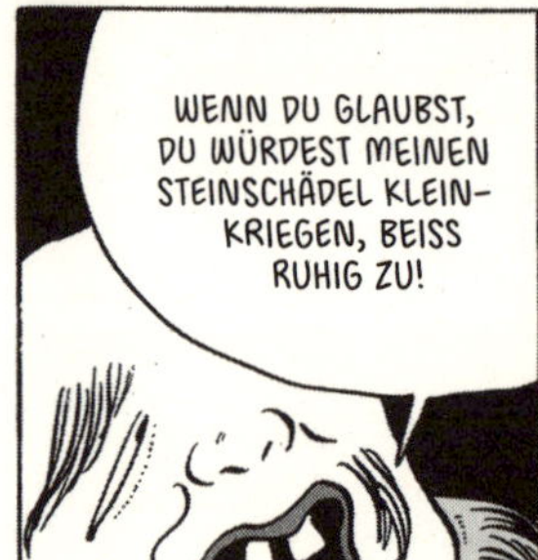
WENN DU GLAUBST, DU WÜRDEST MEINEN STEINSCHÄDEL KLEIN-KRIEGEN, BEISS RUHIG ZU!

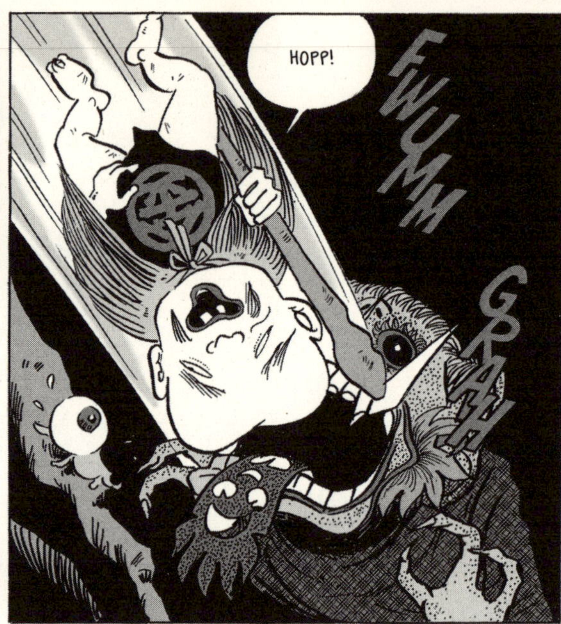
HOPP!
FWUMM
GRAAH

LANGSUYAR HATTE SICH AM STEINHARTEN SCHÄDEL DES HEULEGREIS ALLE SCHNEIDEZÄHNE AUSGEBISSEN. WÜTEND SCHNAPPTE ER SICH DEN AUGAPFEL UND LIESS IHN IN SEINEM GROSSEN MAUL VERSCHWINDEN. DIESER MACHTE JEDOCH GEHÖRIG RADAU IN LANGSUYARS MAGEN.

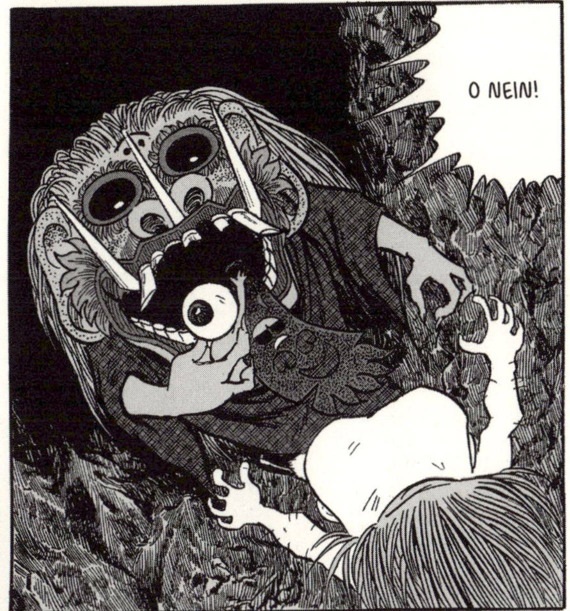
O NEIN!

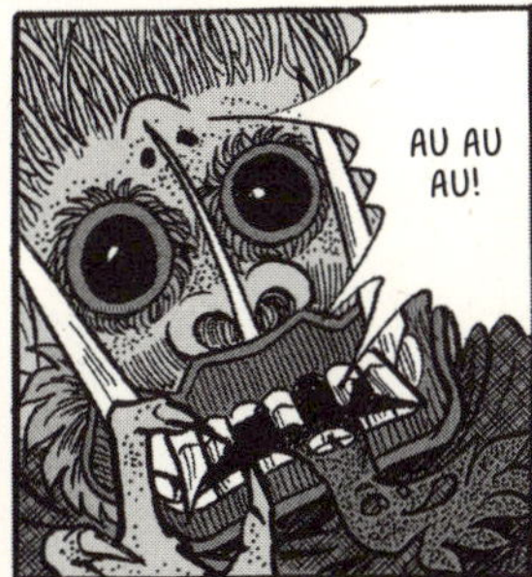
AU AU AU!

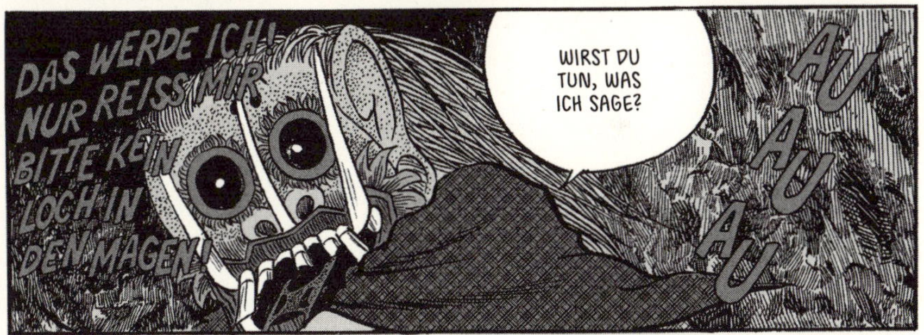
WIRST DU TUN, WAS ICH SAGE?
DAS WERDE ICH! NUR REISS MIR BITTE KEIN LOCH IN DEN MAGEN!
AU AU AU AU

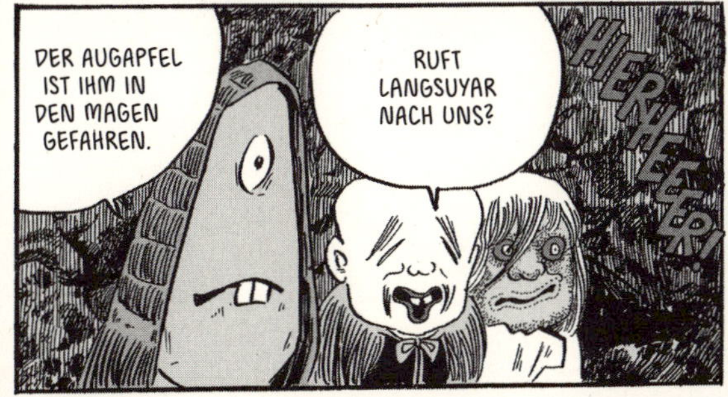
HIERHEEER!
RUFT LANGSUYAR NACH UNS?
DER AUGAPFEL IST IHM IN DEN MAGEN GEFAHREN.

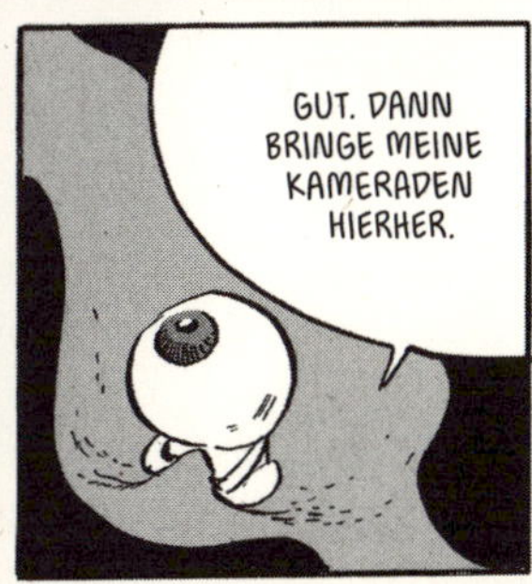
GUT. DANN BRINGE MEINE KAMERADEN HIERHER.

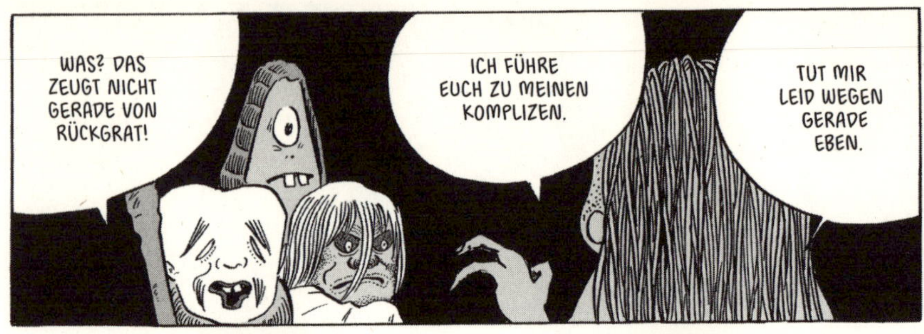
TUT MIR LEID WEGEN GERADE EBEN.
ICH FÜHRE EUCH ZU MEINEN KOMPLIZEN.
WAS? DAS ZEUGT NICHT GERADE VON RÜCKGRAT!

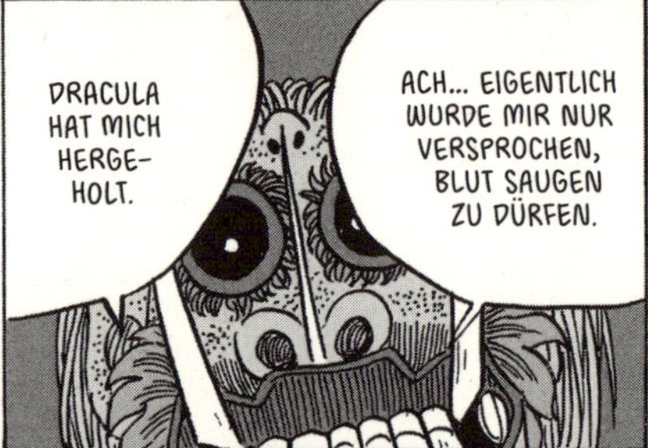
ACH... EIGENTLICH WURDE MIR NUR VERSPROCHEN, BLUT SAUGEN ZU DÜRFEN.
DRACULA HAT MICH HERGE-HOLT.

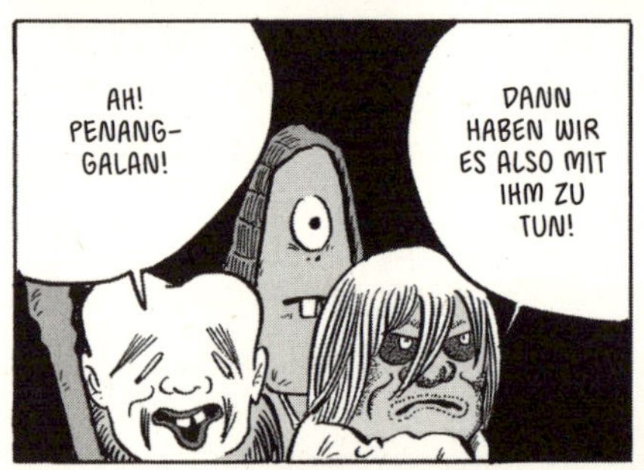
DANN HABEN WIR ES ALSO MIT IHM ZU TUN!
AH! PENANG-GALAN!

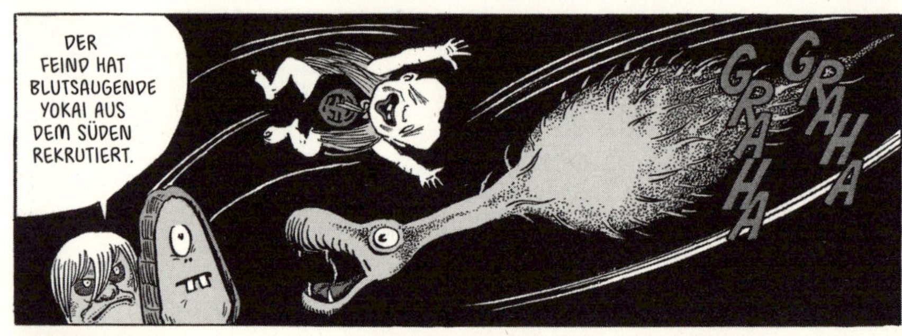
GRAHA GRAHA
DER FEIND HAT BLUTSAUGENDE YOKAI AUS DEM SÜDEN REKRUTIERT.

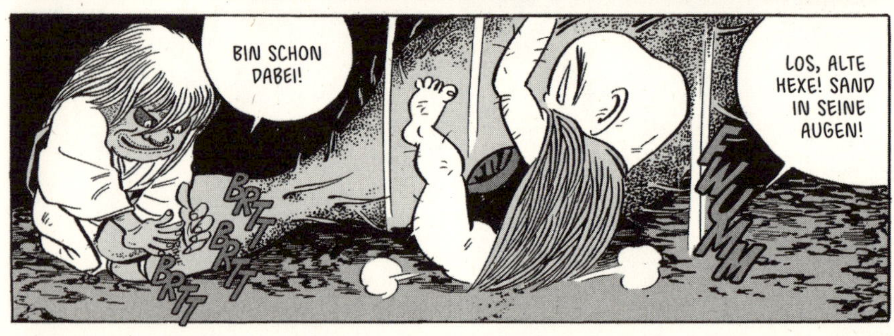
LOS, ALTE HEXE! SAND IN SEINE AUGEN!
FWUMM
BIN SCHON DABEI!
BRTT BRTT BRTT

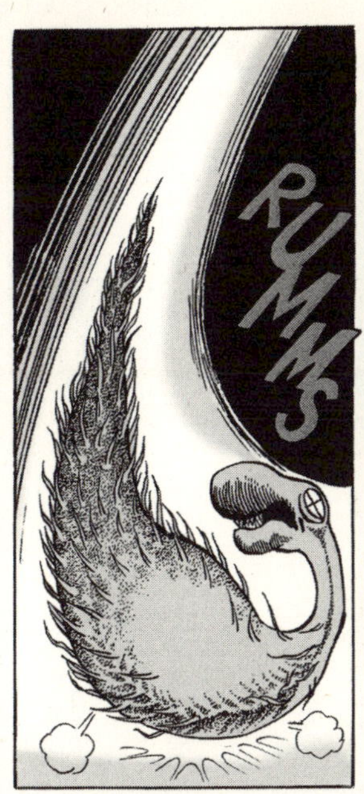
RUMMS

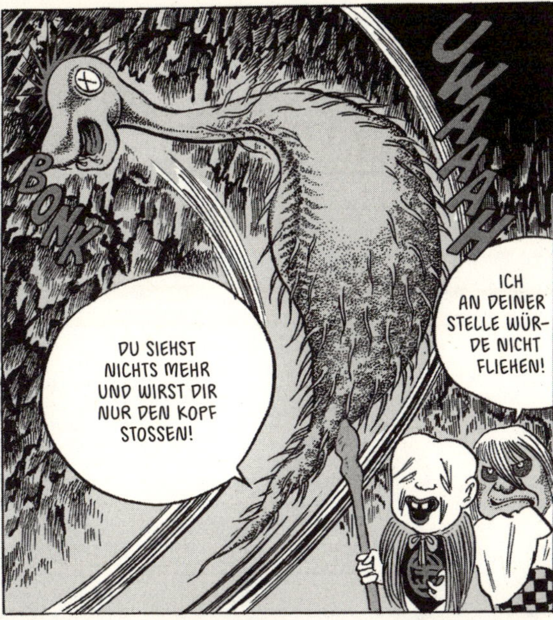
UWAAAAH
BONK
ICH AN DEINER STELLE WÜRDE NICHT FLIEHEN!
DU SIEHST NICHTS MEHR UND WIRST DIR NUR DEN KOPF STOSSEN!

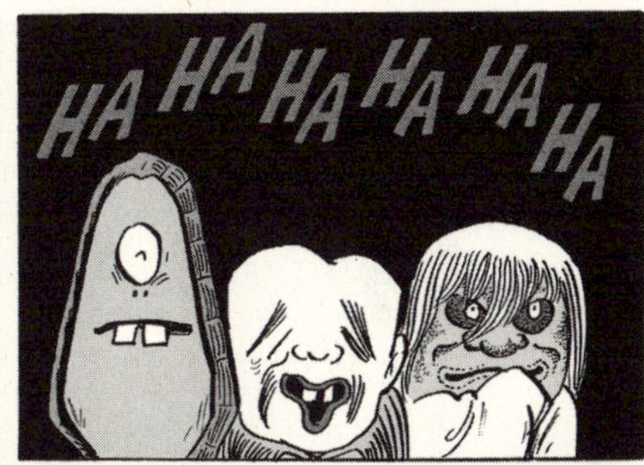
HA HA HA HA HA HA HA

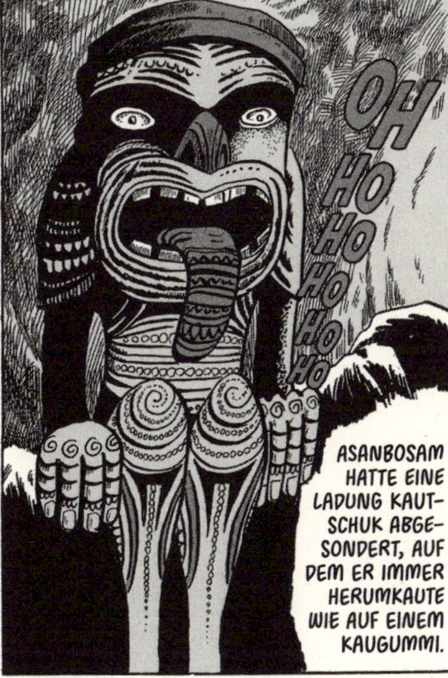
OH HO HO HO HO HO HO
ASANBOSAM HATTE EINE LADUNG KAUTSCHUK ABGESONDERT, AUF DEM ER IMMER HERUMKAUTE WIE AUF EINEM KAUGUMMI.

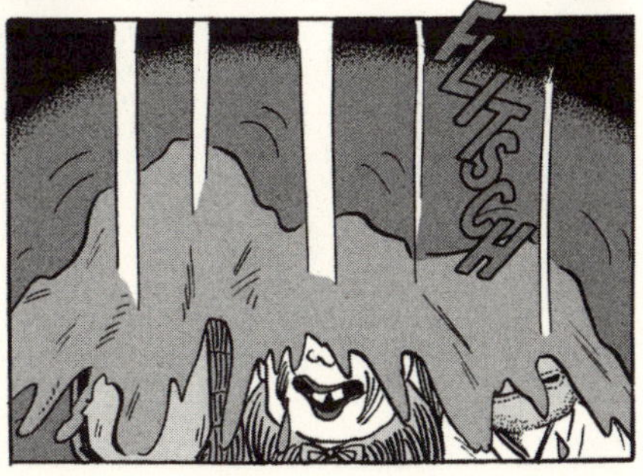
FLITSCH

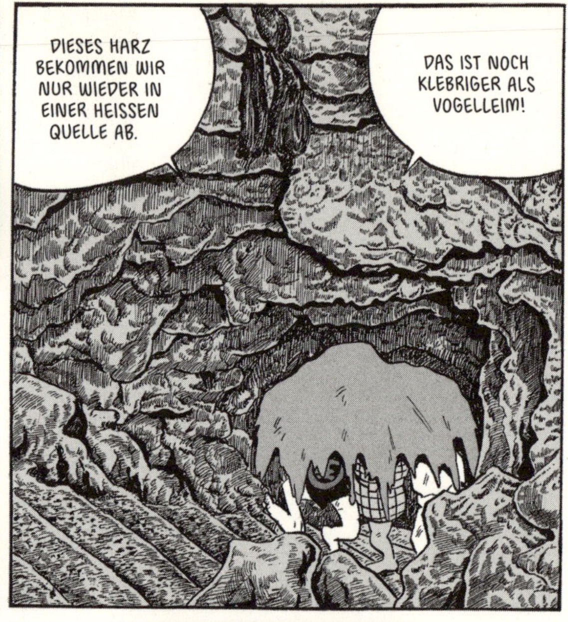
DAS IST NOCH KLEBRIGER ALS VOGELLEIM!
DIESES HARZ BEKOMMEN WIR NUR WIEDER IN EINER HEISSEN QUELLE AB.

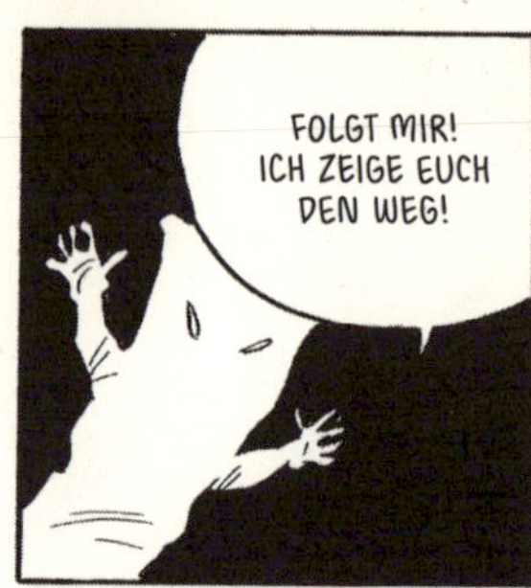
FOLGT MIR! ICH ZEIGE EUCH DEN WEG!

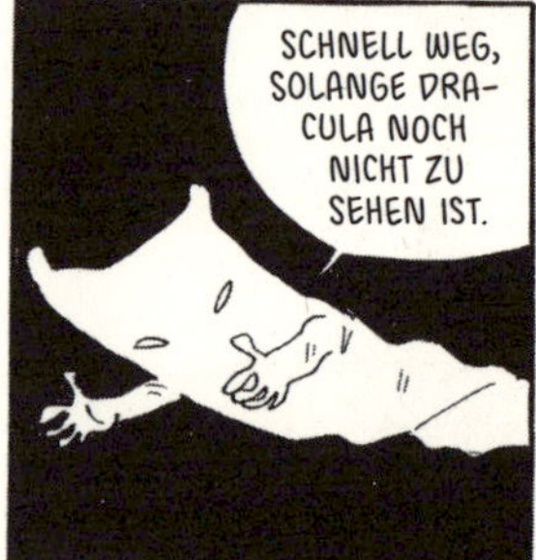
SCHNELL WEG, SOLANGE DRA-CULA NOCH NICHT ZU SEHEN IST.

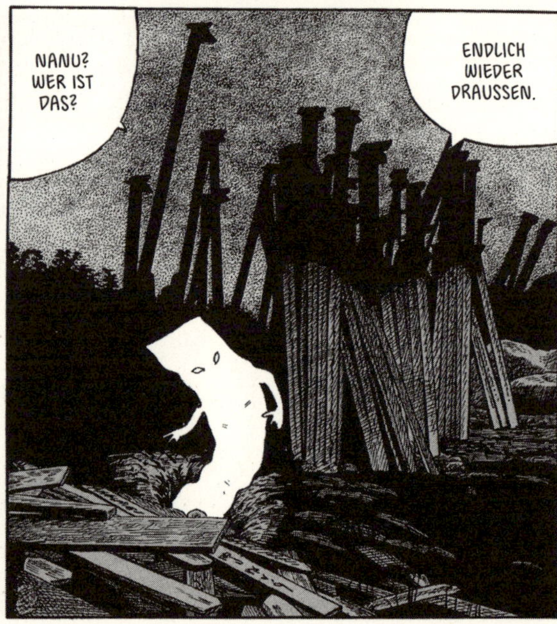
ENDLICH WIEDER DRAUSSEN.
NANU? WER IST DAS?

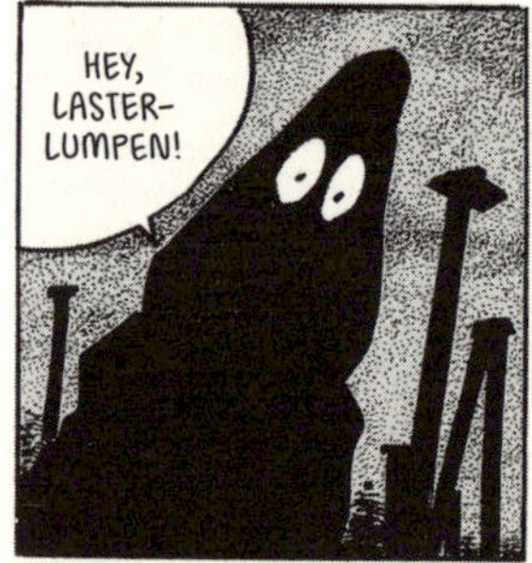
HEY, LASTER-LUMPEN!

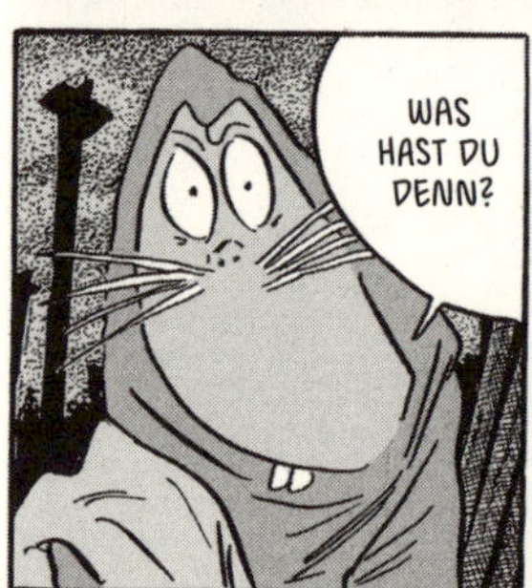
WAS HAST DU DENN?

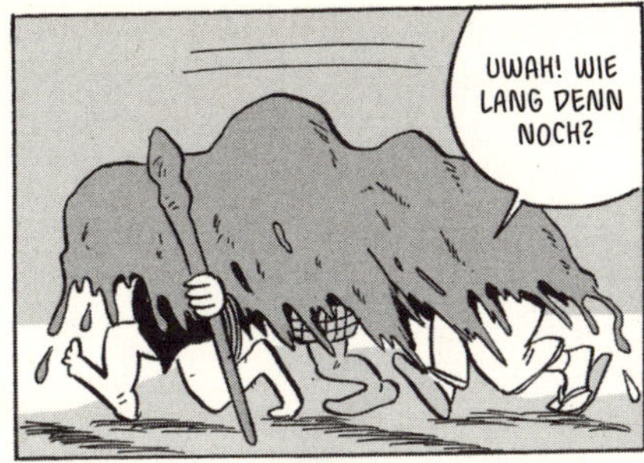
UWAH! WIE LANG DENN NOCH?

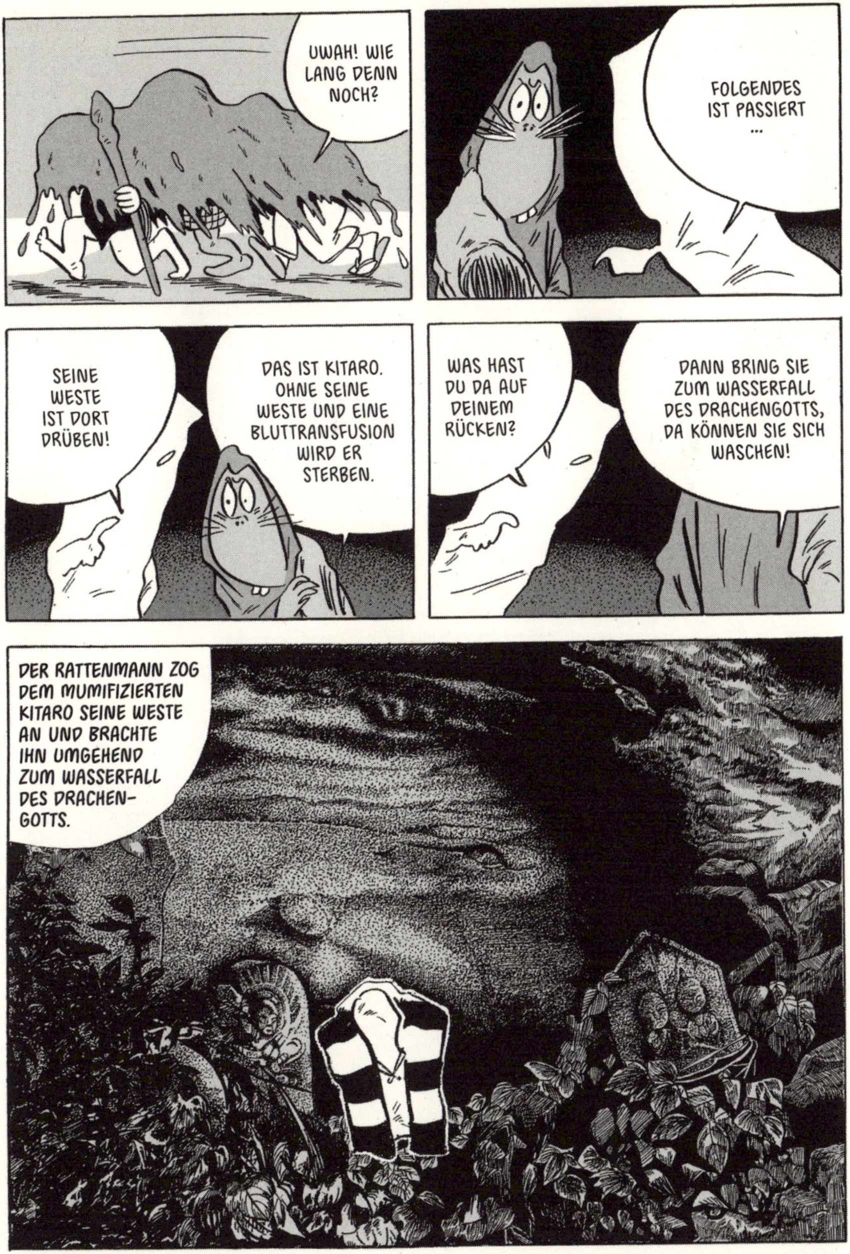

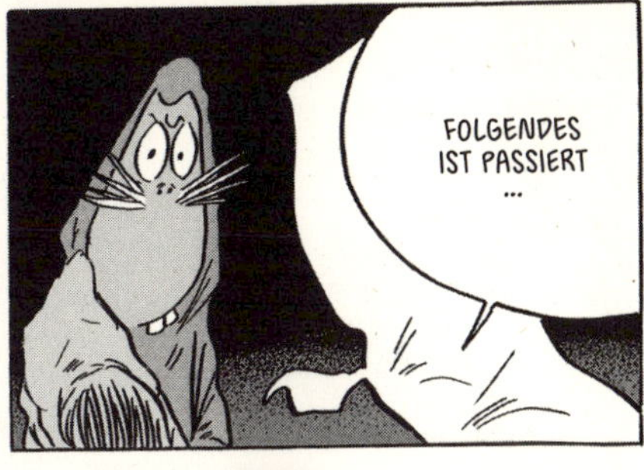
FOLGENDES IST PASSIERT ...

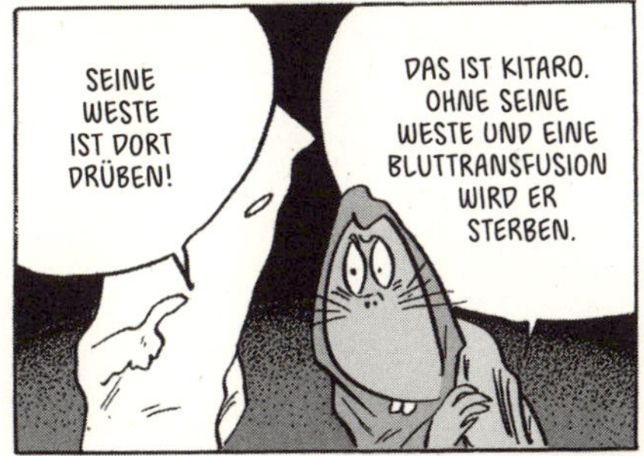
SEINE WESTE IST DORT DRÜBEN!
DAS IST KITARO. OHNE SEINE WESTE UND EINE BLUTTRANSFUSION WIRD ER STERBEN.

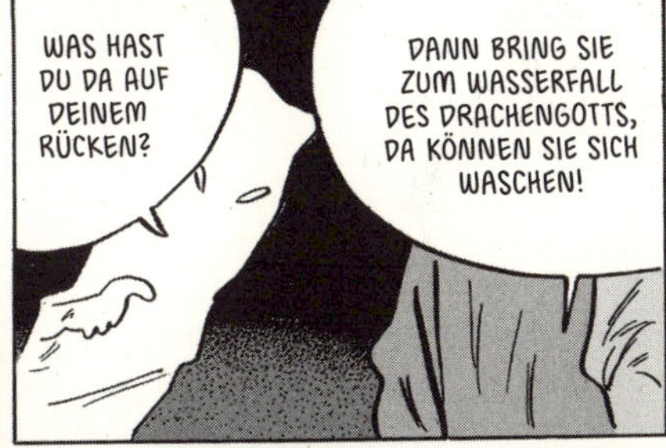
WAS HAST DU DA AUF DEINEM RÜCKEN?
DANN BRING SIE ZUM WASSERFALL DES DRACHENGOTTS, DA KÖNNEN SIE SICH WASCHEN!

DER RATTENMANN ZOG DEM MUMIFIZIERTEN KITARO SEINE WESTE AN UND BRACHTE IHN UMGEHEND ZUM WASSERFALL DES DRACHENGOTTS.

HEEEY!

WAS IST?

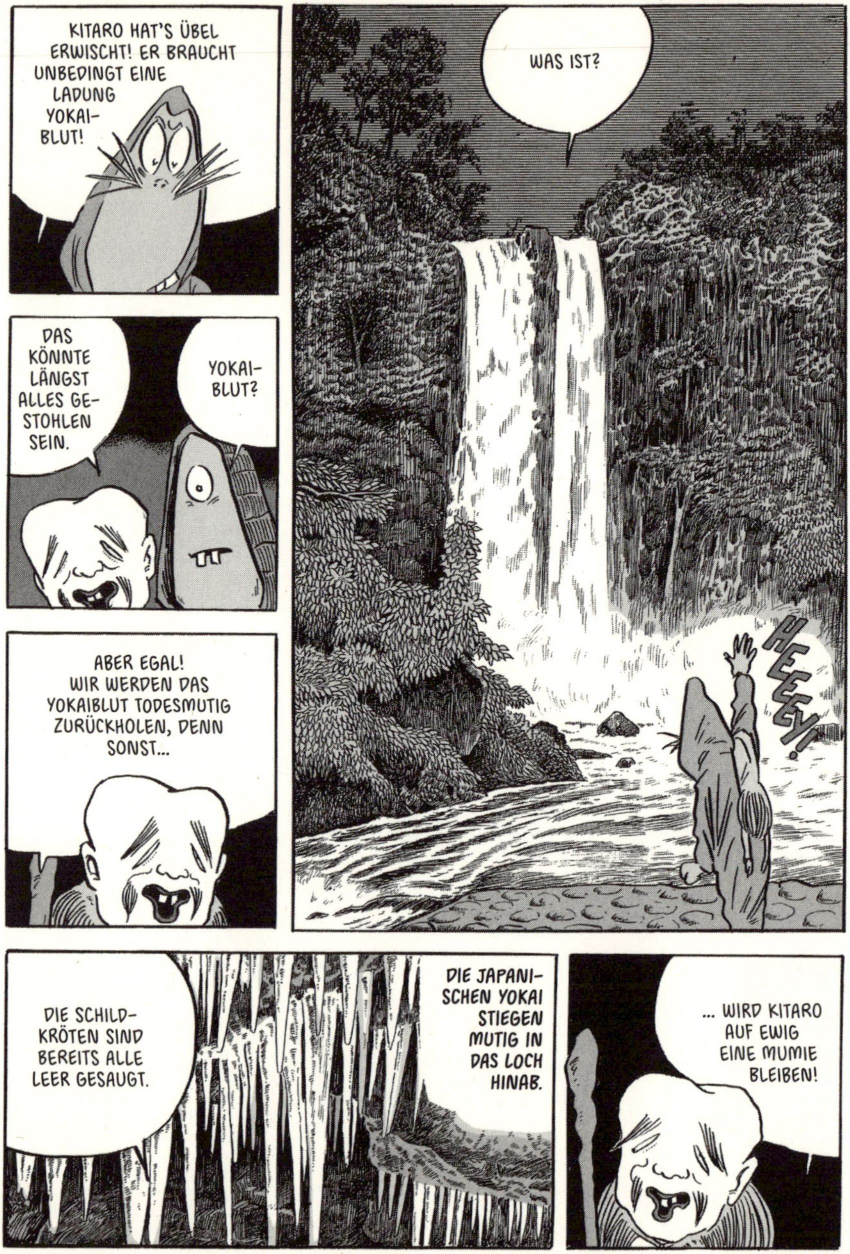

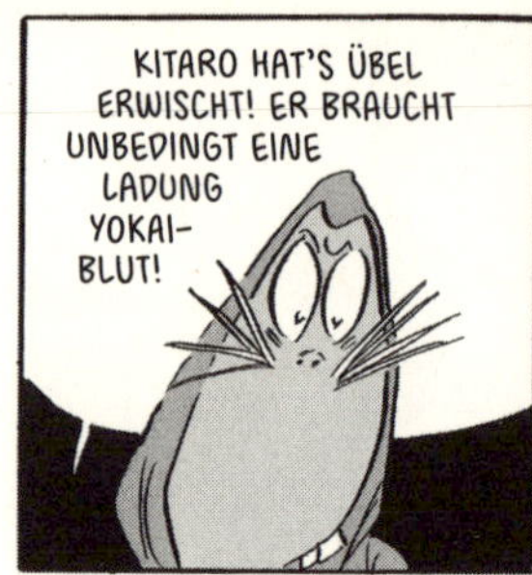
KITARO HAT'S ÜBEL ERWISCHT! ER BRAUCHT UNBEDINGT EINE LADUNG YOKAI-BLUT!

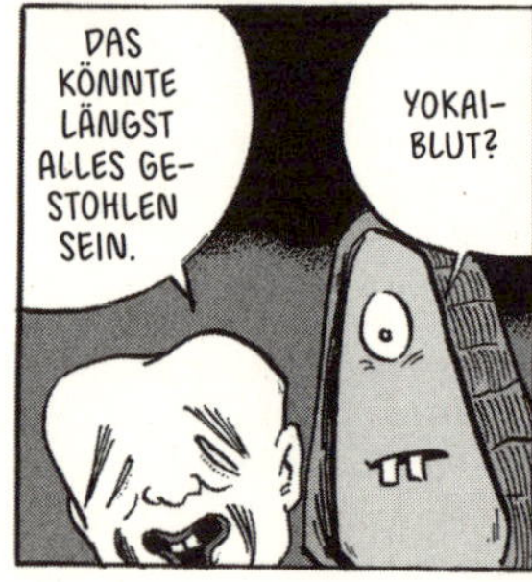
YOKAI-BLUT?
DAS KÖNNTE LÄNGST ALLES GE-STOHLEN SEIN.

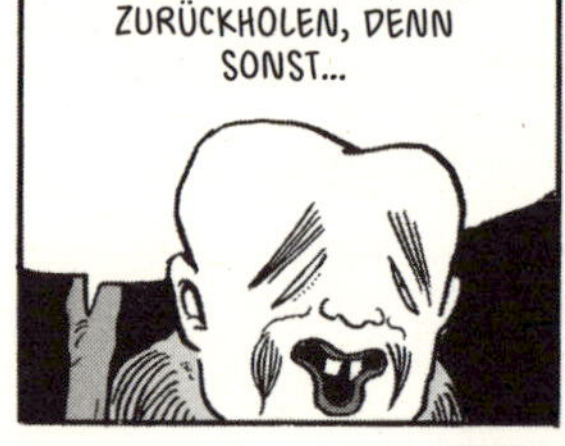
ABER EGAL! WIR WERDEN DAS YOKAIBLUT TODESMUTIG ZURÜCKHOLEN, DENN SONST...

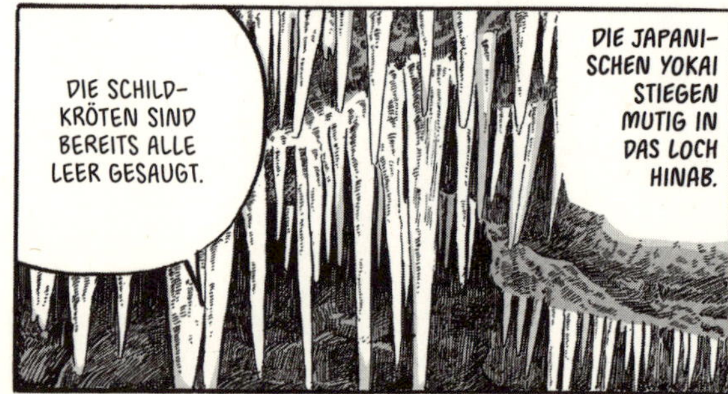
DIE JAPANI-SCHEN YOKAI STIEGEN MUTIG IN DAS LOCH HINAB.
DIE SCHILD-KRÖTEN SIND BEREITS ALLE LEER GESAUGT.

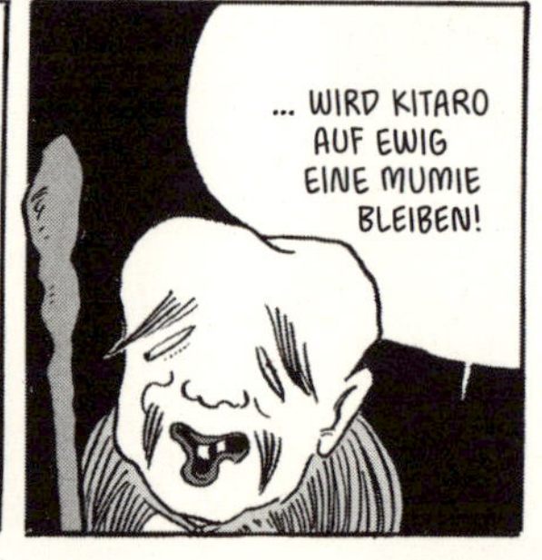
... WIRD KITARO AUF EWIG EINE MUMIE BLEIBEN!

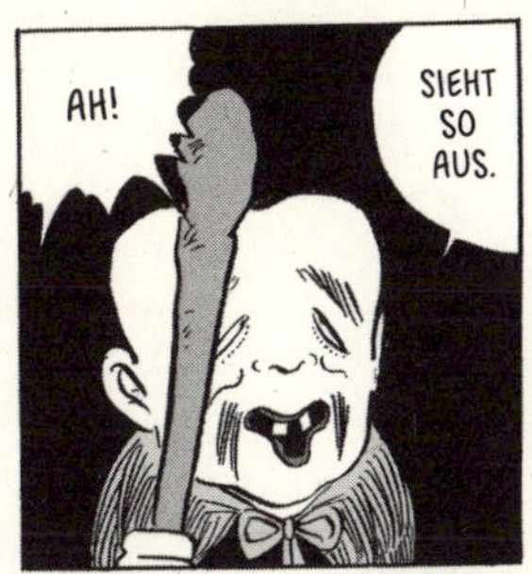
SIEHT SO AUS.
AH!
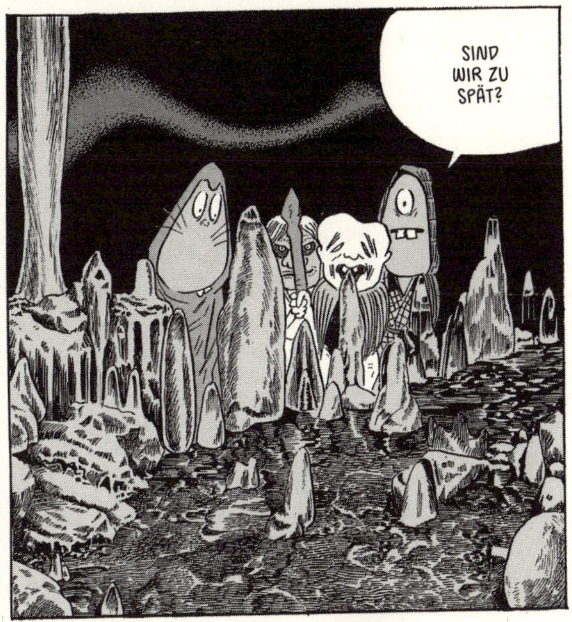
SIND WIR ZU SPÄT?
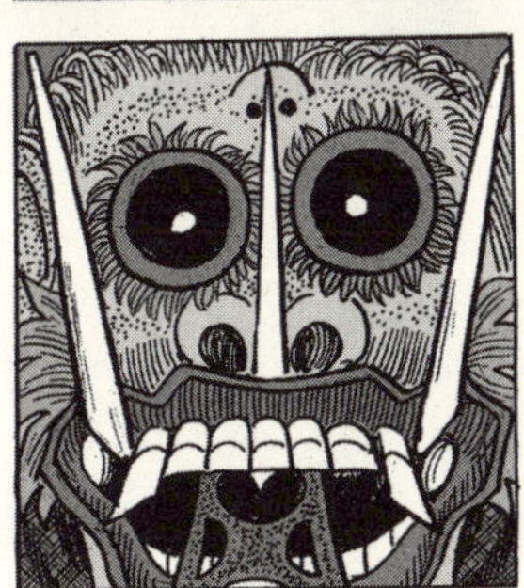
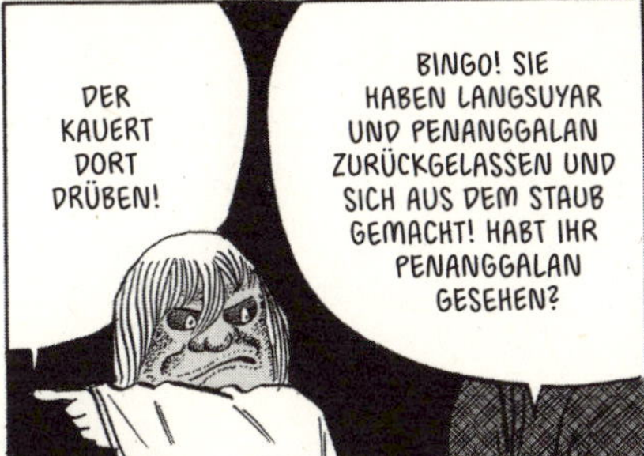
BINGO! SIE HABEN LANGSUYAR UND PENANGGALAN ZURÜCKGELASSEN UND SICH AUS DEM STAUB GEMACHT! HABT IHR PENANGGALAN GESEHEN?
DER KAUERT DORT DRÜBEN!
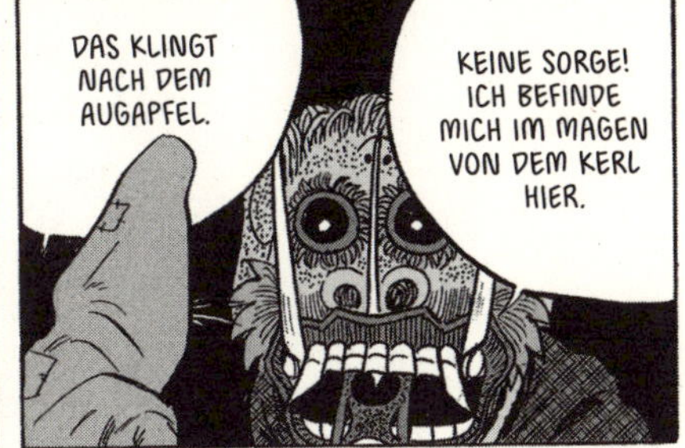
KEINE SORGE! ICH BEFINDE MICH IM MAGEN VON DEM KERL HIER.
DAS KLINGT NACH DEM AUGAPFEL.
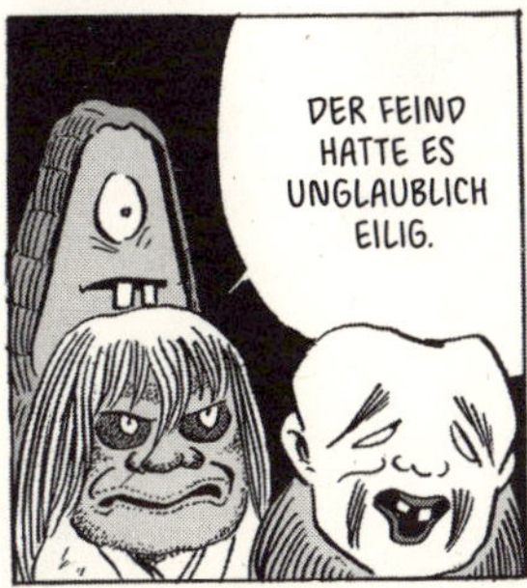
DER FEIND HATTE ES UNGLAUBLICH EILIG.
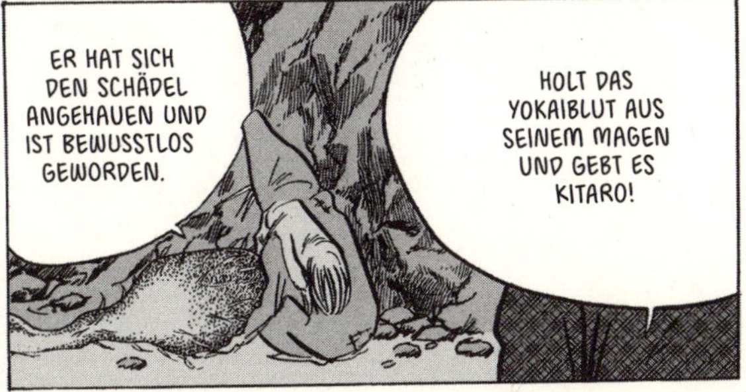
HOLT DAS YOKAIBLUT AUS SEINEM MAGEN UND GEBT ES KITARO!
ER HAT SICH DEN SCHÄDEL ANGEHAUEN UND IST BEWUSSTLOS GEWORDEN.

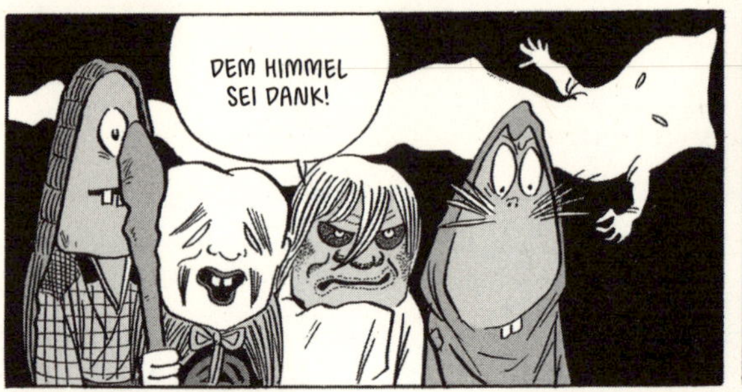
DEM HIMMEL SEI DANK!

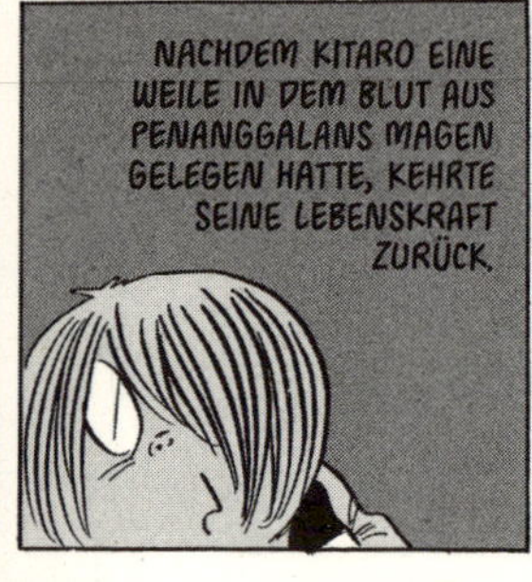
NACHDEM KITARO EINE WEILE IN DEM BLUT AUS PENANGGALANS MAGEN GELEGEN HATTE, KEHRTE SEINE LEBENSKRAFT ZURÜCK.

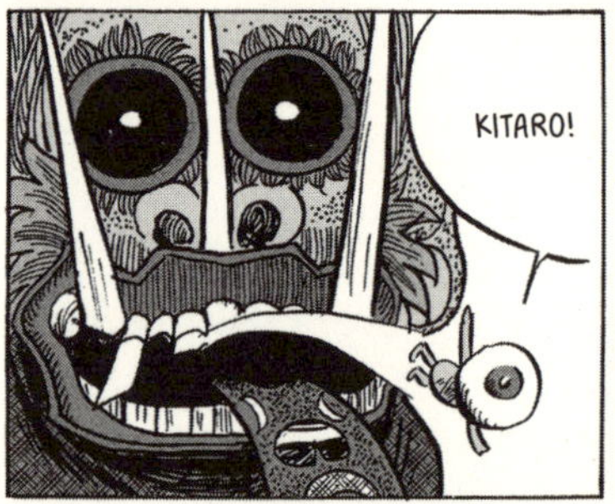
KITARO!

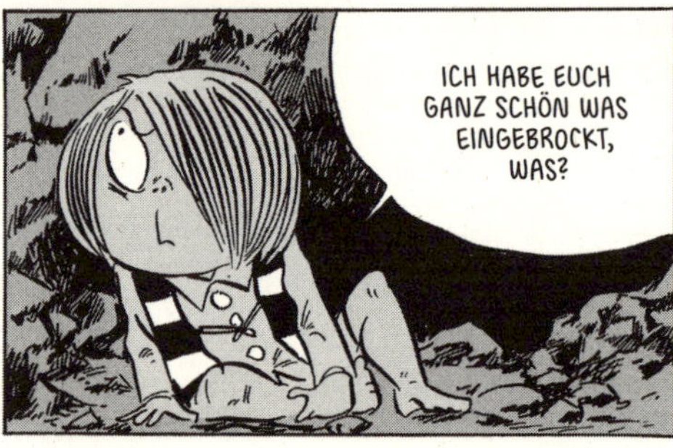
ICH HABE EUCH GANZ SCHÖN WAS EINGEBROCKT, WAS?

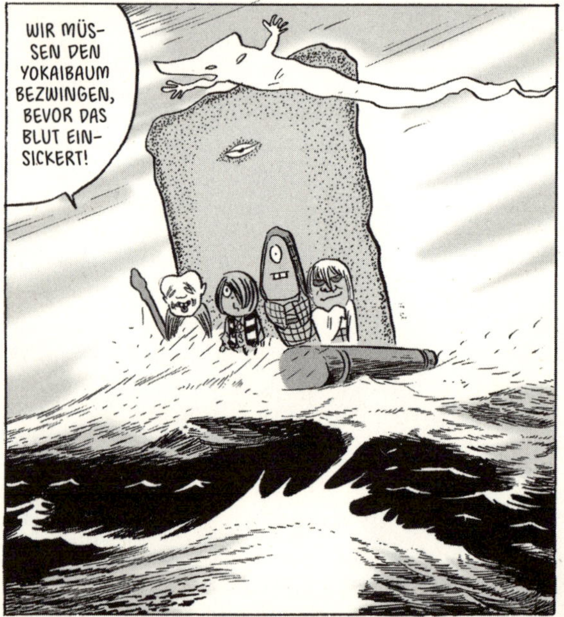
WIR MÜS-SEN DEN YOKAIBAUM BEZWINGEN, BEVOR DAS BLUT EIN-SICKERT!

UNVERZÜGLICH BEFRAGTE KITARO PENANGGALAN UND LANGSUYAR. ER ERFUHR, DASS DRACULA DIE ANDEREN YOKAI DAZU ANGESTIFTET HATTE, YOKAIBLUT VOM SCHRECKENSBERG ZU STEHLEN. UND DASS IN WIRKLICHKEIT NICHT DRACULA DAHINTERSTECKTE, SONDERN DER YOKAIBAUM.

UNVORSTELLBAR, WAS PASSIERT, WENN DER YOKAIBAUM DURCH DAS BLUT SEINE BLÜTE ZURÜCKERLANGT UND SEINE SAMEN IN GANZ JAPAN VERSTREUT!

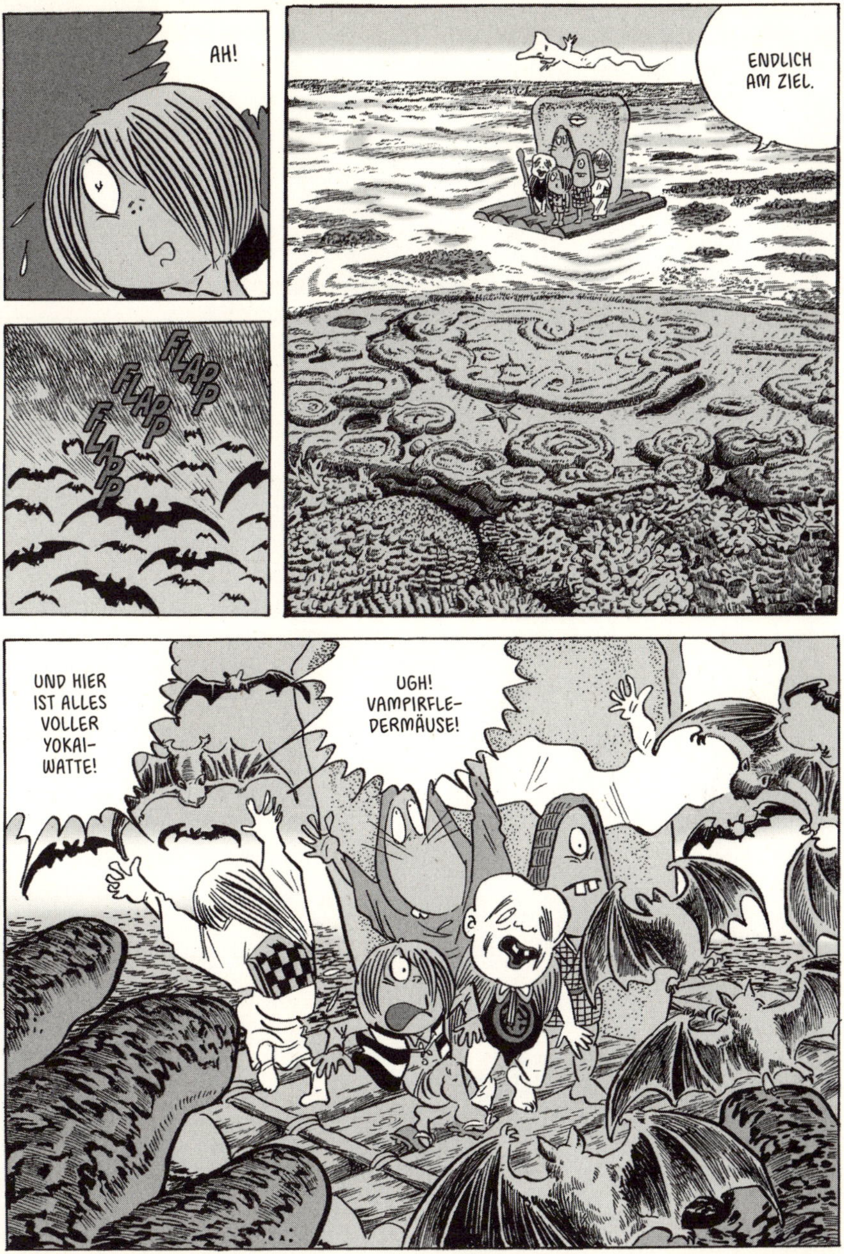

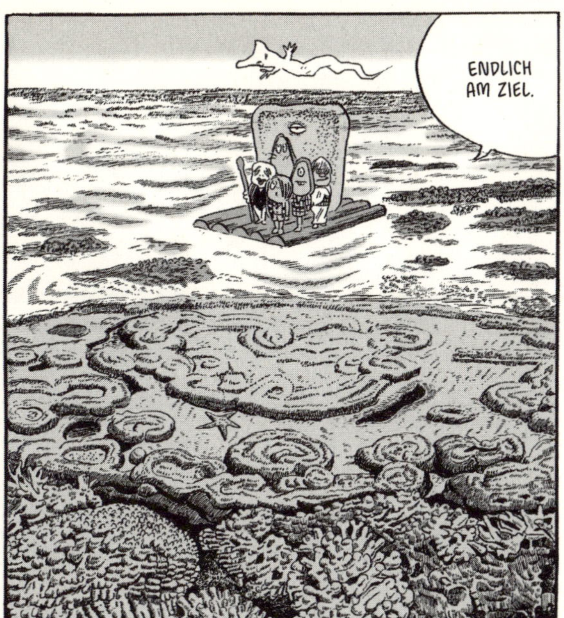
ENDLICH AM ZIEL.

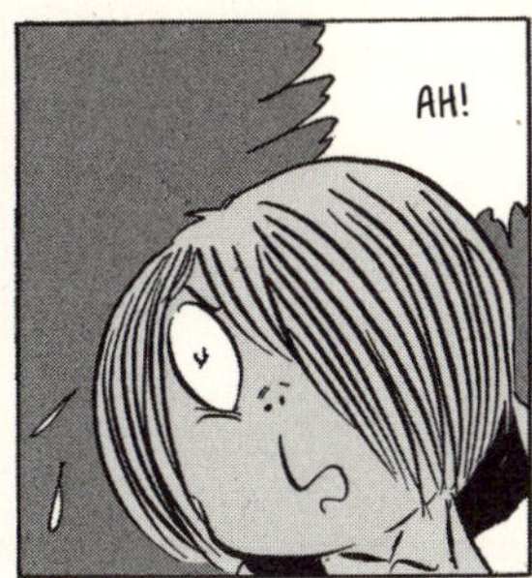
AH!

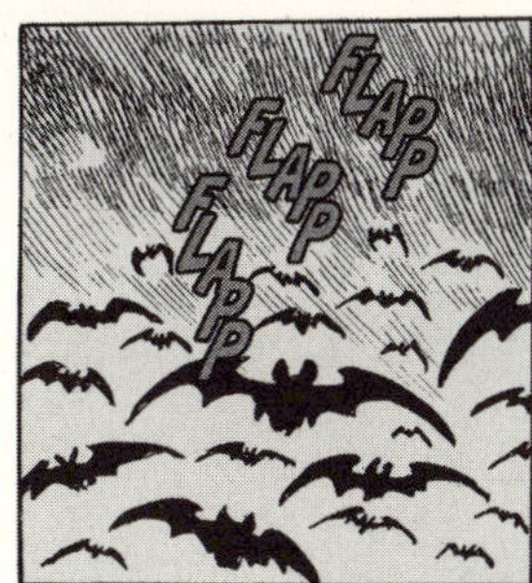
FLAPP
FLAPP
FLAPP

UGH! VAMPIRFLEDERMÄUSE!

UND HIER IST ALLES VOLLER YOKAI-WATTE!

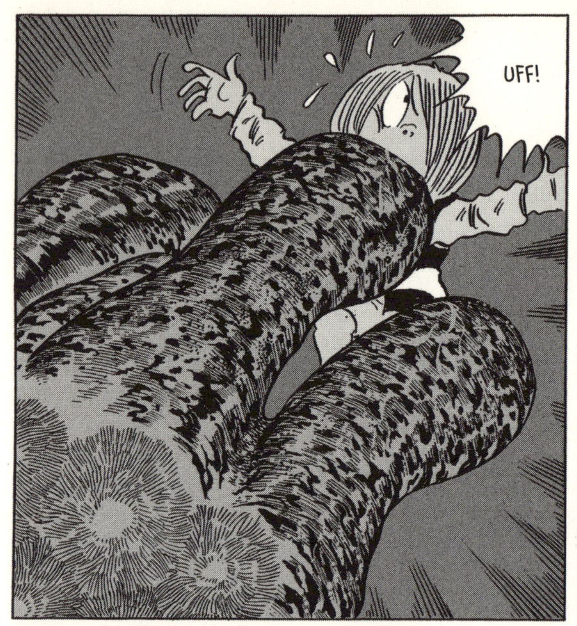
UFF!

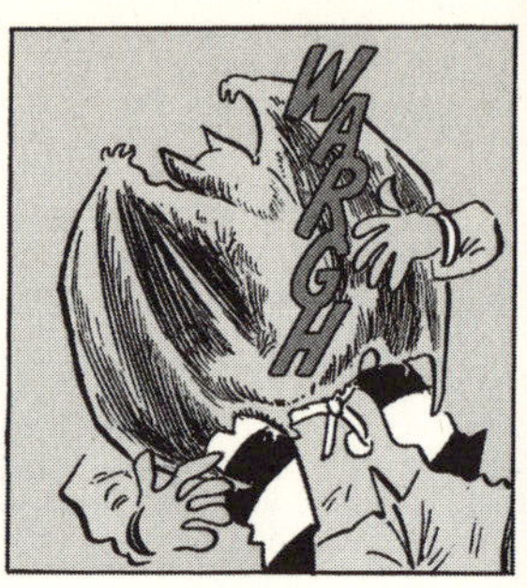
WARGH

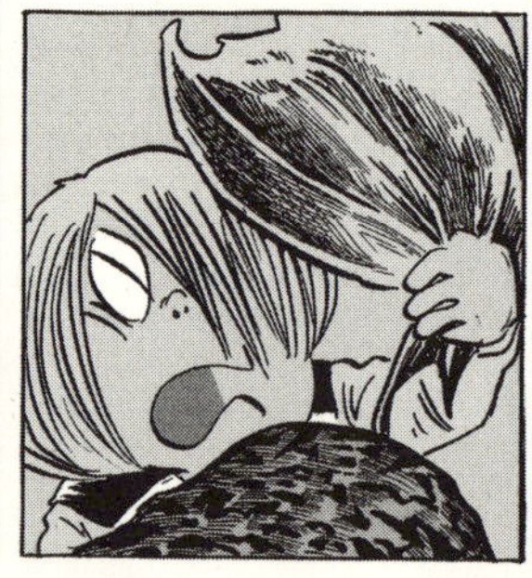

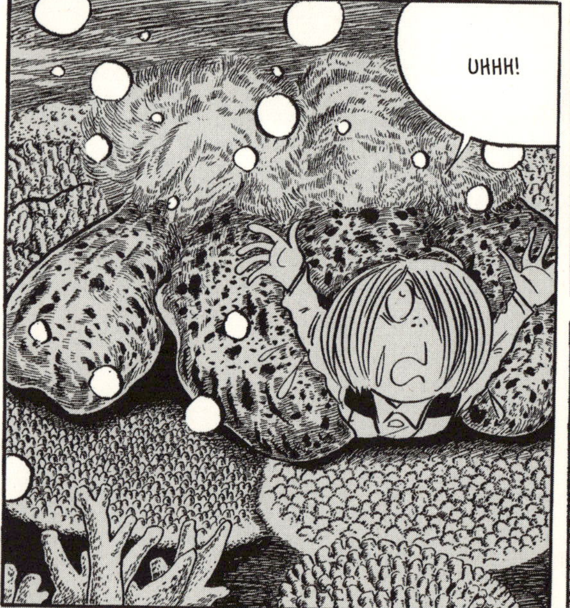
UHHH!

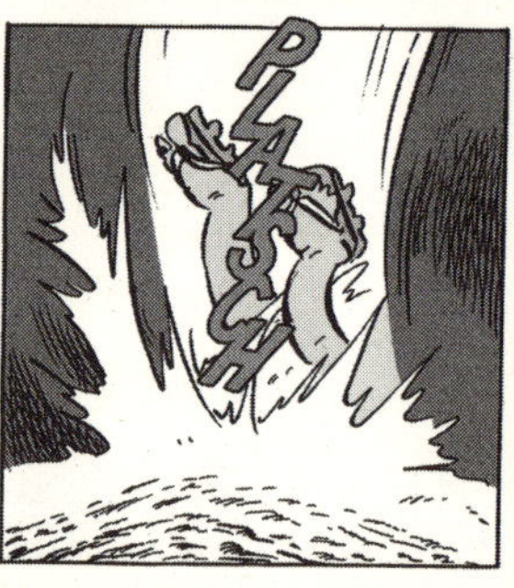
PLATSCH

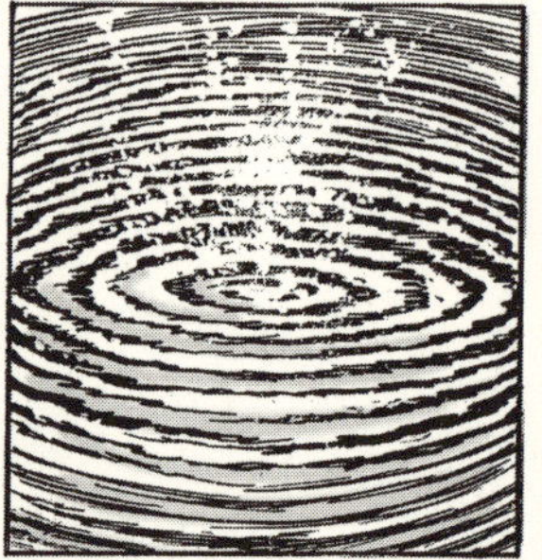

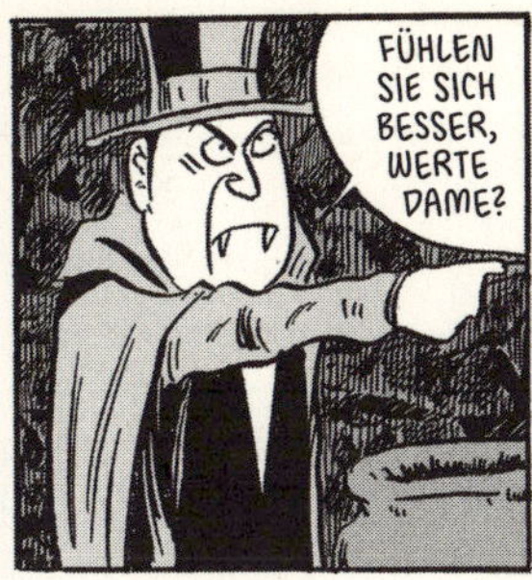
FÜHLEN SIE SICH BESSER, WERTE DAME?

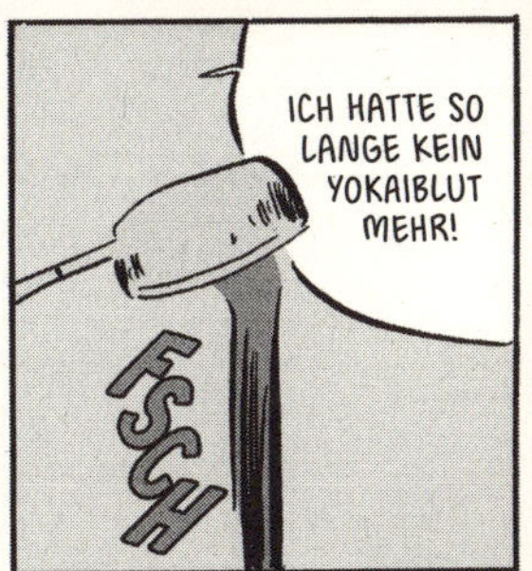
ICH HATTE SO LANGE KEIN YOKAIBLUT MEHR!
FSCH

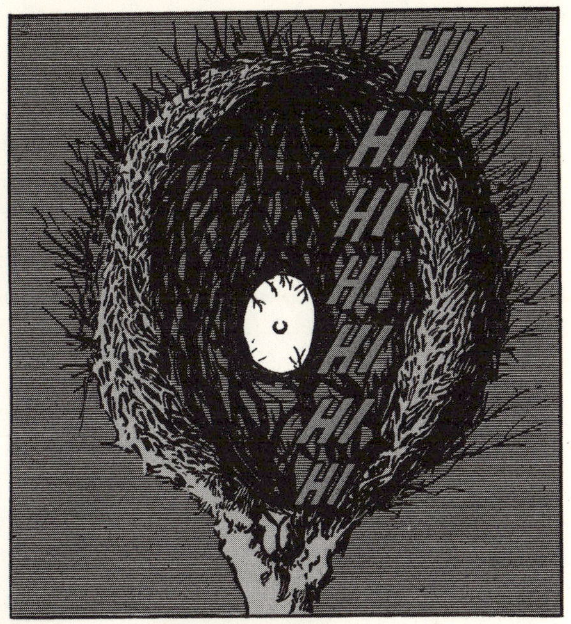
HI HI HI HI HI HI HI HI

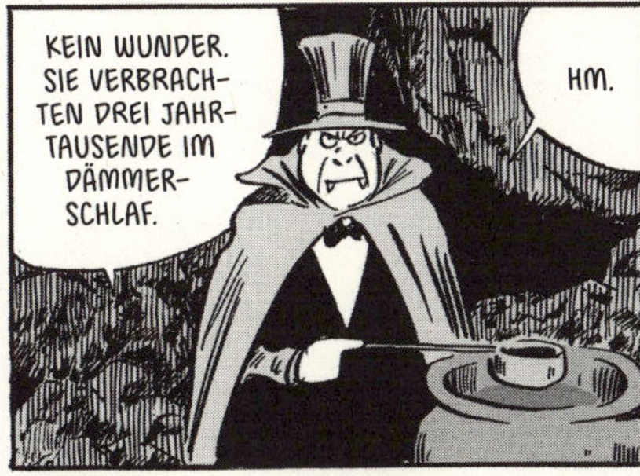
HM.
KEIN WUNDER. SIE VERBRACHTEN DREI JAHRTAUSENDE IM DÄMMERSCHLAF.

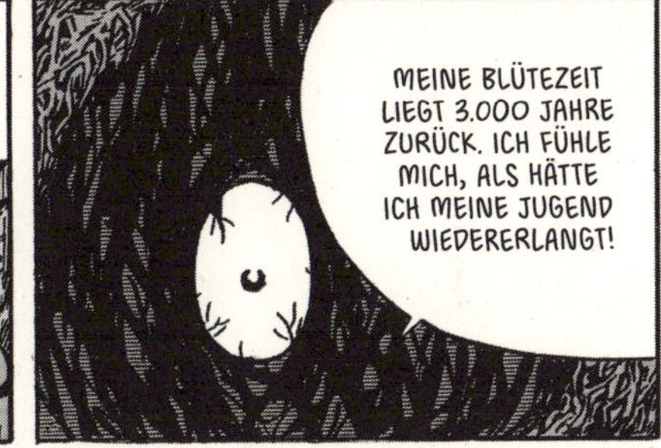
MEINE BLÜTEZEIT LIEGT 3.000 JAHRE ZURÜCK. ICH FÜHLE MICH, ALS HÄTTE ICH MEINE JUGEND WIEDERERLANGT!

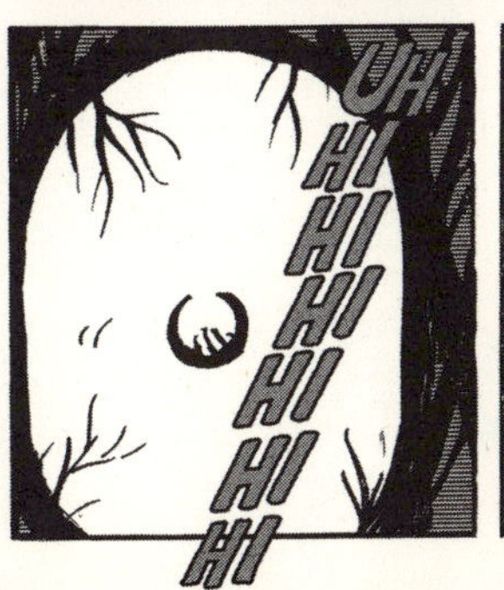
UH HI HI HI HI HI HI HI HI

DANN WIRD DER OZEAN UNS GEHÖREN, UND DAS 21. JAHRHUNDERT WIRD DAS DER YOKAI SEIN!

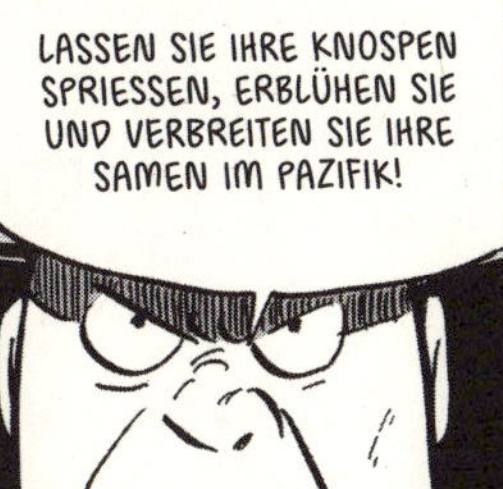
LASSEN SIE IHRE KNOSPEN SPRIESSEN, ERBLÜHEN SIE UND VERBREITEN SIE IHRE SAMEN IM PAZIFIK!

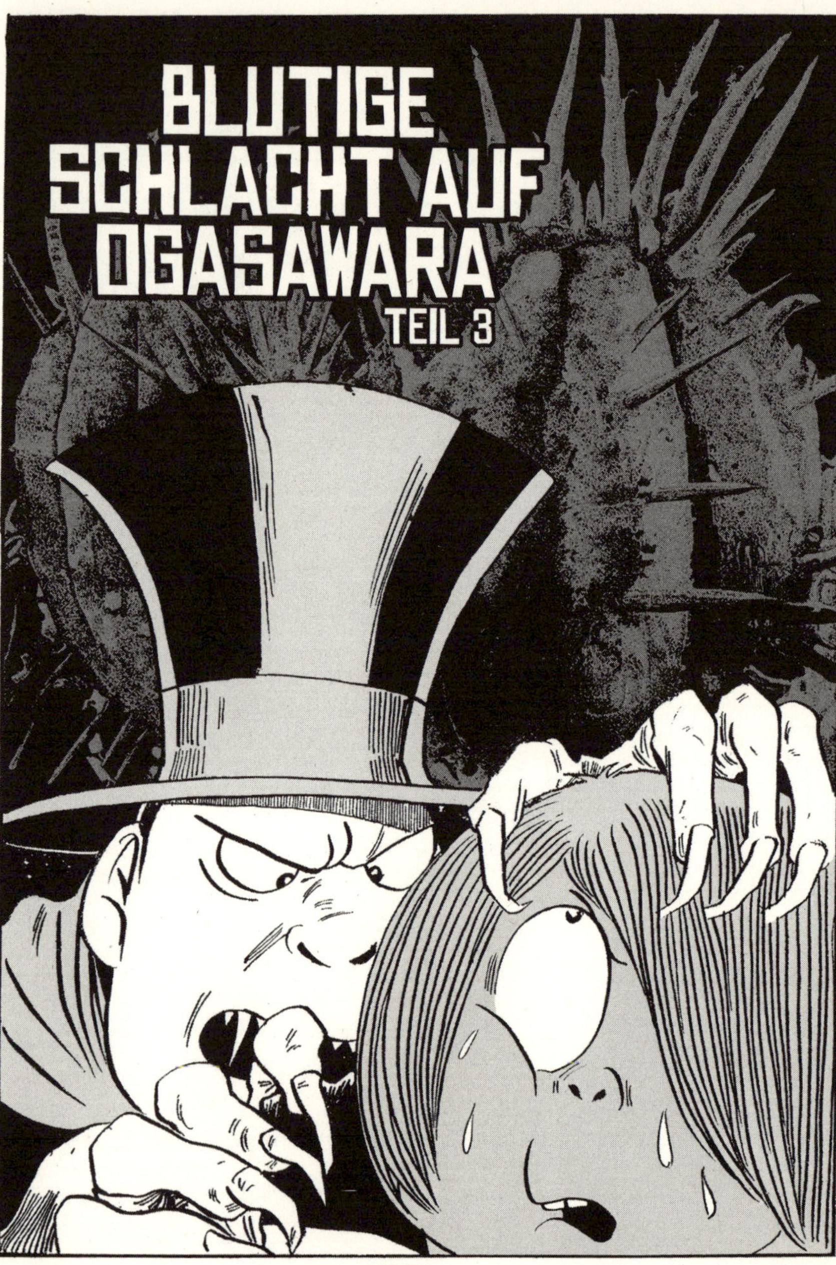
BLUTIGE
SCHLACHT AUF
OGASAWARA
TEIL 3

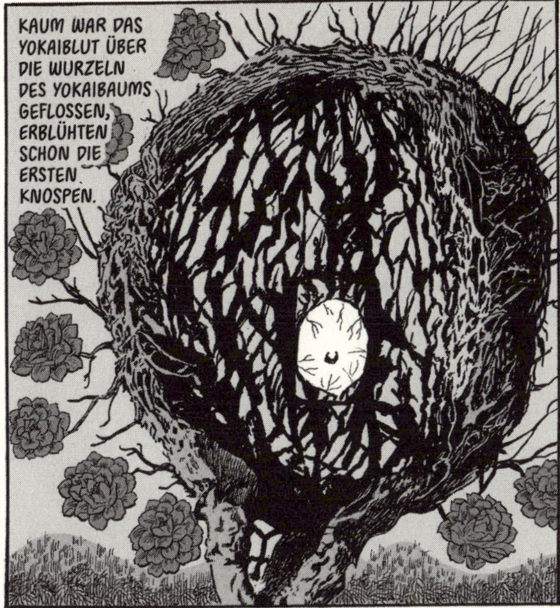
KAUM WAR DAS YOKAIBLUT ÜBER DIE WURZELN DES YOKAIBAUMS GEFLOSSEN, ERBLÜHTEN SCHON DIE ERSTEN KNOSPEN.

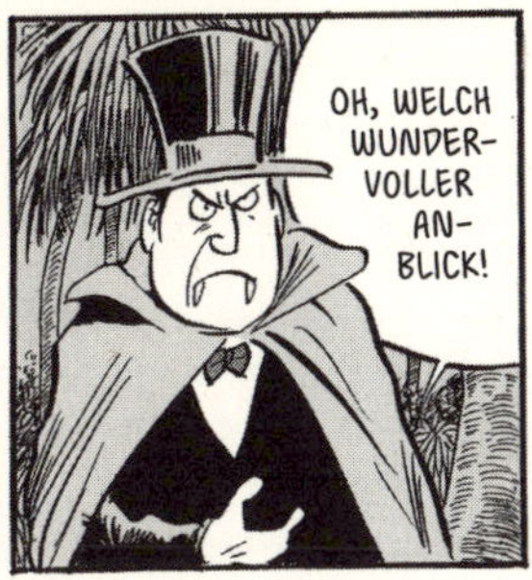
OH, WELCH WUNDER-VOLLER AN-BLICK!

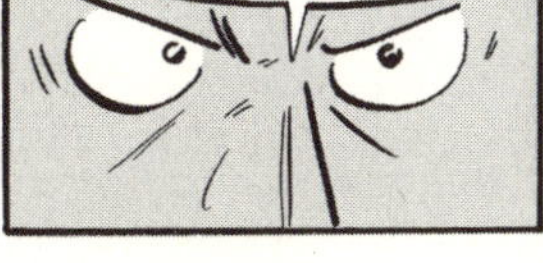
WENN DIE FRÜCHTE ERST MAL REIF UND DIE SAMEN IN DER GANZEN WELT VERSTREUT SIND, WIRD ES LUSTIG! HIHIHI!

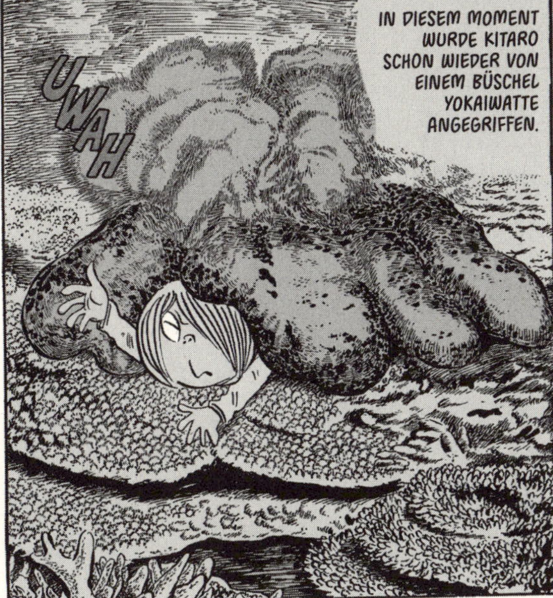
IN DIESEM MOMENT WURDE KITARO SCHON WIEDER VON EINEM BÜSCHEL YOKAIWATTE ANGEGRIFFEN.
UWAH

ALLERDINGS WAR ER DIESMAL STÄRKER, DA IHM KEIN KAKTEENGIFT MEHR ZU SCHAFFEN MACHTE. UNVERZÜGLICH SAUGTE ER DIE YOKAIWATTE LEER, BIS DIESE STAUBTROCKEN WAR.

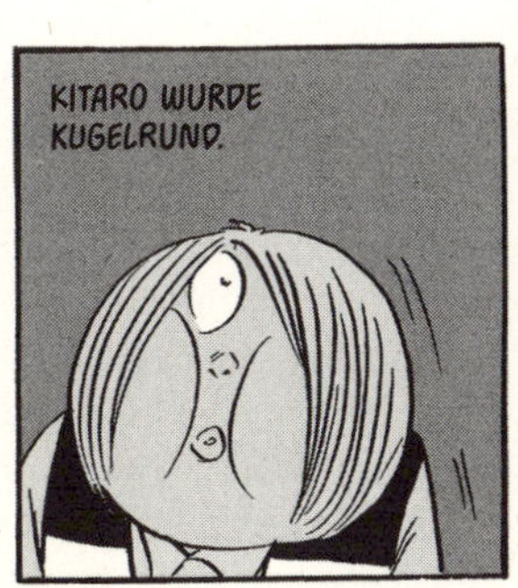
KITARO WURDE KUGELRUND.

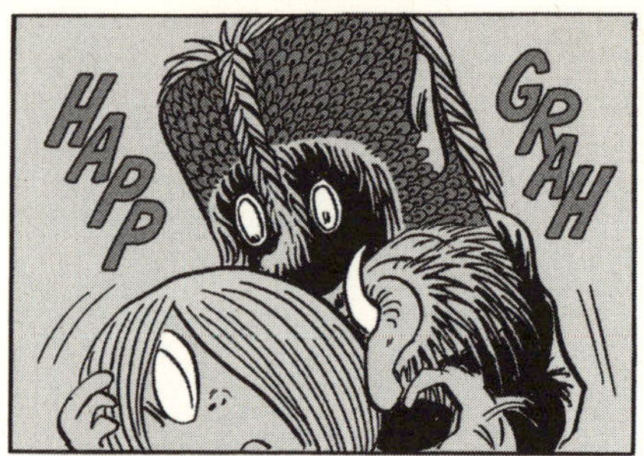
HAPP
GRAH

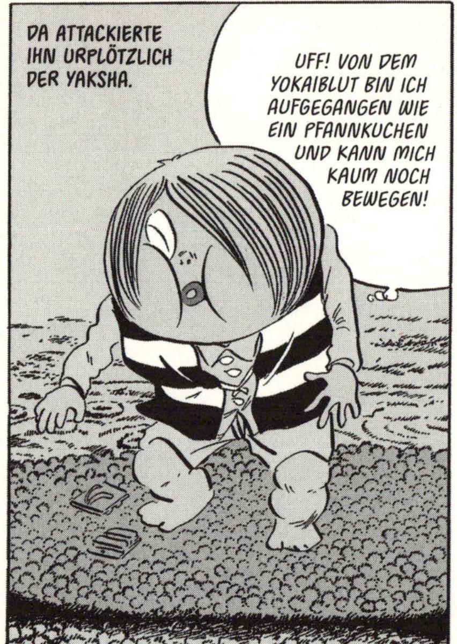
DA ATTACKIERTE IHN URPLÖTZLICH DER YAKSHA.
UFF! VON DEM YOKAIBLUT BIN ICH AUFGEGANGEN WIE EIN PFANNKUCHEN UND KANN MICH KAUM NOCH BEWEGEN!

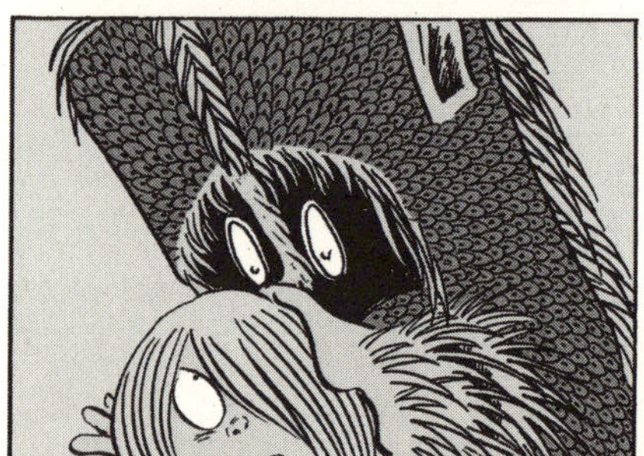

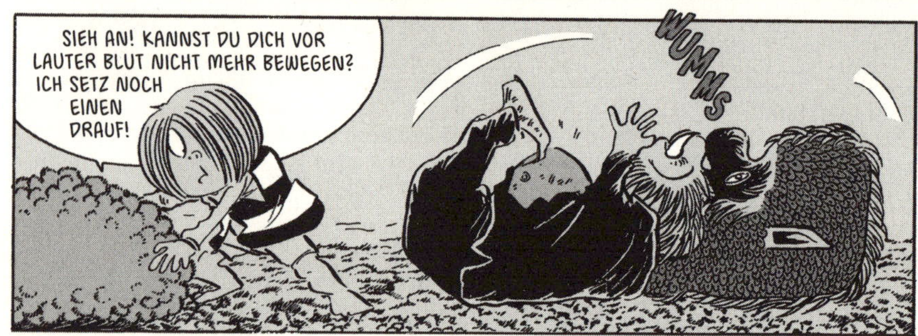
SIEH AN! KANNST DU DICH VOR LAUTER BLUT NICHT MEHR BEWEGEN? ICH SETZ NOCH EINEN DRAUF!
WUMMS

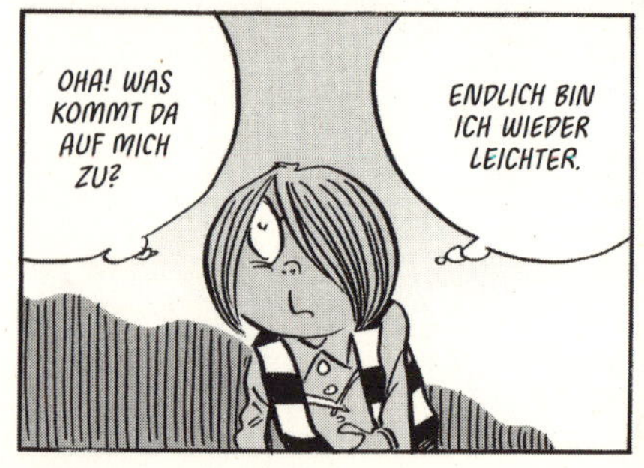
ENDLICH BIN ICH WIEDER LEICHTER.
OHA! WAS KOMMT DA AUF MICH ZU?

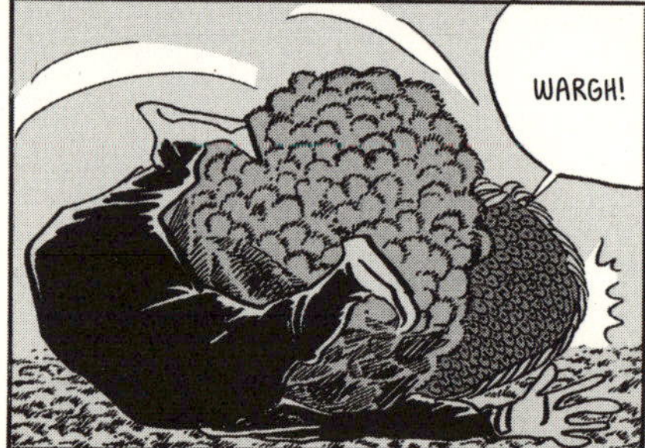
WARGH!

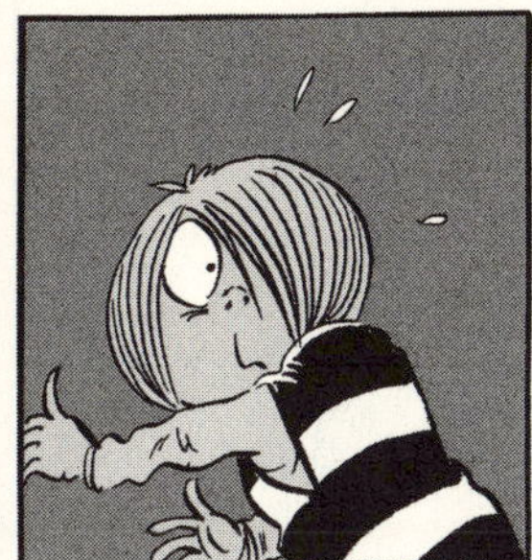

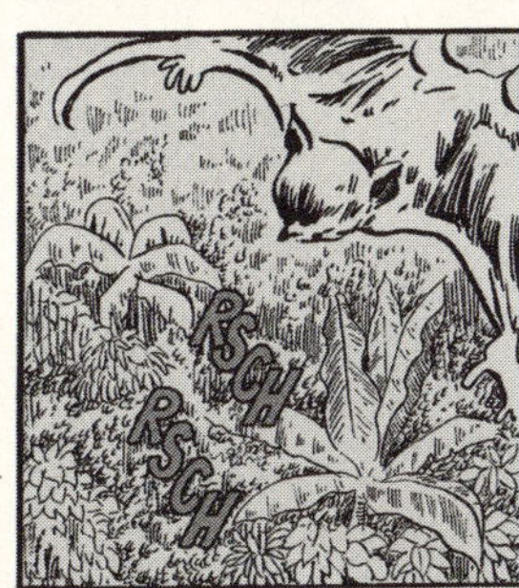
RSCH
RSCH

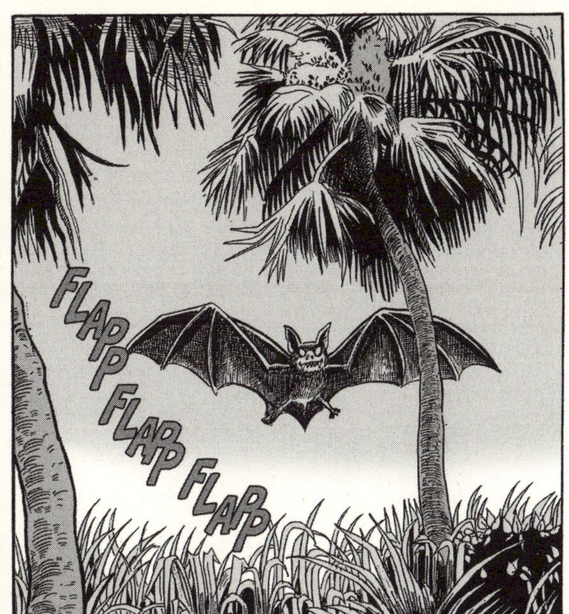
FLAPP
FLAPP
FLAPP

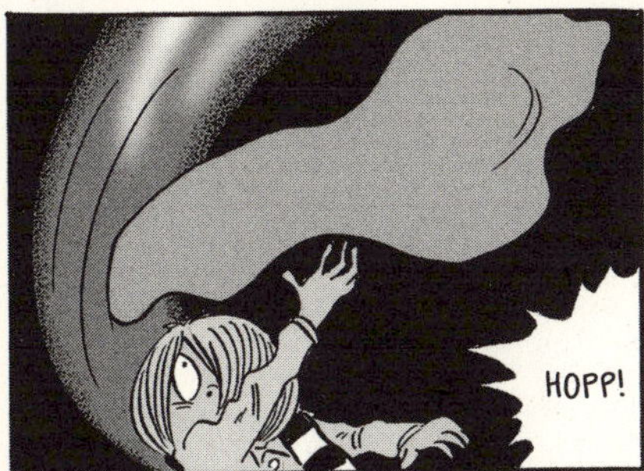
HOPP!

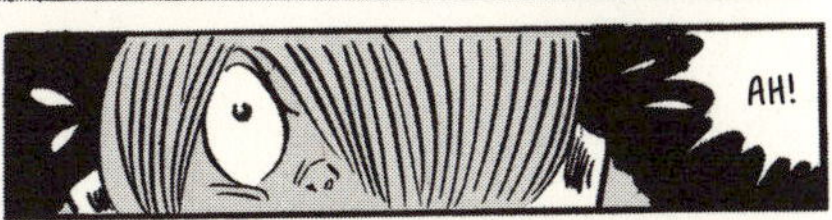
AH!

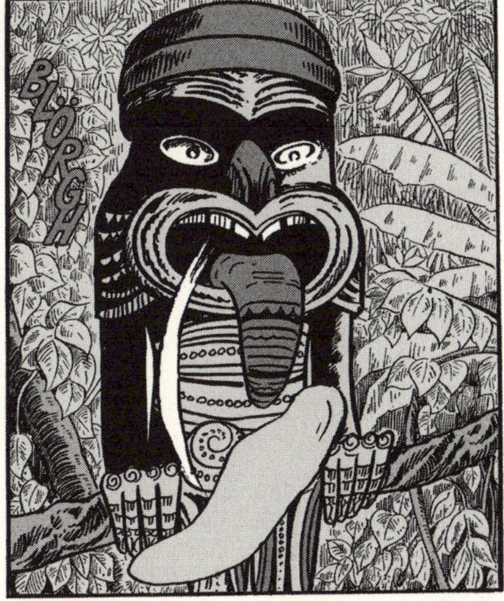
BLÖRGH

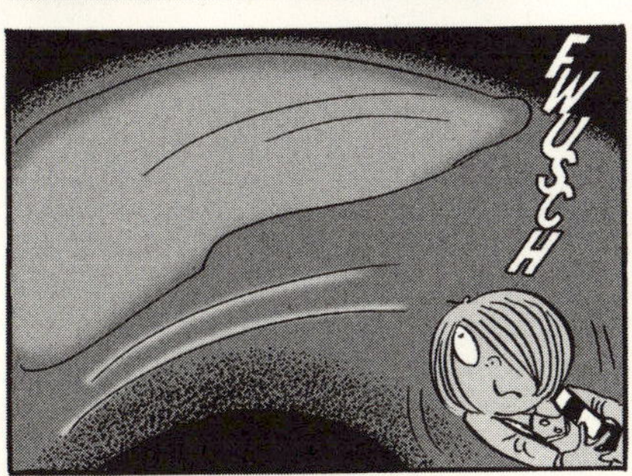
FWUSCH

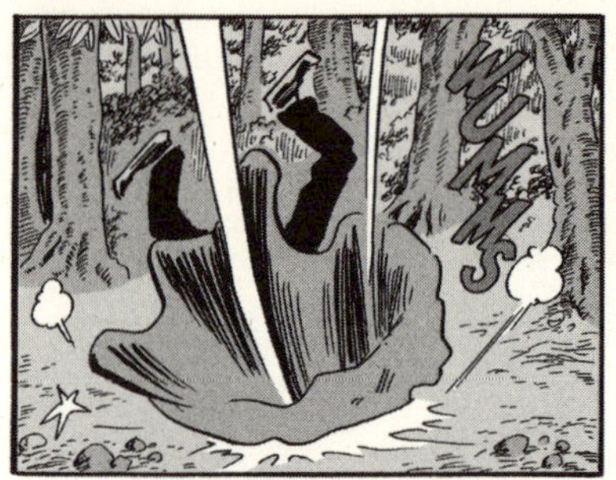
WUMMS
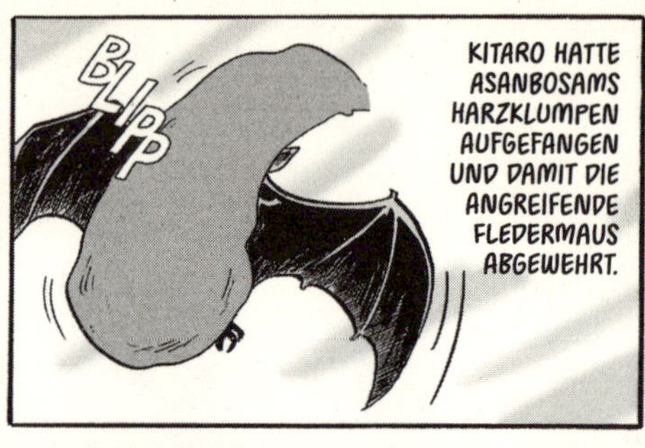
BLIPP
KITARO HATTE ASANBOSAMS HARZKLUMPEN AUFGEFANGEN UND DAMIT DIE ANGREIFENDE FLEDERMAUS ABGEWEHRT.
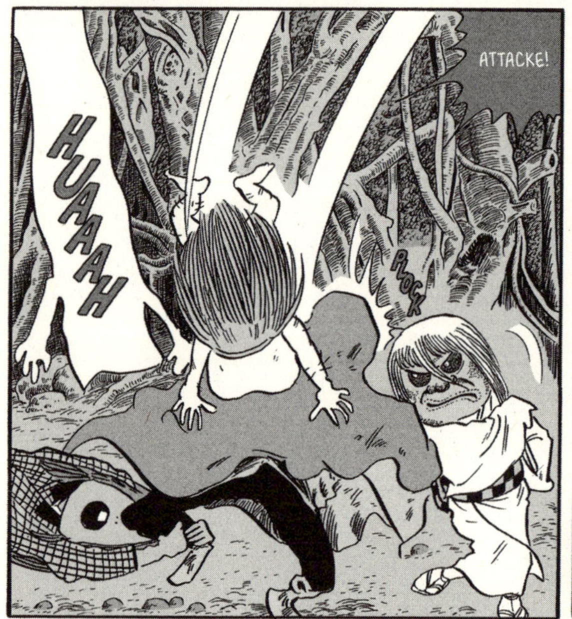
ATTACKE!
HUAAAAH
PLOCK
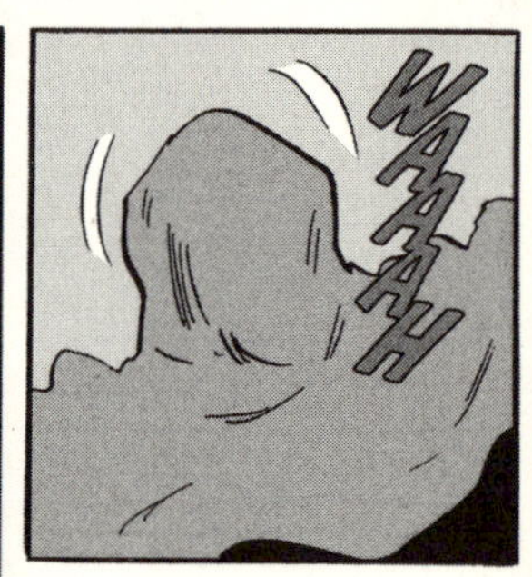
WAAAAAH
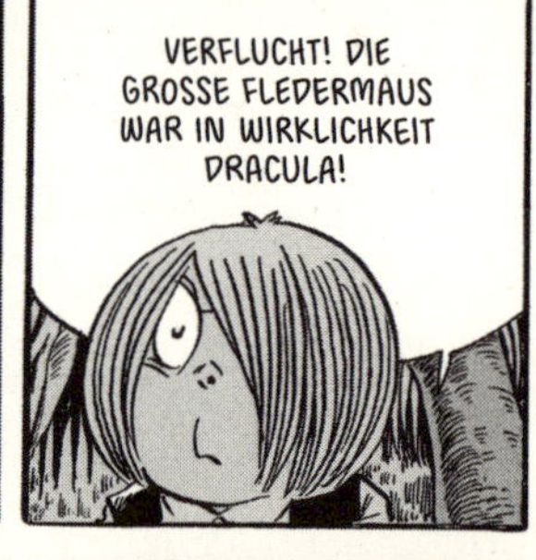
VERFLUCHT! DIE GROSSE FLEDERMAUS WAR IN WIRKLICHKEIT DRACULA!
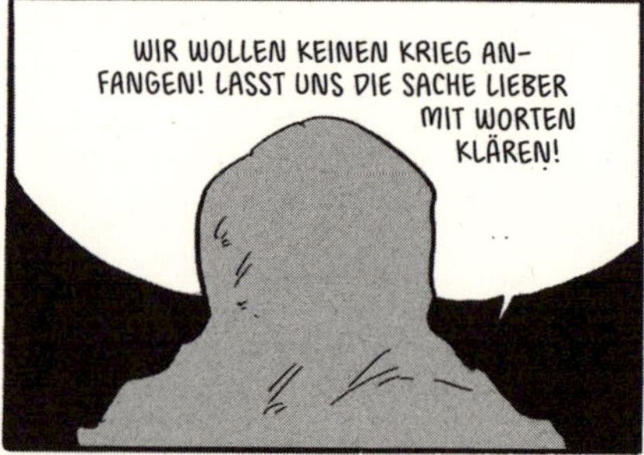
WIR WOLLEN KEINEN KRIEG AN-FANGEN! LASST UNS DIE SACHE LIEBER MIT WORTEN KLÄREN!
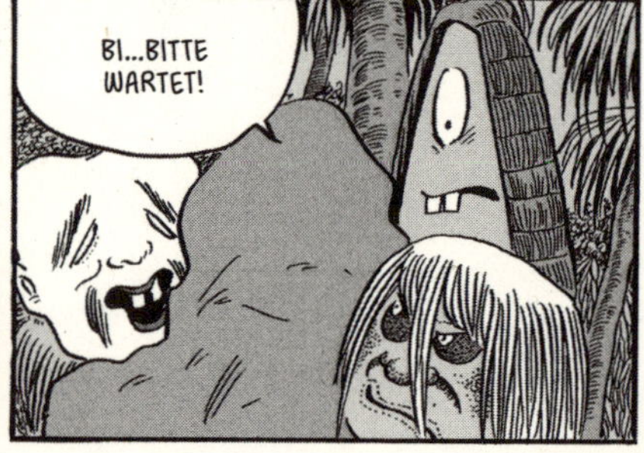
BI...BITTE WARTET!

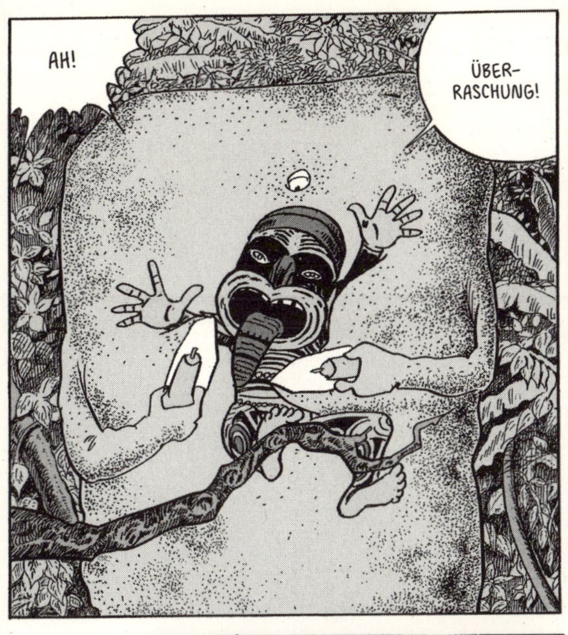
AH!
ÜBER-
RASCHUNG!

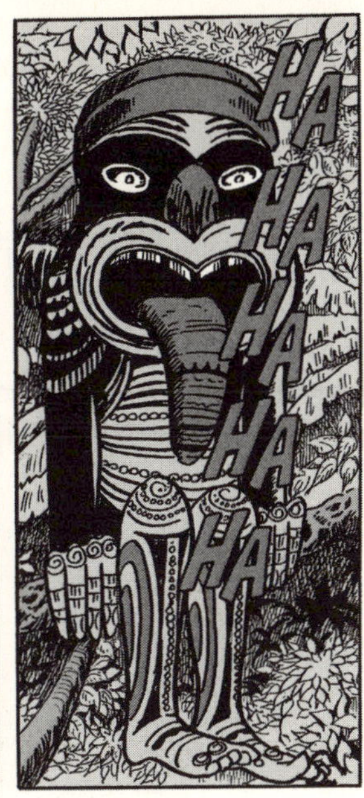
HA HA HA HA HA HA

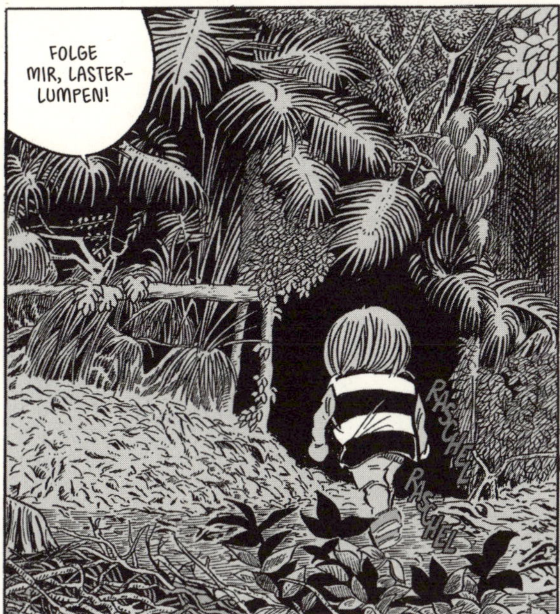
FOLGE
MIR, LASTER-
LUMPEN!
RASCHEL
RASCHEL

BEVOR SICH ASANBOSAM VERSAH, HATTE IHN DER MAUERTEUFEL GESCHNAPPT UND IN SICH EINGEMAUERT.

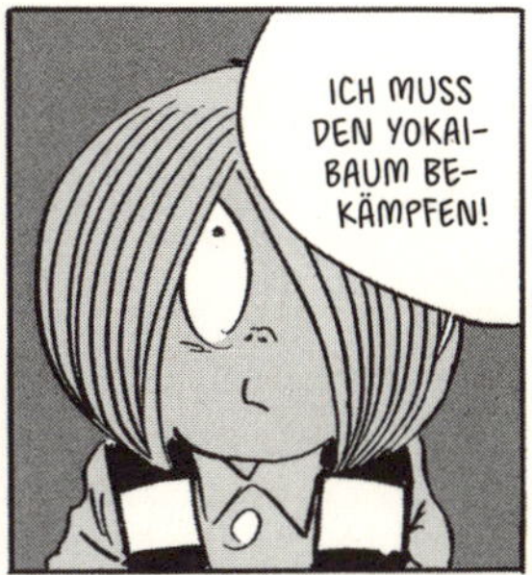
ICH MUSS
DEN YOKAI-
BAUM BE-
KÄMPFEN!

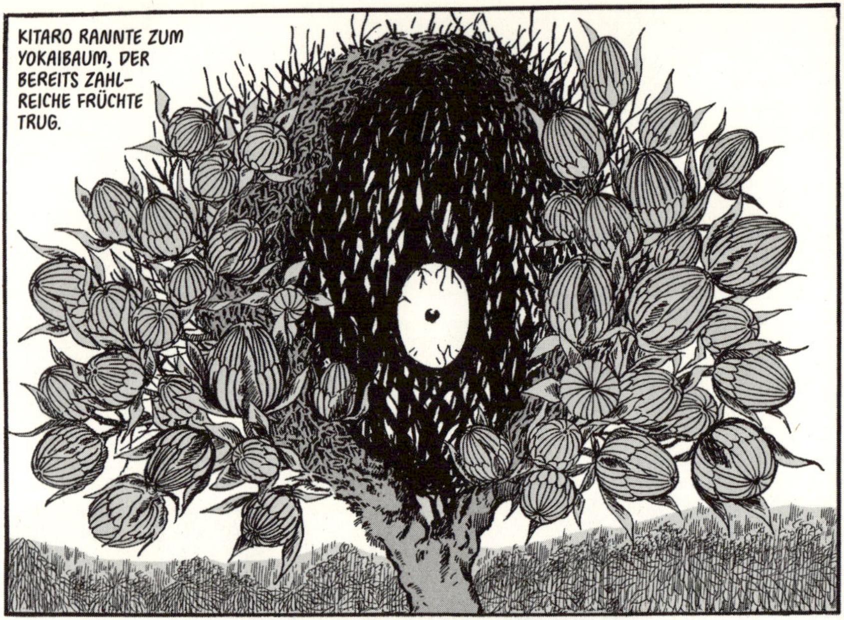

KITARO RANNTE ZUM YOKAIBAUM, DER BEREITS ZAHLREICHE FRÜCHTE TRUG.

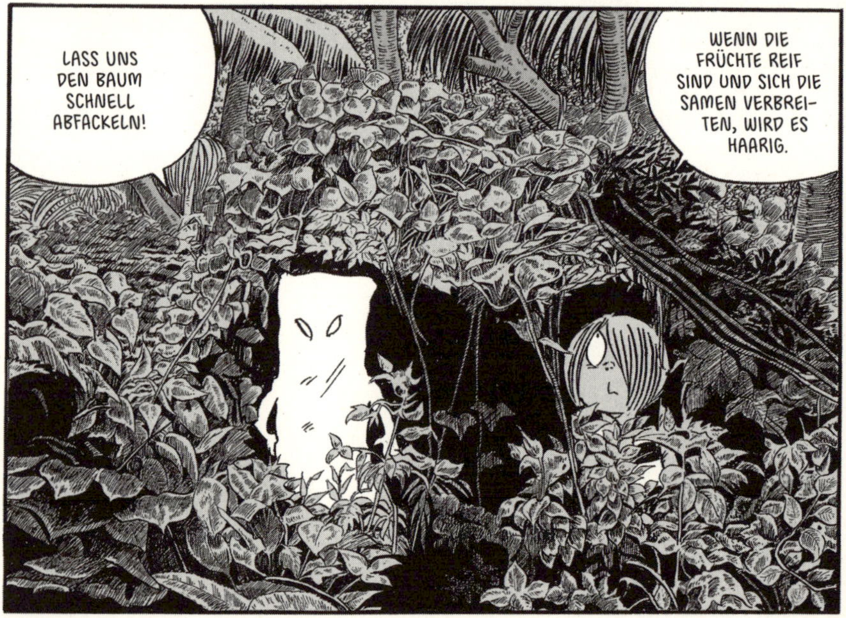

LASS UNS DEN BAUM SCHNELL ABFACKELN!

WENN DIE FRÜCHTE REIF SIND UND SICH DIE SAMEN VERBREITEN, WIRD ES HAARIG.

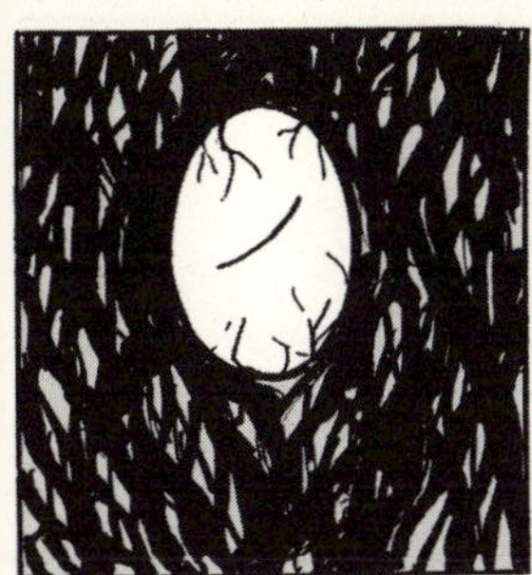

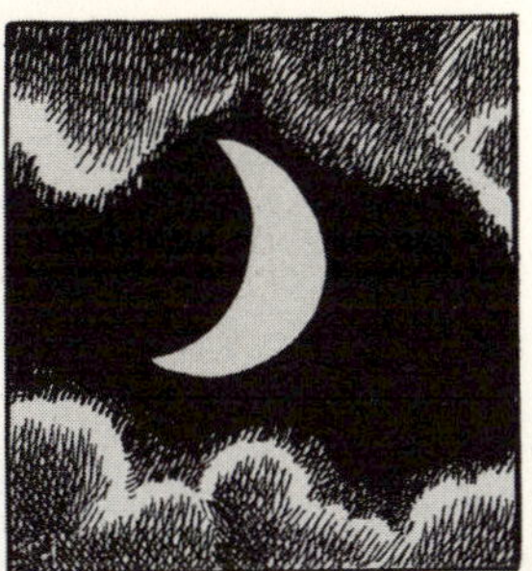

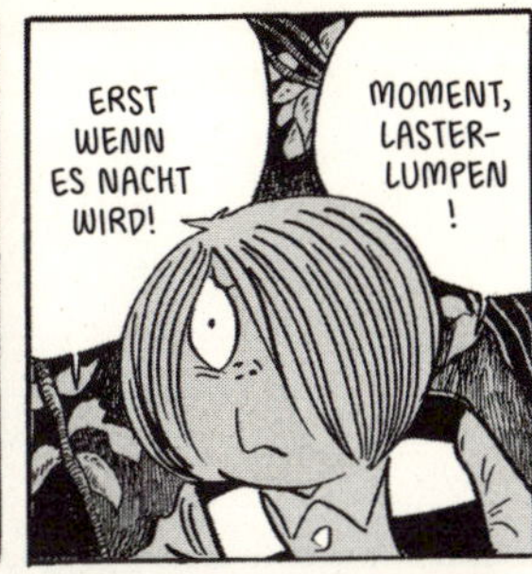
MOMENT, LASTER-LUMPEN!
ERST WENN ES NACHT WIRD!

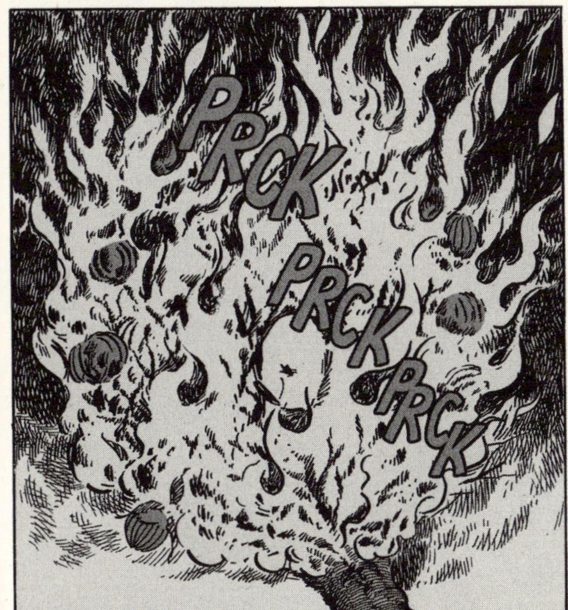
PRCK
PRCK
PRCK

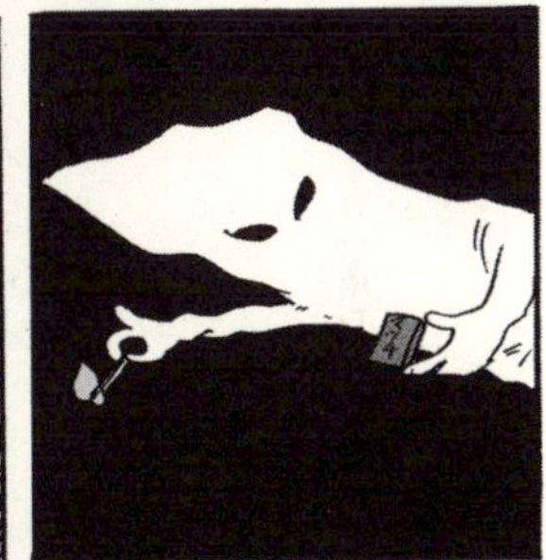

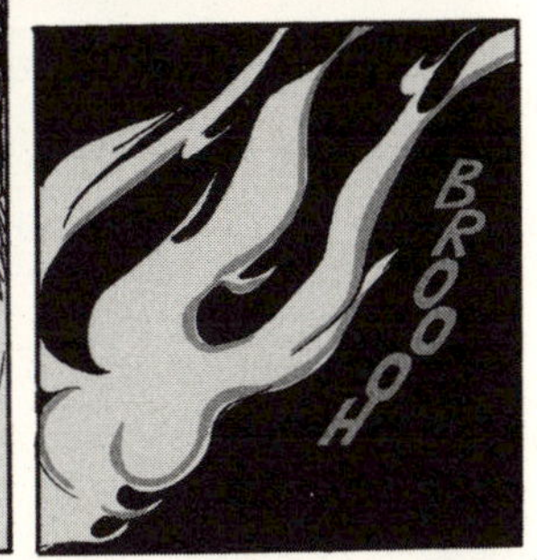
BROOOOH

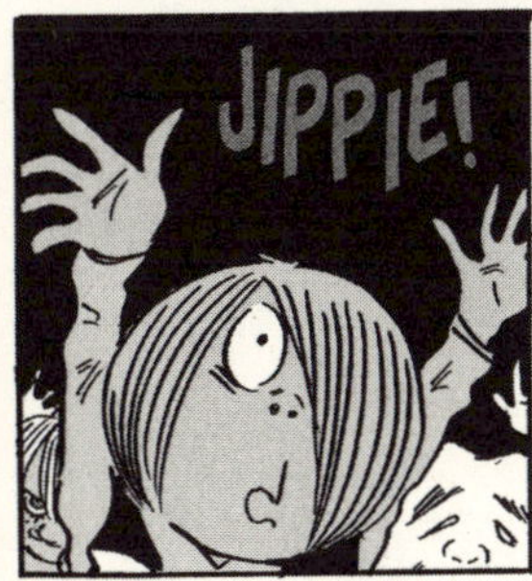
JIPPIE!

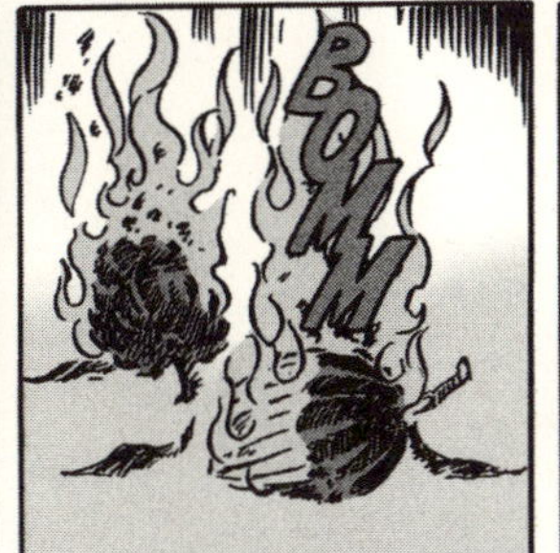
BOMM

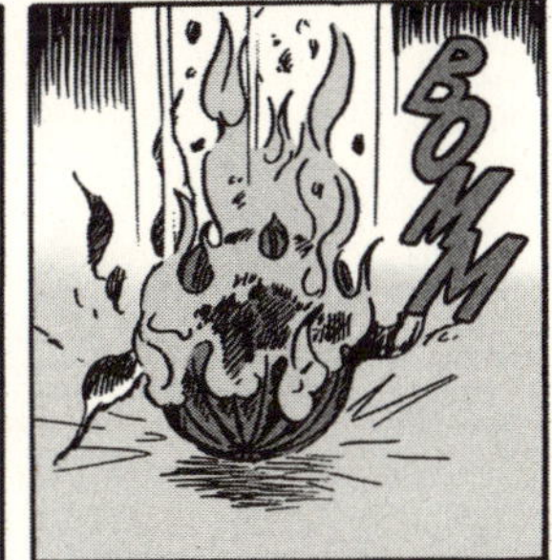
BOMM

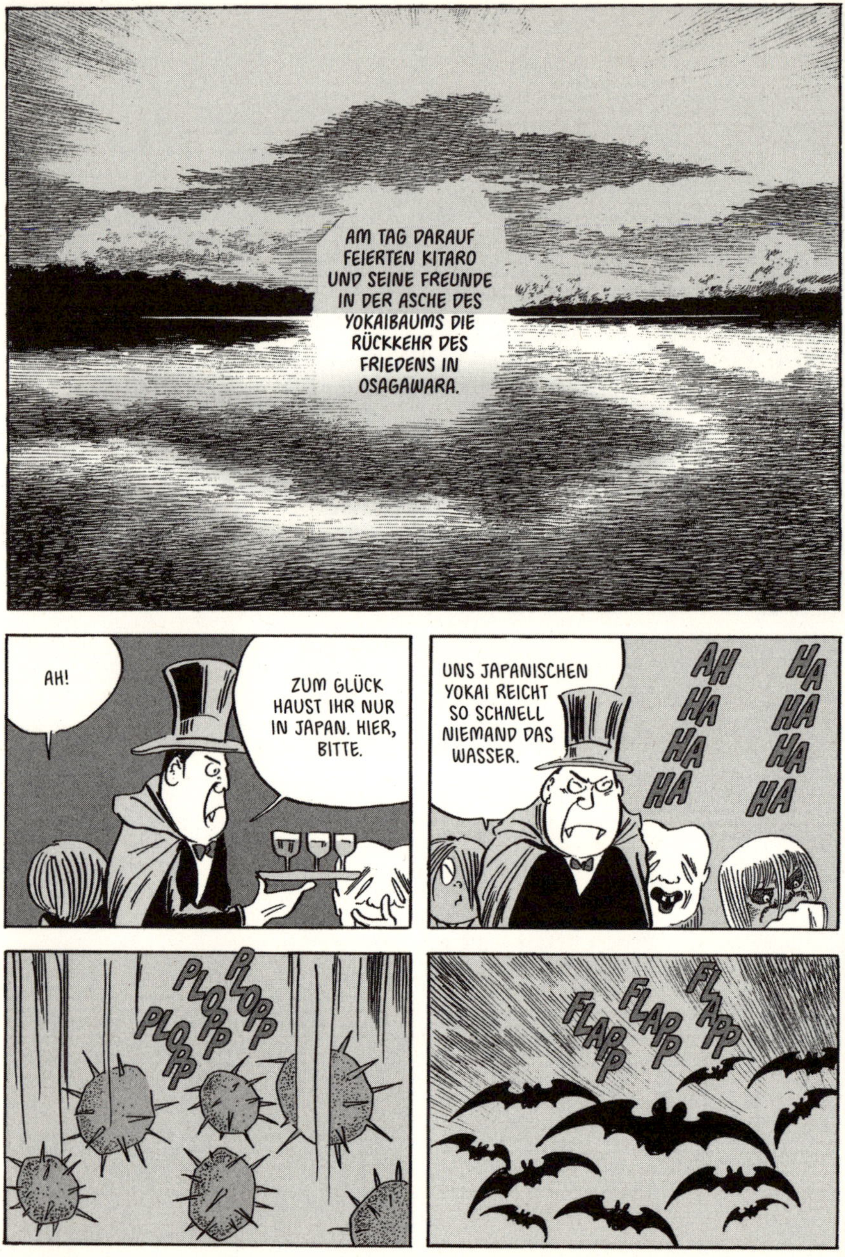

AM TAG DARAUF FEIERTEN KITARO UND SEINE FREUNDE IN DER ASCHE DES YOKAIBAUMS DIE RÜCKKEHR DES FRIEDENS IN OSAGAWARA.

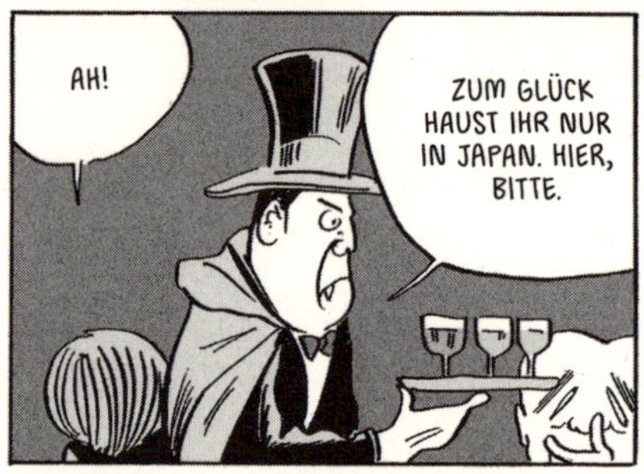
AH!
ZUM GLÜCK HAUST IHR NUR IN JAPAN. HIER, BITTE.

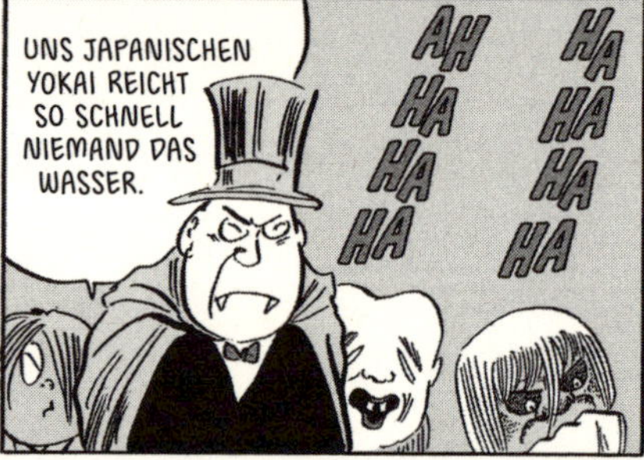
UNS JAPANISCHEN YOKAI REICHT SO SCHNELL NIEMAND DAS WASSER.
AH HA HA HA HA
HA HA HA HA HA

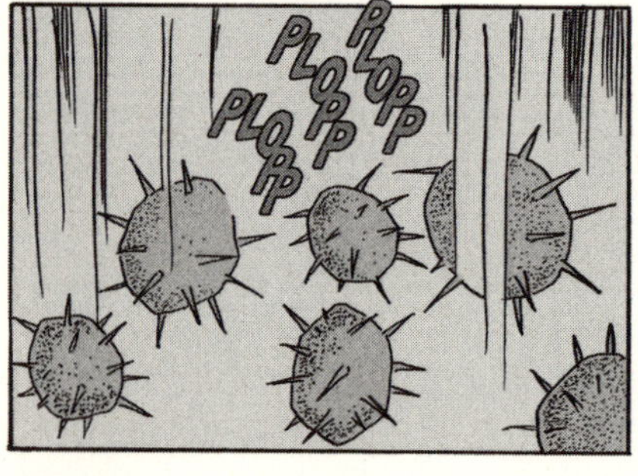
PLOPP
PLOPP
PLOPP

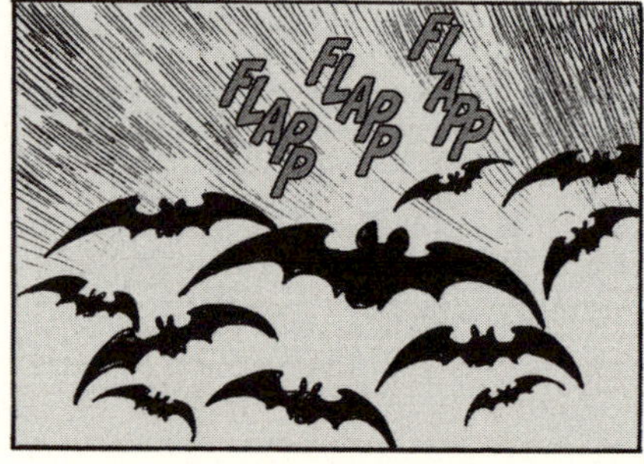
FLAPP
FLAPP
FLAPP

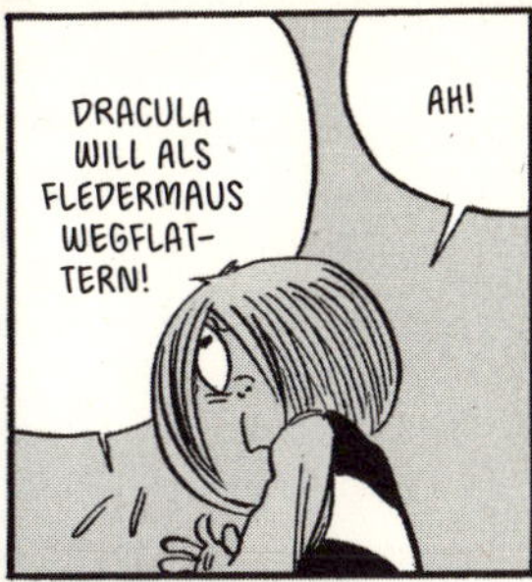
AH!
DRACULA WILL ALS FLEDERMAUS WEGFLATTERN!

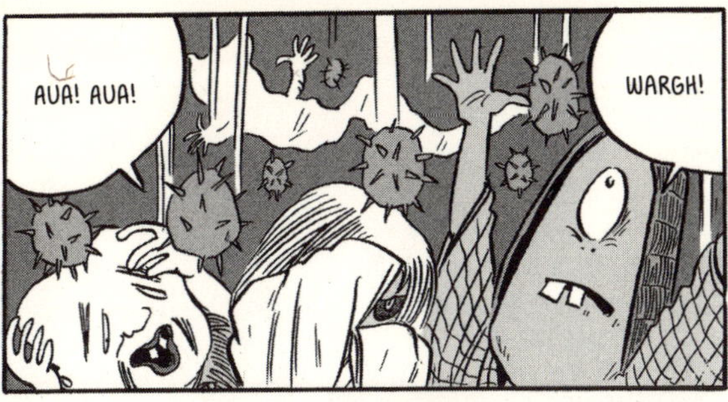
WARGH!
AUA! AUA!

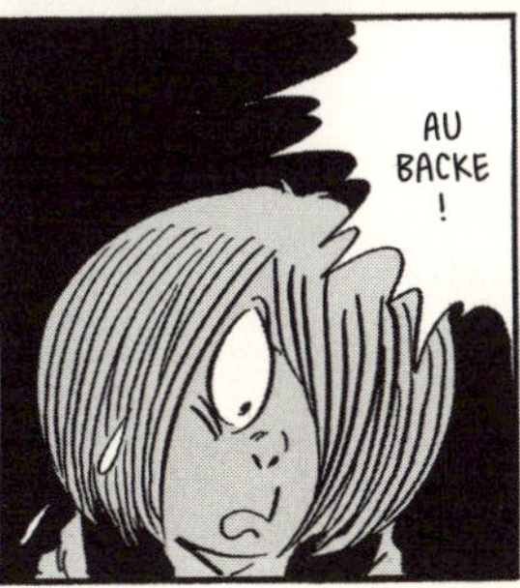
AU BACKE !

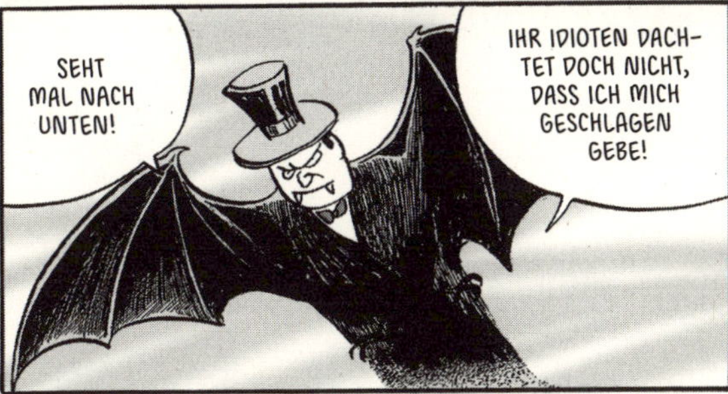
IHR IDIOTEN DACHTET DOCH NICHT, DASS ICH MICH GESCHLAGEN GEBE!
SEHT MAL NACH UNTEN!

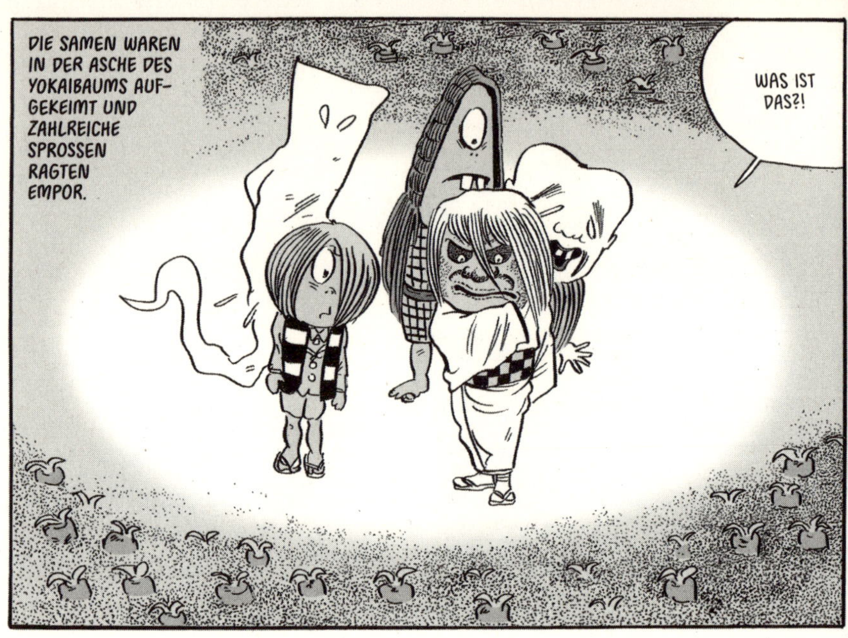
DIE SAMEN WAREN IN DER ASCHE DES YOKAIBAUMS AUF-GEKEIMT UND ZAHLREICHE SPROSSEN RAGTEN EMPOR.
WAS IST DAS?!

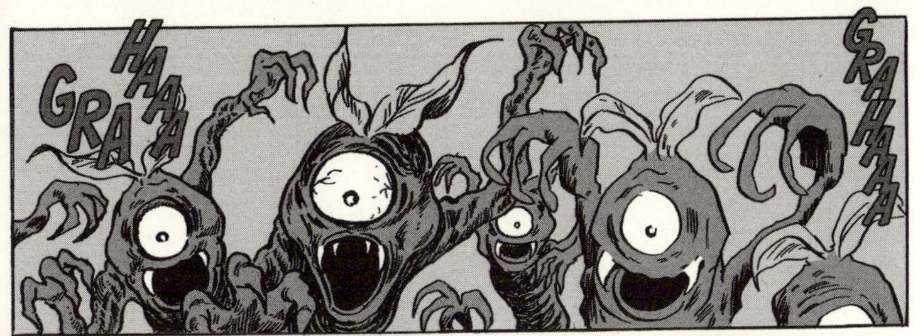
GRA
HAAAA
GRAAHAAAA

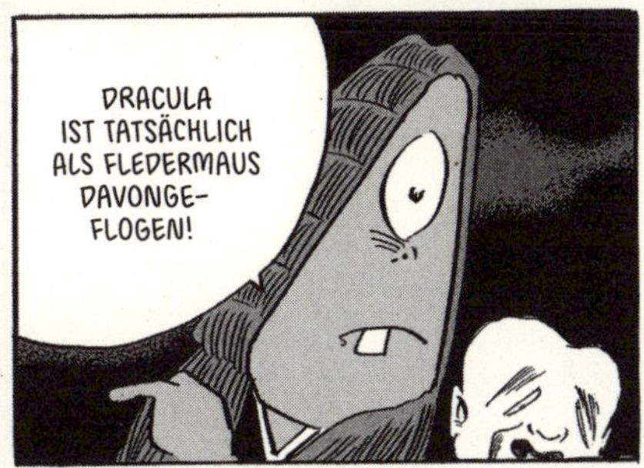
DRACULA IST TATSÄCHLICH ALS FLEDERMAUS DAVONGE-FLOGEN!

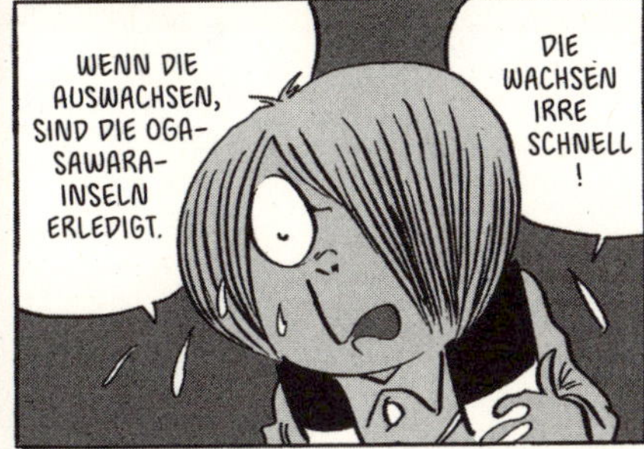
DIE WACHSEN IRRE SCHNELL!
WENN DIE AUSWACHSEN, SIND DIE OGA-SAWARA-INSELN ERLEDIGT.

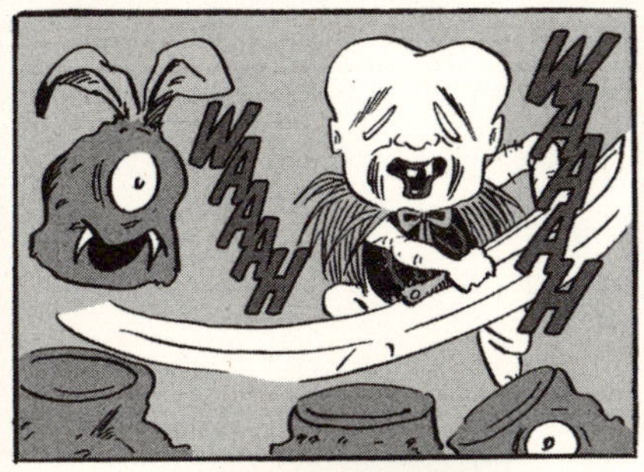
WAAAH
WAAAAH

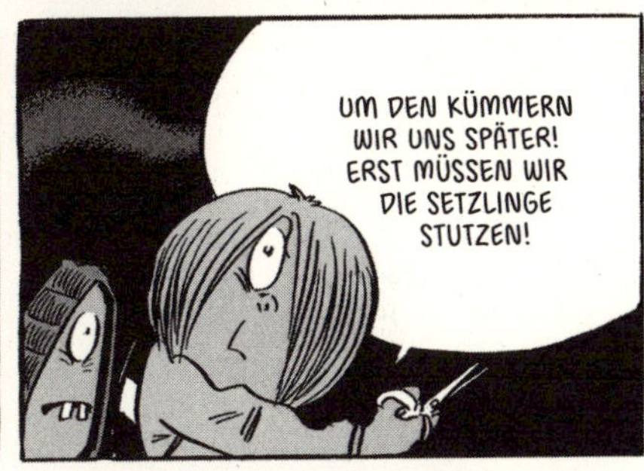
UM DEN KÜMMERN WIR UNS SPÄTER! ERST MÜSSEN WIR DIE SETZLINGE STUTZEN!

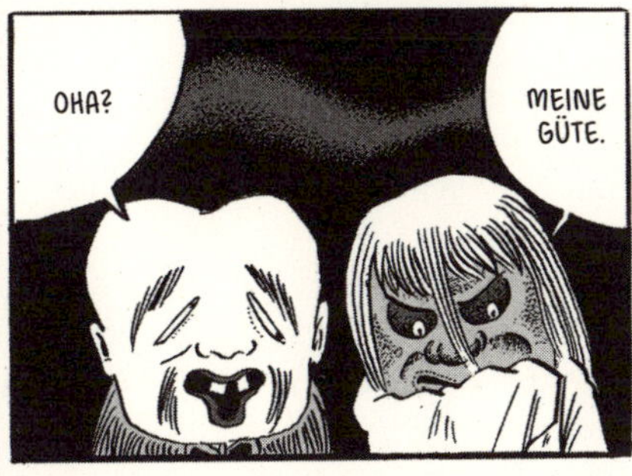
MEINE GÜTE.
OHA?

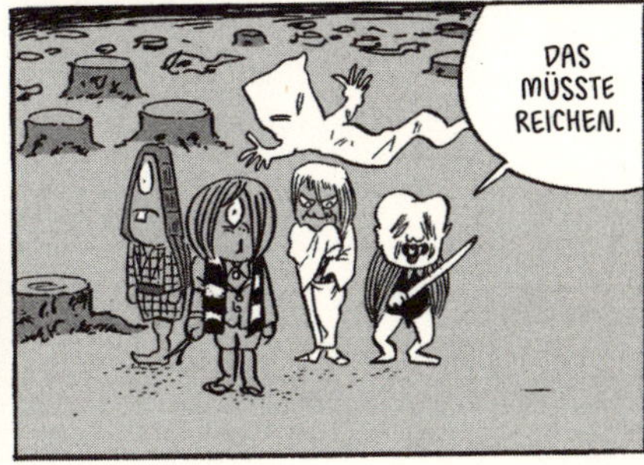
DAS MÜSSTE REICHEN.

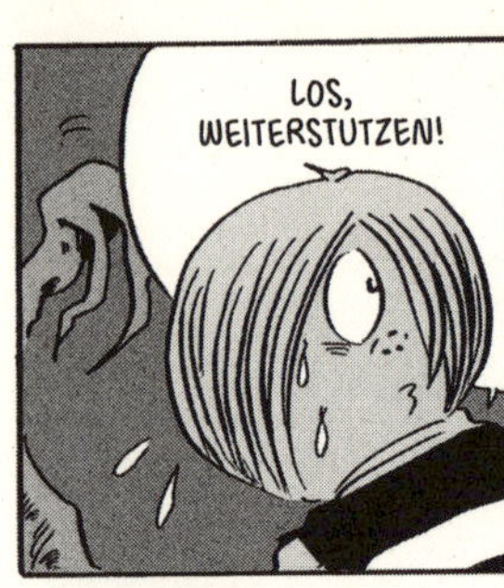
LOS, WEITERSTUTZEN!

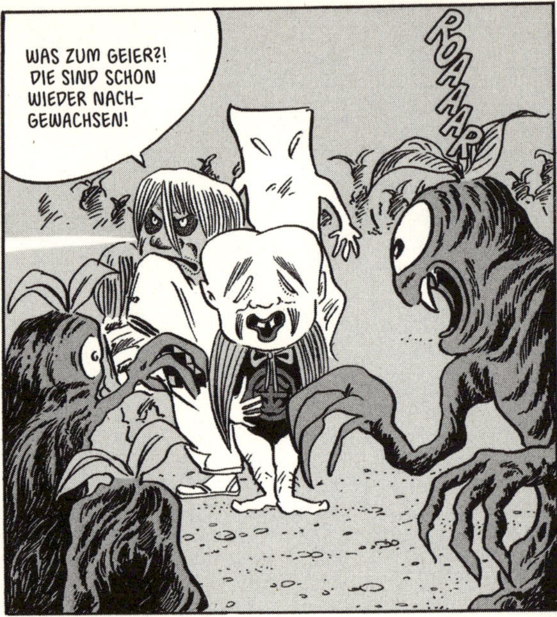
WAS ZUM GEIER?! DIE SIND SCHON WIEDER NACH-GEWACHSEN!
ROAAAAR

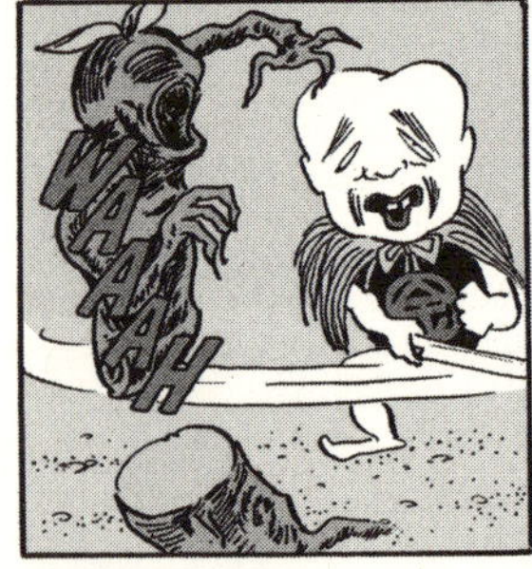
WAAAAH

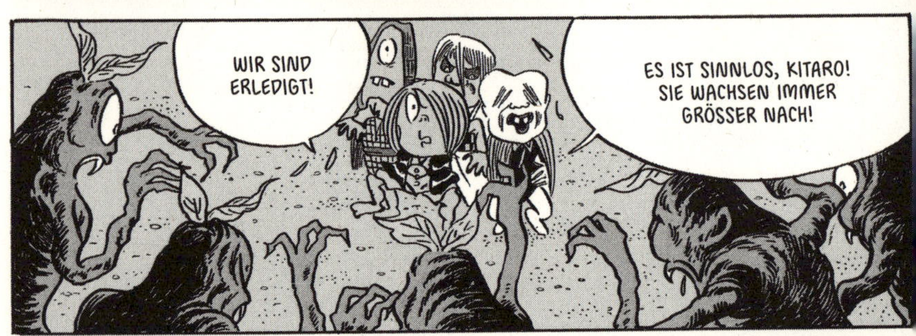
ES IST SINNLOS, KITARO! SIE WACHSEN IMMER GRÖSSER NACH!
WIR SIND ERLEDIGT!

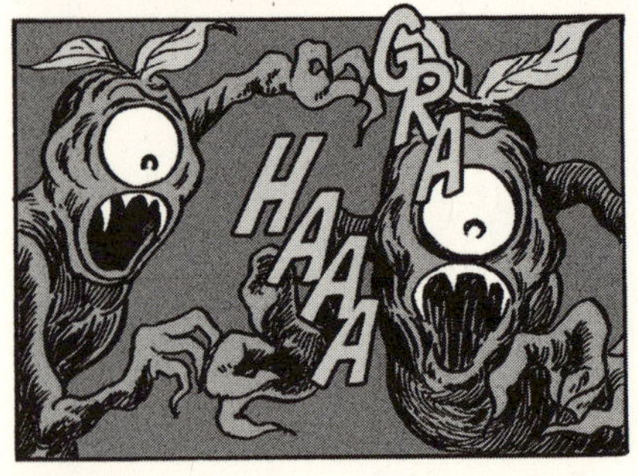
GRA
HAAAA

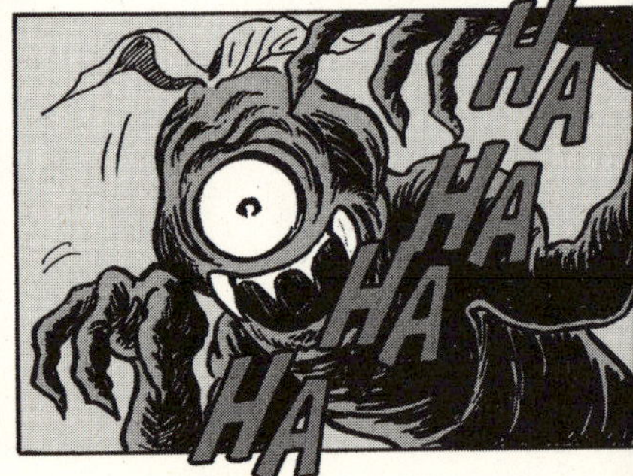
HA HA HA HA HA

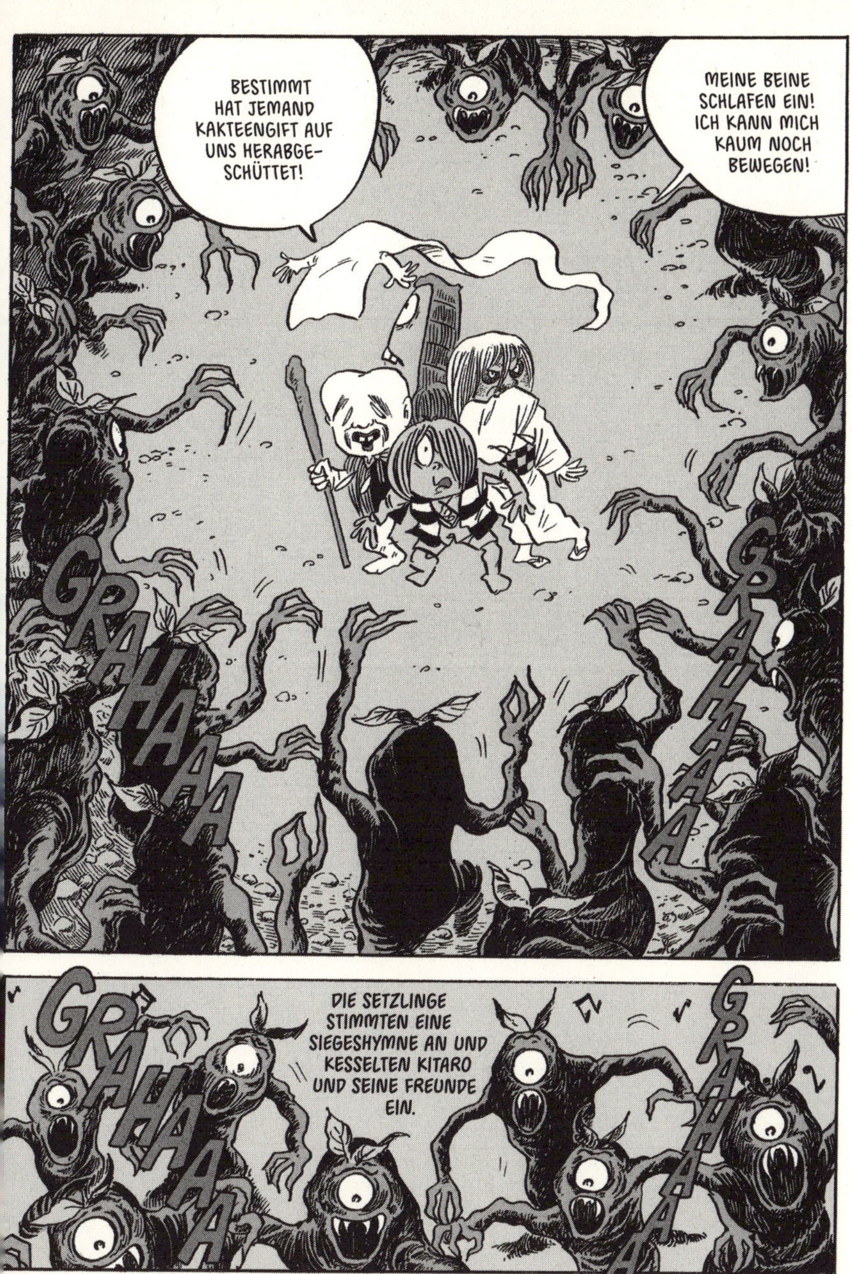
BESTIMMT HAT JEMAND KAKTEENGIFT AUF UNS HERABGE-SCHÜTTET!
MEINE BEINE SCHLAFEN EIN! ICH KANN MICH KAUM NOCH BEWEGEN!
GRAHAAAA
GRAHAAAA
GRAHAAAA
DIE SETZLINGE STIMMTEN EINE SIEGESHYMNE AN UND KESSELTEN KITARO UND SEINE FREUNDE EIN.
GRAHAAAA

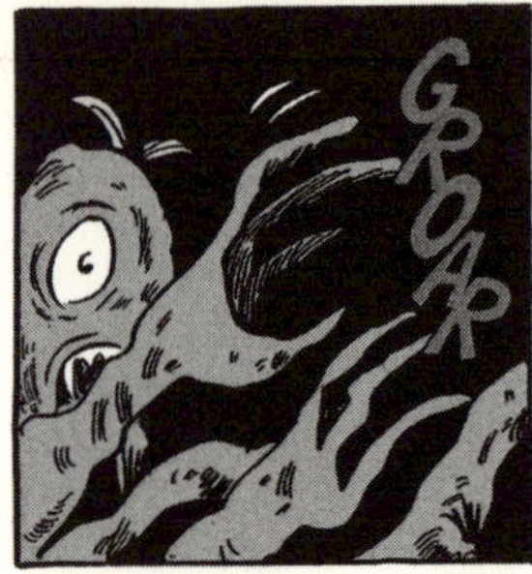
GROAR

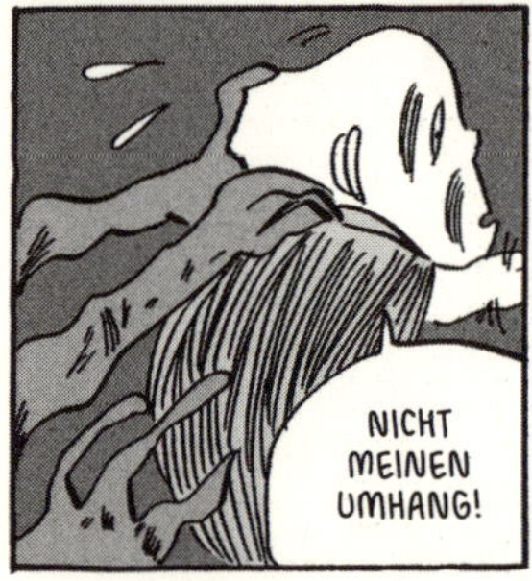
NICHT MEINEN UMHANG!

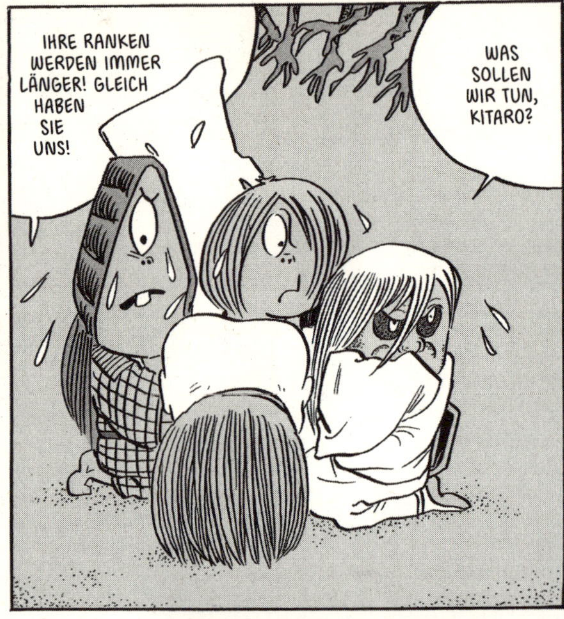
IHRE RANKEN WERDEN IMMER LÄNGER! GLEICH HABEN SIE UNS!
WAS SOLLEN WIR TUN, KITARO?

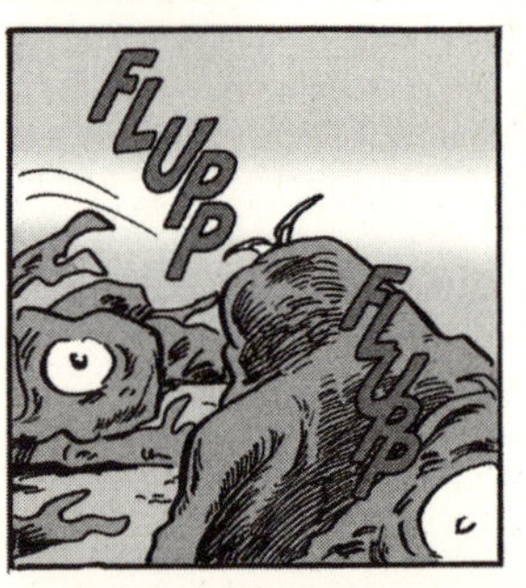
FLUPP
FLUPP

IM NÄCHSTEN MOMENT SANKEN DIE SETZLINGE EINER NACH DEM ANDEREN ZU BODEN.

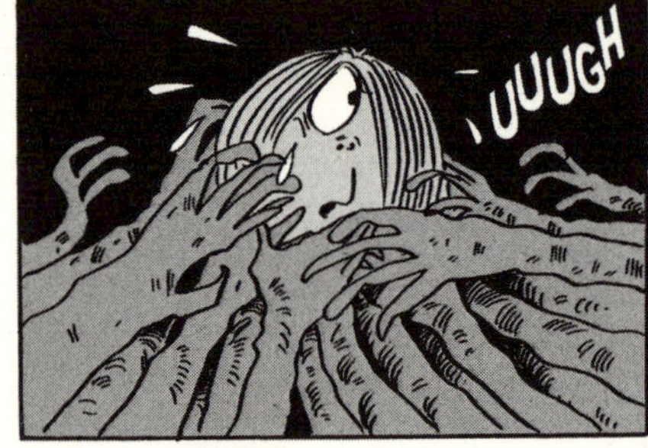
UUUGH

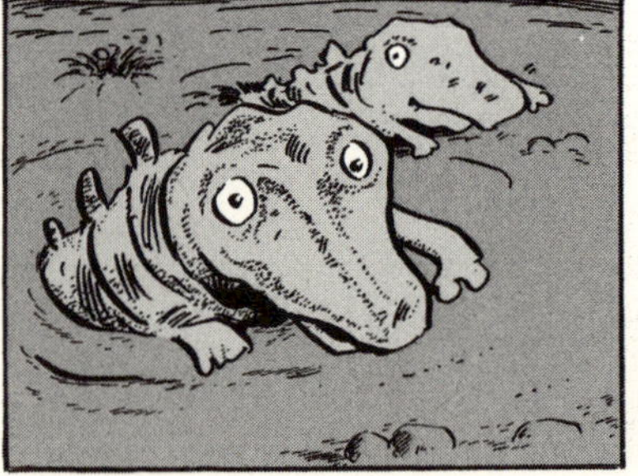

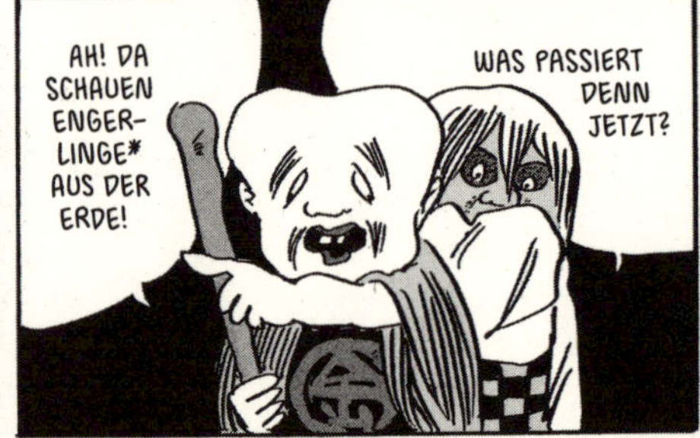
WAS PASSIERT DENN JETZT?
AH! DA SCHAUEN ENGERLINGE* AUS DER ERDE!

* KÄFERLARVEN

ICH HABE DIE ENGERLINGE DER INSEL GEBETEN, DIE WURZELN DES BAUMS ANZUKNABBERN.

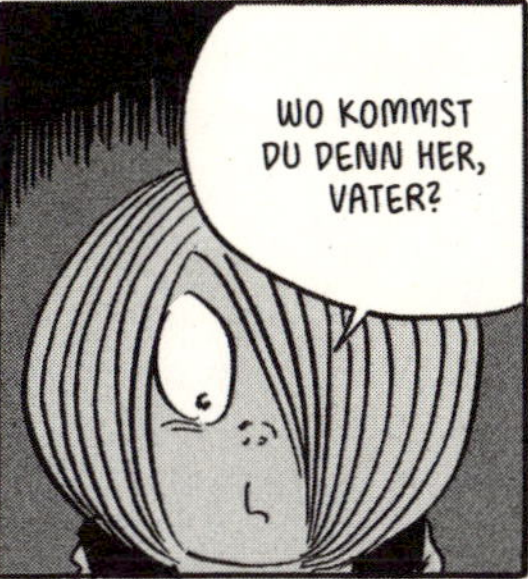
WO KOMMST DU DENN HER, VATER?

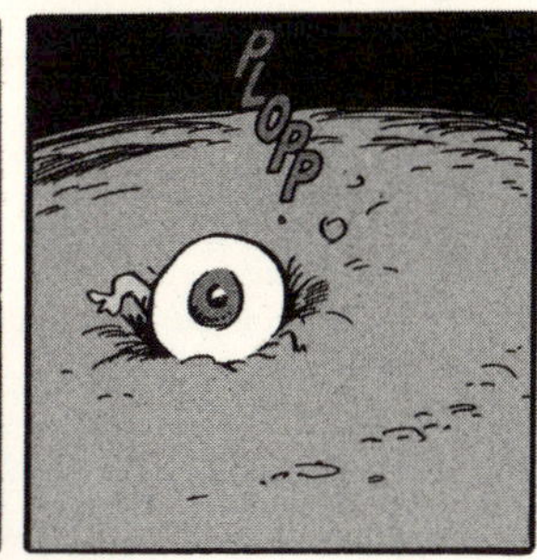
PLOPP

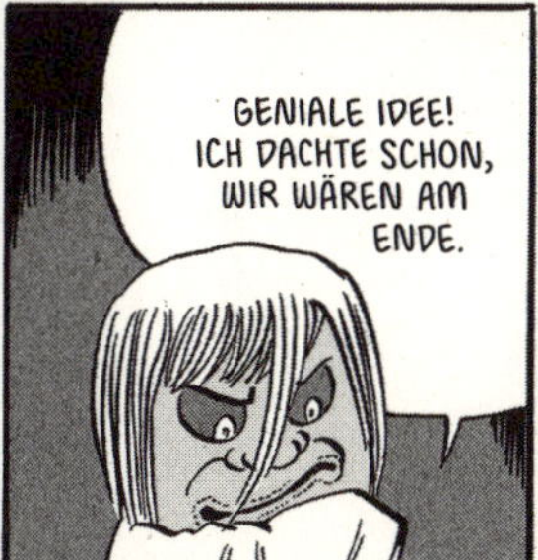
GENIALE IDEE! ICH DACHTE SCHON, WIR WÄREN AM ENDE.

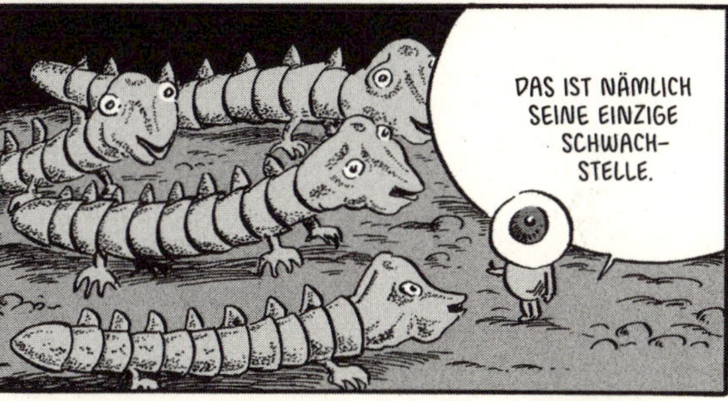
DAS IST NÄMLICH SEINE EINZIGE SCHWACH-STELLE.

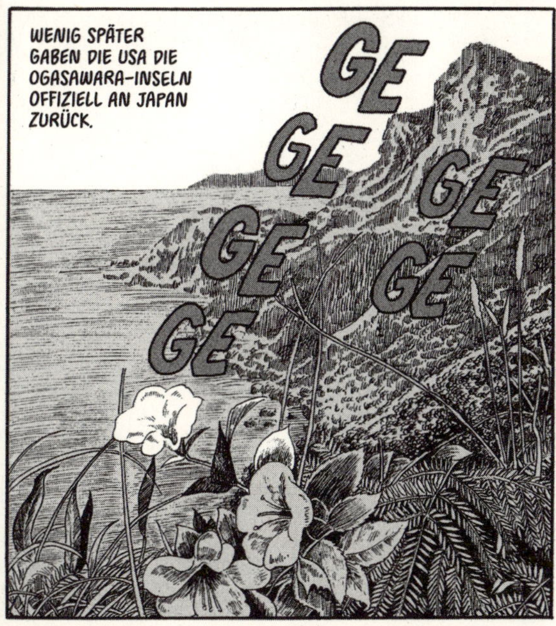
WENIG SPÄTER GABEN DIE USA DIE OGASAWARA-INSELN OFFIZIELL AN JAPAN ZURÜCK.
GE GE GE GE
GE GE GE

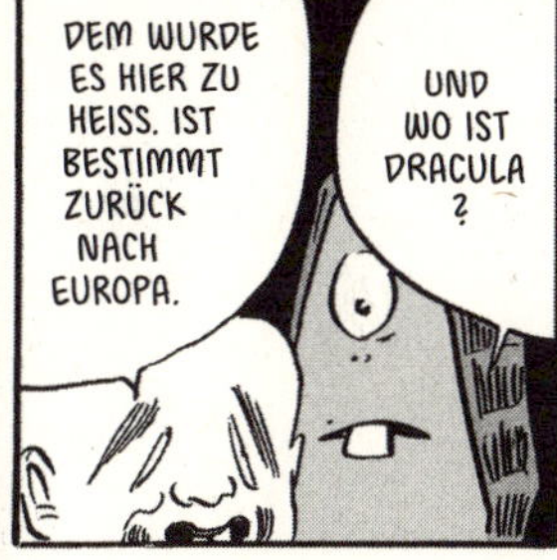
UND WO IST DRACULA ?
DEM WURDE ES HIER ZU HEISS. IST BESTIMMT ZURÜCK NACH EUROPA.

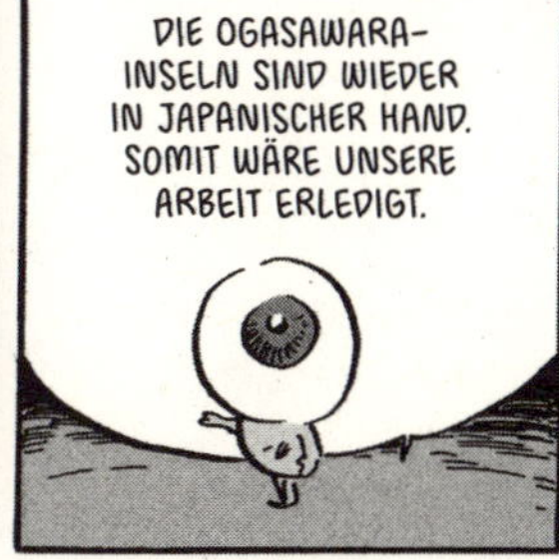
DIE OGASAWARA-INSELN SIND WIEDER IN JAPANISCHER HAND. SOMIT WÄRE UNSERE ARBEIT ERLEDIGT.

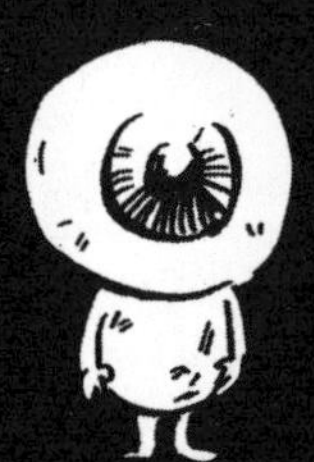

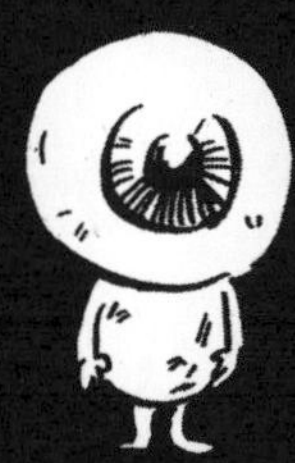

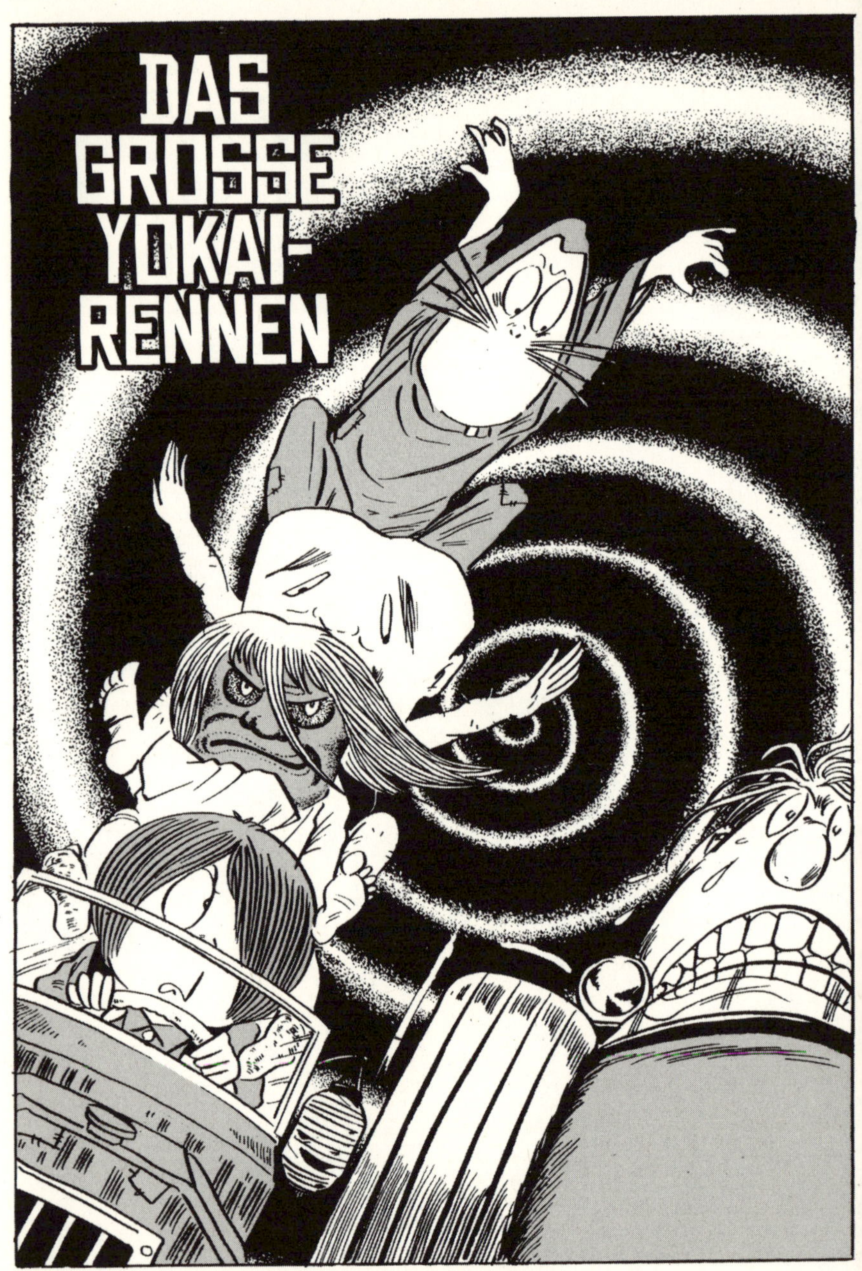
DAS GROSSE YOKAI-RENNEN

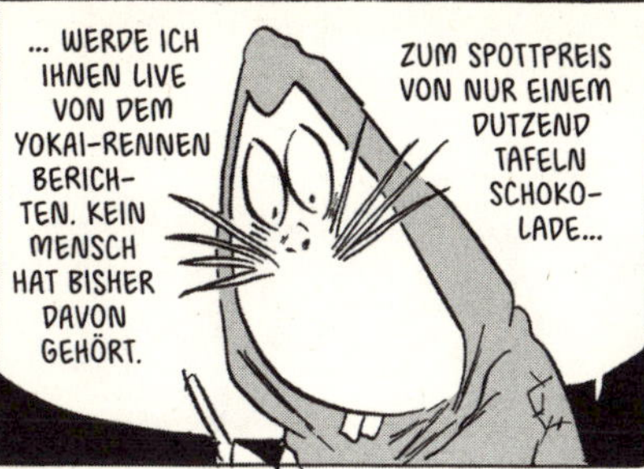
... WERDE ICH IHNEN LIVE VON DEM YOKAI-RENNEN BERICH-TEN. KEIN MENSCH HAT BISHER DAVON GEHÖRT.
ZUM SPOTTPREIS VON NUR EINEM DUTZEND TAFELN SCHOKO-LADE...

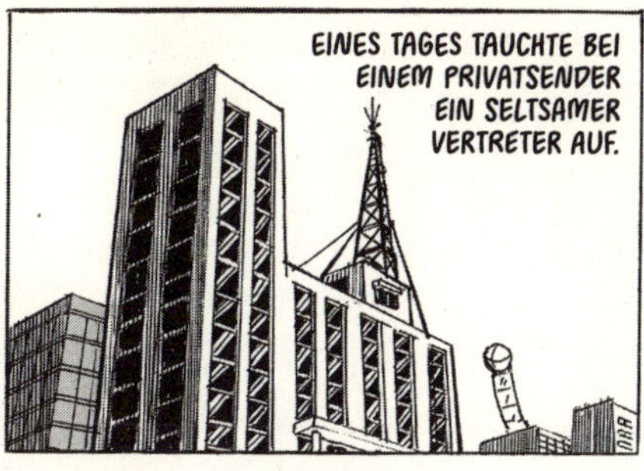
EINES TAGES TAUCHTE BEI EINEM PRIVATSENDER EIN SELTSAMER VERTRETER AUF.

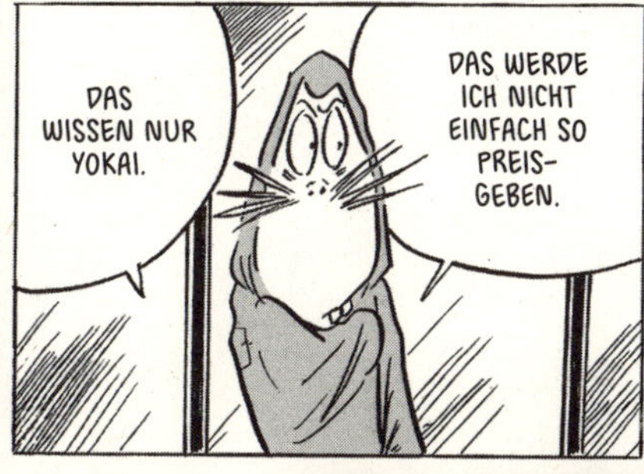
DAS WISSEN NUR YOKAI.
DAS WERDE ICH NICHT EINFACH SO PREIS-GEBEN.

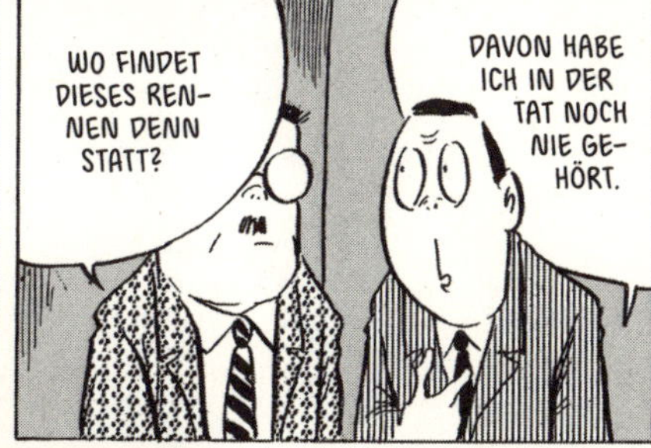
WO FINDET DIESES REN-NEN DENN STATT?
DAVON HABE ICH IN DER TAT NOCH NIE GE-HÖRT.

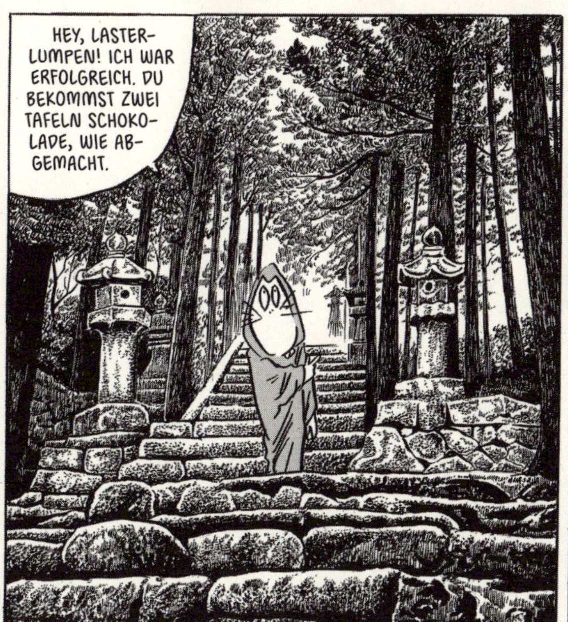
HEY, LASTER-LUMPEN! ICH WAR ERFOLGREICH. DU BEKOMMST ZWEI TAFELN SCHOKO-LADE, WIE AB-GEMACHT.

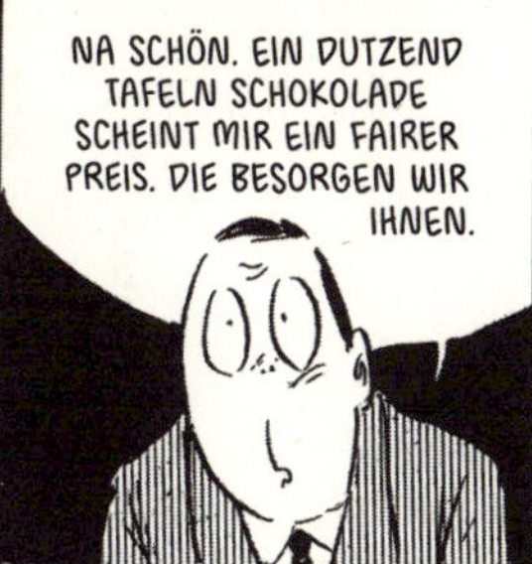
NA SCHÖN. EIN DUTZEND TAFELN SCHOKOLADE SCHEINT MIR EIN FAIRER PREIS. DIE BESORGEN WIR IHNEN.

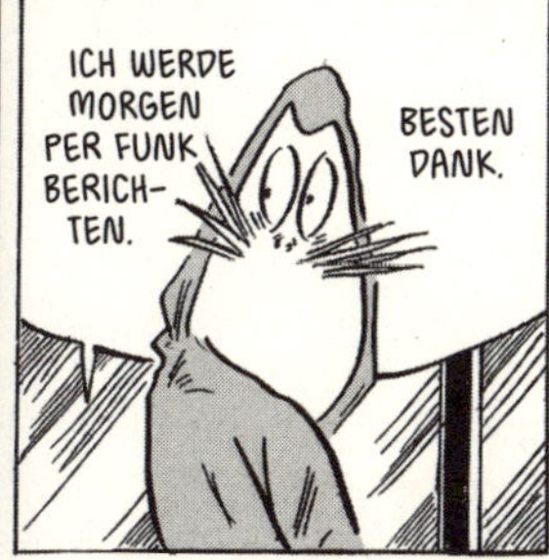
ICH WERDE MORGEN PER FUNK BERICH-TEN.
BESTEN DANK.

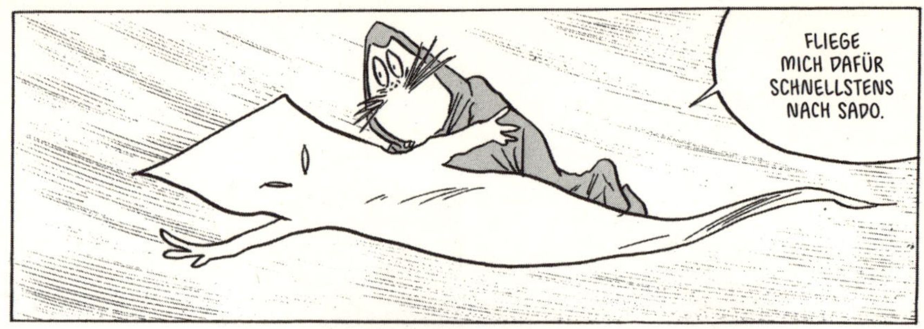
FLIEGE MICH DAFÜR SCHNELLSTENS NACH SADO.

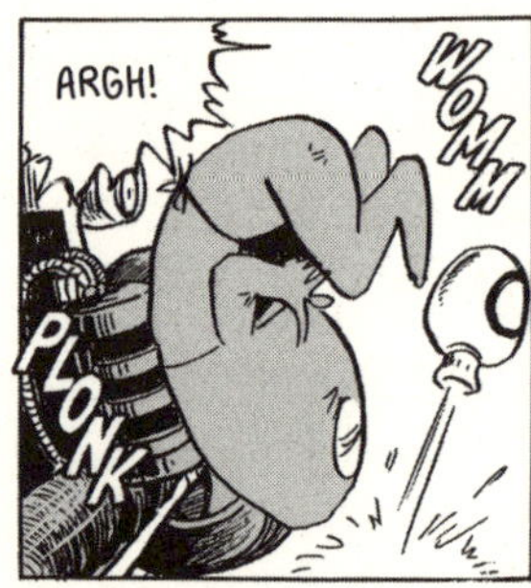
ARGH!
WOMM
PLONK

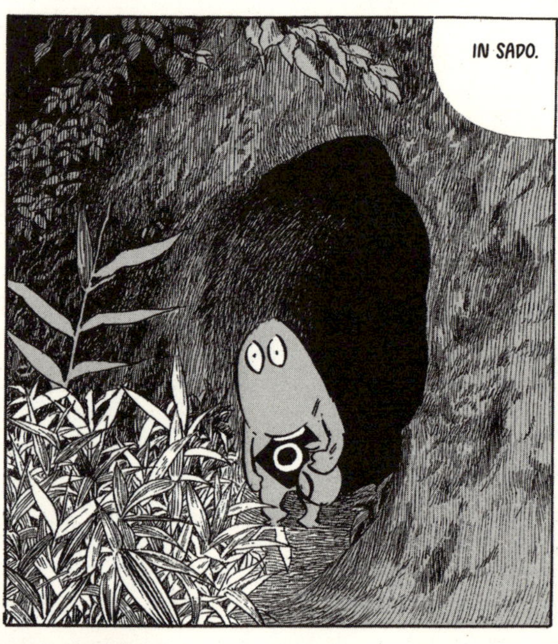
IN SADO.

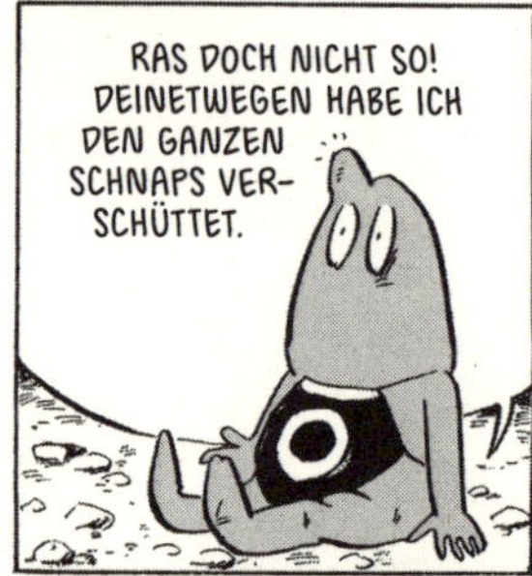
RAS DOCH NICHT SO! DEINETWEGEN HABE ICH DEN GANZEN SCHNAPS VERSCHÜTTET.

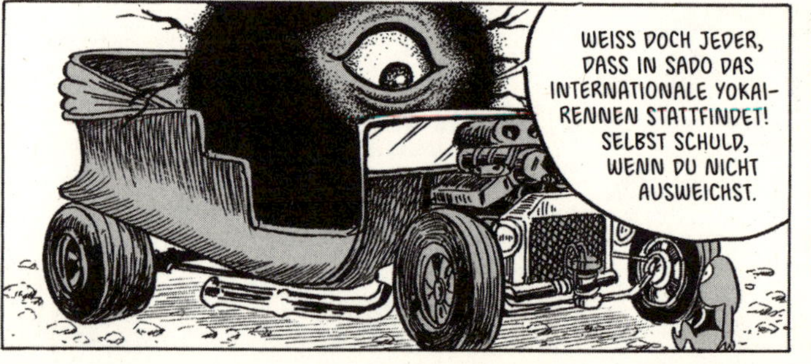
WEISS DOCH JEDER, DASS IN SADO DAS INTERNATIONALE YOKAI-RENNEN STATTFINDET! SELBST SCHULD, WENN DU NICHT AUSWEICHST.

DAS JUNGE SEEUNGEHEUER KAM GERADE VOM ALKOHOLKAUF, ALS ES PLÖTZLICH VON HINTERBARTS AMERIKANISCHEM RENNWAGEN ANGEFAHREN WURDE.

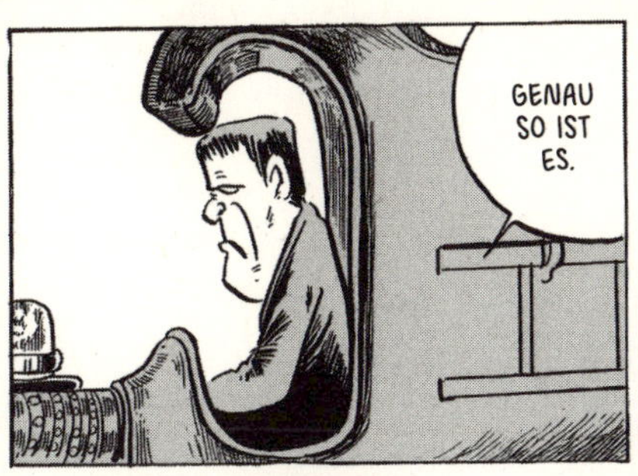
GENAU SO IST ES.

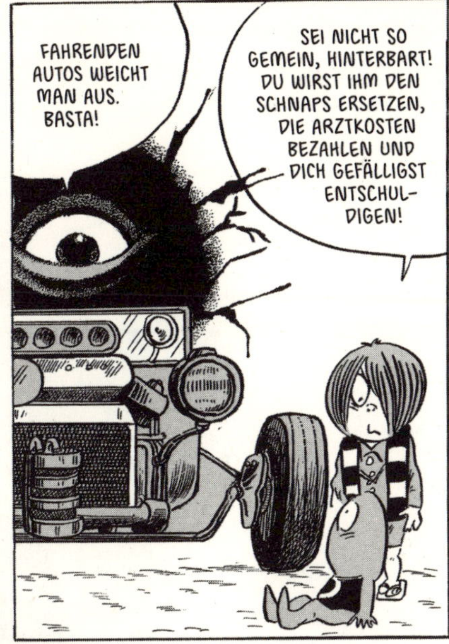
FAHRENDEN AUTOS WEICHT MAN AUS. BASTA!
SEI NICHT SO GEMEIN, HINTERBART! DU WIRST IHM DEN SCHNAPS ERSETZEN, DIE ARZTKOSTEN BEZAHLEN UND DICH GEFÄLLIGST ENTSCHUL-DIGEN!

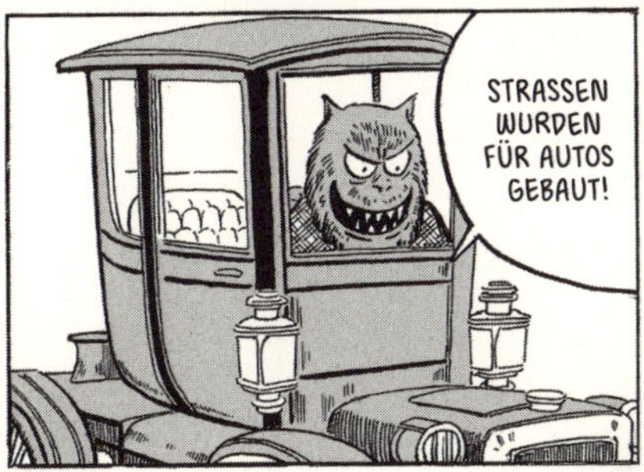
STRASSEN WURDEN FÜR AUTOS GEBAUT!

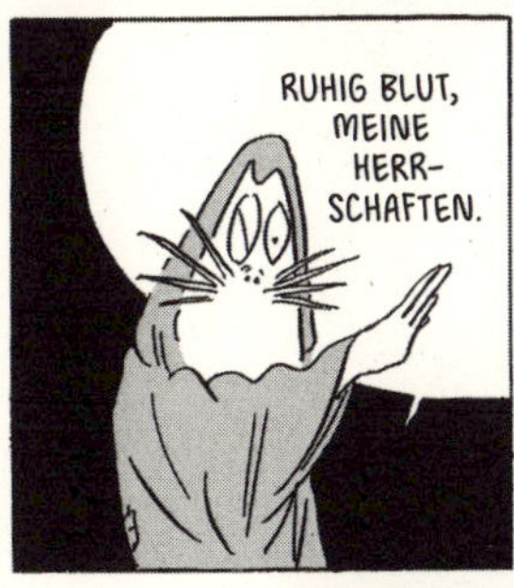
RUHIG BLUT, MEINE HERR-SCHAFTEN.

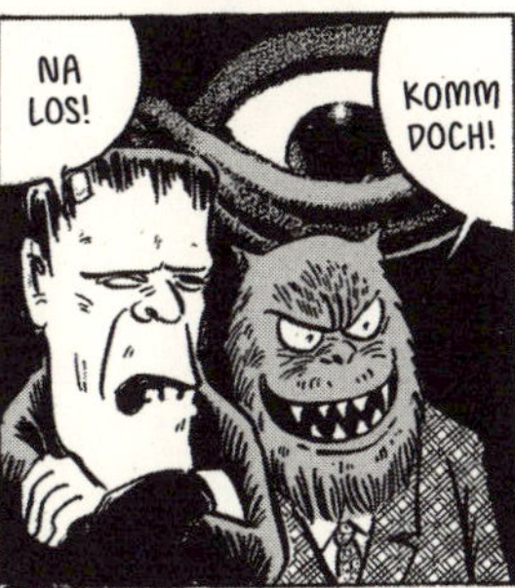
NA LOS!
KOMM DOCH!

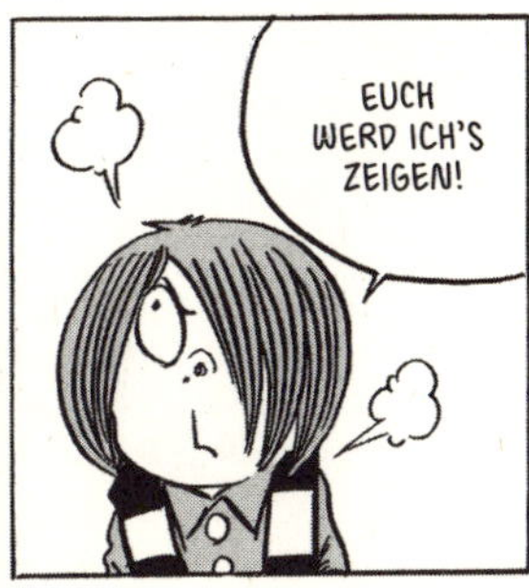
EUCH WERD ICH'S ZEIGEN!

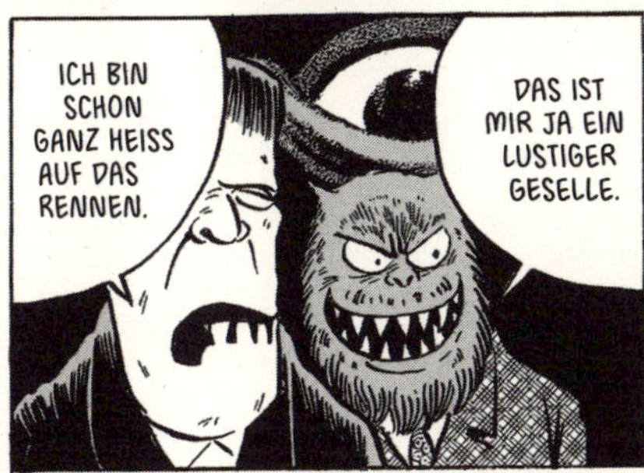
ICH BIN SCHON GANZ HEISS AUF DAS RENNEN.
DAS IST MIR JA EIN LUSTIGER GESELLE.

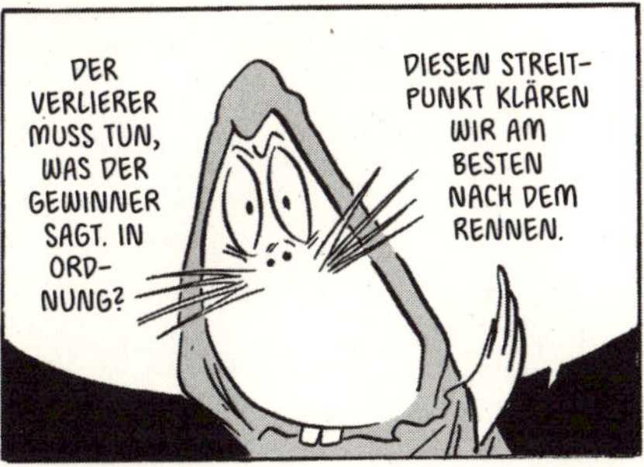
DER VERLIERER MUSS TUN, WAS DER GEWINNER SAGT. IN ORD-NUNG?
DIESEN STREIT-PUNKT KLÄREN WIR AM BESTEN NACH DEM RENNEN.

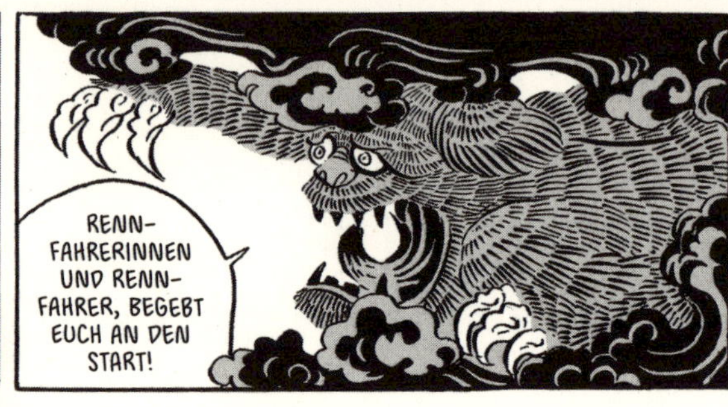
RENN-FAHRERINNEN UND RENN-FAHRER, BEGEBT EUCH AN DEN START!

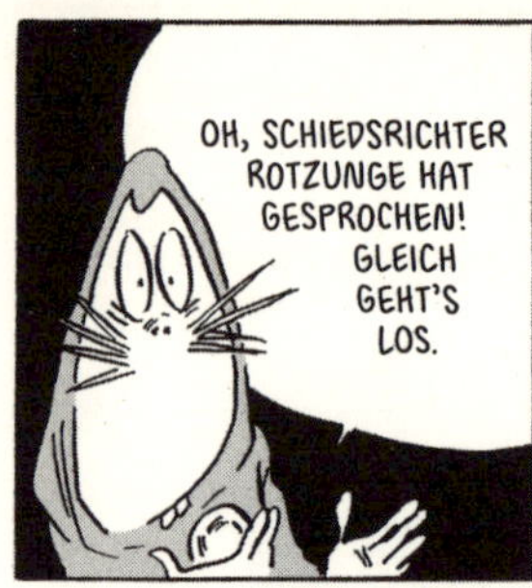
OH, SCHIEDSRICHTER ROTZUNGE HAT GESPROCHEN! GLEICH GEHT'S LOS.

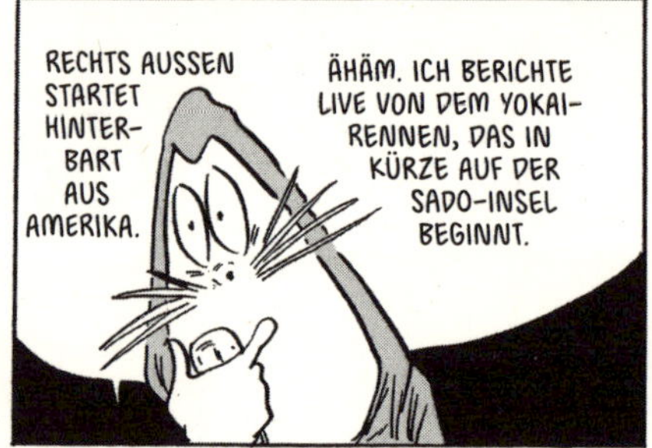
ÄHÄM. ICH BERICHTE LIVE VON DEM YOKAI-RENNEN, DAS IN KÜRZE AUF DER SADO-INSEL BEGINNT.
RECHTS AUSSEN STARTET HINTER-BART AUS AMERIKA.

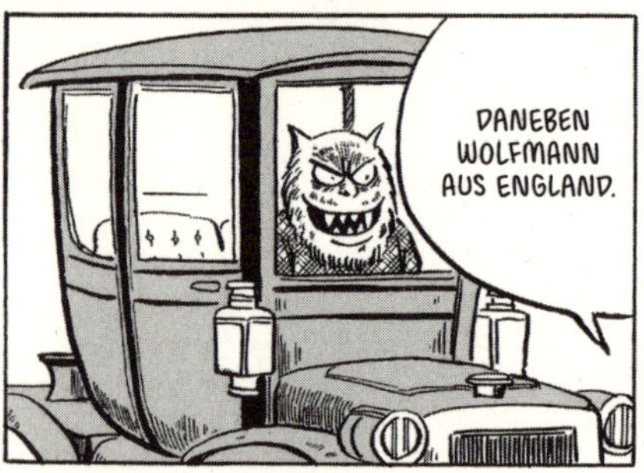
DANEBEN WOLFMANN AUS ENGLAND.

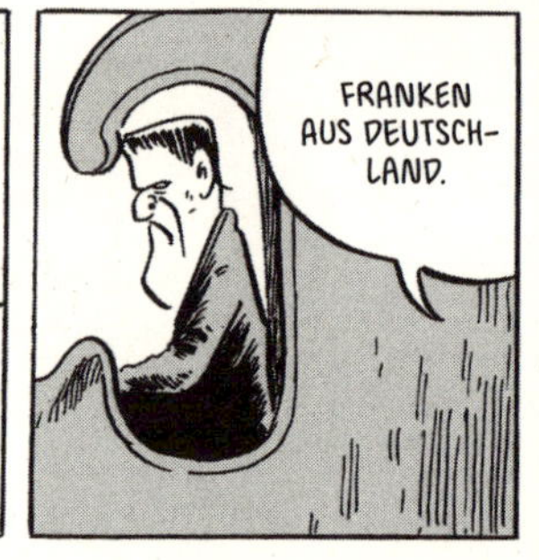
FRANKEN AUS DEUTSCH-LAND.

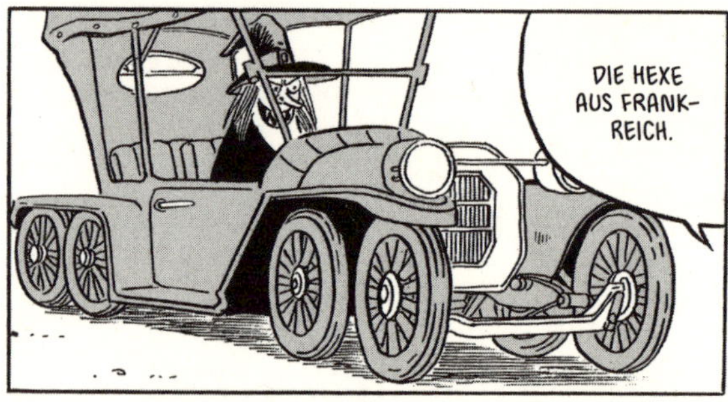
DIE HEXE AUS FRANK-REICH.

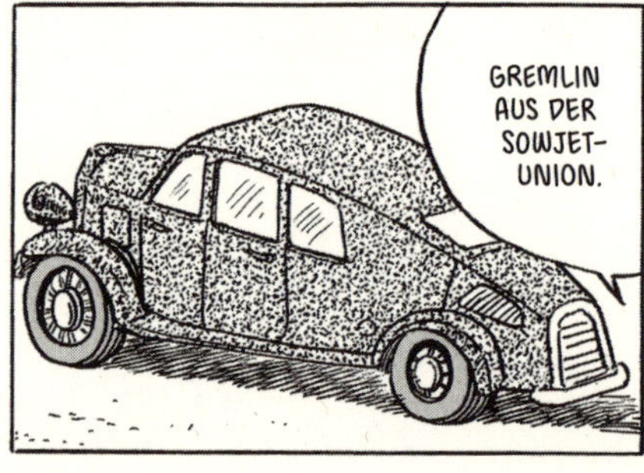
GREMLIN AUS DER SOWJET-UNION.

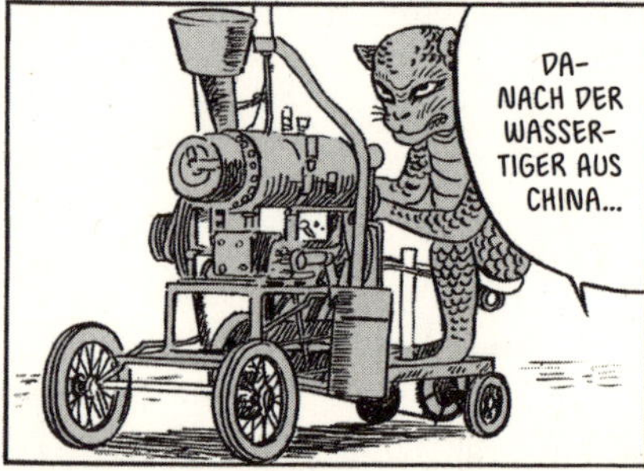
DA-NACH DER WASSER-TIGER AUS CHINA...

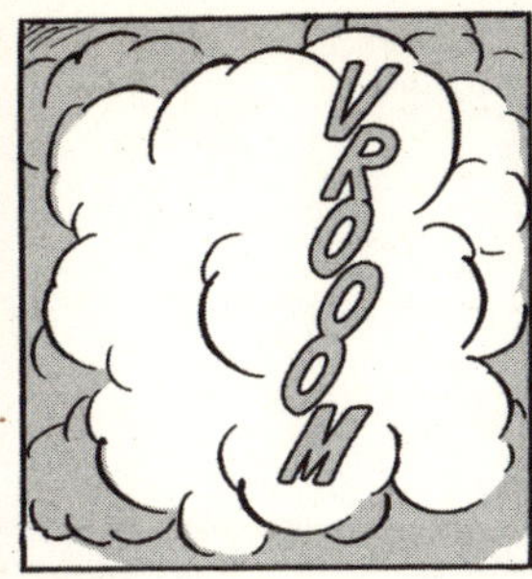
VROOOOM

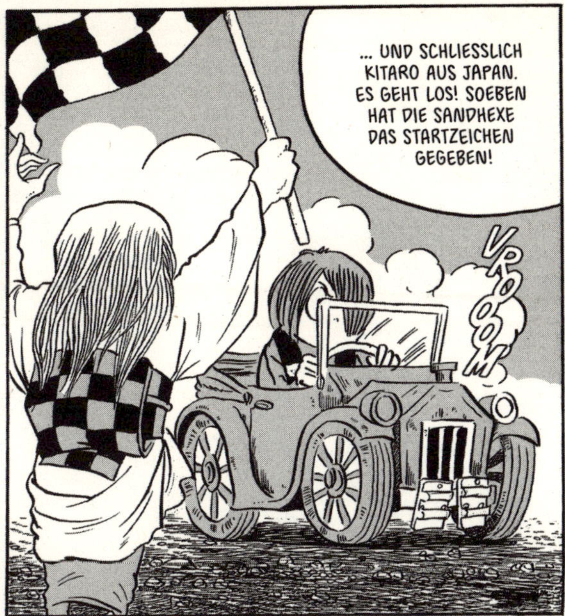
... UND SCHLIESSLICH KITARO AUS JAPAN. ES GEHT LOS! SOEBEN HAT DIE SANDHEXE DAS STARTZEICHEN GEGEBEN!
VROOOOM

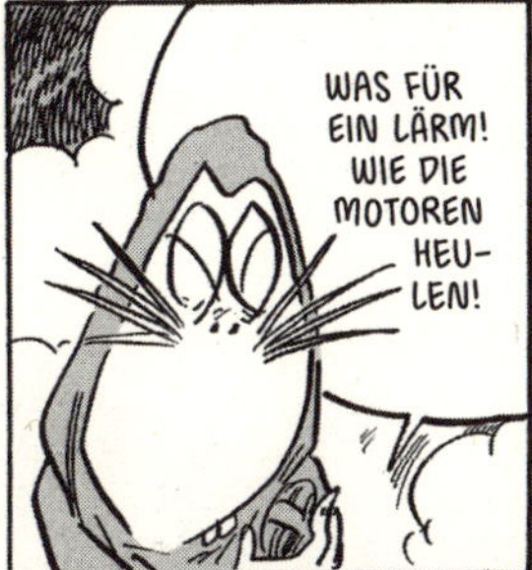
WAS FÜR EIN LÄRM! WIE DIE MOTOREN HEU-LEN!

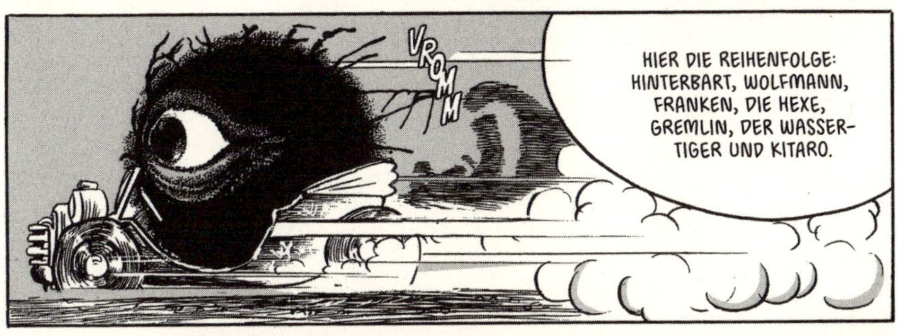
VROMM
HIER DIE REIHENFOLGE: HINTERBART, WOLFMANN, FRANKEN, DIE HEXE, GREMLIN, DER WASSER-TIGER UND KITARO.

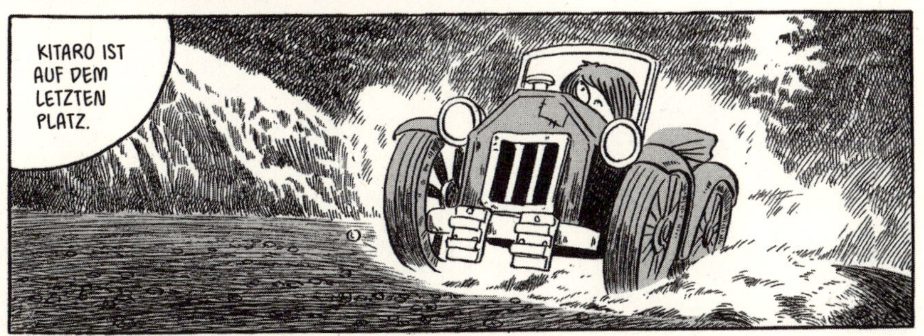
KITARO IST AUF DEM LETZTEN PLATZ.

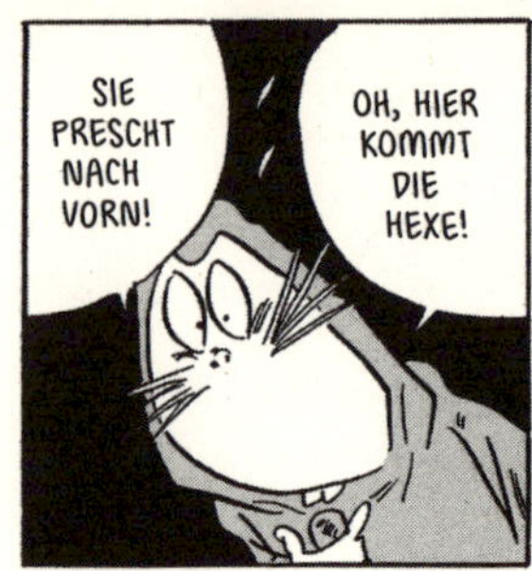
OH, HIER KOMMT DIE HEXE!
SIE PRESCHT NACH VORN!

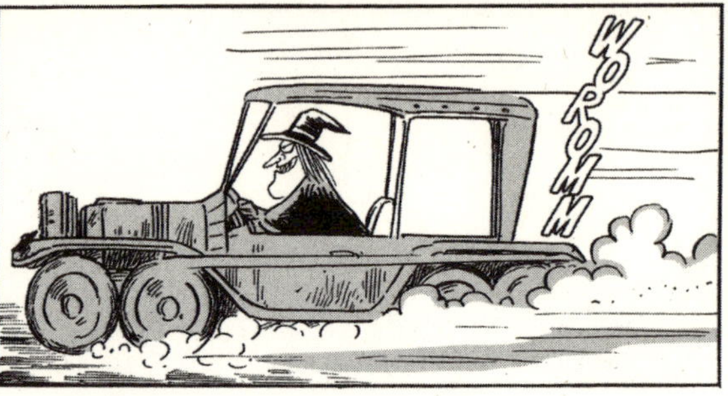
WOROMMM

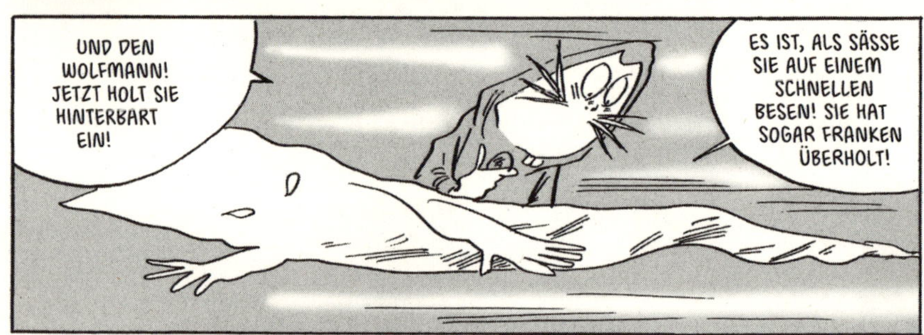
ES IST, ALS SÄSSE SIE AUF EINEM SCHNELLEN BESEN! SIE HAT SOGAR FRANKEN ÜBERHOLT!
UND DEN WOLFMANN! JETZT HOLT SIE HINTERBART EIN!

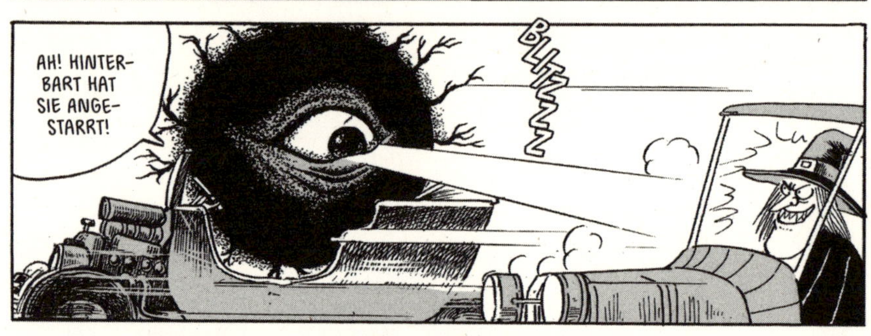
BLITZZZ
AH! HINTER-BART HAT SIE ANGE-STARRT!

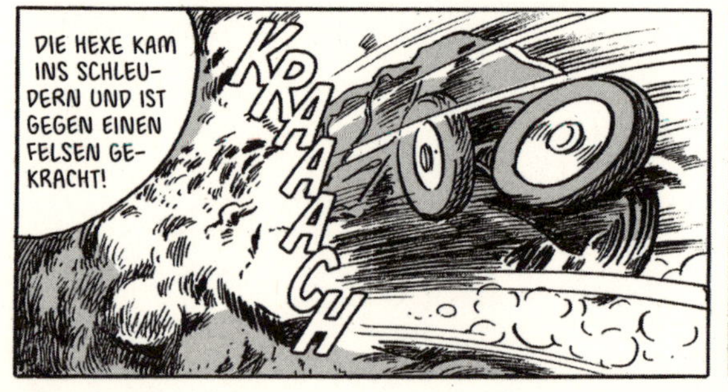
DIE HEXE KAM INS SCHLEU-DERN UND IST GEGEN EINEN FELSEN GE-KRACHT!
KRAAAACH

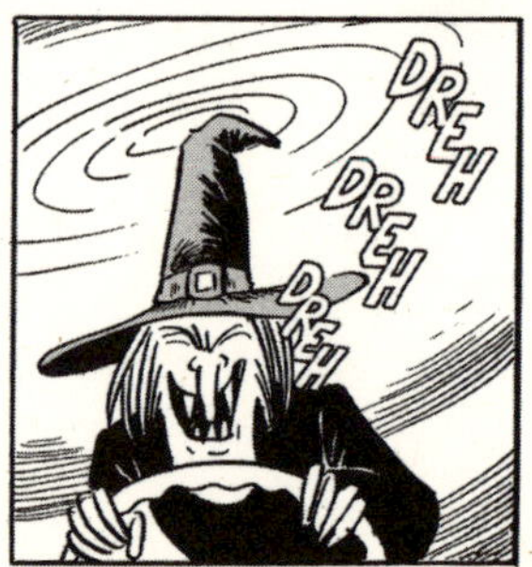
DREH
DREH
DREH

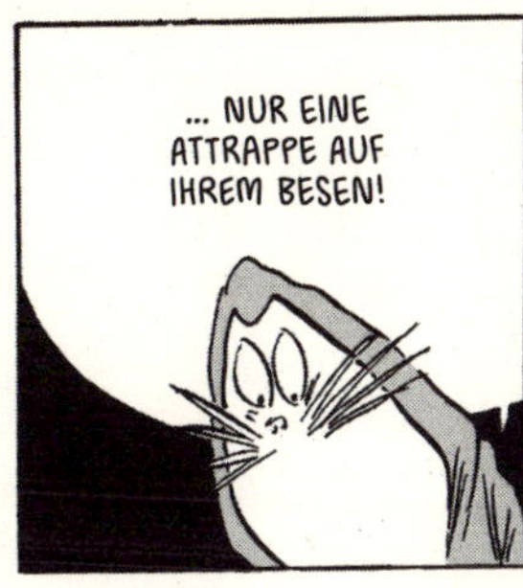
... NUR EINE ATTRAPPE AUF IHREM BESEN!

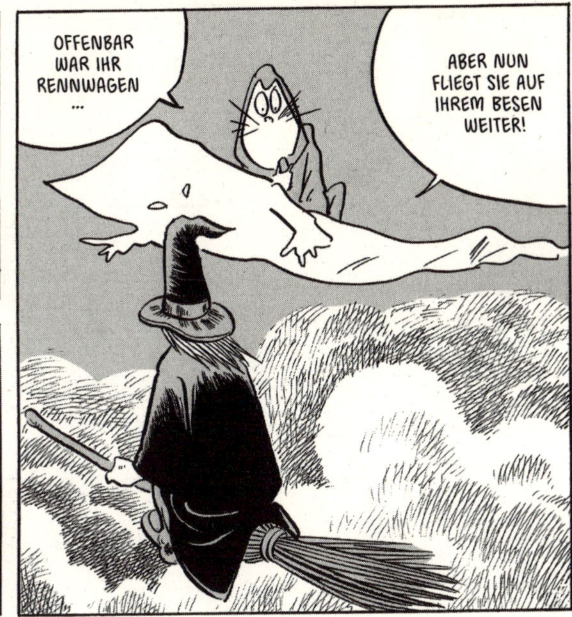
OFFENBAR WAR IHR RENNWAGEN ...
ABER NUN FLIEGT SIE AUF IHREM BESEN WEITER!

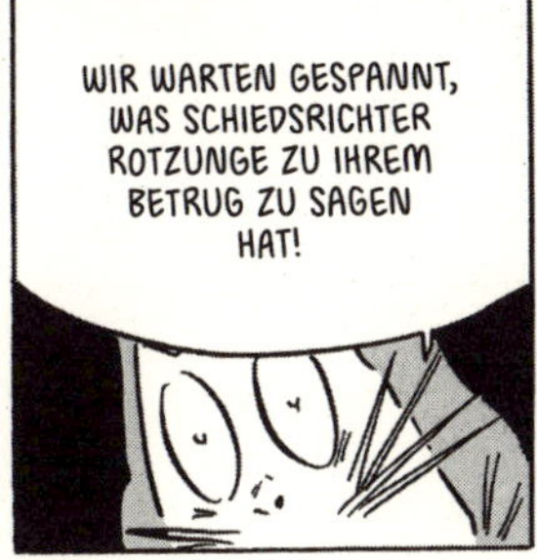
WIR WARTEN GESPANNT, WAS SCHIEDSRICHTER ROTZUNGE ZU IHREM BETRUG ZU SAGEN HAT!

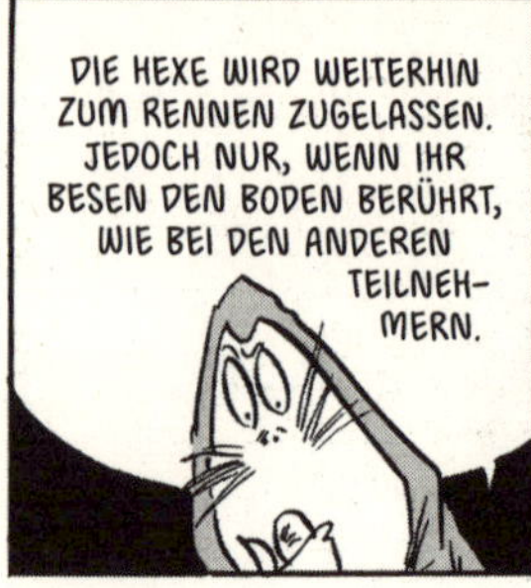
DIE HEXE WIRD WEITERHIN ZUM RENNEN ZUGELASSEN. JEDOCH NUR, WENN IHR BESEN DEN BODEN BERÜHRT, WIE BEI DEN ANDEREN TEILNEH-MERN.

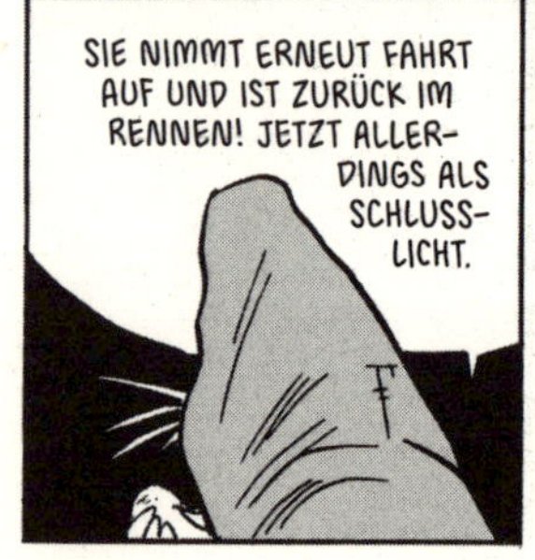
SIE NIMMT ERNEUT FAHRT AUF UND IST ZURÜCK IM RENNEN! JETZT ALLER-DINGS ALS SCHLUSS-LICHT.

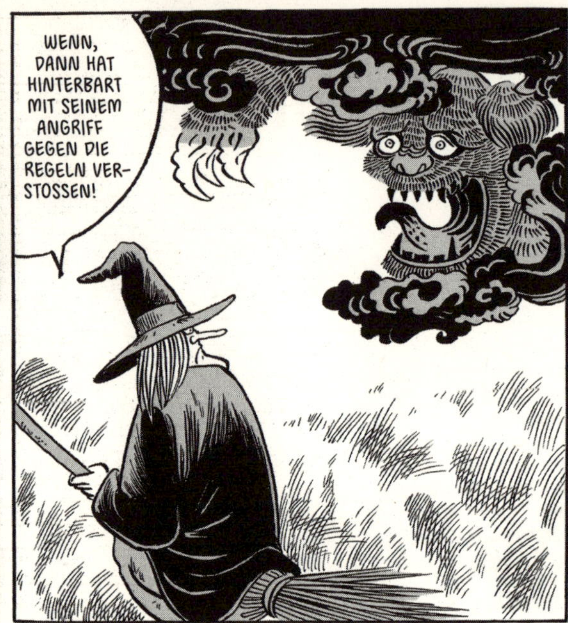
WENN, DANN HAT HINTERBART MIT SEINEM ANGRIFF GEGEN DIE REGELN VER-STOSSEN!

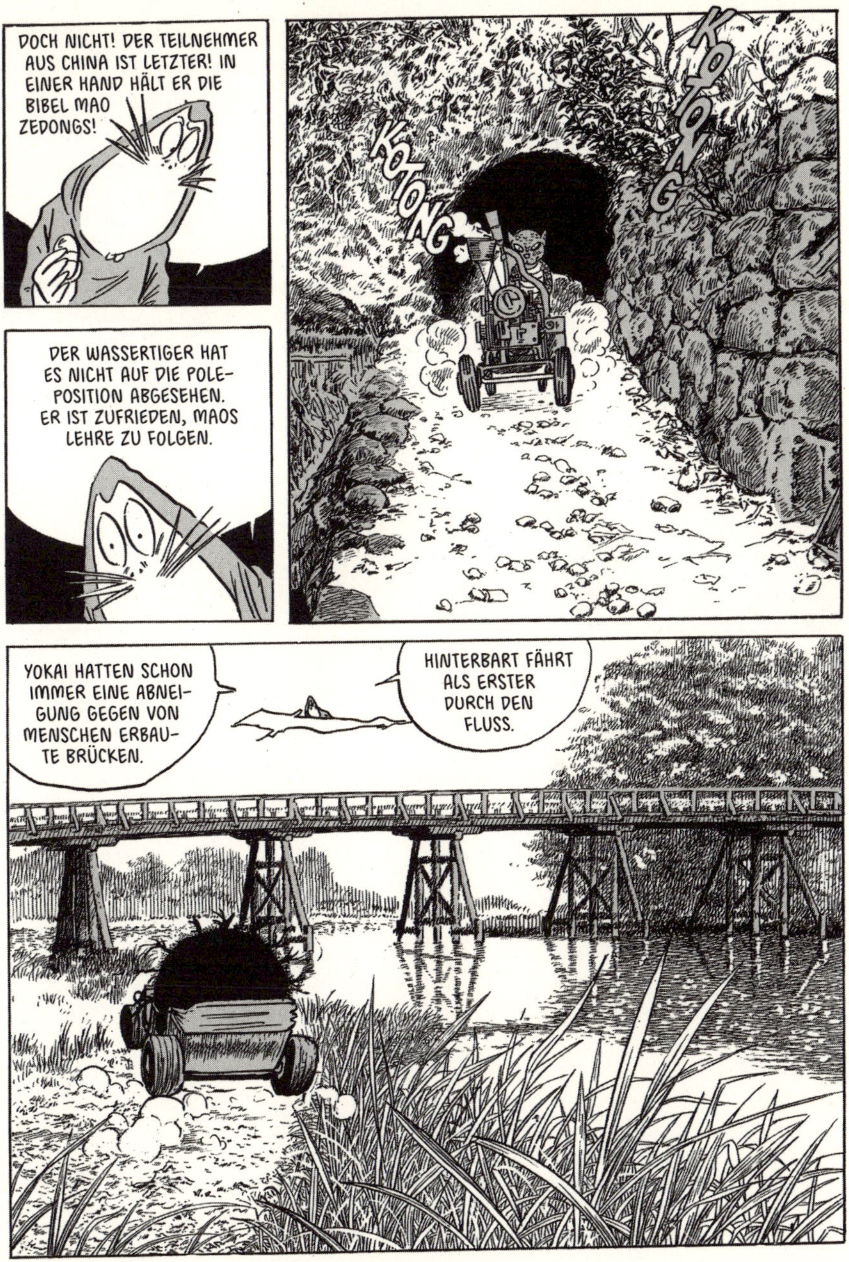

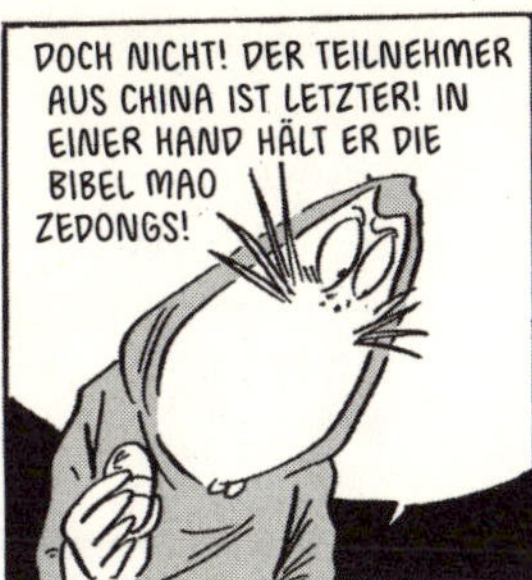
DOCH NICHT! DER TEILNEHMER AUS CHINA IST LETZTER! IN EINER HAND HÄLT ER DIE BIBEL MAO ZEDONGS!

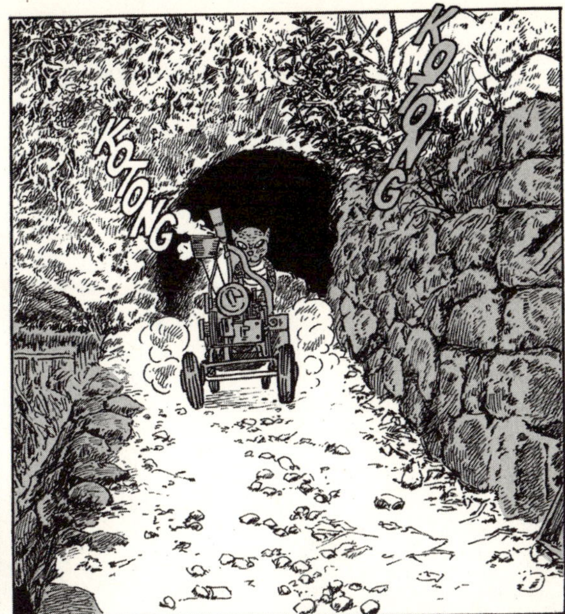
KOTONG
KOTONG

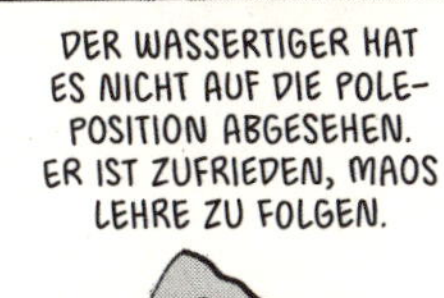
DER WASSERTIGER HAT ES NICHT AUF DIE POLE-POSITION ABGESEHEN. ER IST ZUFRIEDEN, MAOS LEHRE ZU FOLGEN.

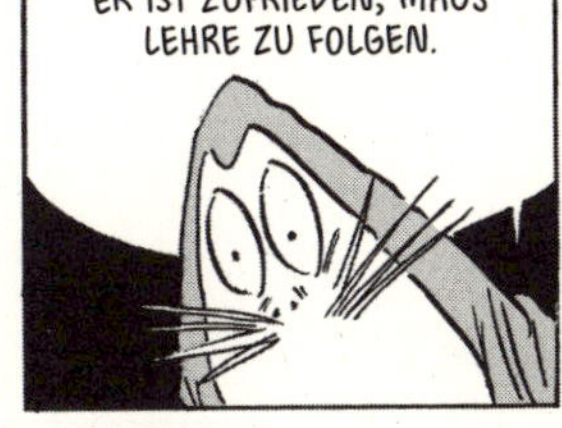

YOKAI HATTEN SCHON IMMER EINE ABNEIGUNG GEGEN VON MENSCHEN ERBAUTE BRÜCKEN.

HINTERBART FÄHRT ALS ERSTER DURCH DEN FLUSS.

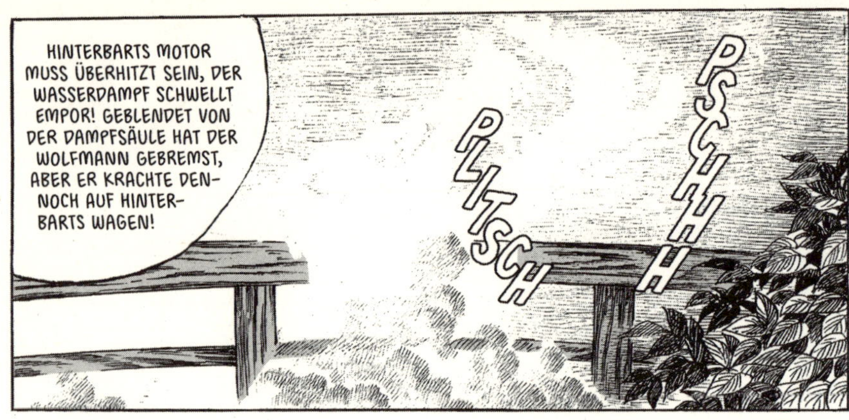
HINTERBARTS MOTOR MUSS ÜBERHITZT SEIN, DER WASSERDAMPF SCHWELLT EMPOR! GEBLENDET VON DER DAMPFSÄULE HAT DER WOLFMANN GEBREMST, ABER ER KRACHTE DENNOCH AUF HINTERBARTS WAGEN!
PSCHHHH
PLITSCH

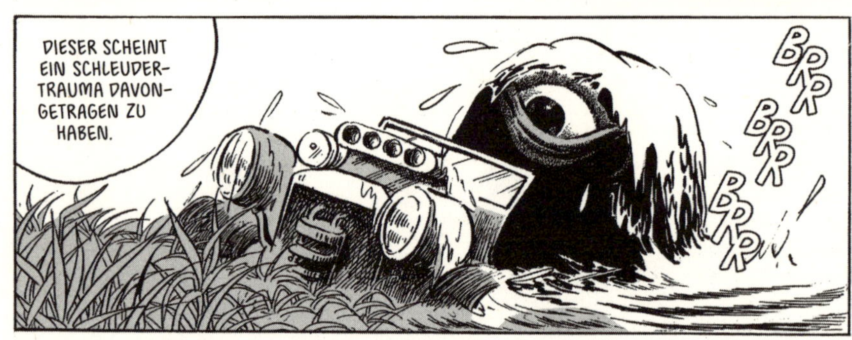
DIESER SCHEINT EIN SCHLEUDERTRAUMA DAVONGETRAGEN ZU HABEN.
BRR BRR BRR

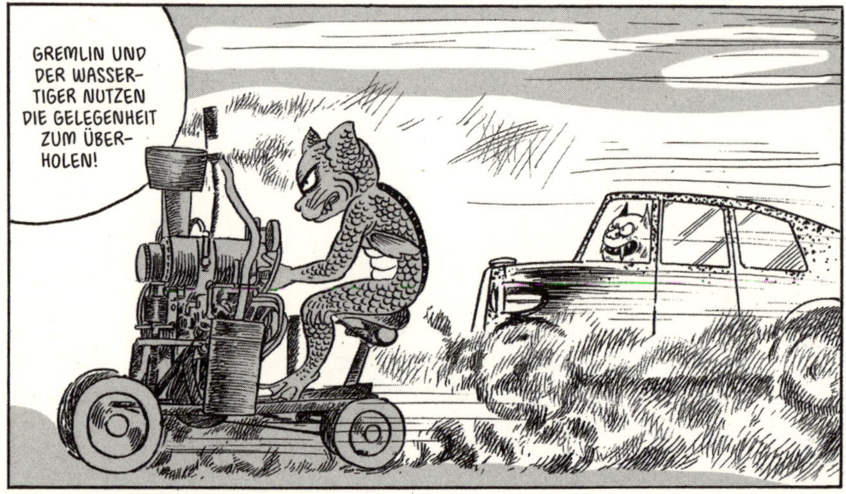
GREMLIN UND DER WASSERTIGER NUTZEN DIE GELEGENHEIT ZUM ÜBERHOLEN!

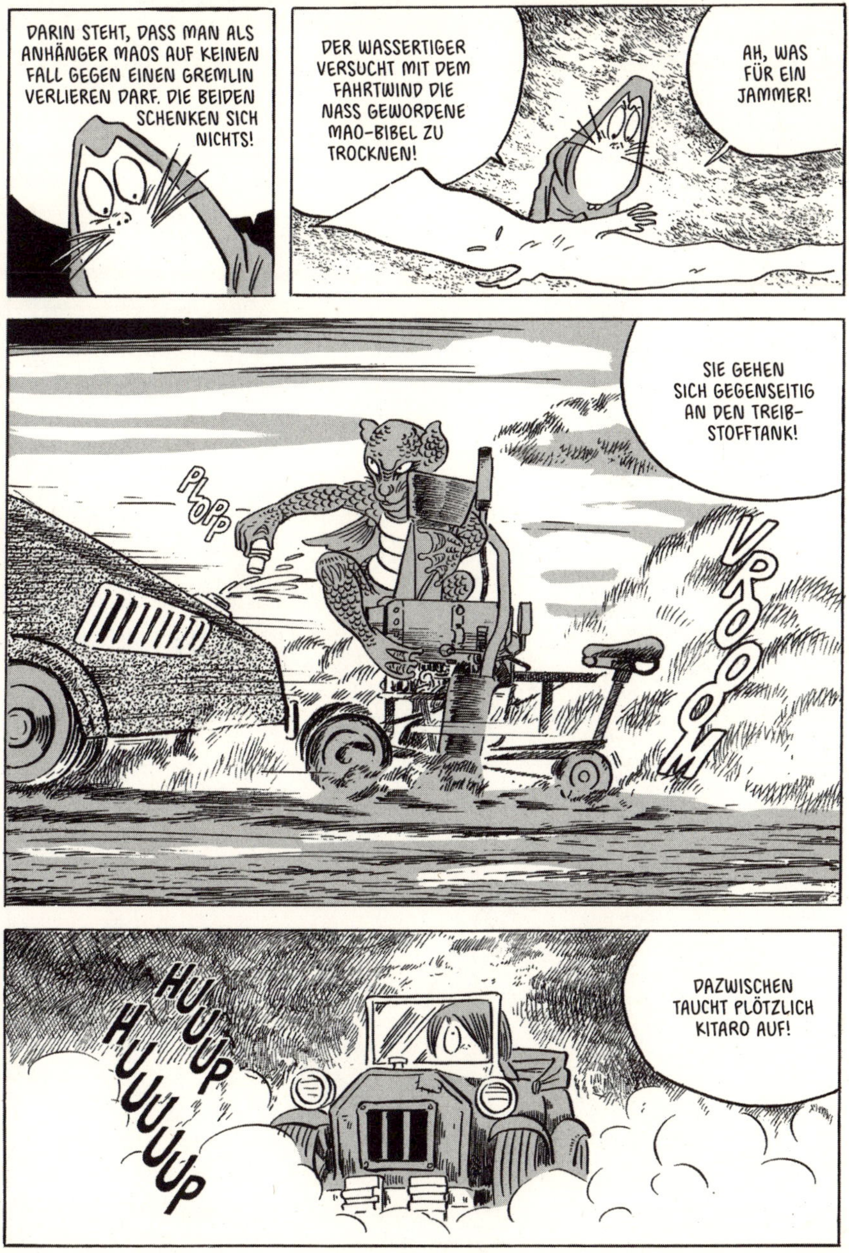

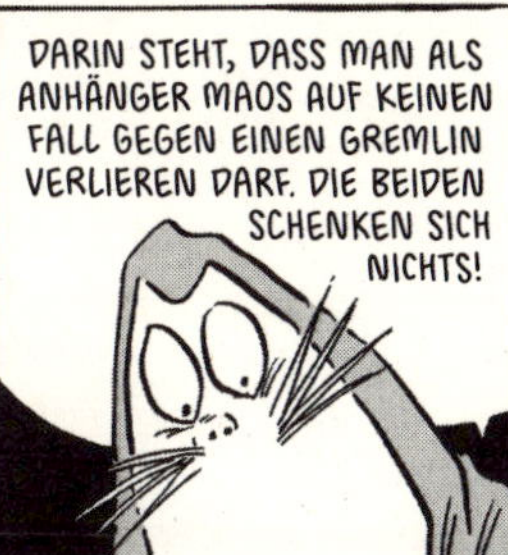
DARIN STEHT, DASS MAN ALS ANHÄNGER MAOS AUF KEINEN FALL GEGEN EINEN GREMLIN VERLIEREN DARF. DIE BEIDEN SCHENKEN SICH NICHTS!

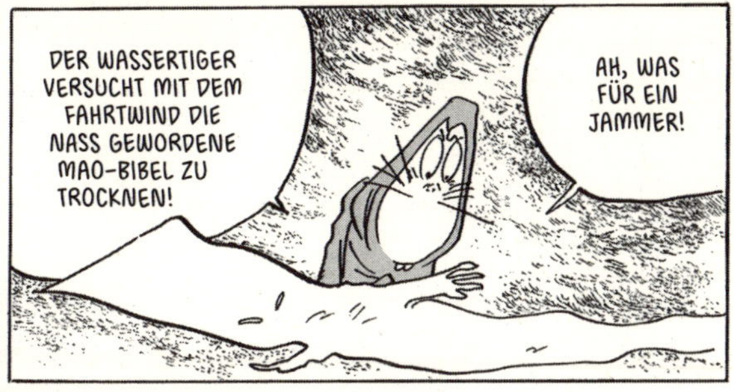
DER WASSERTIGER VERSUCHT MIT DEM FAHRTWIND DIE NASS GEWORDENE MAO-BIBEL ZU TROCKNEN!
AH, WAS FÜR EIN JAMMER!

SIE GEHEN SICH GEGENSEITIG AN DEN TREIB-STOFFTANK!

PLOPP

VROOOOM

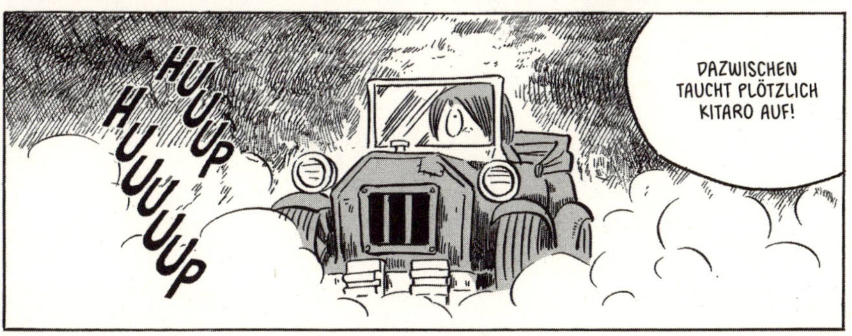
HUUUUP
HUUUUUUP
DAZWISCHEN TAUCHT PLÖTZLICH KITARO AUF!

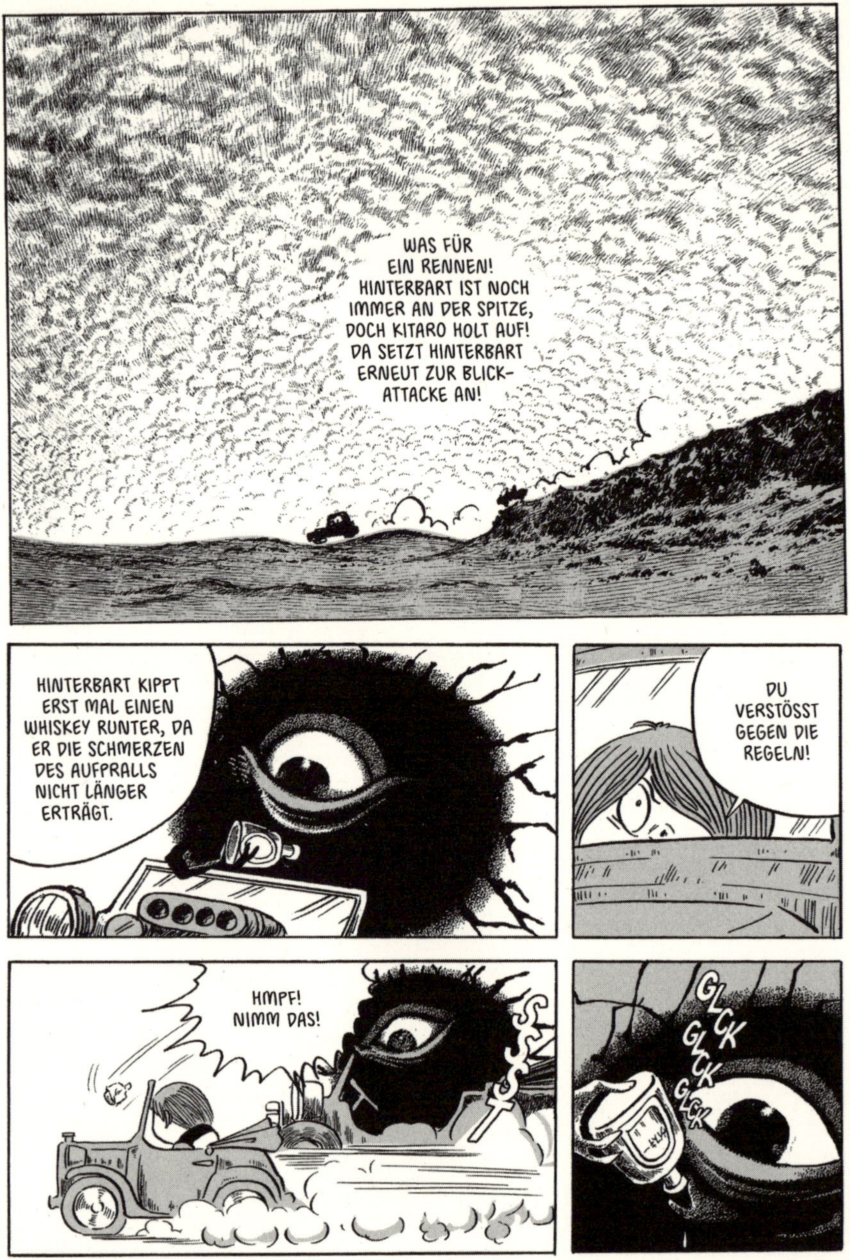

WAS FÜR EIN RENNEN! HINTERBART IST NOCH IMMER AN DER SPITZE, DOCH KITARO HOLT AUF! DA SETZT HINTERBART ERNEUT ZUR BLICK-ATTACKE AN!

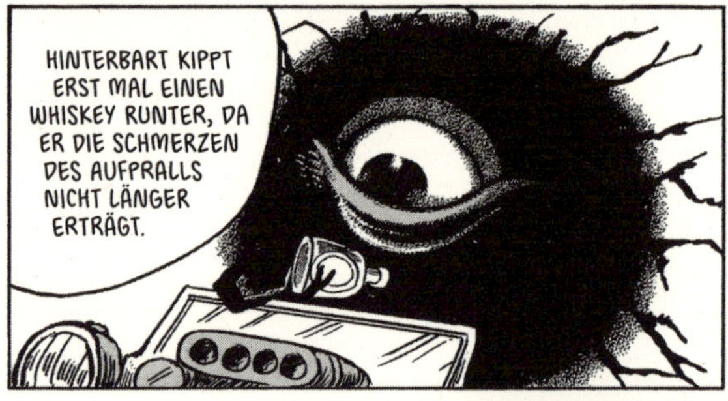
HINTERBART KIPPT ERST MAL EINEN WHISKEY RUNTER, DA ER DIE SCHMERZEN DES AUFPRALLS NICHT LÄNGER ERTRÄGT.

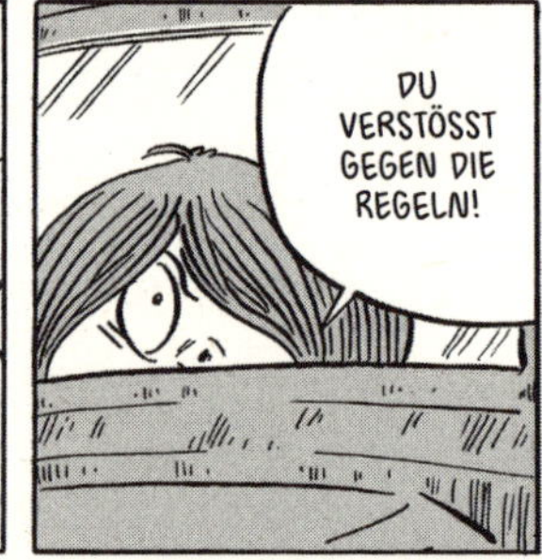
DU VERSTÖSST GEGEN DIE REGELN!

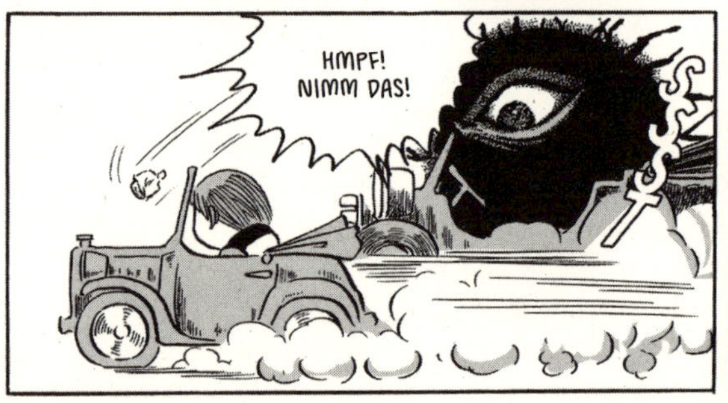
HMPF! NIMM DAS!

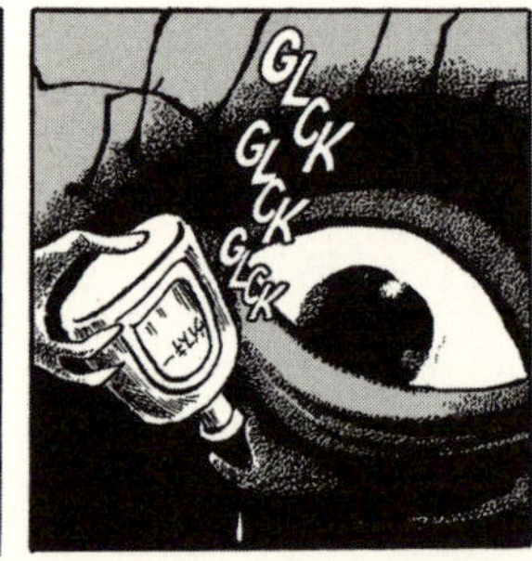
GLCK
GLCK
GLCK

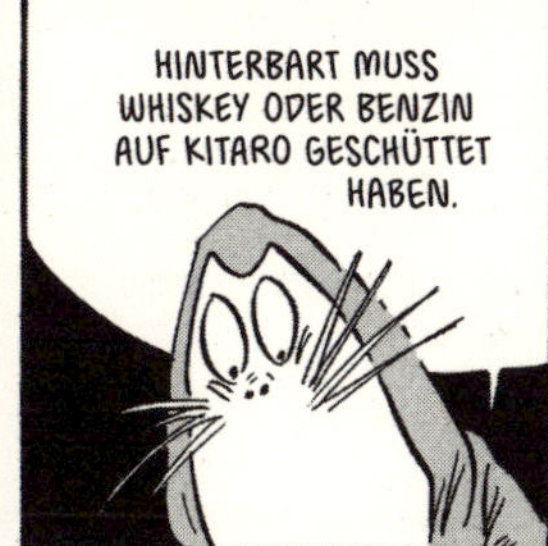
HINTERBART MUSS WHISKEY ODER BENZIN AUF KITARO GESCHÜTTET HABEN.

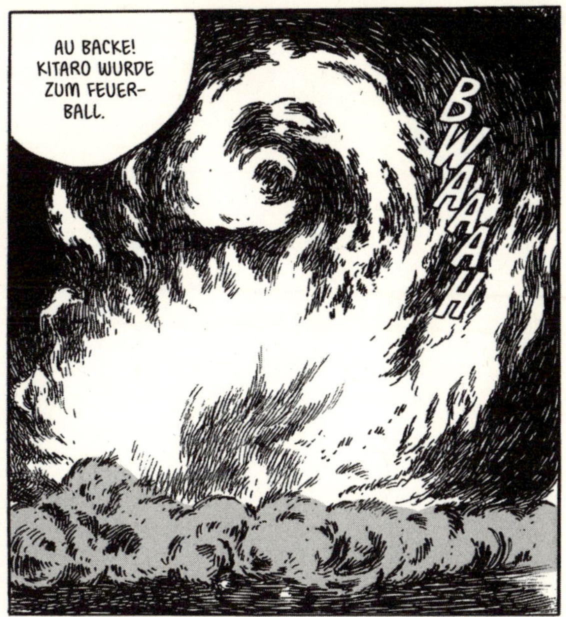
AU BACKE! KITARO WURDE ZUM FEUER-BALL.
BWAAAAH

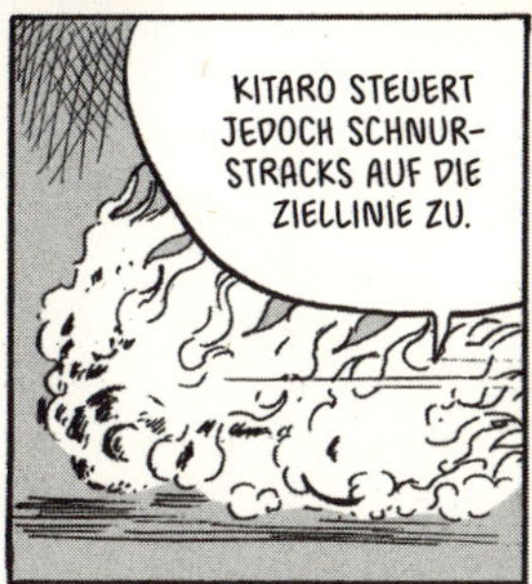
KITARO STEUERT JEDOCH SCHNUR-STRACKS AUF DIE ZIELLINIE ZU.

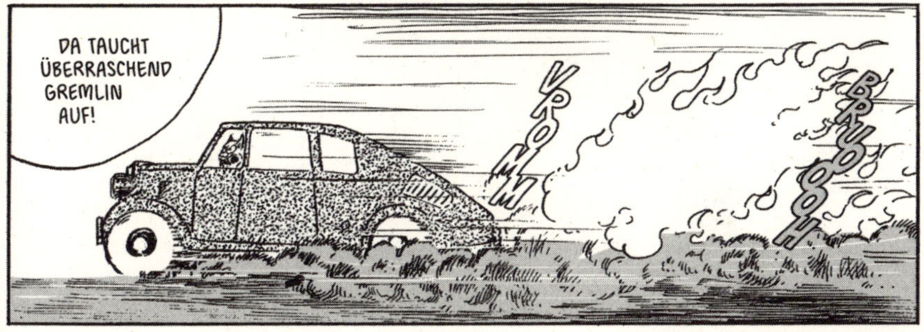
DA TAUCHT ÜBERRASCHEND GREMLIN AUF!
VROOMM
BRUOOOH

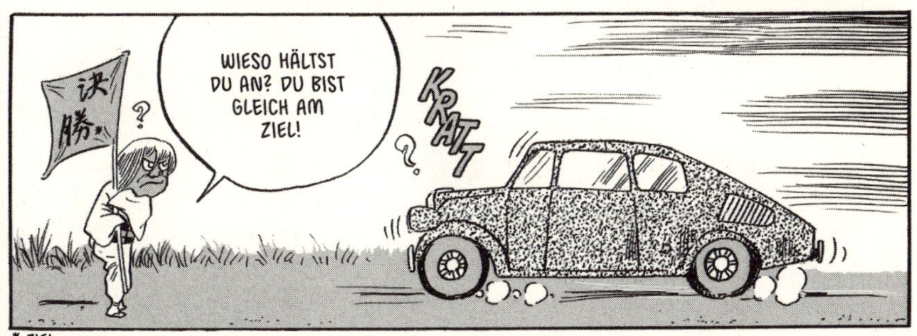
决勝*
?
WIESO HÄLTST DU AN? DU BIST GLEICH AM ZIEL!
KRATT
?

* ZIEL

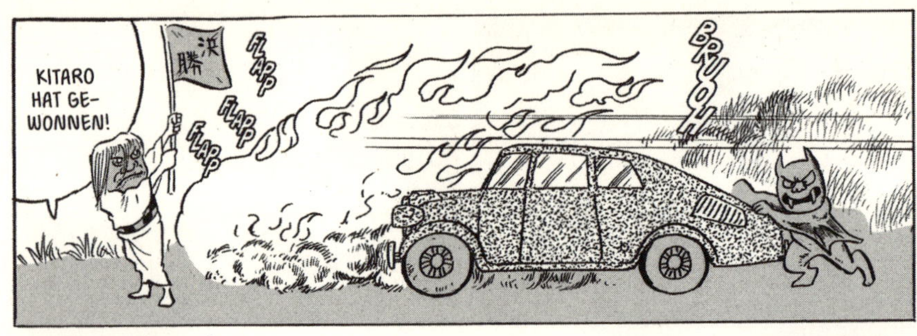
KITARO HAT GE-WONNEN!
FLAPP
FLAPP
FLAPP
BRUOOH

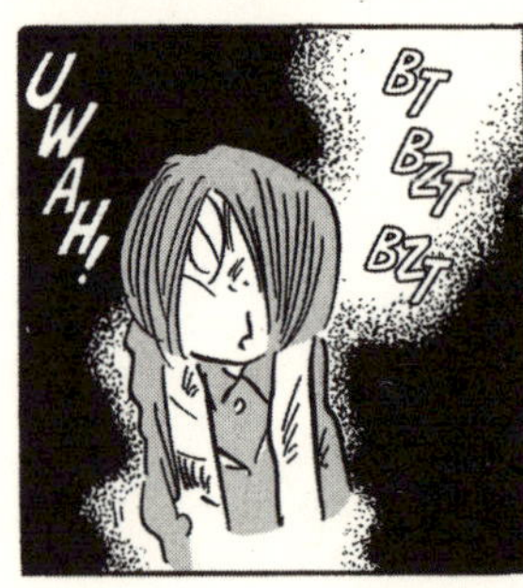
UWAH!
BT
BZT
BZT

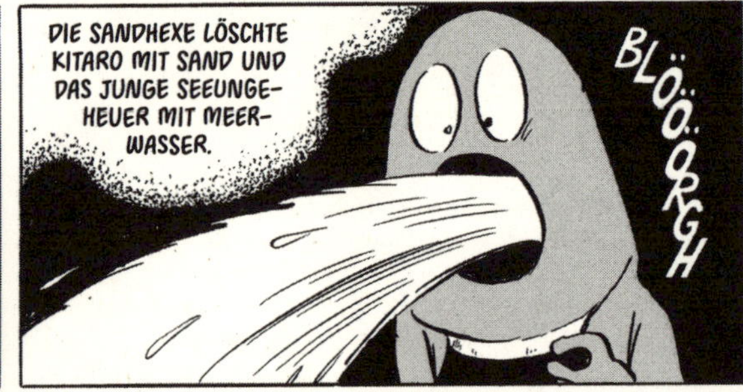
DIE SANDHEXE LÖSCHTE KITARO MIT SAND UND DAS JUNGE SEEUNGE-HEUER MIT MEER-WASSER.
BLÖÖÖRGH

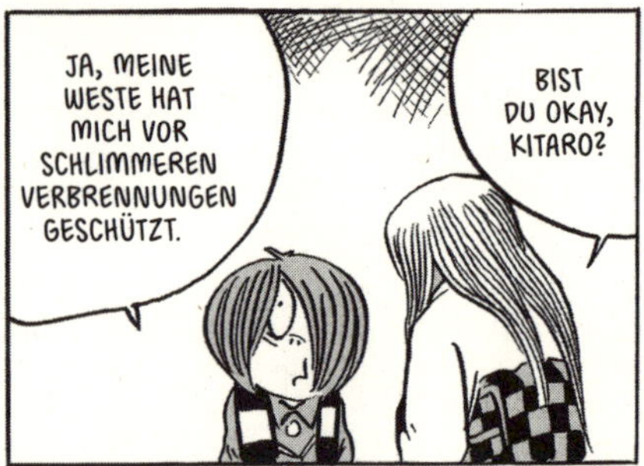
BIST DU OKAY, KITARO?
JA, MEINE WESTE HAT MICH VOR SCHLIMMEREN VERBRENNUNGEN GESCHÜTZT.

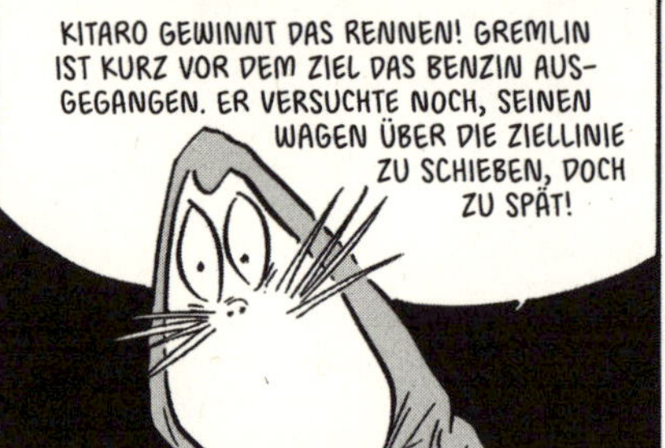
KITARO GEWINNT DAS RENNEN! GREMLIN IST KURZ VOR DEM ZIEL DAS BENZIN AUS-GEGANGEN. ER VERSUCHTE NOCH, SEINEN WAGEN ÜBER DIE ZIELLINIE ZU SCHIEBEN, DOCH ZU SPÄT!

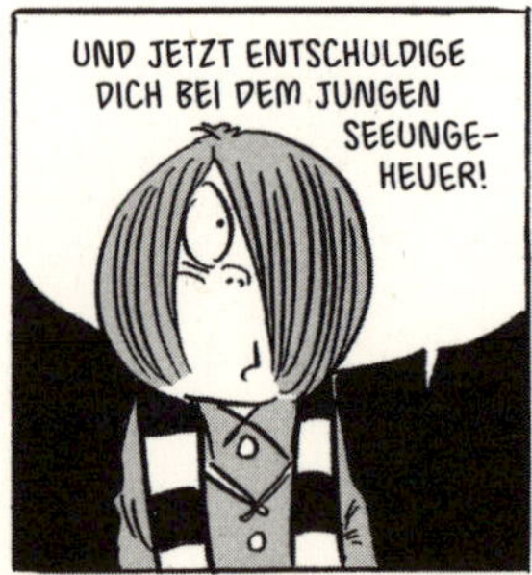
UND JETZT ENTSCHULDIGE DICH BEI DEM JUNGEN SEEUNGE-HEUER!

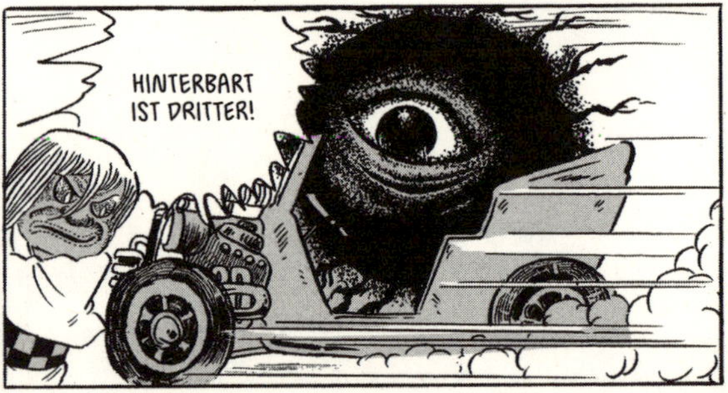
HINTERBART IST DRITTER!

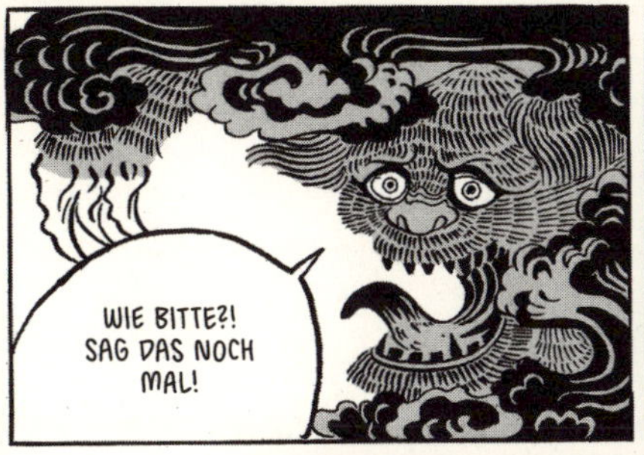
WIE BITTE?!
SAG DAS NOCH MAL!

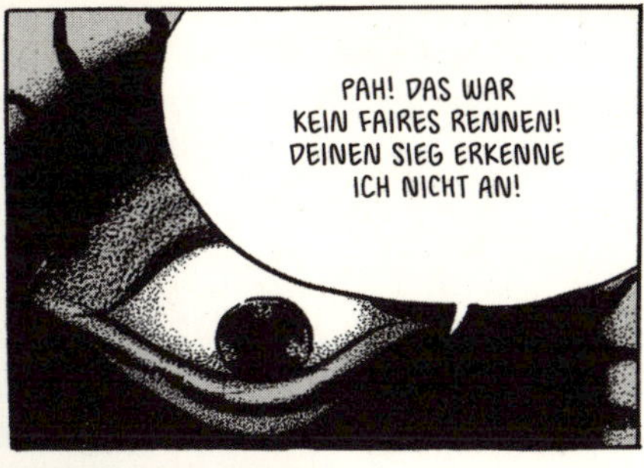
PAH! DAS WAR KEIN FAIRES RENNEN! DEINEN SIEG ERKENNE ICH NICHT AN!

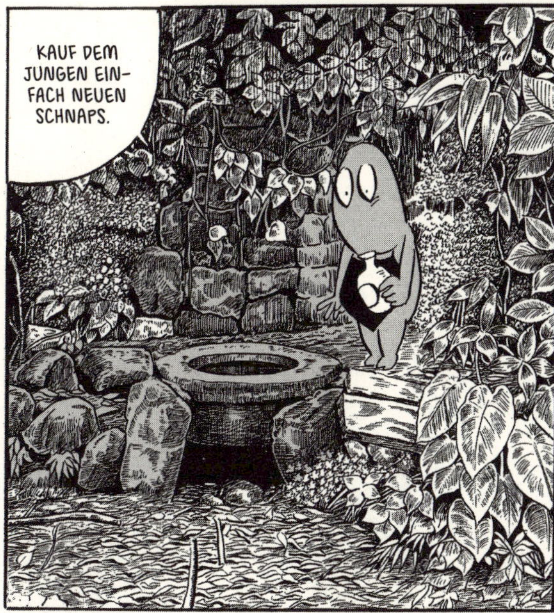
KAUF DEM JUNGEN EIN-FACH NEUEN SCHNAPS.

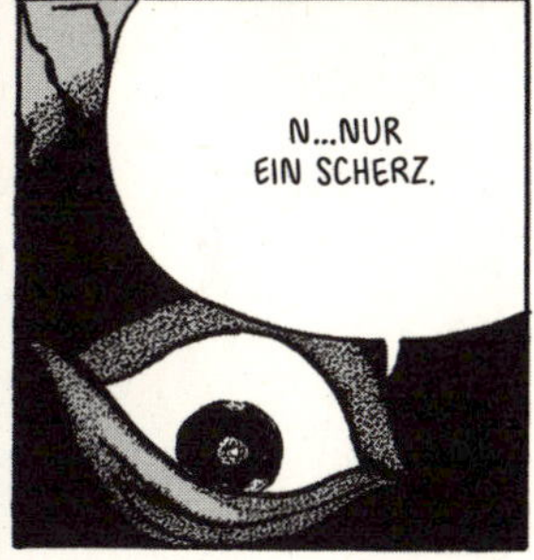
N…NUR EIN SCHERZ.

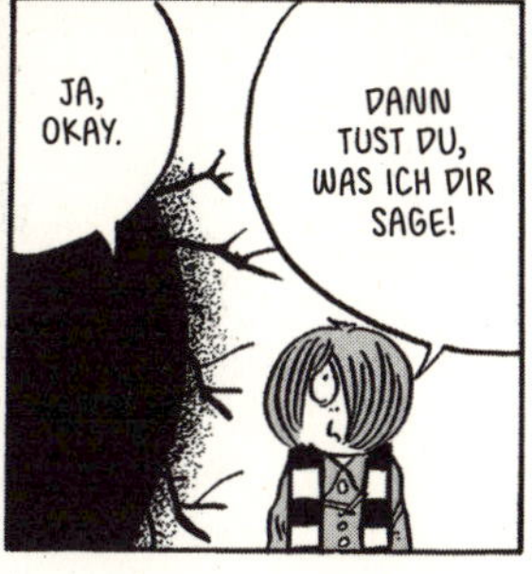
DANN TUST DU, WAS ICH DIR SAGE!
JA, OKAY.

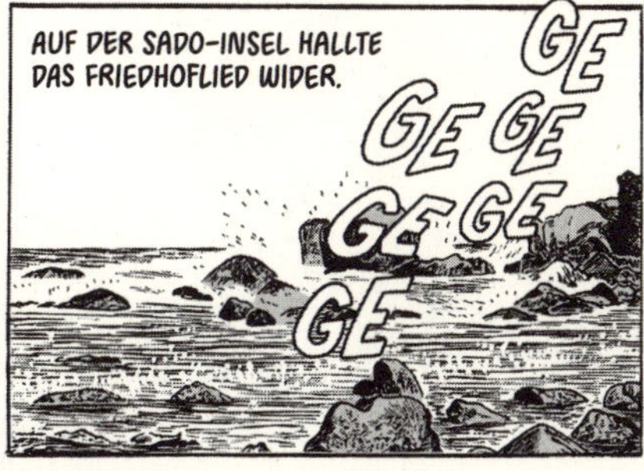
AUF DER SADO-INSEL HALLTE DAS FRIEDHOFLIED WIDER.
GE
GE GE
GE GE
GE

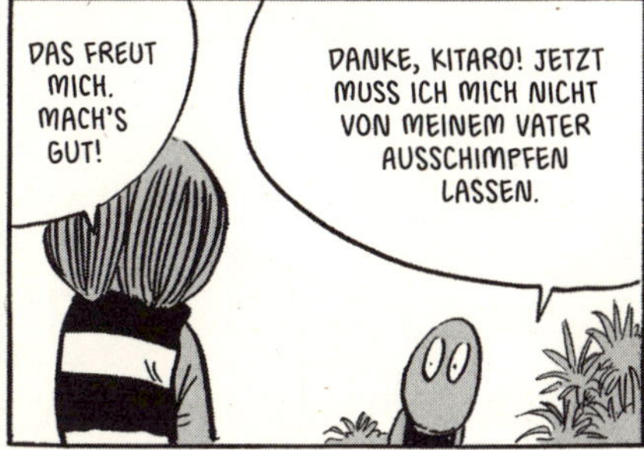
DANKE, KITARO! JETZT MUSS ICH MICH NICHT VON MEINEM VATER AUSSCHIMPFEN LASSEN.
DAS FREUT MICH. MACH'S GUT!

Das große Yokai-Rennen – Ende

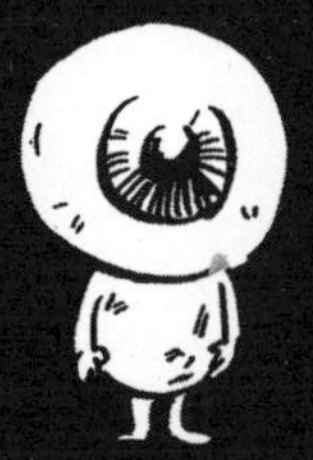

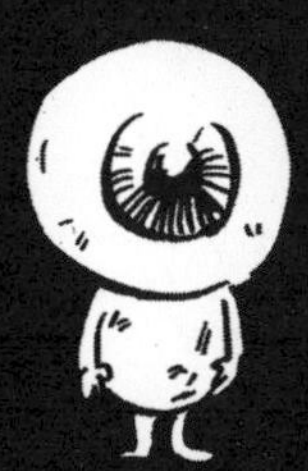

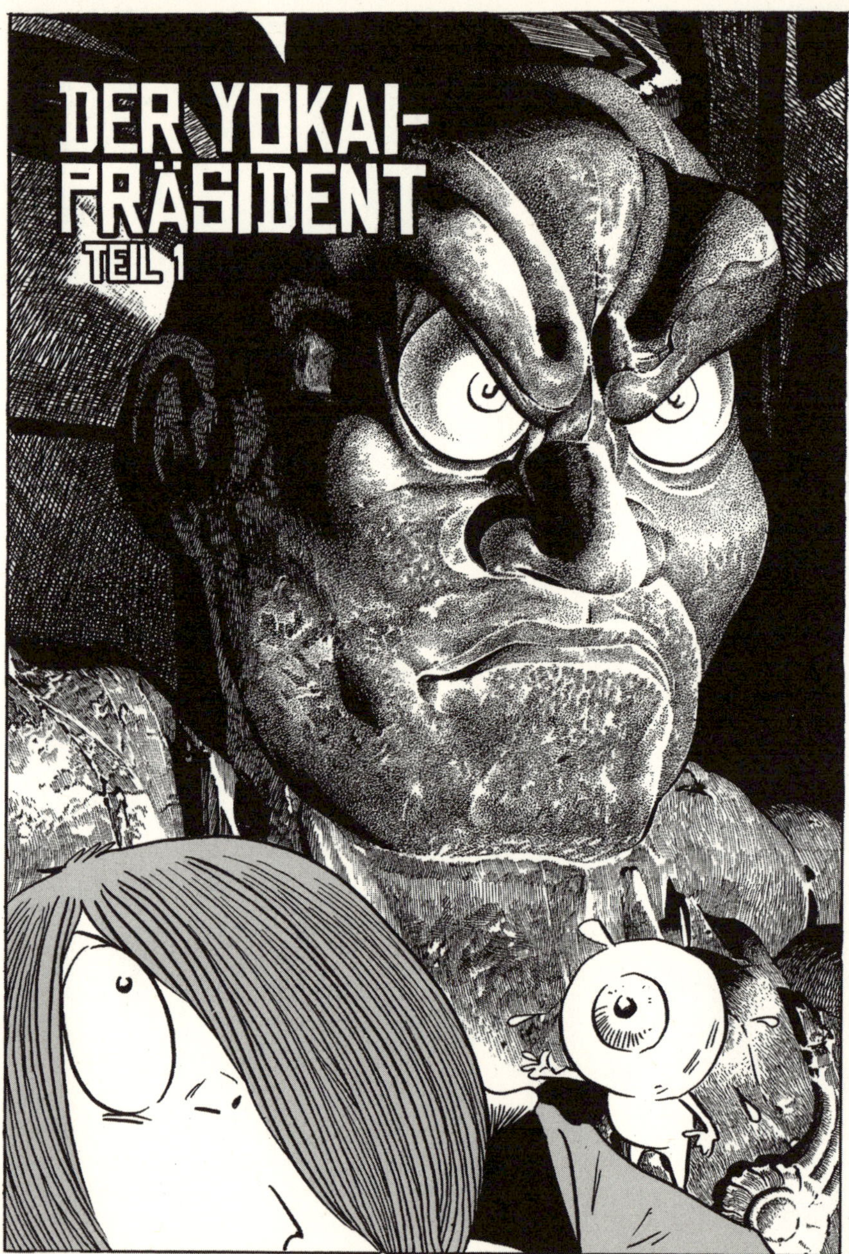
DER YOKAI-
PRÄSIDENT
TEIL 1

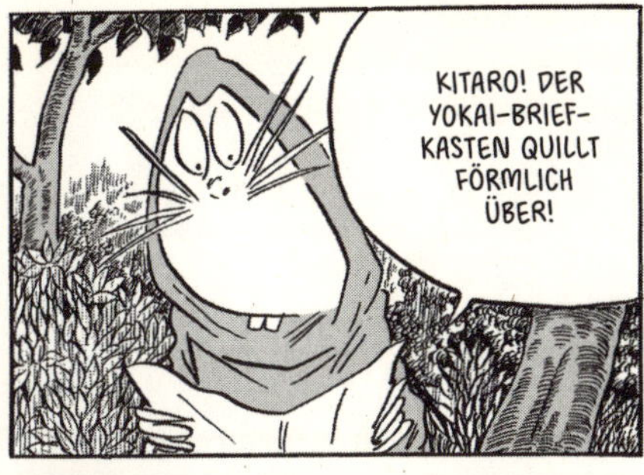
KITARO! DER YOKAI-BRIEFKASTEN QUILLT FÖRMLICH ÜBER!

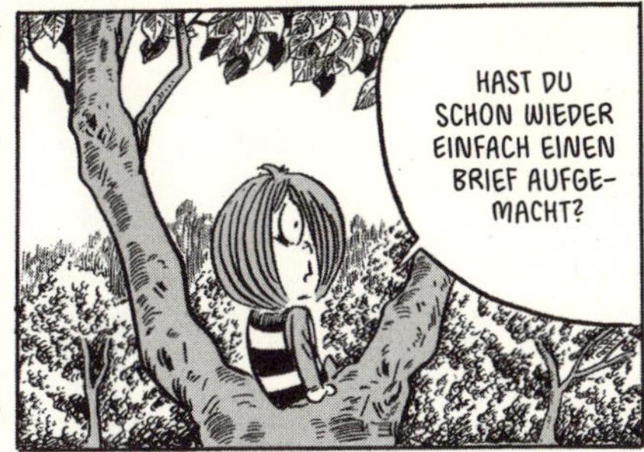
HAST DU SCHON WIEDER EINFACH EINEN BRIEF AUFGEMACHT?

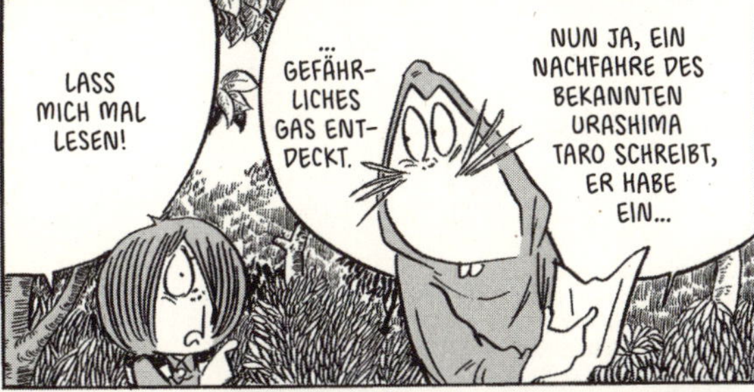
NUN JA, EIN NACHFAHRE DES BEKANNTEN URASHIMA TARO SCHREIBT, ER HABE EIN...
... GEFÄHRLICHES GAS ENTDECKT.
LASS MICH MAL LESEN!

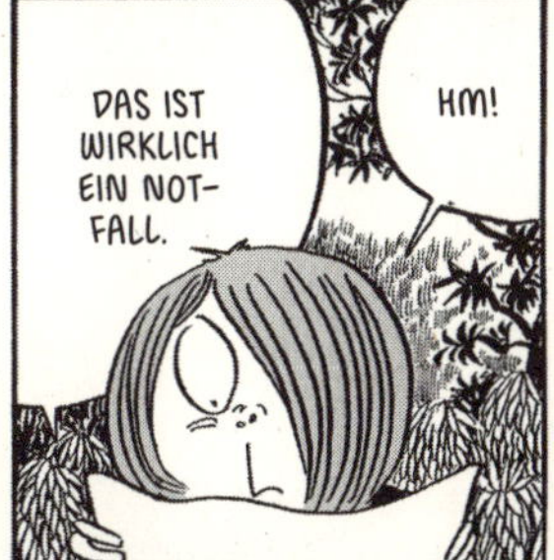
HM!
DAS IST WIRKLICH EIN NOTFALL.

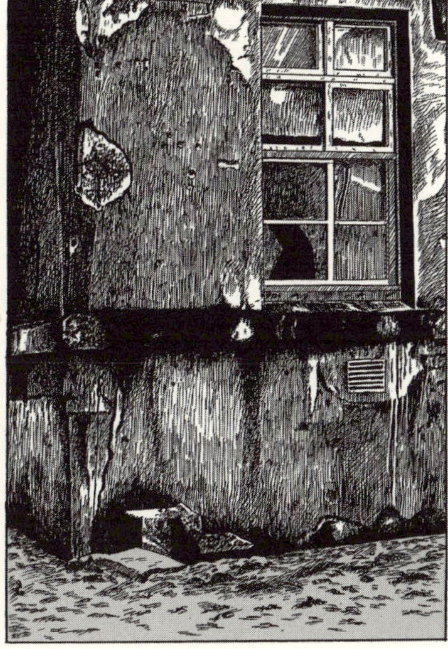

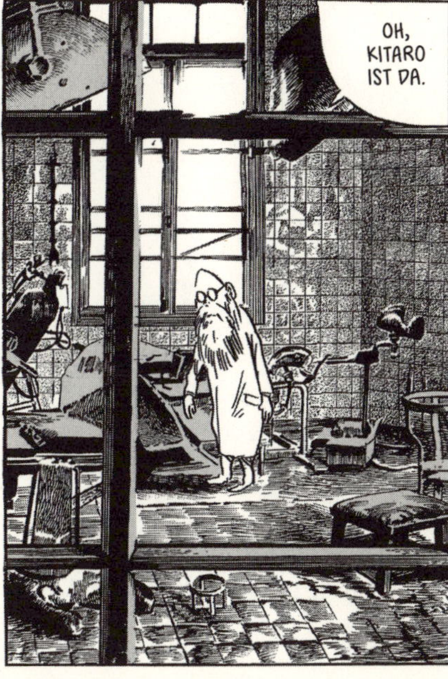
OH, KITARO IST DA.

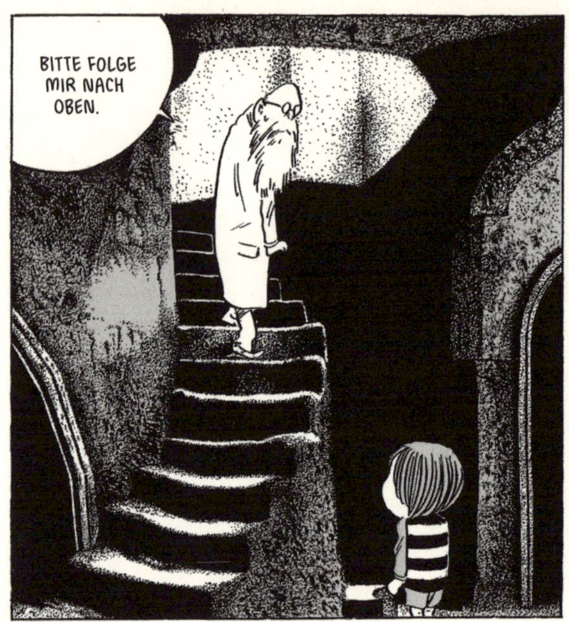
BITTE FOLGE MIR NACH OBEN.

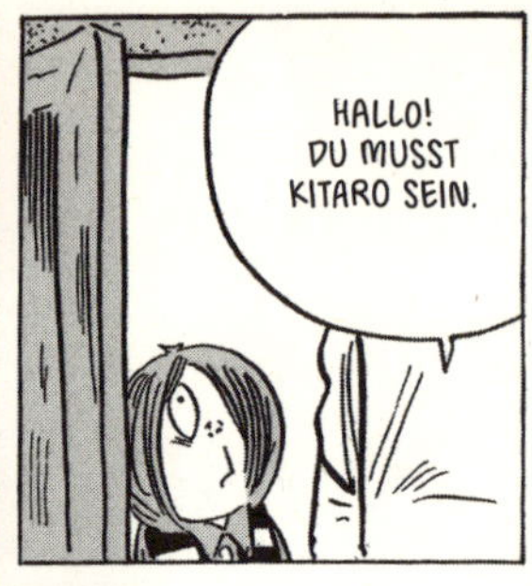
HALLO! DU MUSST KITARO SEIN.

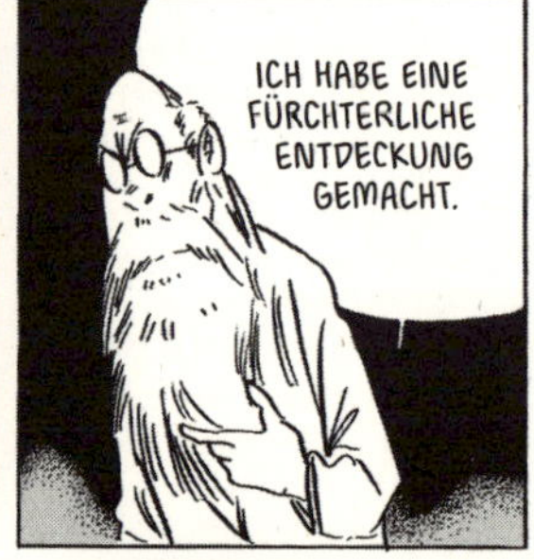
ICH HABE EINE FÜRCHTERLICHE ENTDECKUNG GEMACHT.

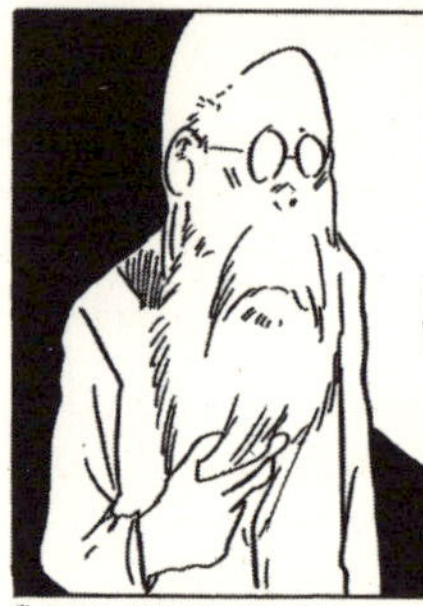
ICH HABE EIN GAS ENTDECKT, DAS DEM RAUCH ÄHNELT, DEN URASHIMA TARO DER LEGENDE NACH IN DEM KÄSTCHEN* AUS DEM DRACHENPALAST MITGEBRACHT HABEN SOLL.

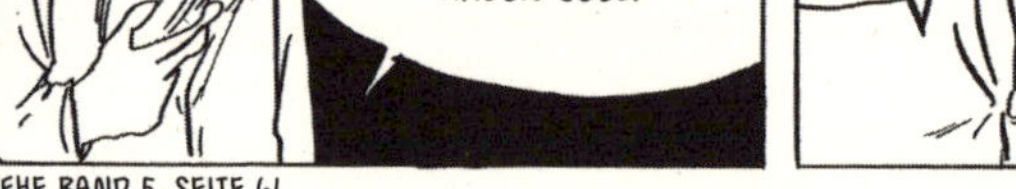

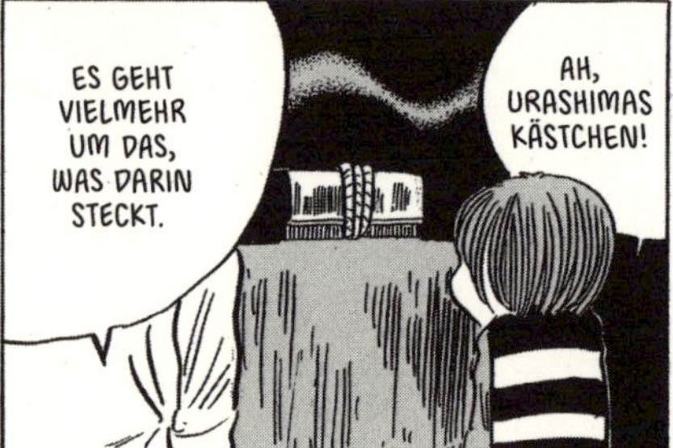
ES GEHT VIELMEHR UM DAS, WAS DARIN STECKT.
AH, URASHIMAS KÄSTCHEN!

* SIEHE BAND 5, SEITE 61

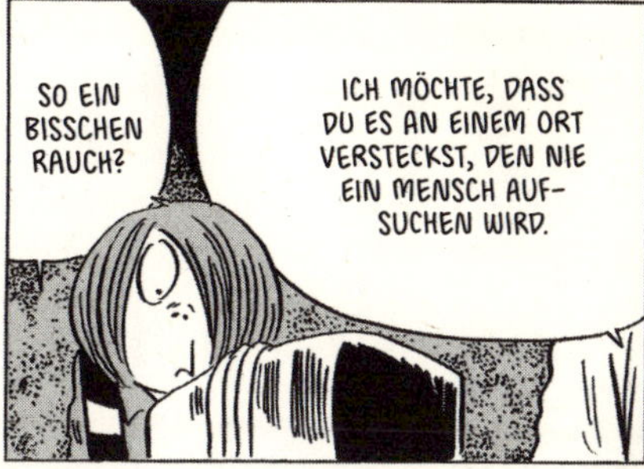
SO EIN BISSCHEN RAUCH?
ICH MÖCHTE, DASS DU ES AN EINEM ORT VERSTECKST, DEN NIE EIN MENSCH AUFSUCHEN WIRD.

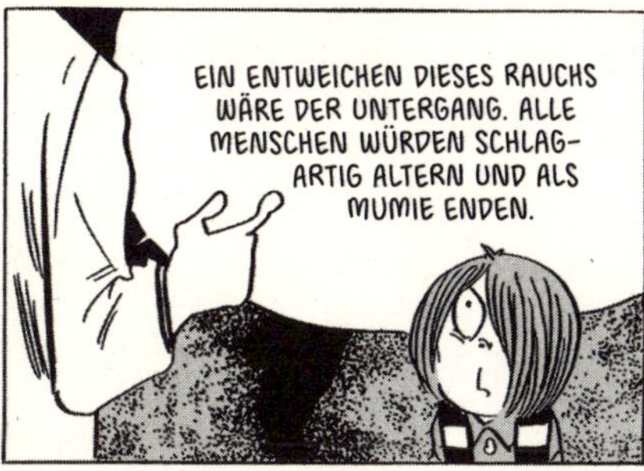
EIN ENTWEICHEN DIESES RAUCHS WÄRE DER UNTERGANG. ALLE MENSCHEN WÜRDEN SCHLAGARTIG ALTERN UND ALS MUMIE ENDEN.

KITARO NAHM DAS KÄSTCHEN UND BESCHLOSS, ERST MAL NACH HAUSE ZU GEHEN. AUF DEM HEIMWEG ÜBERKAM IHN ABER IN EINER LADENSTRASSE EIN FURCHTBARER SCHWINDEL. SO ALS HÄTTE IHN EIN BÖSER HYPNOSEZAUBER GETROFFEN.

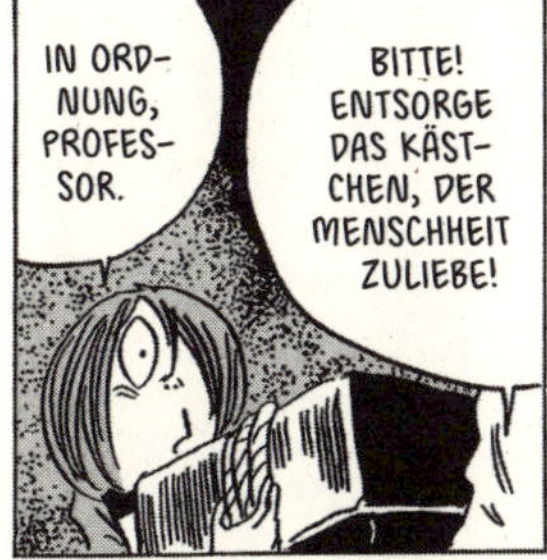
IN ORDNUNG, PROFESSOR.
BITTE! ENTSORGE DAS KÄSTCHEN, DER MENSCHHEIT ZULIEBE!

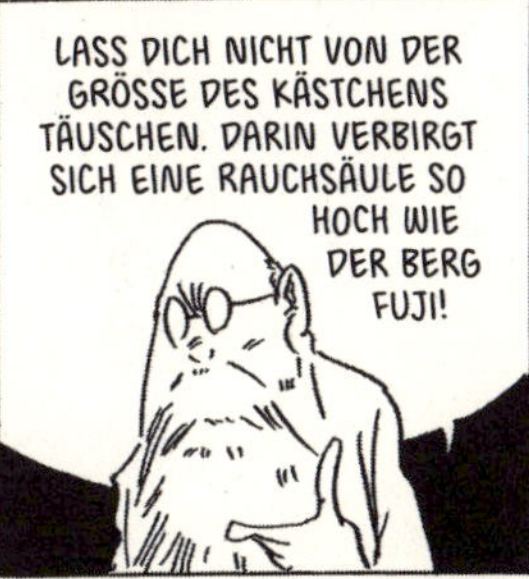
LASS DICH NICHT VON DER GRÖSSE DES KÄSTCHENS TÄUSCHEN. DARIN VERBIRGT SICH EINE RAUCHSÄULE SO HOCH WIE DER BERG FUJI!

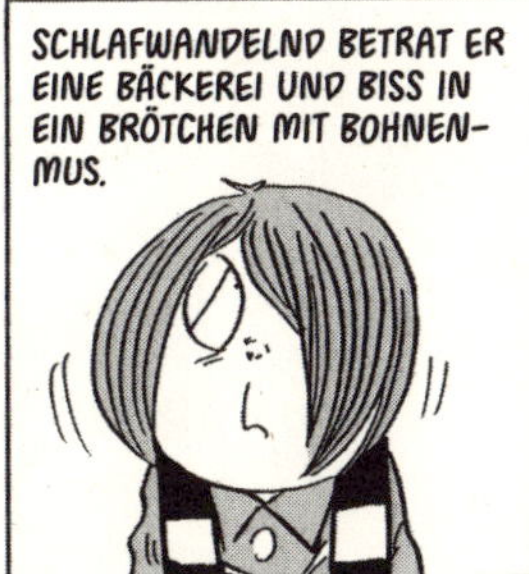
SCHLAFWANDELND BETRAT ER EINE BÄCKEREI UND BISS IN EIN BRÖTCHEN MIT BOHNENMUS.

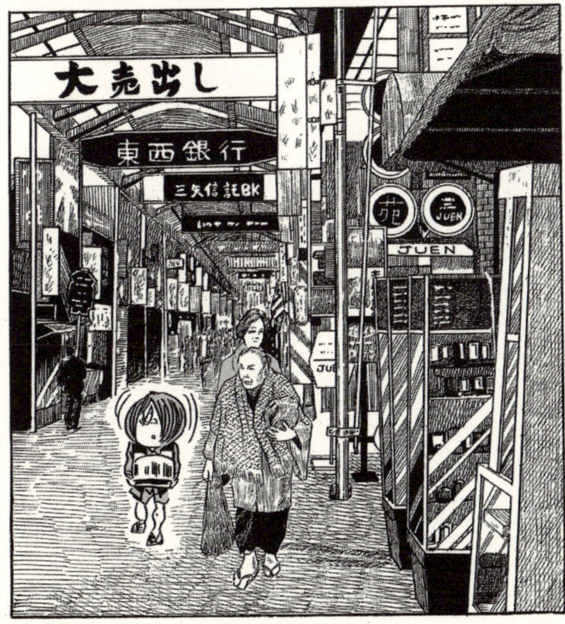
大売出し
東西銀行
三矢信託BK
JUEN
JUEN

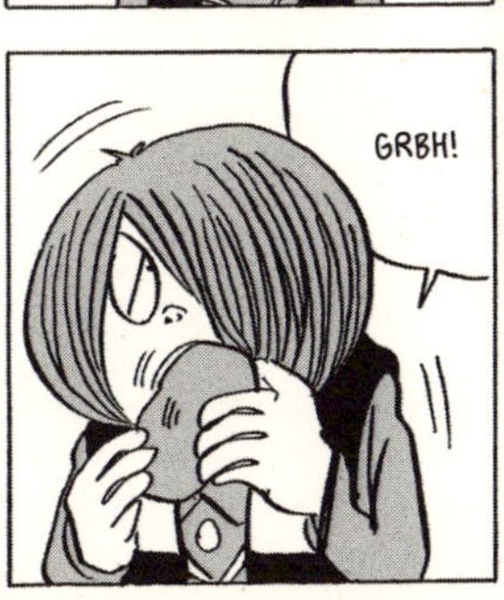
GRBH!

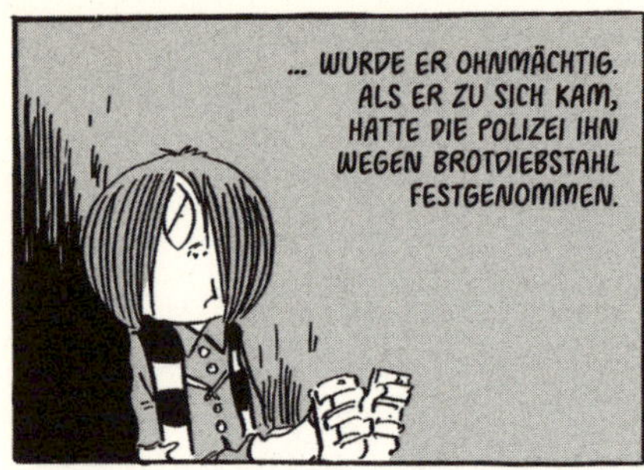
... WURDE ER OHNMÄCHTIG. ALS ER ZU SICH KAM, HATTE DIE POLIZEI IHN WEGEN BROTDIEBSTAHL FESTGENOMMEN.

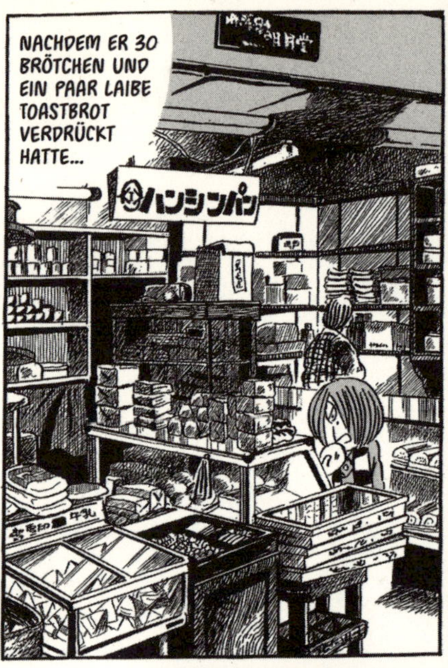
NACHDEM ER 30 BRÖTCHEN UND EIN PAAR LAIBE TOASTBROT VERDRÜCKT HATTE...
ハンシンパン

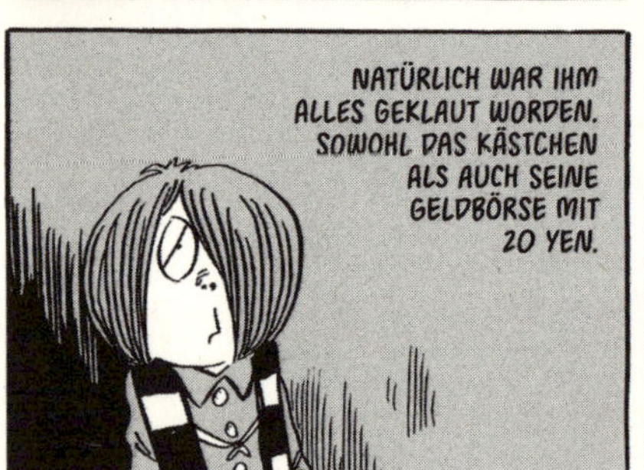
NATÜRLICH WAR IHM ALLES GEKLAUT WORDEN. SOWOHL DAS KÄSTCHEN ALS AUCH SEINE GELDBÖRSE MIT 20 YEN.

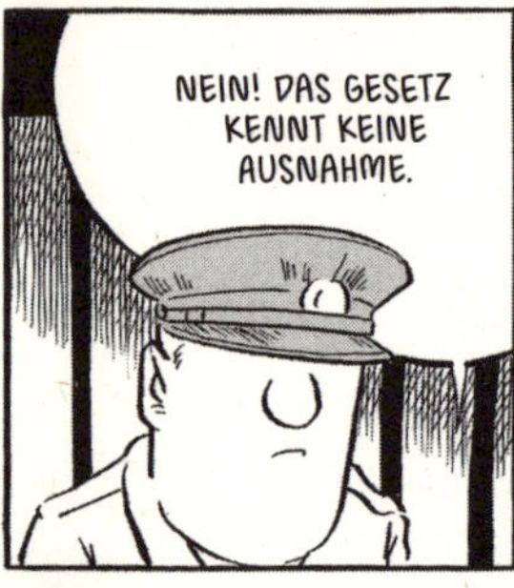
NEIN! DAS GESETZ KENNT KEINE AUSNAHME.

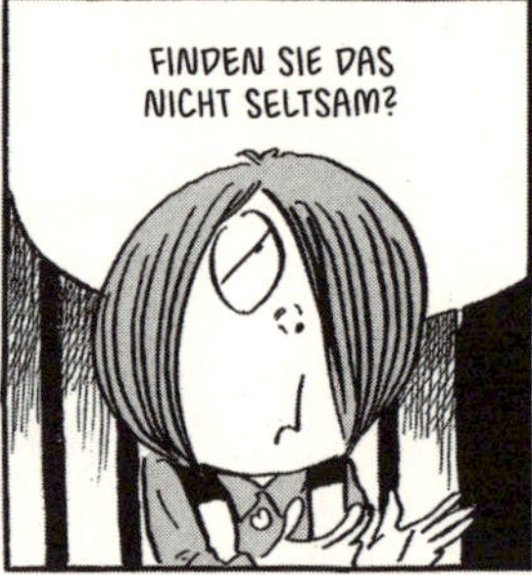
FINDEN SIE DAS NICHT SELTSAM?

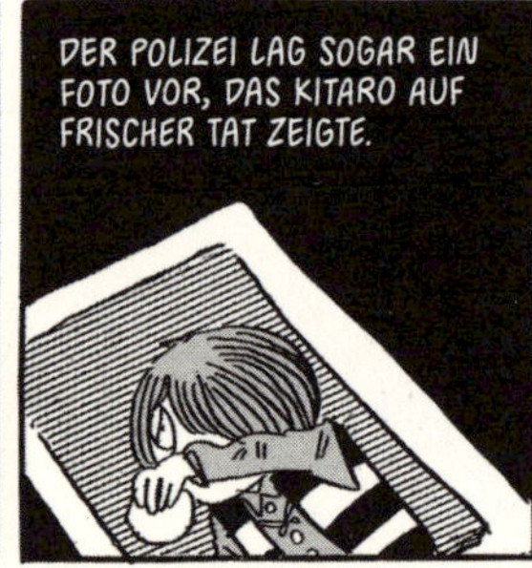
DER POLIZEI LAG SOGAR EIN FOTO VOR, DAS KITARO AUF FRISCHER TAT ZEIGTE.

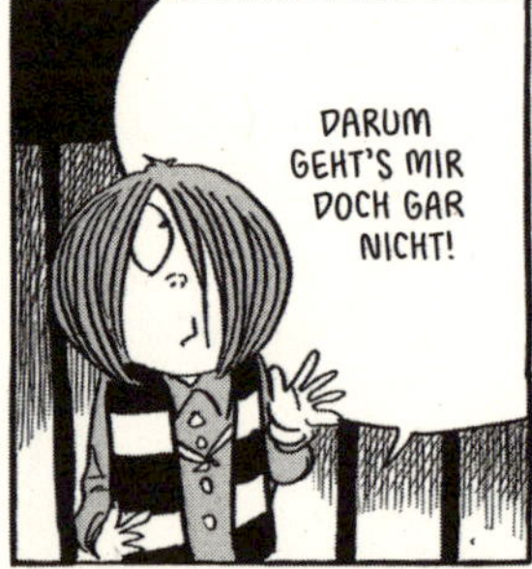
DARUM GEHT'S MIR DOCH GAR NICHT!

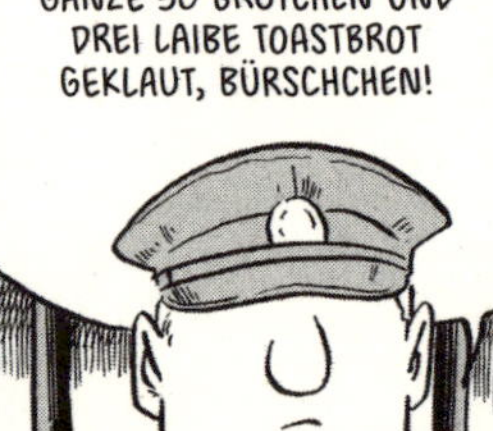
DU HINGEGEN HAST GANZE 30 BRÖTCHEN UND DREI LAIBE TOASTBROT GEKLAUT, BÜRSCHCHEN!

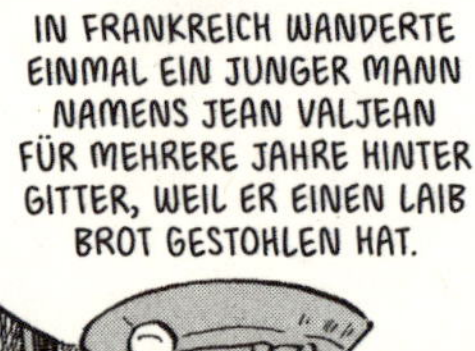
IN FRANKREICH WANDERTE EINMAL EIN JUNGER MANN NAMENS JEAN VALJEAN FÜR MEHRERE JAHRE HINTER GITTER, WEIL ER EINEN LAIB BROT GESTOHLEN HAT.

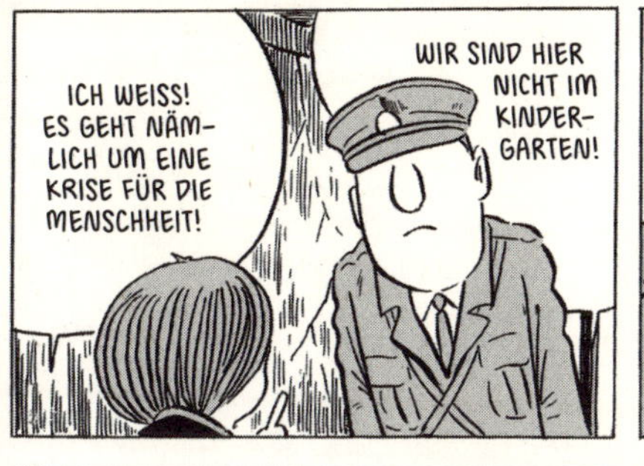
WIR SIND HIER NICHT IM KINDER-GARTEN!
ICH WEISS! ES GEHT NÄM-LICH UM EINE KRISE FÜR DIE MENSCHHEIT!

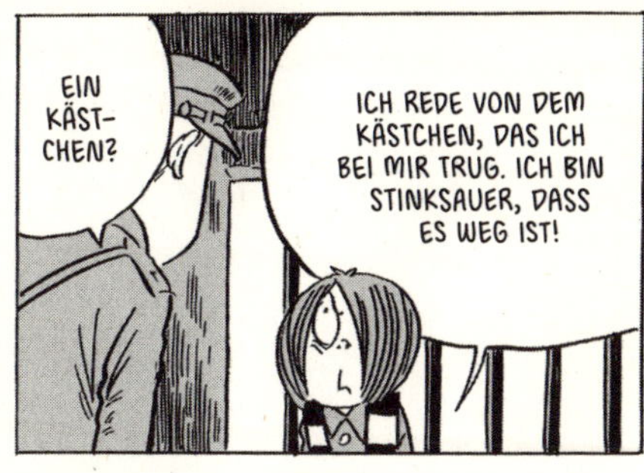
ICH REDE VON DEM KÄSTCHEN, DAS ICH BEI MIR TRUG. ICH BIN STINKSAUER, DASS ES WEG IST!
EIN KÄST-CHEN?

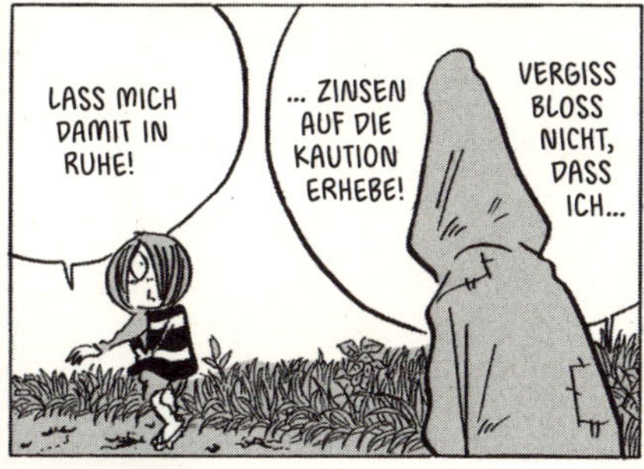
VERGISS BLOSS NICHT, DASS ICH...
... ZINSEN AUF DIE KAUTION ERHEBE!
LASS MICH DAMIT IN RUHE!

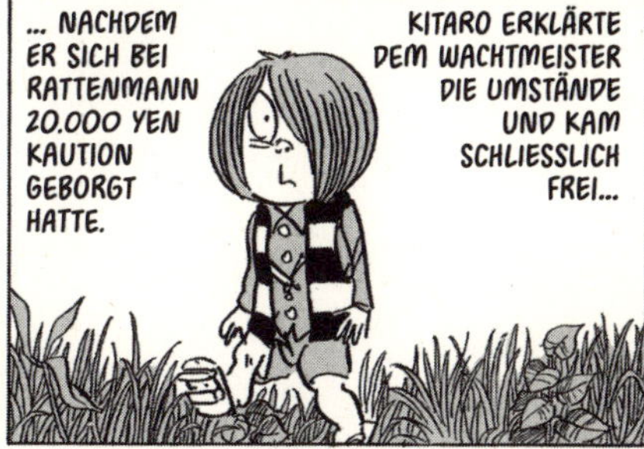
KITARO ERKLÄRTE DEM WACHTMEISTER DIE UMSTÄNDE UND KAM SCHLIESSLICH FREI...
... NACHDEM ER SICH BEI RATTENMANN 20.000 YEN KAUTION GEBORGT HATTE.

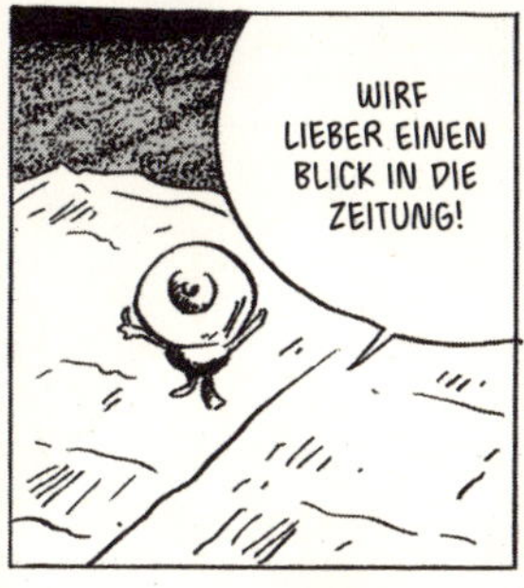
WIRF LIEBER EINEN BLICK IN DIE ZEITUNG!

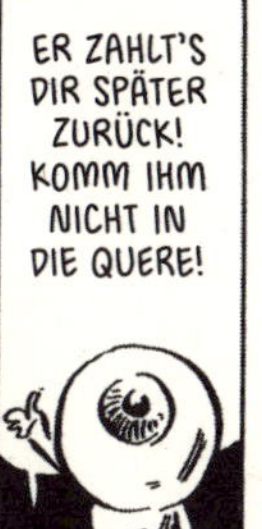
ER ZAHLT'S DIR SPÄTER ZURÜCK! KOMM IHM NICHT IN DIE QUERE!

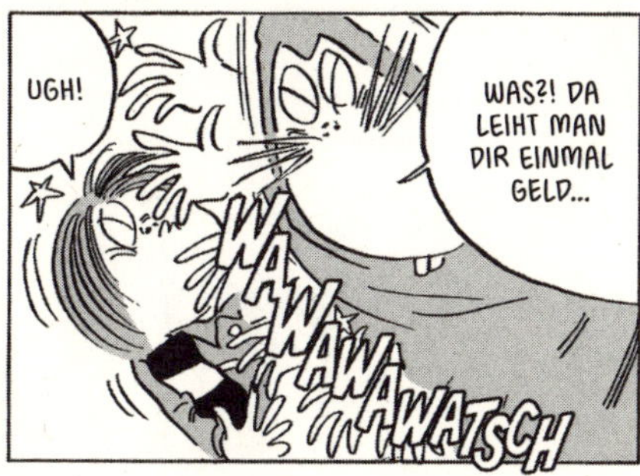
WAS?! DA LEIHT MAN DIR EINMAL GELD...
UGH!
WAWAWAWAWATSCH

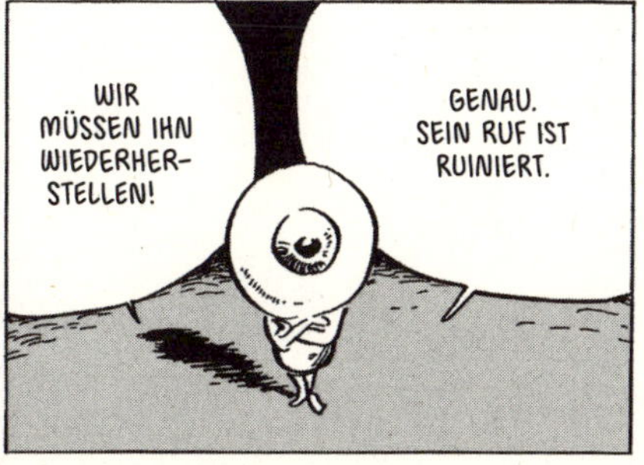
GENAU. SEIN RUF IST RUINIERT.
WIR MÜSSEN IHN WIEDERHER-STELLEN!

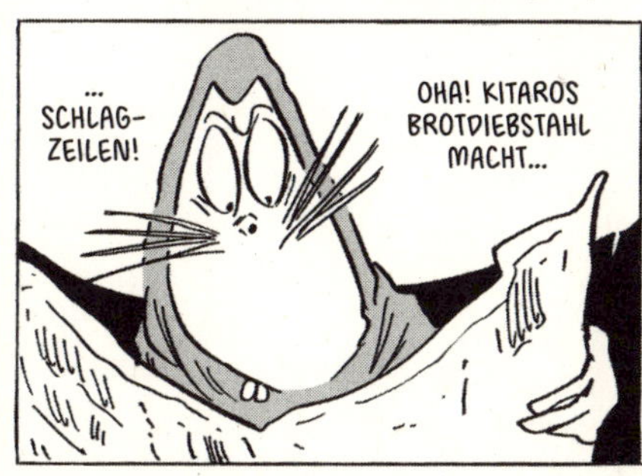
OHA! KITAROS BROTDIEBSTAHL MACHT...
... SCHLAG-ZEILEN!

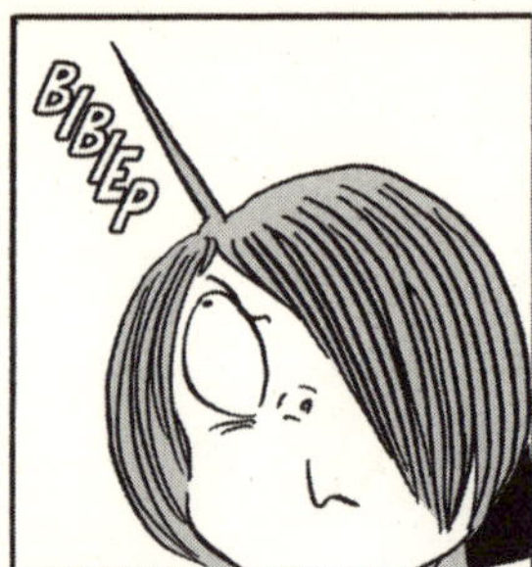
BIBIEP

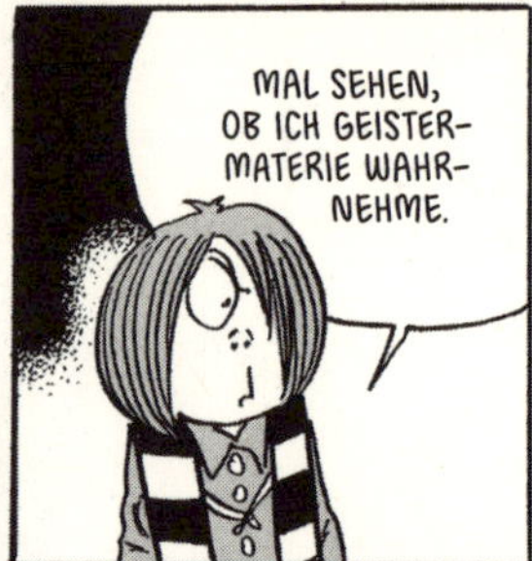
MAL SEHEN, OB ICH GEISTER-MATERIE WAHR-NEHME.

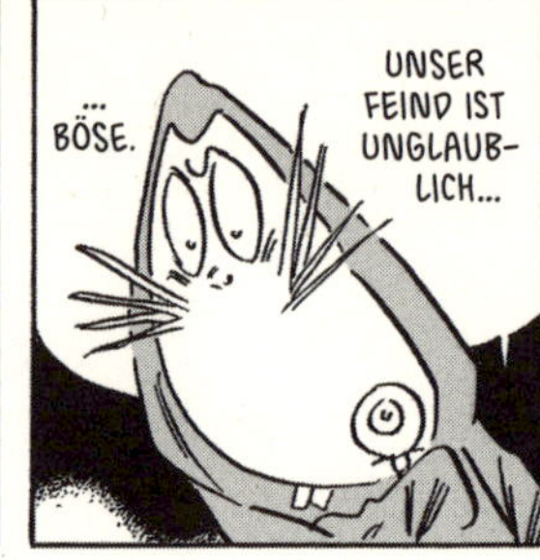
UNSER FEIND IST UNGLAUB-LICH...
... BÖSE.

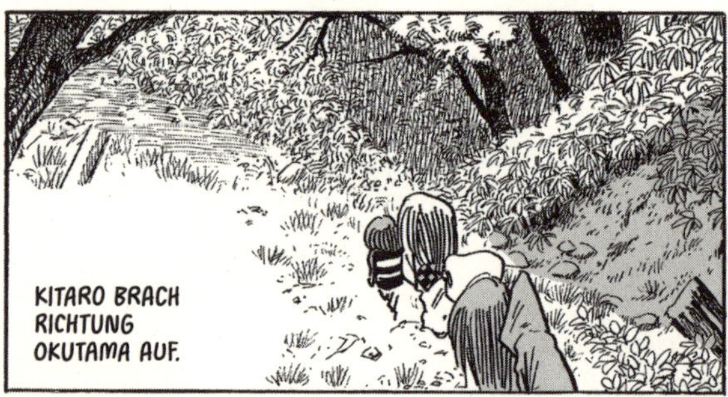
KITARO BRACH RICHTUNG OKUTAMA AUF.

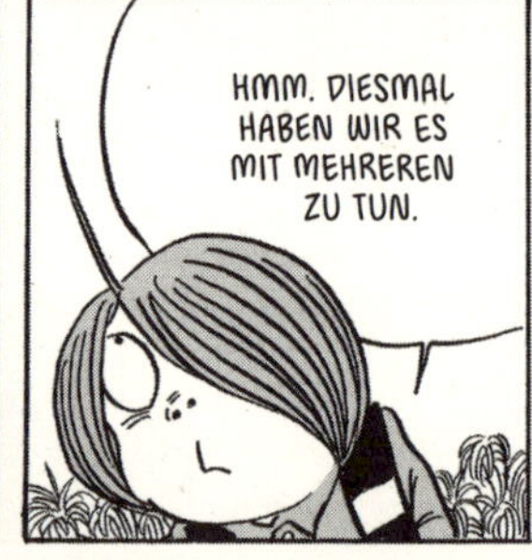
HMM. DIESMAL HABEN WIR ES MIT MEHREREN ZU TUN.

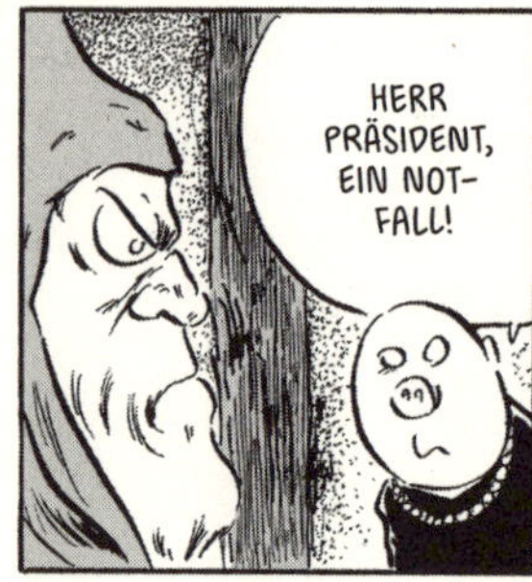
HERR PRÄSIDENT, EIN NOT-FALL!

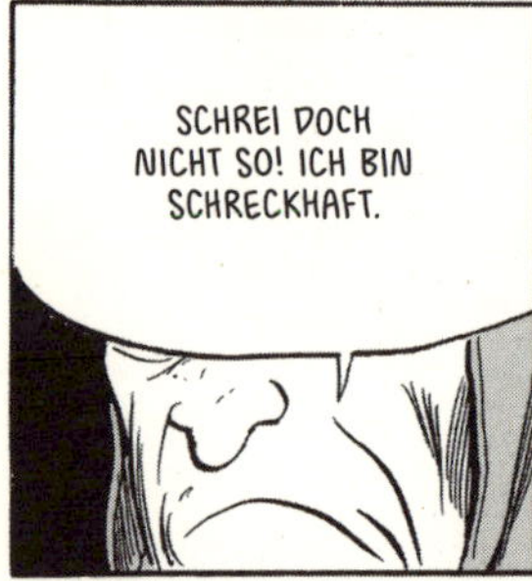
SCHREI DOCH NICHT SO! ICH BIN SCHRECKHAFT.

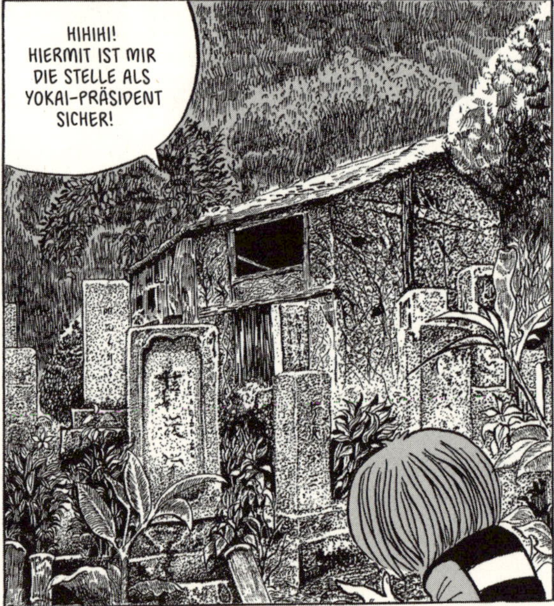
HIHIHI! HIERMIT IST MIR DIE STELLE ALS YOKAI-PRÄSIDENT SICHER!

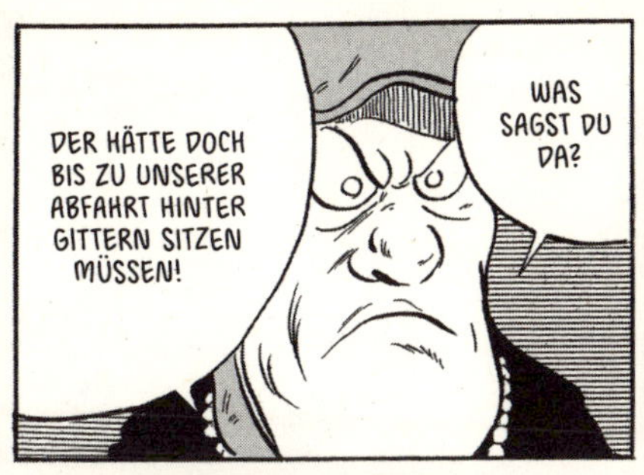
WAS SAGST DU DA?
DER HÄTTE DOCH BIS ZU UNSERER ABFAHRT HINTER GITTERN SITZEN MÜSSEN!

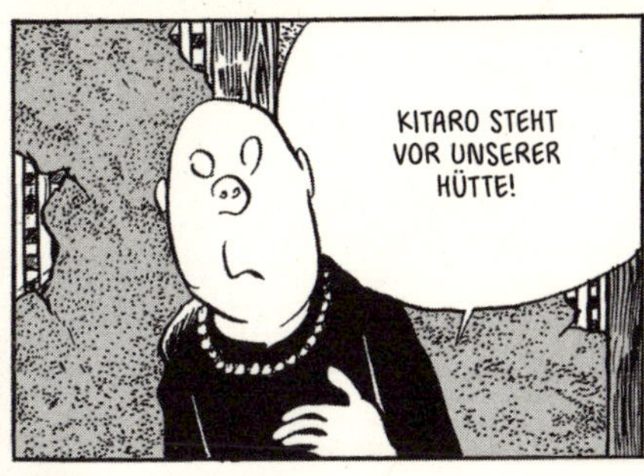
KITARO STEHT VOR UNSERER HÜTTE!

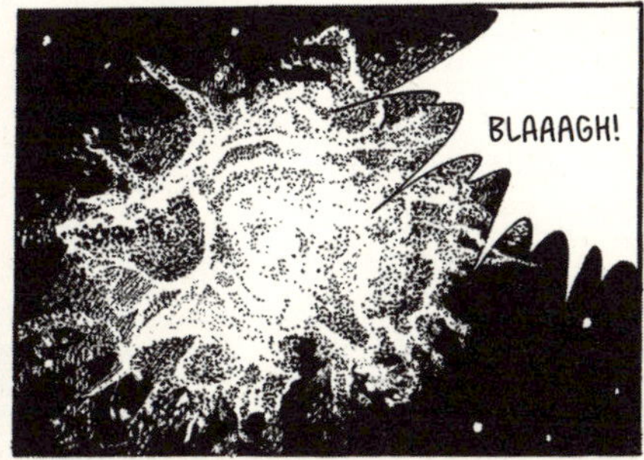
BLAAAGH!

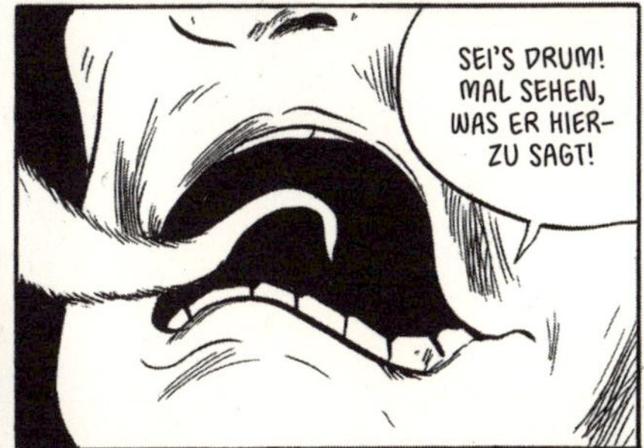
SEI'S DRUM! MAL SEHEN, WAS ER HIER-ZU SAGT!

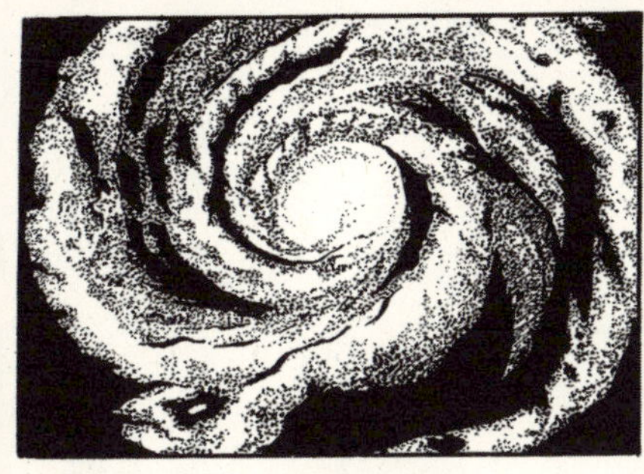

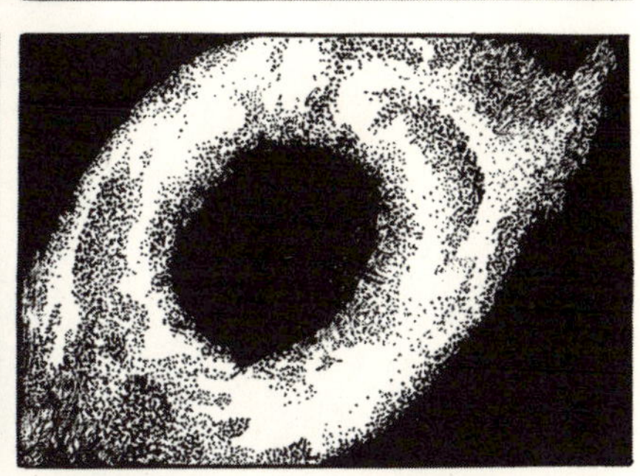

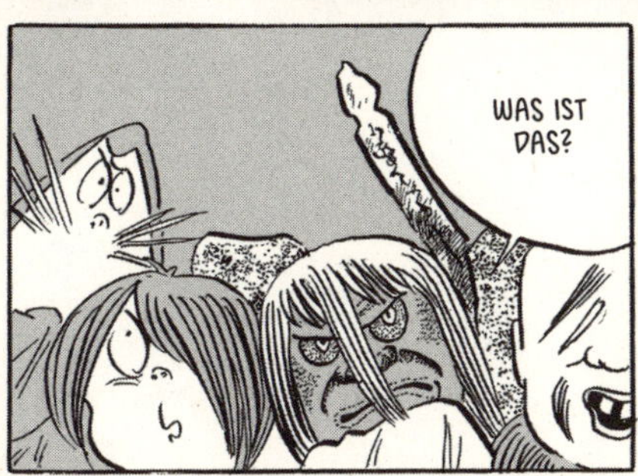
WAS IST DAS?

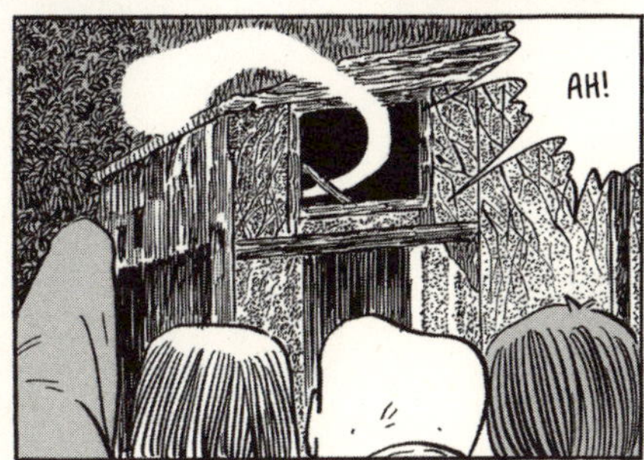
AH!

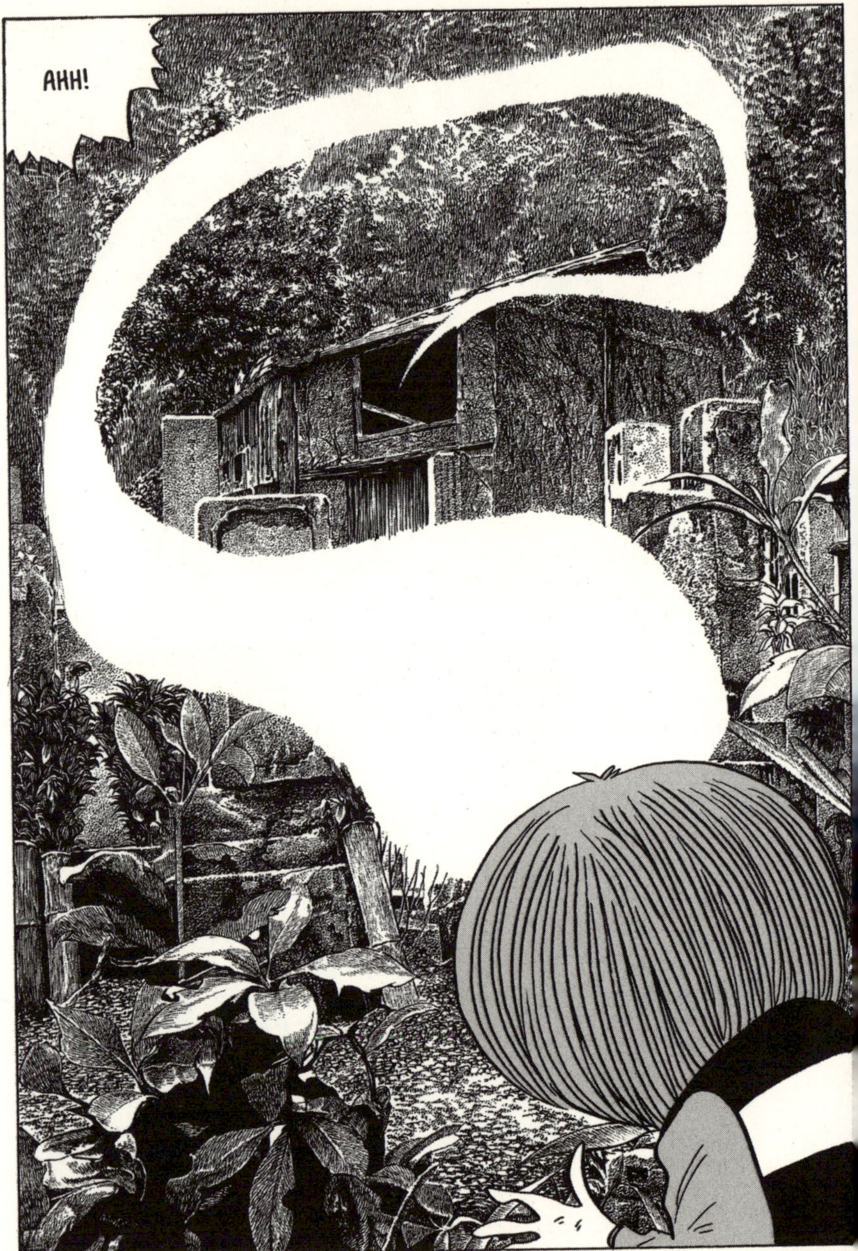
AHH!

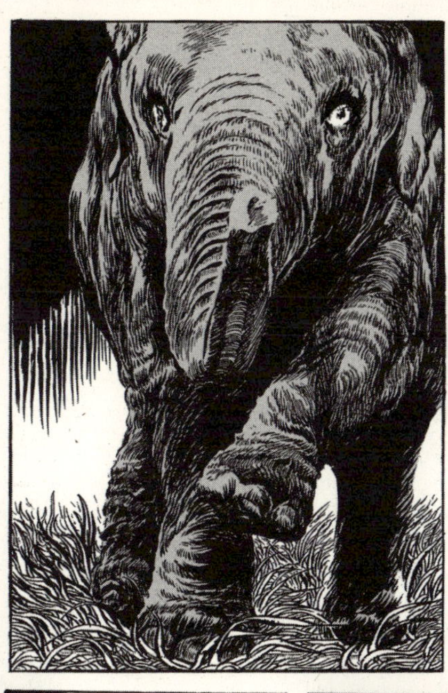
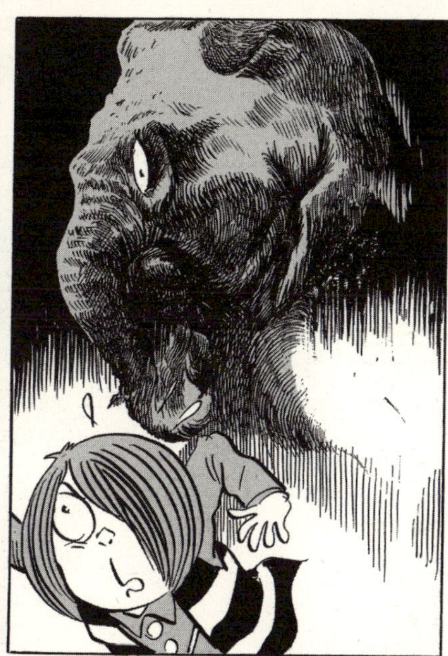
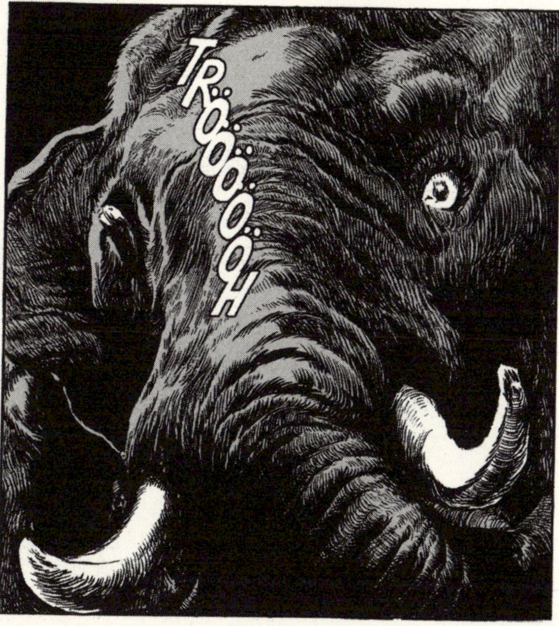
TRÖÖÖÖÖH
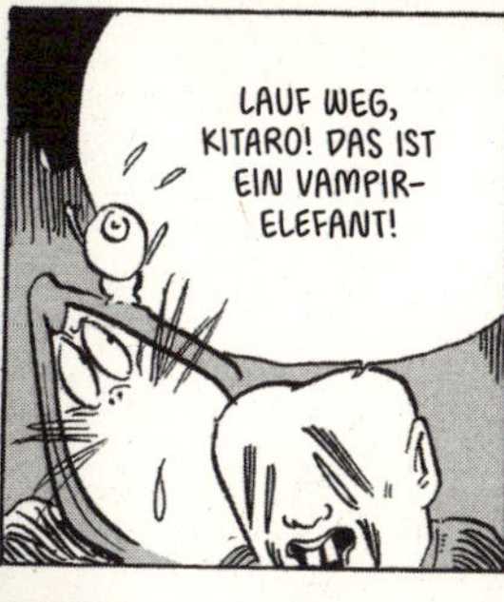
LAUF WEG, KITARO! DAS IST EIN VAMPIR-ELEFANT!
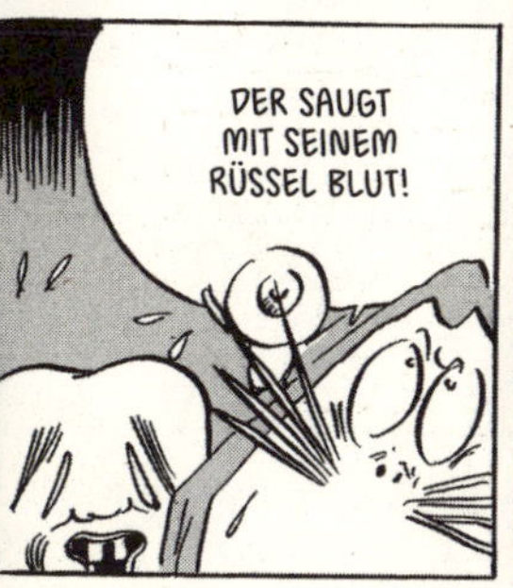
DER SAUGT MIT SEINEM RÜSSEL BLUT!

KAUM HATTE KITARO DAS ERFAHREN, HOLTE ER MIT SEINEN UMGEDREHTEN HOLZSANDALEN ZUM MAGISCHEN GEGENANGRIFF AUS.

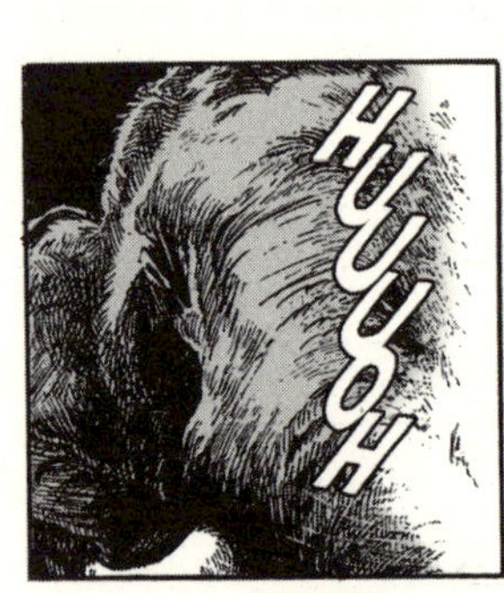
HUUUOH

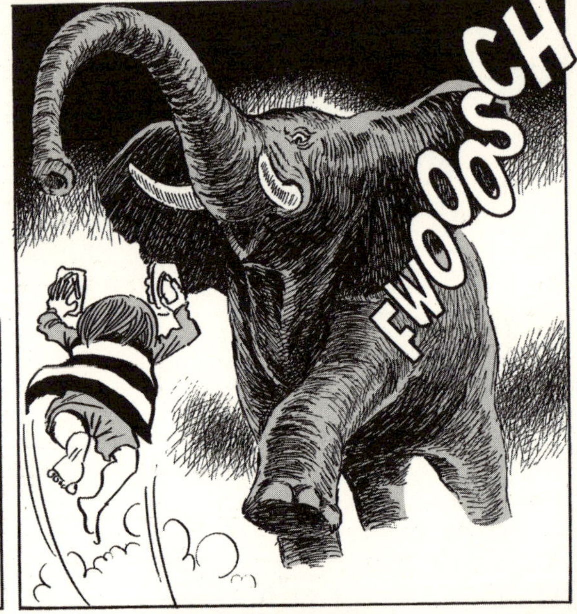
FWOOOSCH

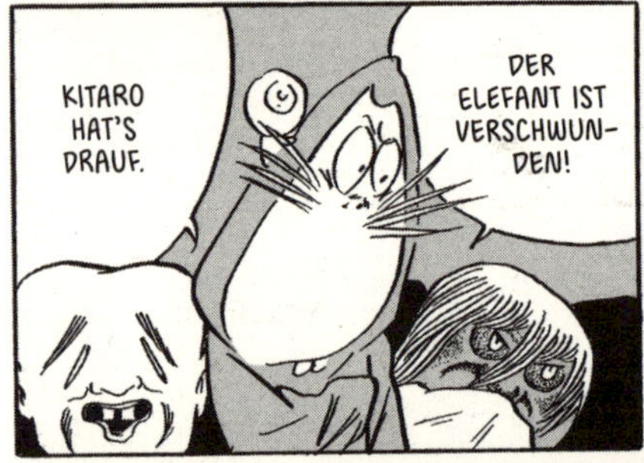
KITARO HAT'S DRAUF.
DER ELEFANT IST VERSCHWUNDEN!

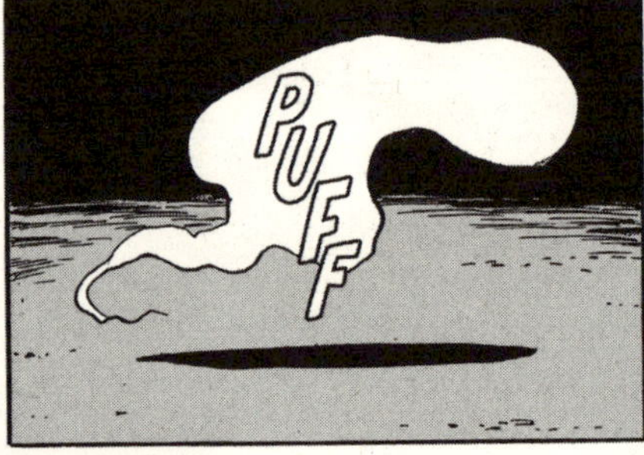
PUFF

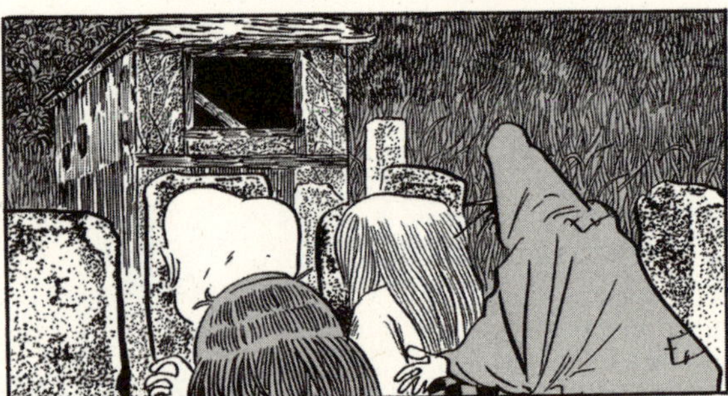

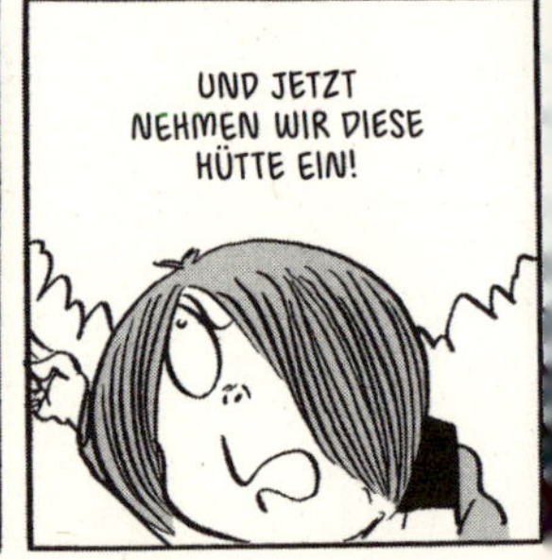
UND JETZT NEHMEN WIR DIESE HÜTTE EIN!

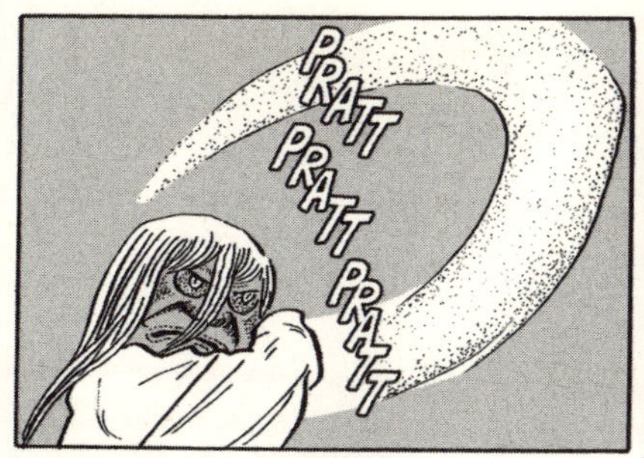
PRATT
PRATT
PRATT

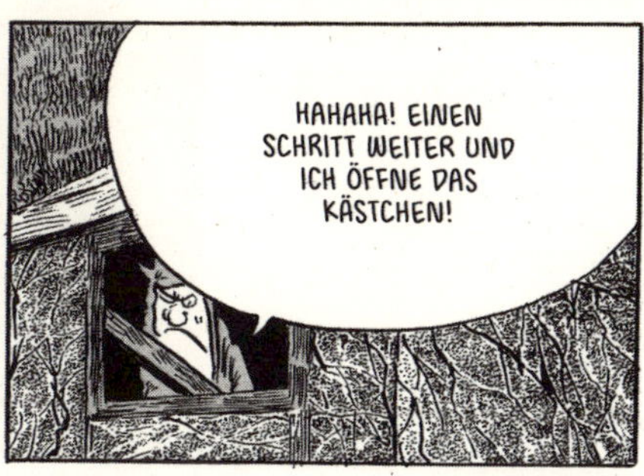
HAHAHA! EINEN SCHRITT WEITER UND ICH ÖFFNE DAS KÄSTCHEN!

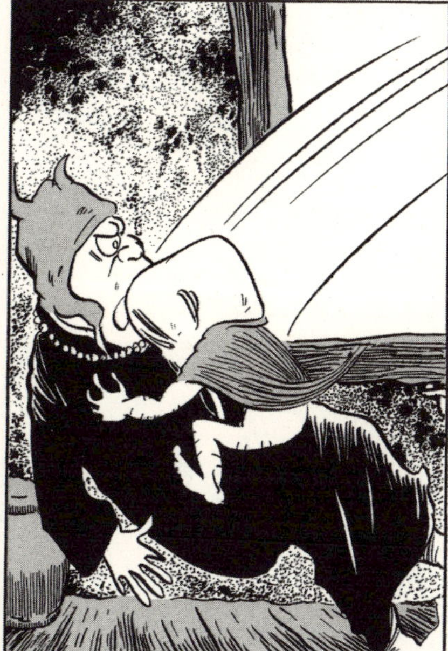

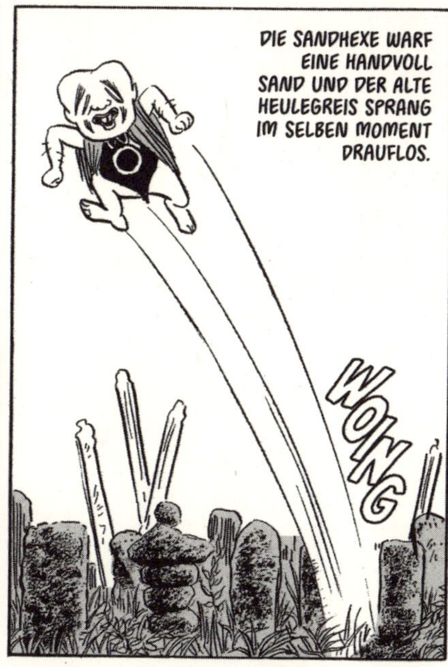
DIE SANDHEXE WARF EINE HANDVOLL SAND UND DER ALTE HEULEGREIS SPRANG IM SELBEN MOMENT DRAUFLOS.
WOING

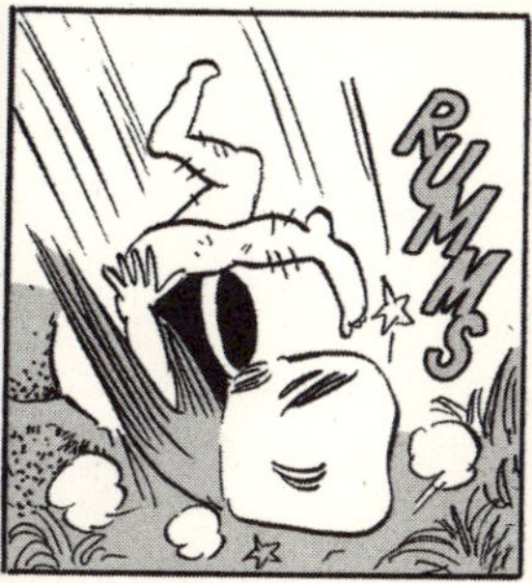
RUMMS

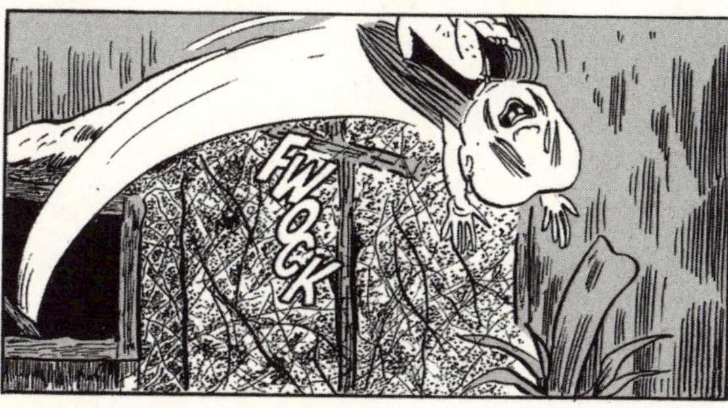
FWOCK

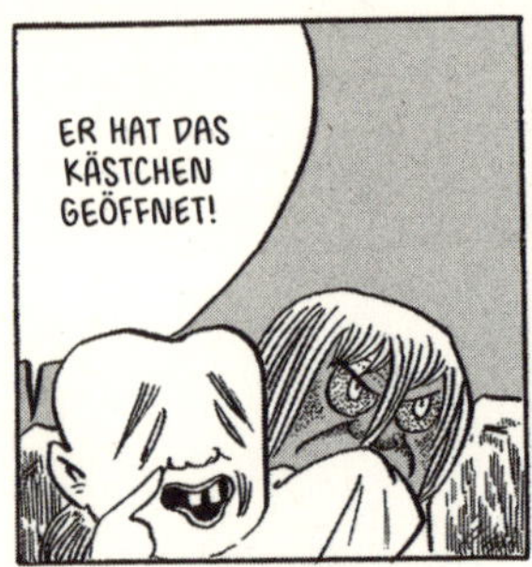
ER HAT DAS KÄSTCHEN GEÖFFNET!

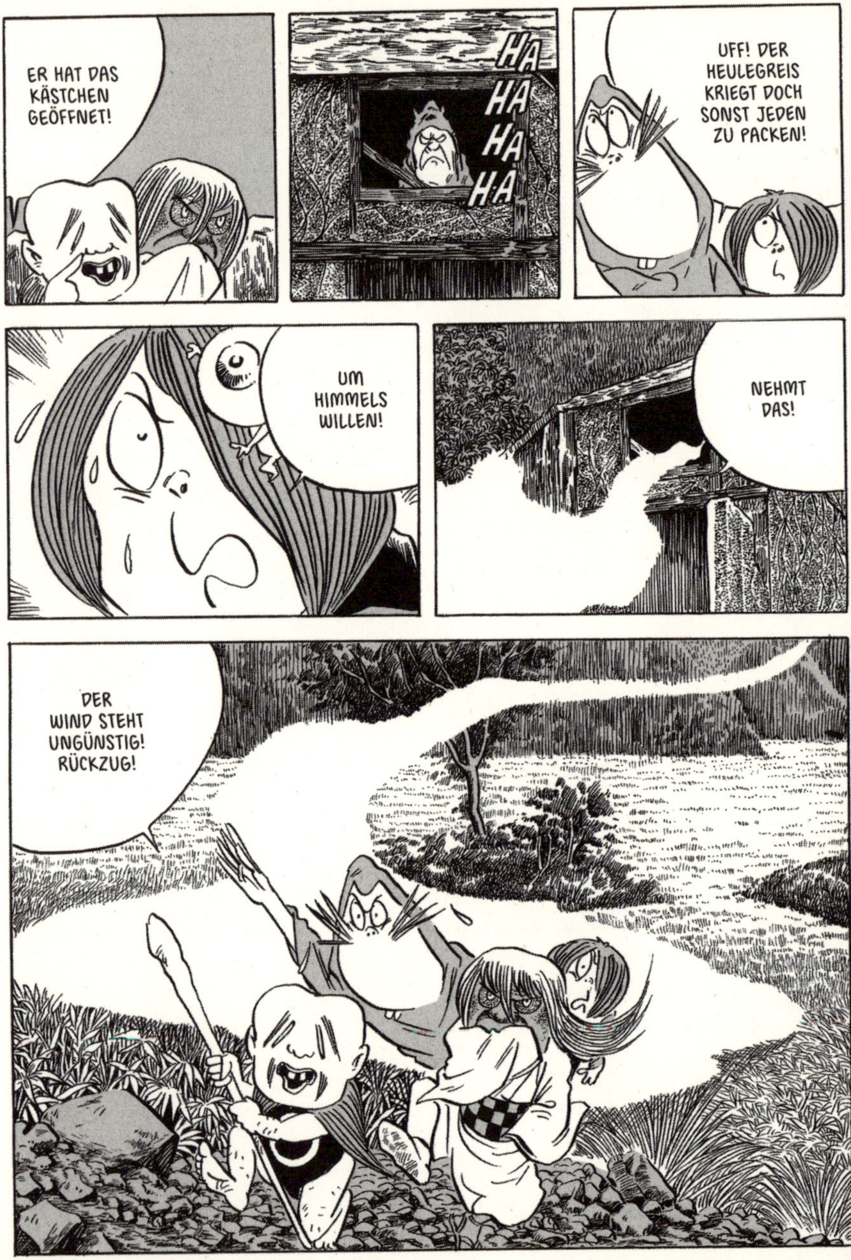

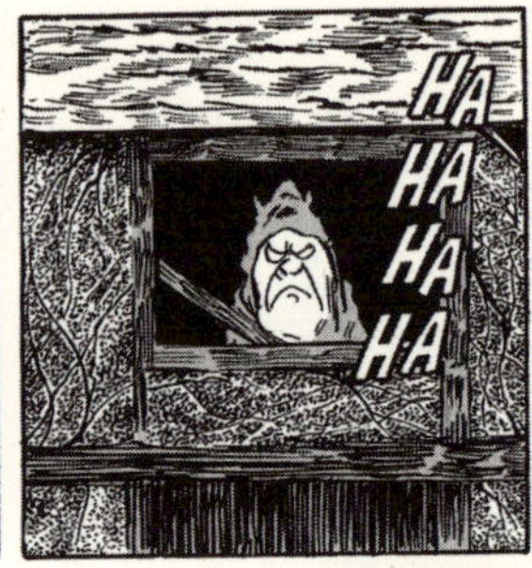
HA HA HA HA

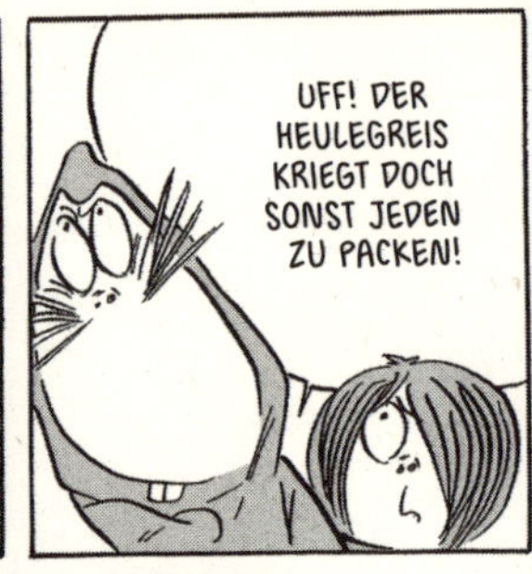
UFF! DER HEULEGREIS KRIEGT DOCH SONST JEDEN ZU PACKEN!

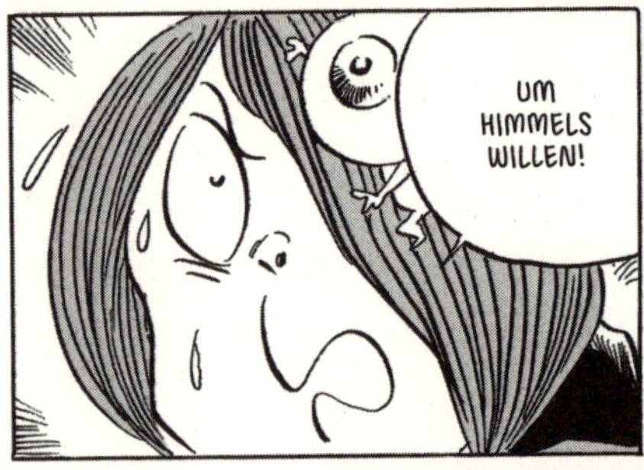
UM HIMMELS WILLEN!

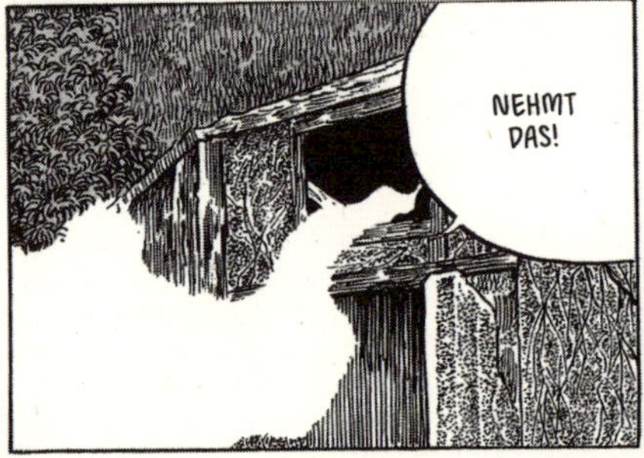
NEHMT DAS!

DER WIND STEHT UNGÜNSTIG! RÜCKZUG!

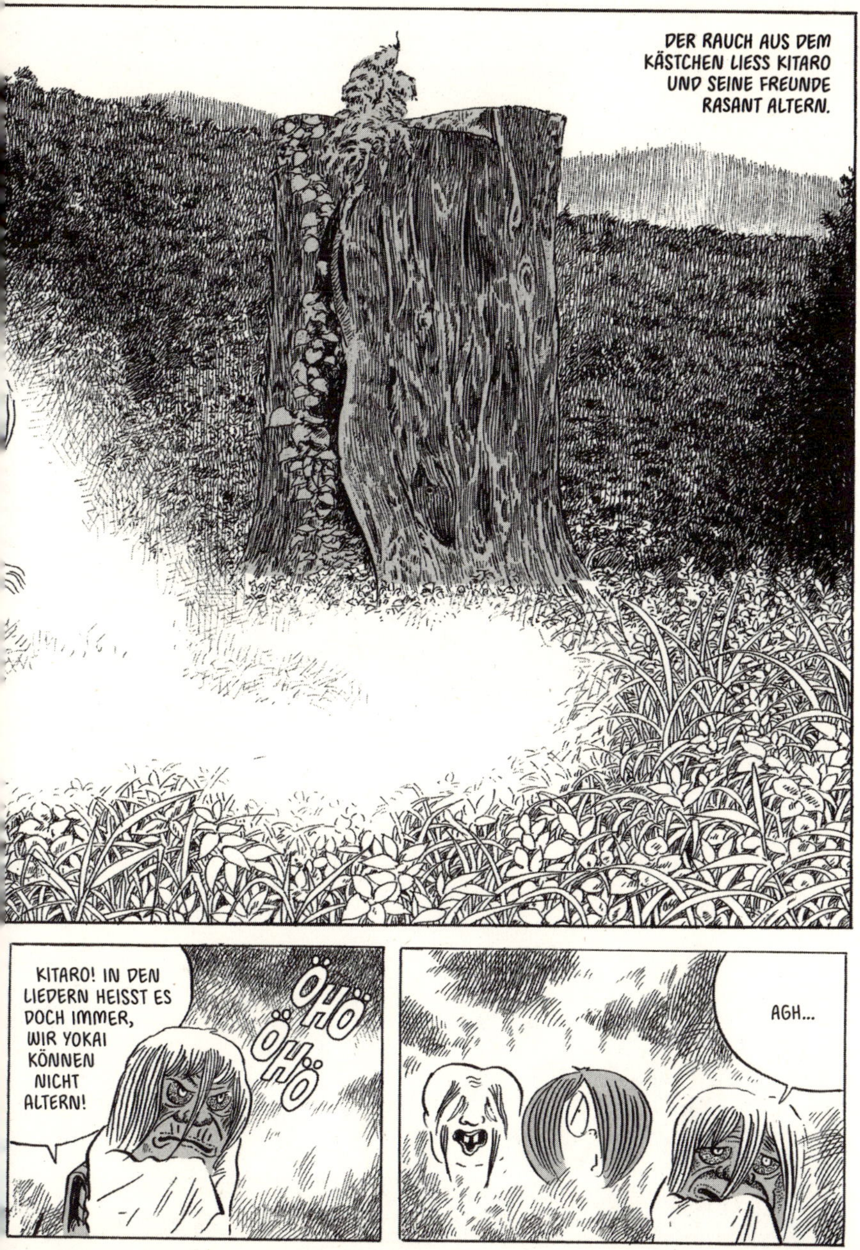

DER RAUCH AUS DEM KÄSTCHEN LIESS KITARO UND SEINE FREUNDE RASANT ALTERN.

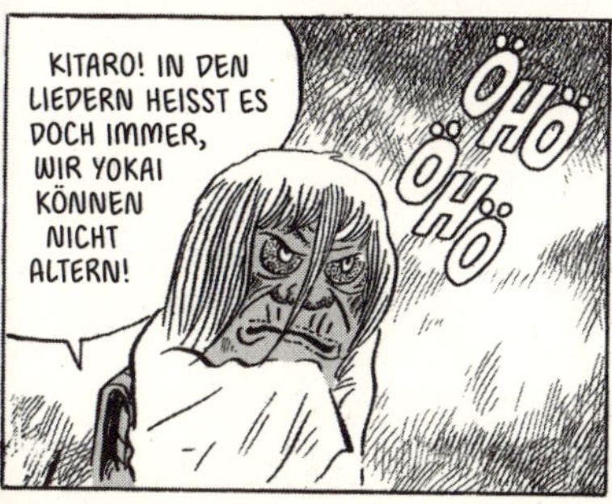
KITARO! IN DEN LIEDERN HEISST ES DOCH IMMER, WIR YOKAI KÖNNEN NICHT ALTERN!
ÖHÖ ÖHÖ

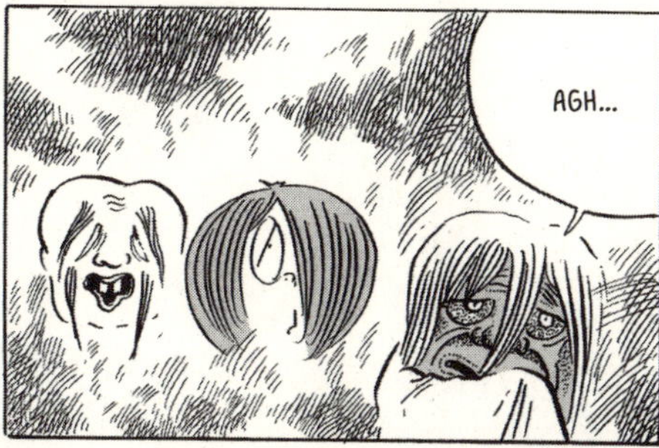
AGH...

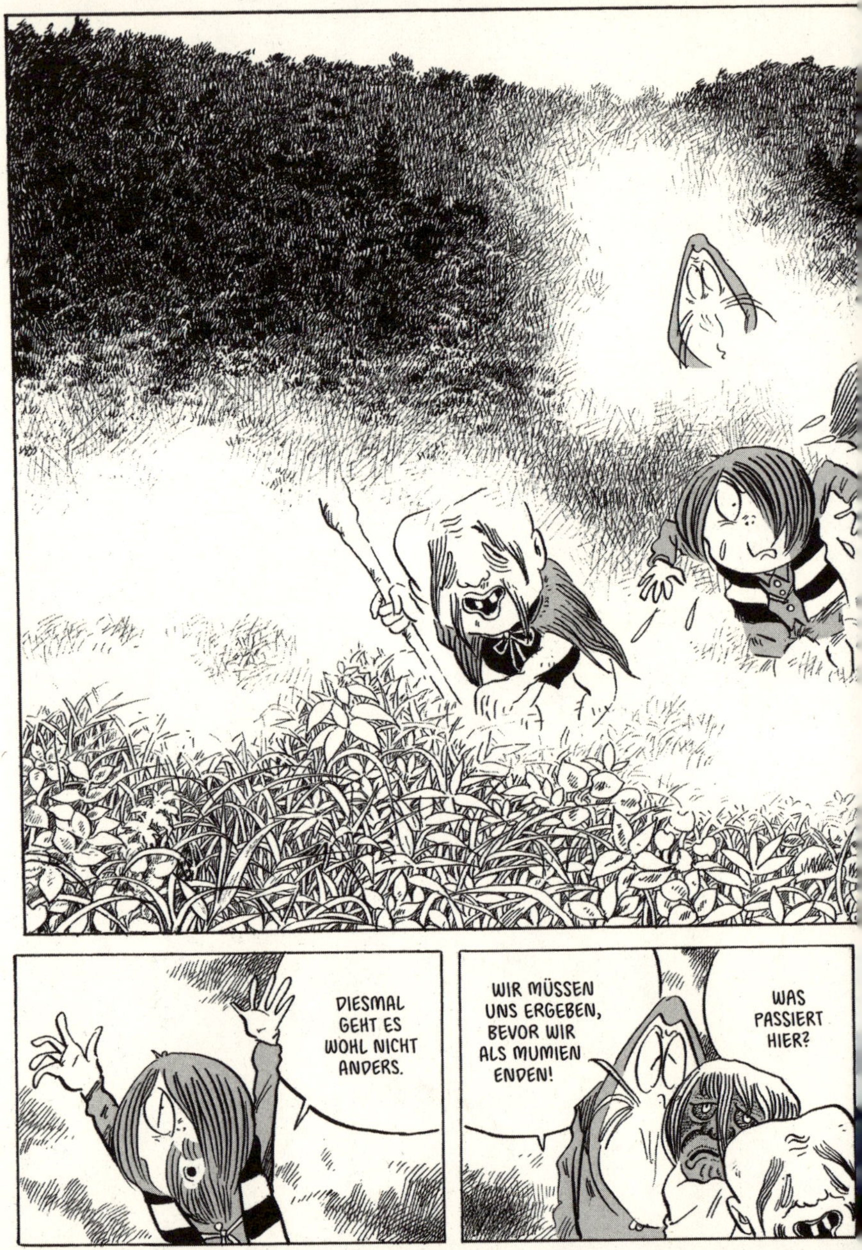

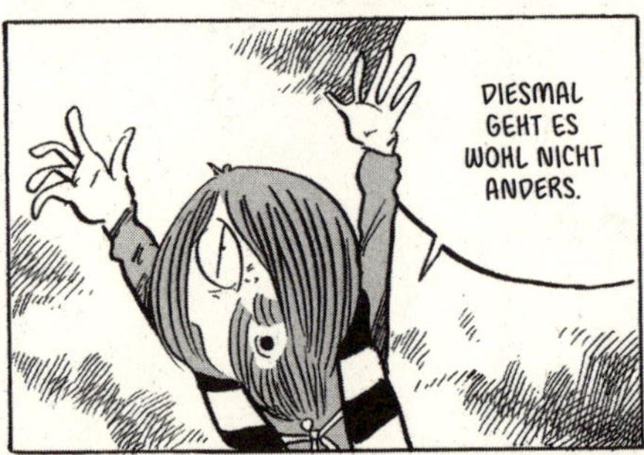
DIESMAL GEHT ES WOHL NICHT ANDERS.

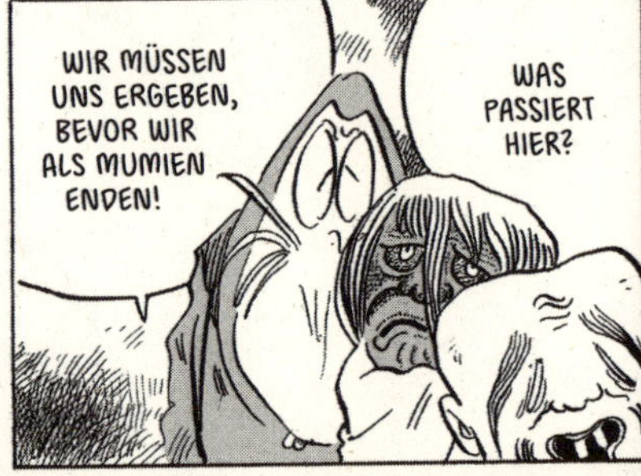
WIR MÜSSEN UNS ERGEBEN, BEVOR WIR ALS MUMIEN ENDEN!
WAS PASSIERT HIER?

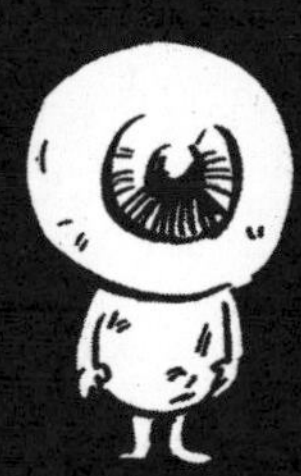

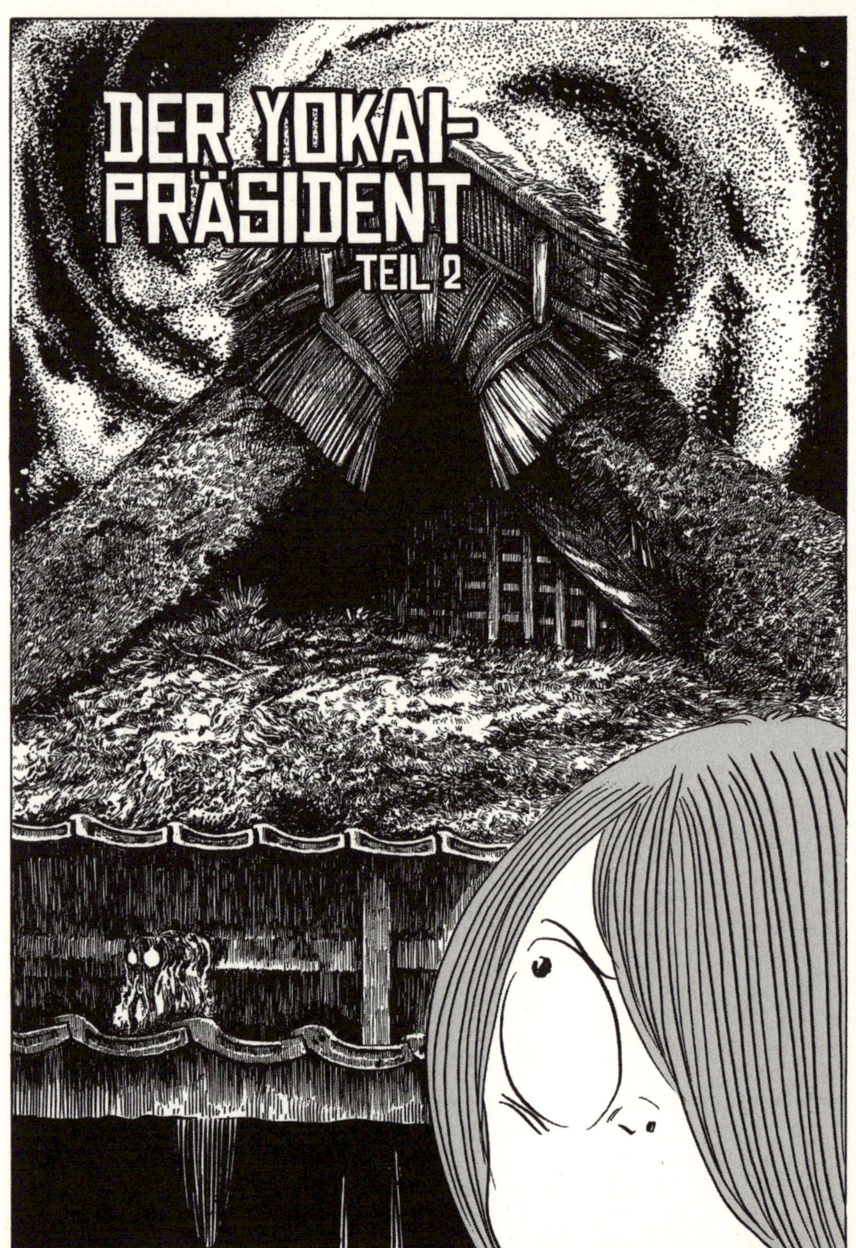
DER YOKAI-PRÄSIDENT
TEIL 2

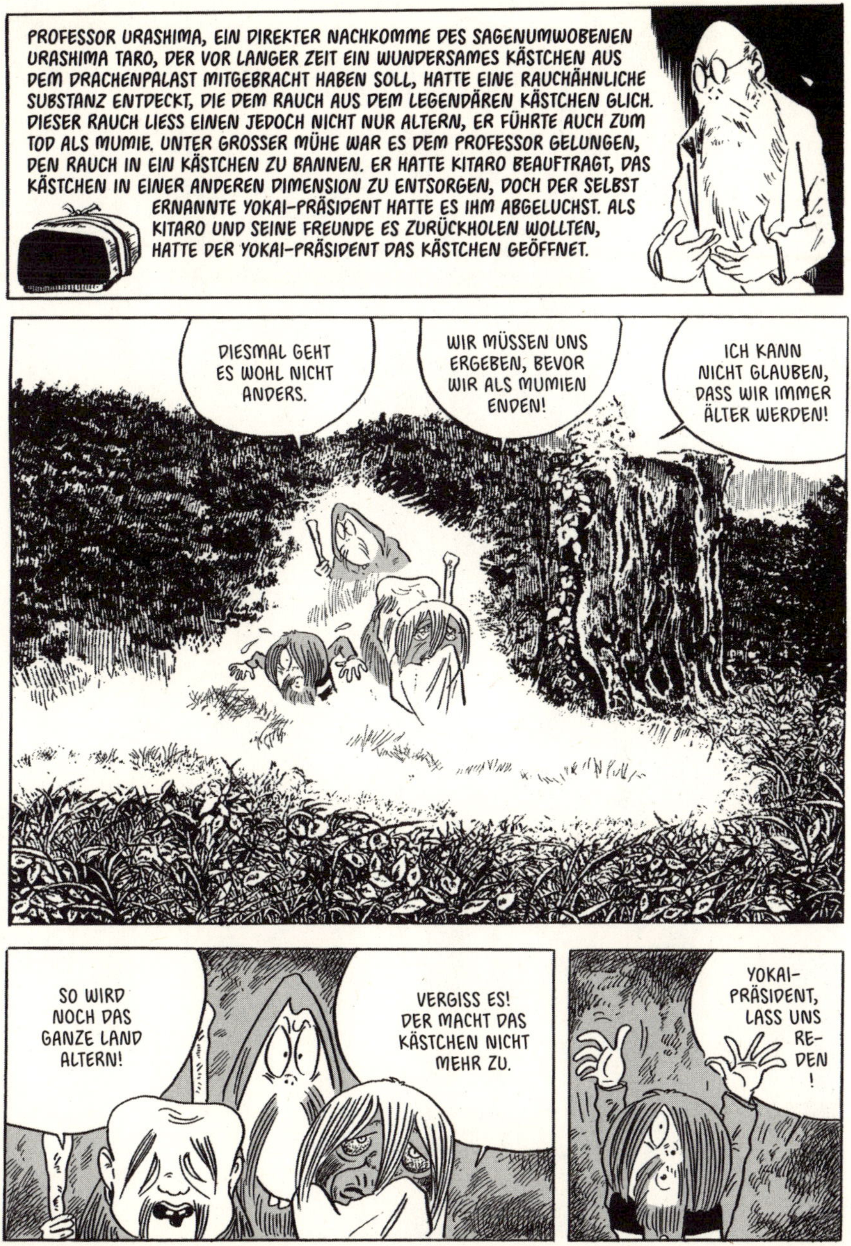

PROFESSOR URASHIMA, EIN DIREKTER NACHKOMME DES SAGENUMWOBENEN URASHIMA TARO, DER VOR LANGER ZEIT EIN WUNDERSAMES KÄSTCHEN AUS DEM DRACHENPALAST MITGEBRACHT HABEN SOLL, HATTE EINE RAUCHÄHNLICHE SUBSTANZ ENTDECKT, DIE DEM RAUCH AUS DEM LEGENDÄREN KÄSTCHEN GLICH. DIESER RAUCH LIESS EINEN JEDOCH NICHT NUR ALTERN, ER FÜHRTE AUCH ZUM TOD ALS MUMIE. UNTER GROSSER MÜHE WAR ES DEM PROFESSOR GELUNGEN, DEN RAUCH IN EIN KÄSTCHEN ZU BANNEN. ER HATTE KITARO BEAUFTRAGT, DAS KÄSTCHEN IN EINER ANDEREN DIMENSION ZU ENTSORGEN, DOCH DER SELBST ERNANNTE YOKAI-PRÄSIDENT HATTE ES IHM ABGELUCHST. ALS KITARO UND SEINE FREUNDE ES ZURÜCKHOLEN WOLLTEN, HATTE DER YOKAI-PRÄSIDENT DAS KÄSTCHEN GEÖFFNET.

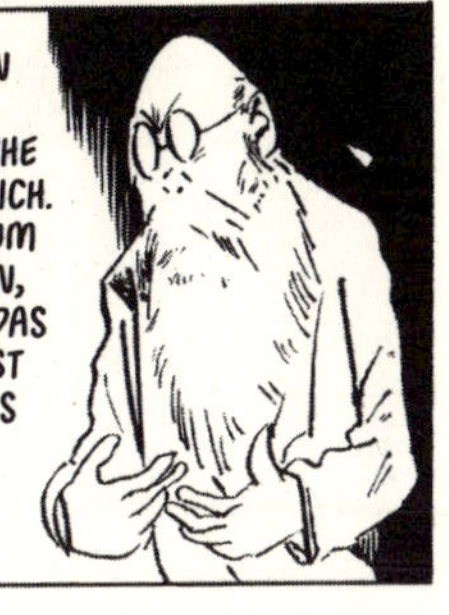

DIESMAL GEHT ES WOHL NICHT ANDERS.

WIR MÜSSEN UNS ERGEBEN, BEVOR WIR ALS MUMIEN ENDEN!

ICH KANN NICHT GLAUBEN, DASS WIR IMMER ÄLTER WERDEN!

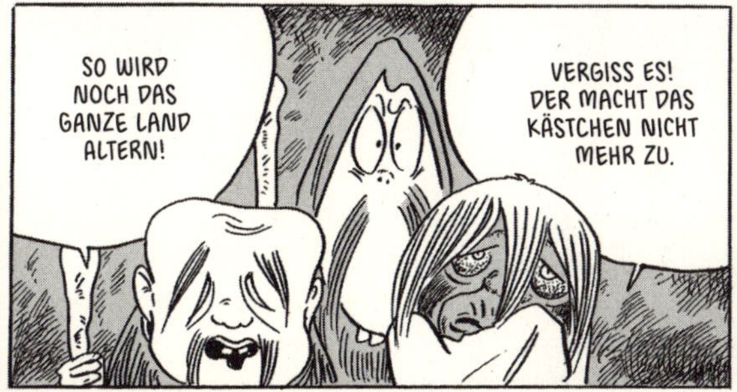

SO WIRD NOCH DAS GANZE LAND ALTERN!
VERGISS ES! DER MACHT DAS KÄSTCHEN NICHT MEHR ZU.

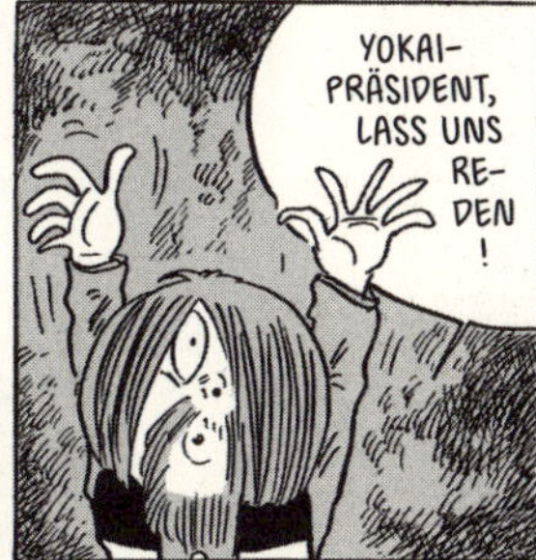

YOKAI-PRÄSIDENT, LASS UNS REDEN!

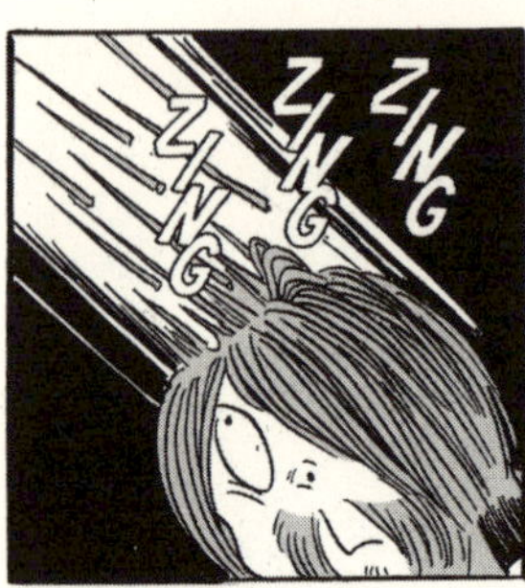
ZING
ZING
ZING

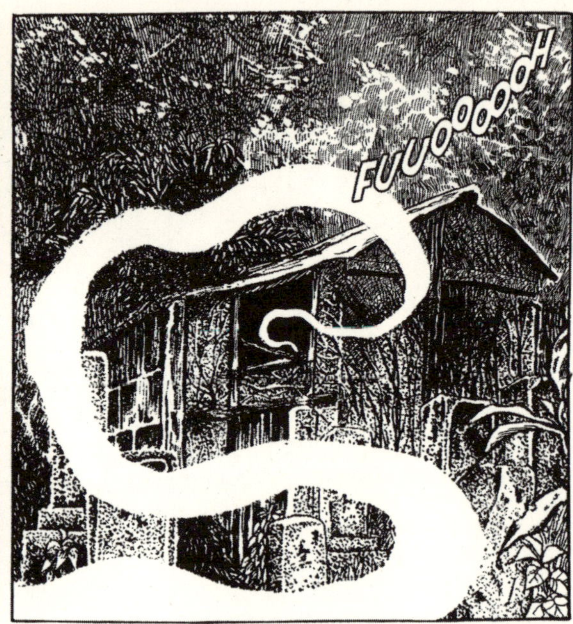
FUUOOOOOOH

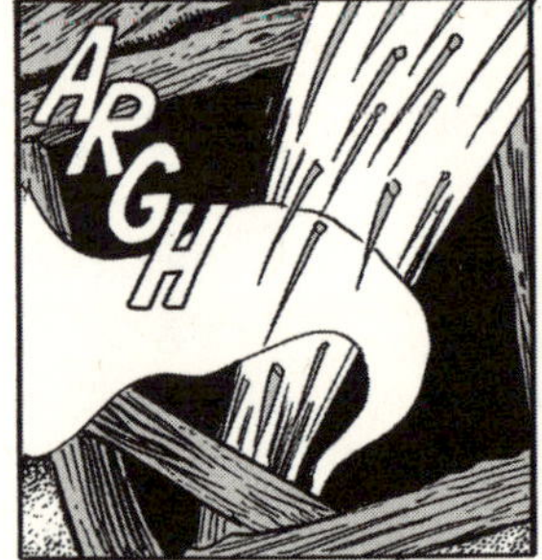
ARGH

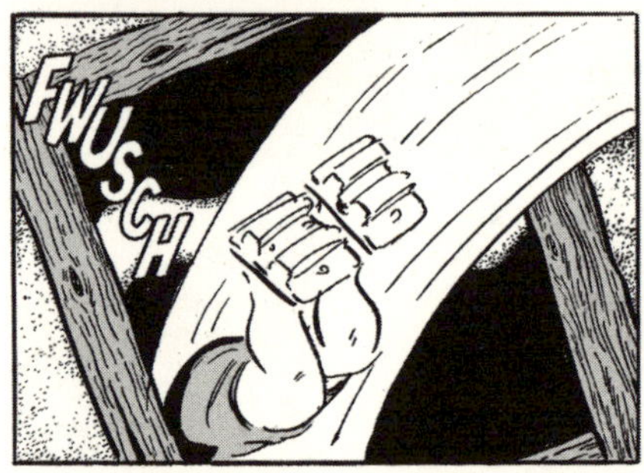
FWUSCH

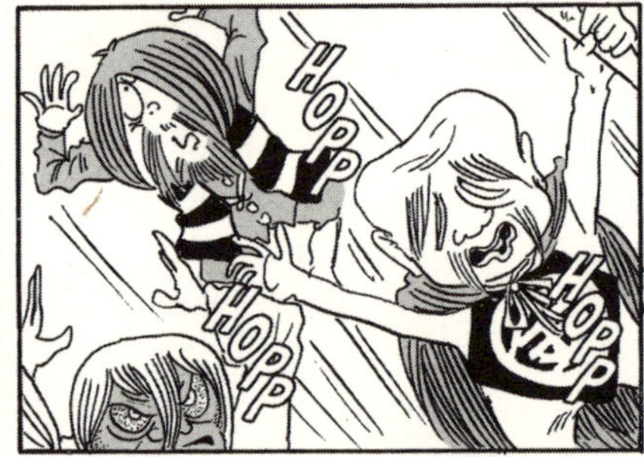
HOPP
HOPP
HOPP

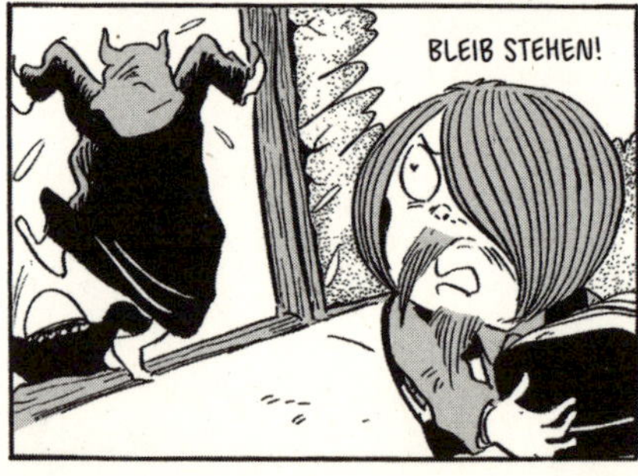
BLEIB STEHEN!

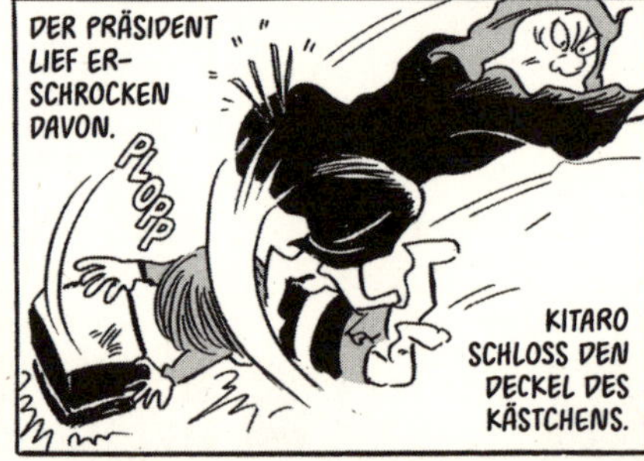
DER PRÄSIDENT LIEF ER-SCHROCKEN DAVON.
PLOPP
KITARO SCHLOSS DEN DECKEL DES KÄSTCHENS.

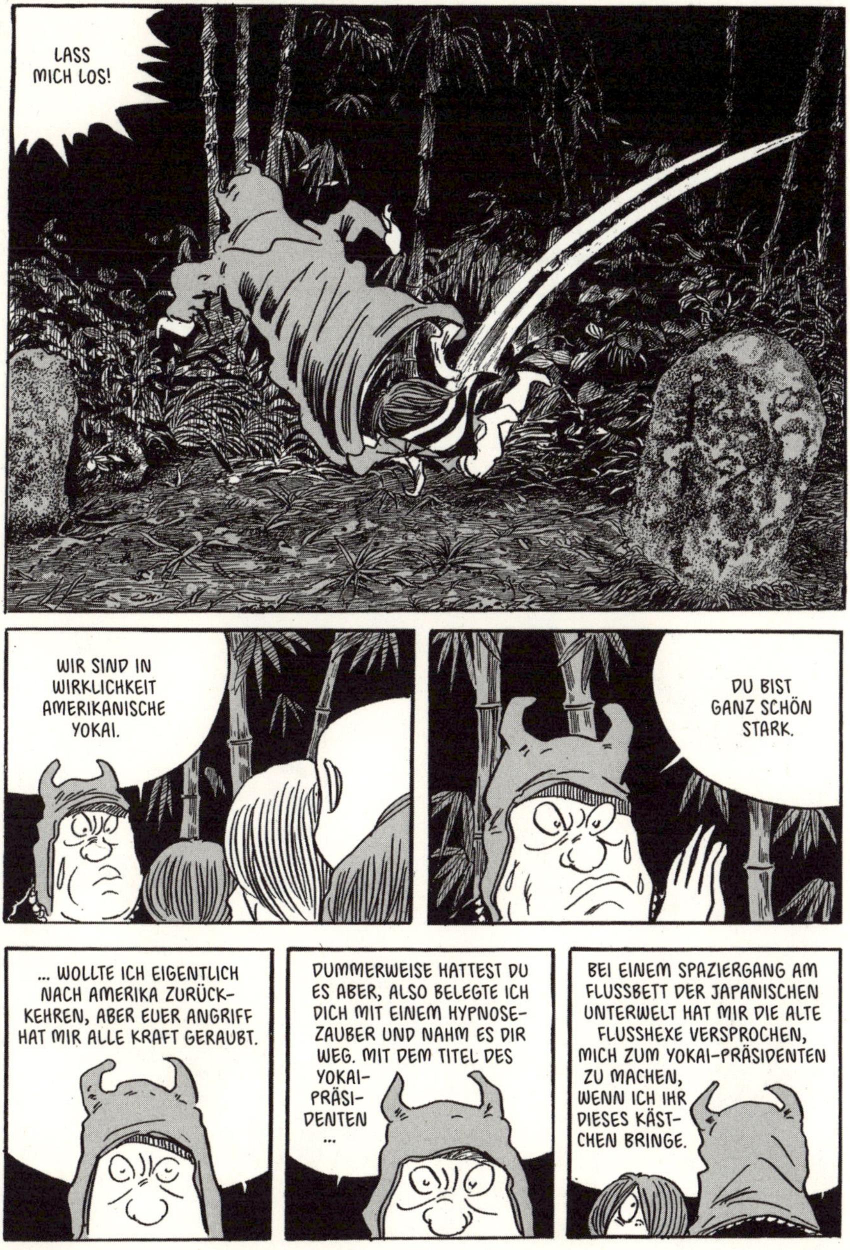

LASS MICH LOS!

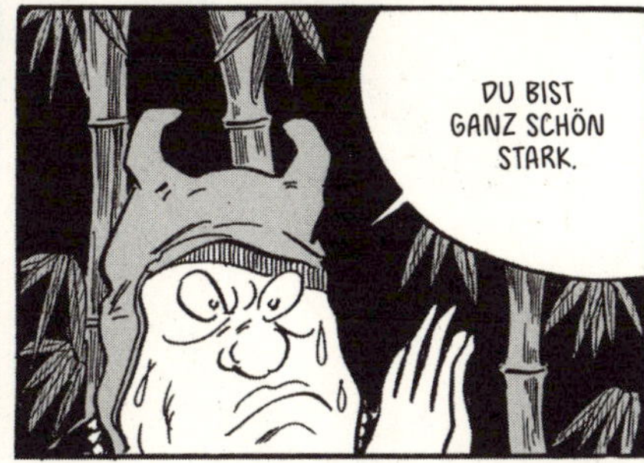
DU BIST GANZ SCHÖN STARK.

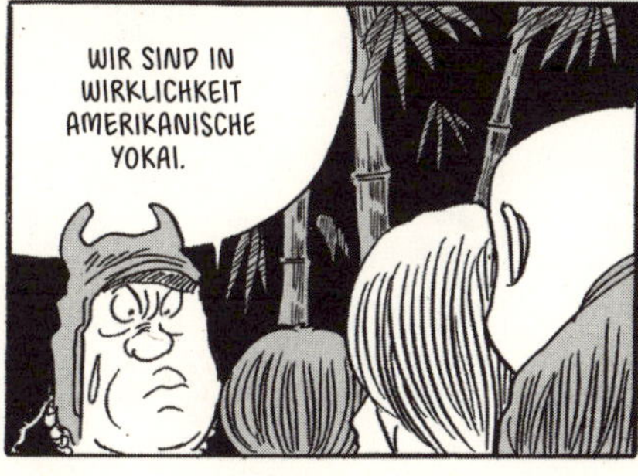
WIR SIND IN WIRKLICHKEIT AMERIKANISCHE YOKAI.

BEI EINEM SPAZIERGANG AM FLUSSBETT DER JAPANISCHEN UNTERWELT HAT MIR DIE ALTE FLUSSHEXE VERSPROCHEN, MICH ZUM YOKAI-PRÄSIDENTEN ZU MACHEN, WENN ICH IHR DIESES KÄST-CHEN BRINGE.

DUMMERWEISE HATTEST DU ES ABER, ALSO BELEGTE ICH DICH MIT EINEM HYPNOSE-ZAUBER UND NAHM ES DIR WEG. MIT DEM TITEL DES YOKAI-PRÄSI-DENTEN ...

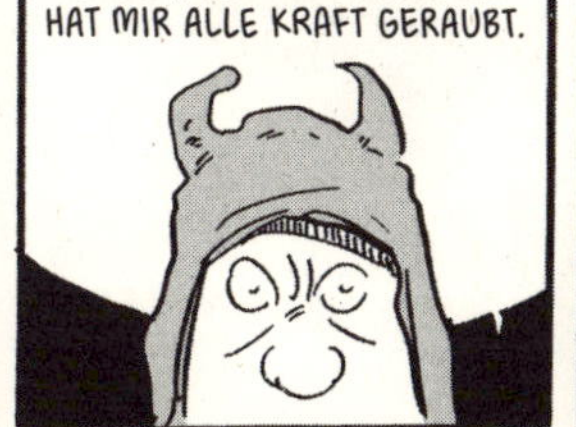
... WOLLTE ICH EIGENTLICH NACH AMERIKA ZURÜCK-KEHREN, ABER EUER ANGRIFF HAT MIR ALLE KRAFT GERAUBT.

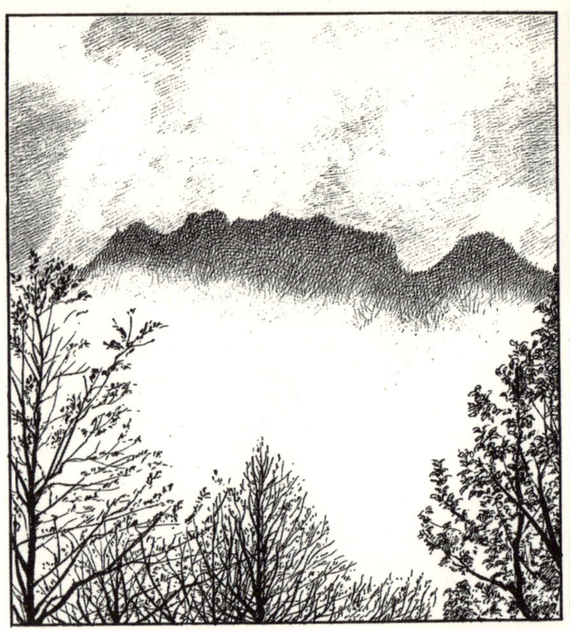
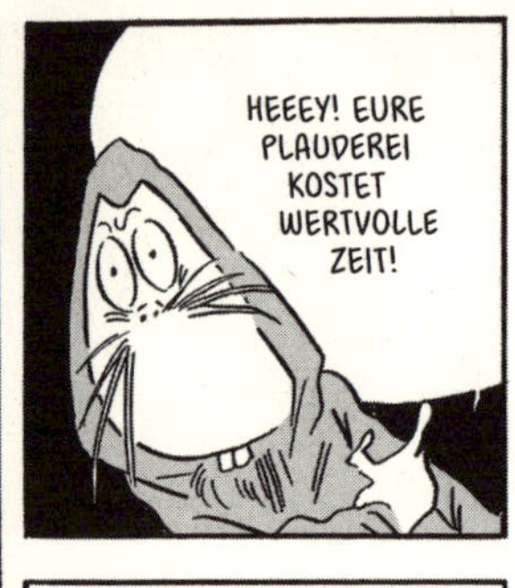
HEEEY! EURE PLAUDEREI KOSTET WERTVOLLE ZEIT!
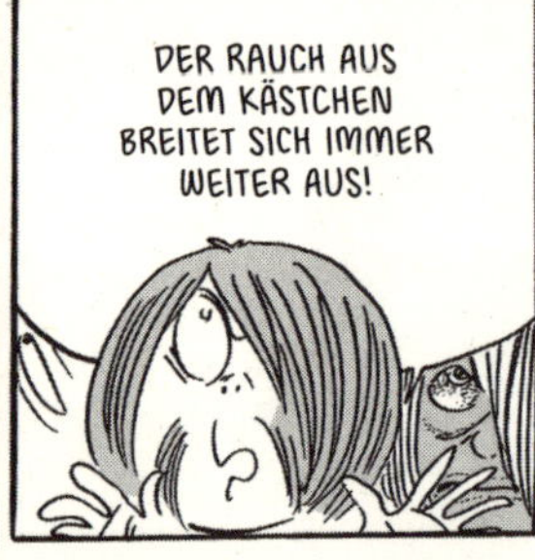
DER RAUCH AUS DEM KÄSTCHEN BREITET SICH IMMER WEITER AUS!
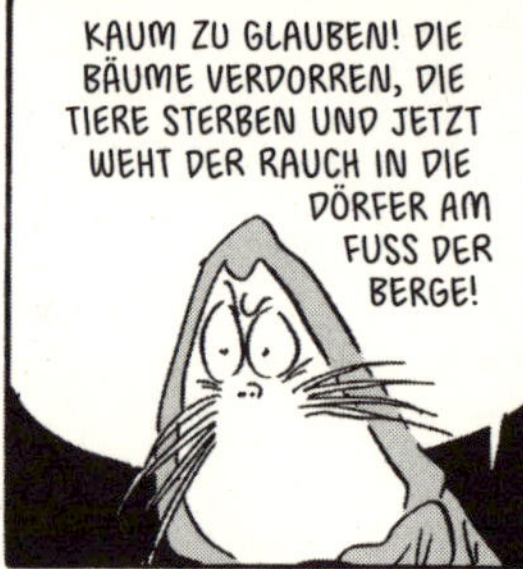
KAUM ZU GLAUBEN! DIE BÄUME VERDORREN, DIE TIERE STERBEN UND JETZT WEHT DER RAUCH IN DIE DÖRFER AM FUSS DER BERGE!
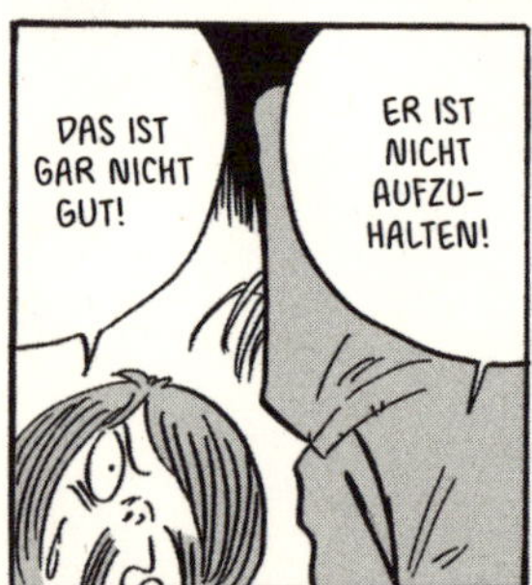
ER IST NICHT AUFZU-HALTEN!
DAS IST GAR NICHT GUT!
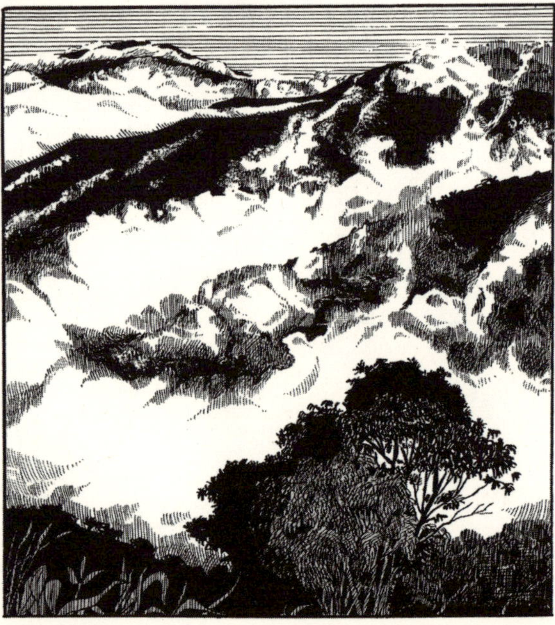

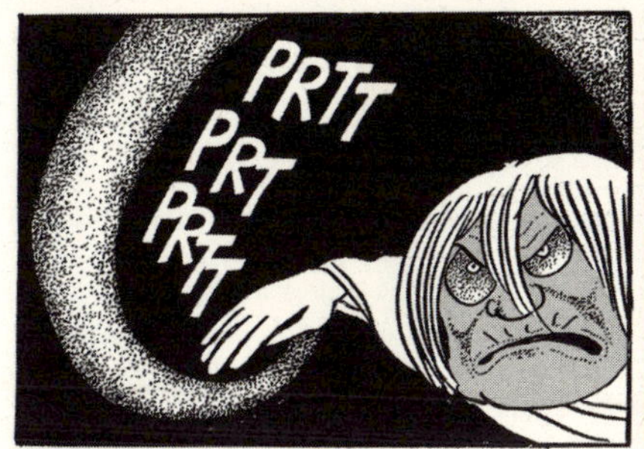
PRTT
PRT
PRTT
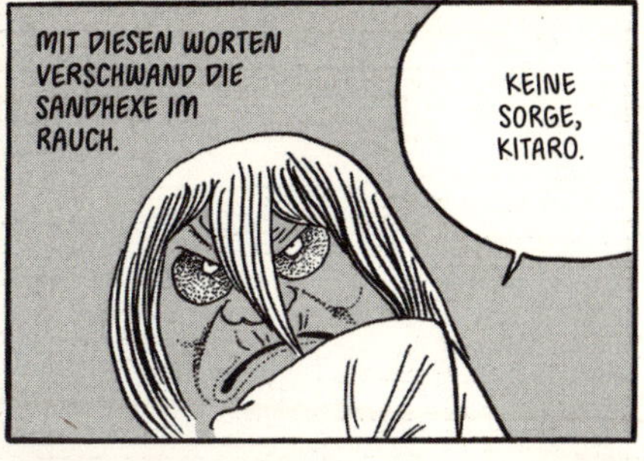
KEINE SORGE, KITARO.
MIT DIESEN WORTEN VERSCHWAND DIE SANDHEXE IM RAUCH.
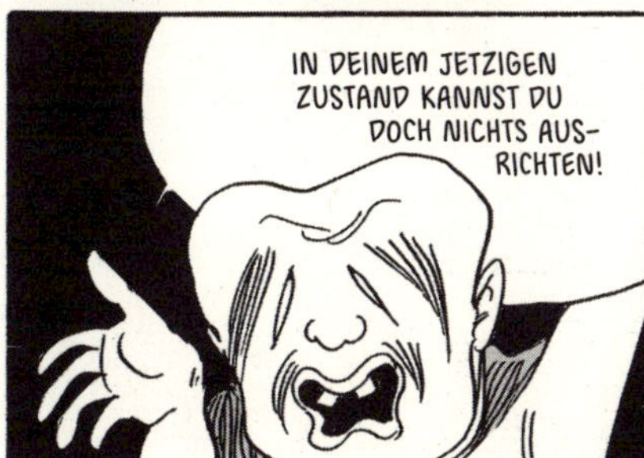
IN DEINEM JETZIGEN ZUSTAND KANNST DU DOCH NICHTS AUSRICHTEN!
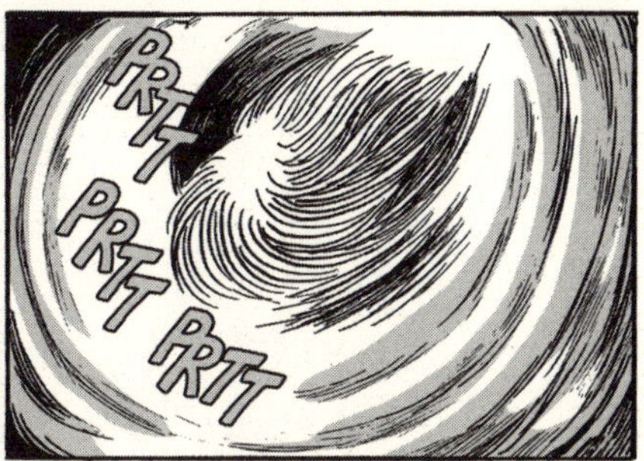
PRTT
PRTT
PRTT
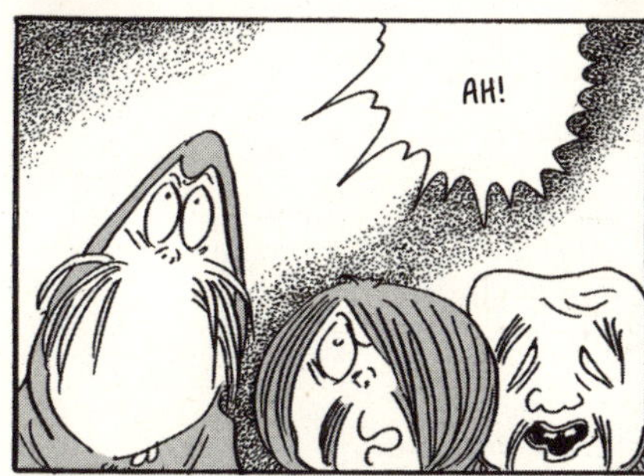
AH!
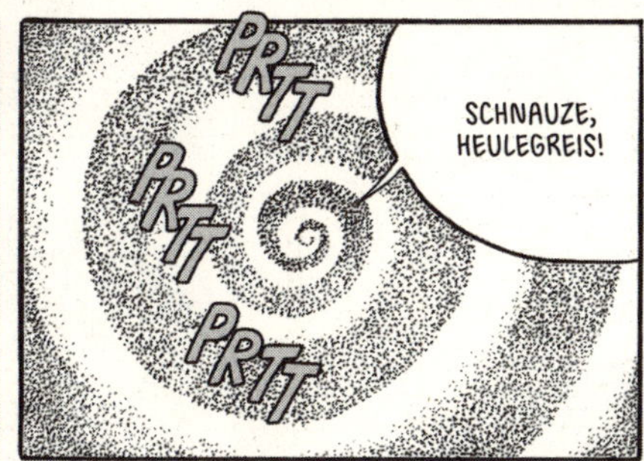
SCHNAUZE, HEULEGREIS!
PRTT
PRTT
PRTT
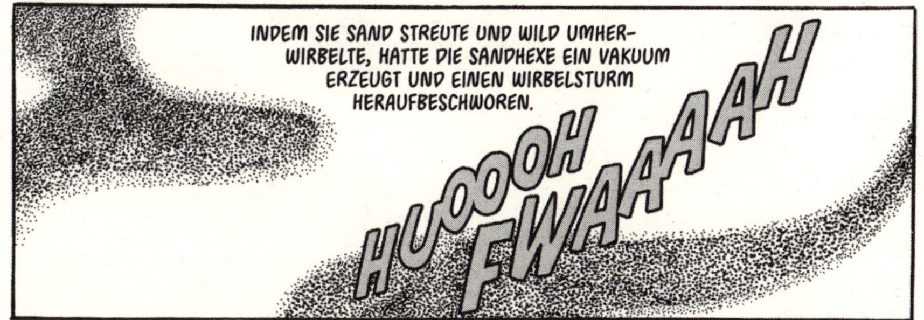
INDEM SIE SAND STREUTE UND WILD UMHERWIRBELTE, HATTE DIE SANDHEXE EIN VAKUUM ERZEUGT UND EINEN WIRBELSTURM HERAUFBESCHWOREN.
HUOOOH
FWAAAAAH

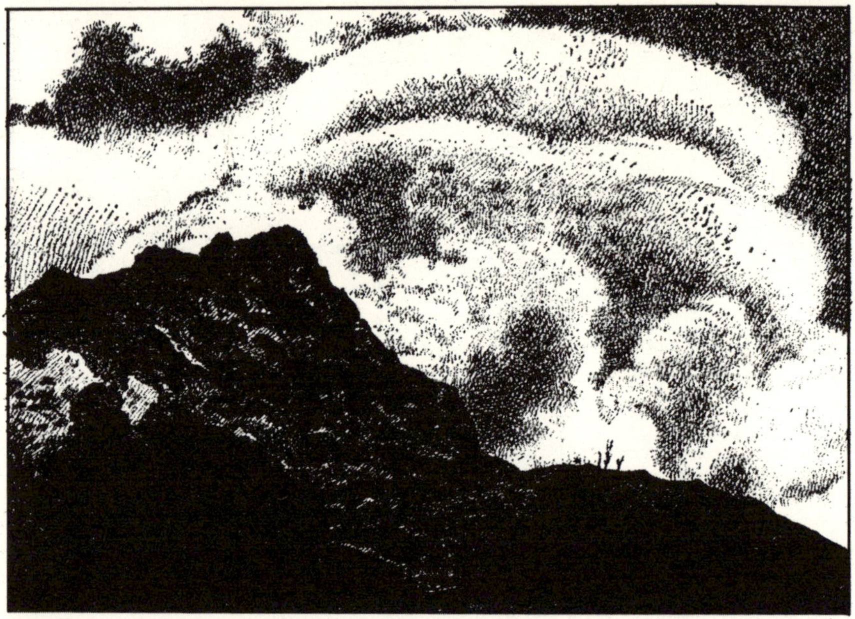

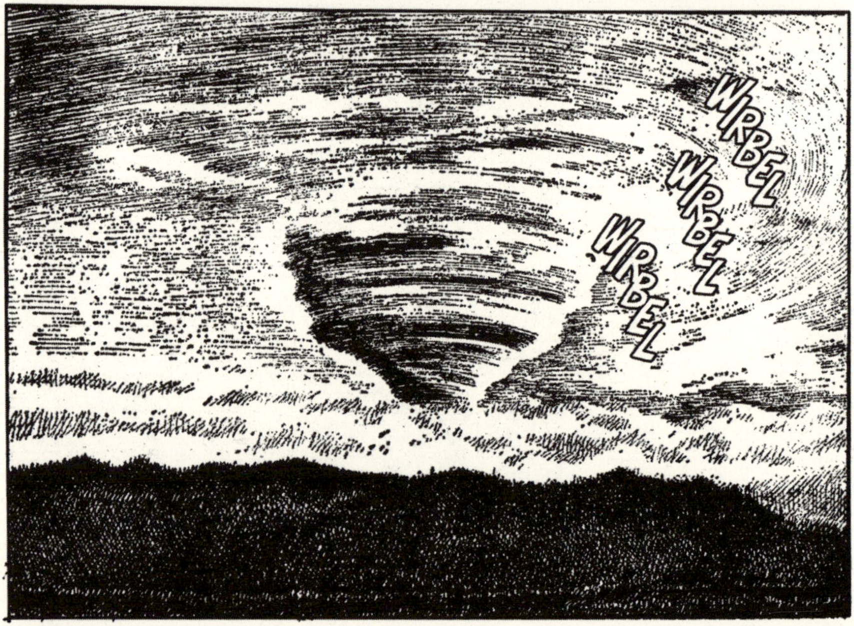

WIRBEL
WIRBEL
WIRBEL

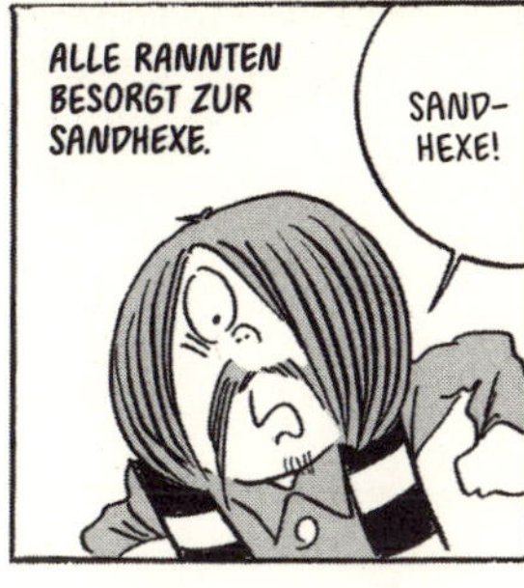
ALLE RANNTEN BESORGT ZUR SANDHEXE.
SAND-HEXE!

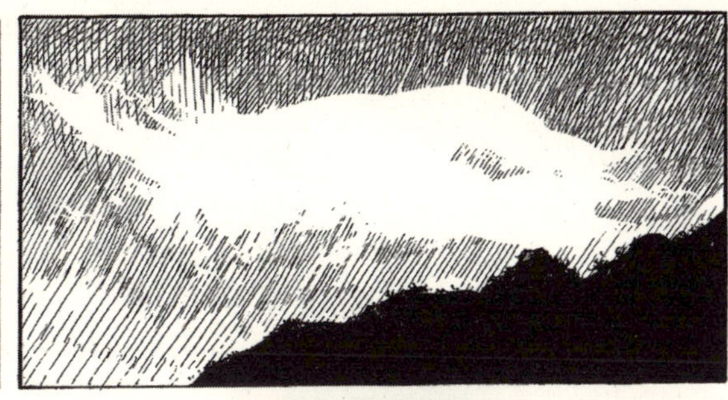

KITARO VERTRAUTE DEM HEULEGREIS DIE SANDHEXE AN UND KEHRTE ZU DER HÜTTE ZURÜCK, DOCH VON DEM SELBST ERNANNTEN PRÄSIDENTEN UND DEM KÄSTCHEN FEHLTE JEDE SPUR.

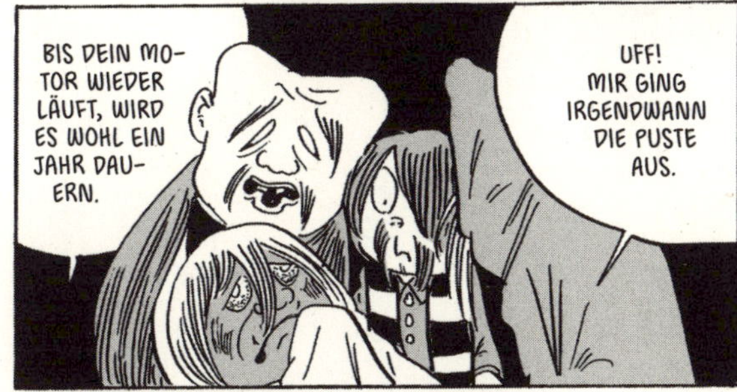
UFF! MIR GING IRGENDWANN DIE PUSTE AUS.
BIS DEIN MO-TOR WIEDER LÄUFT, WIRD ES WOHL EIN JAHR DAU-ERN.

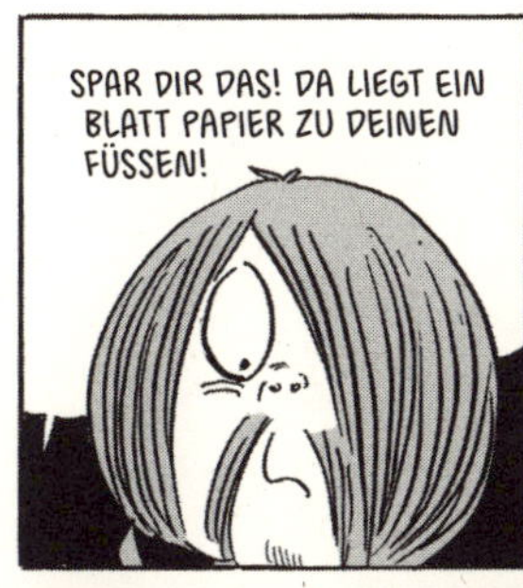
SPAR DIR DAS! DA LIEGT EIN BLATT PAPIER ZU DEINEN FÜSSEN!

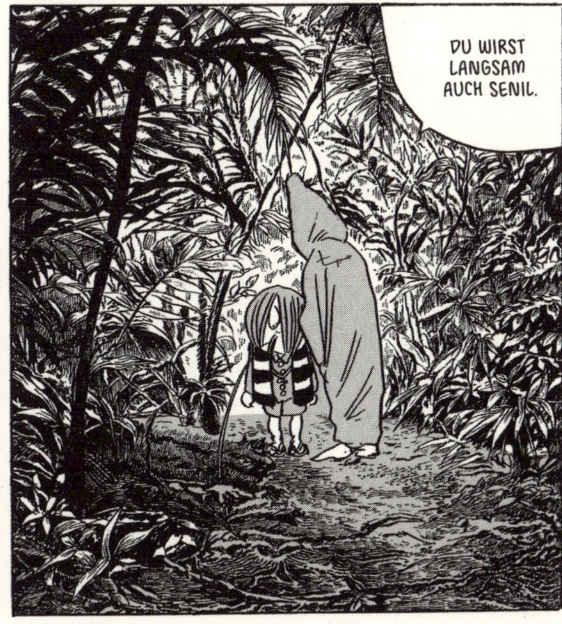
DU WIRST LANGSAM AUCH SENIL.

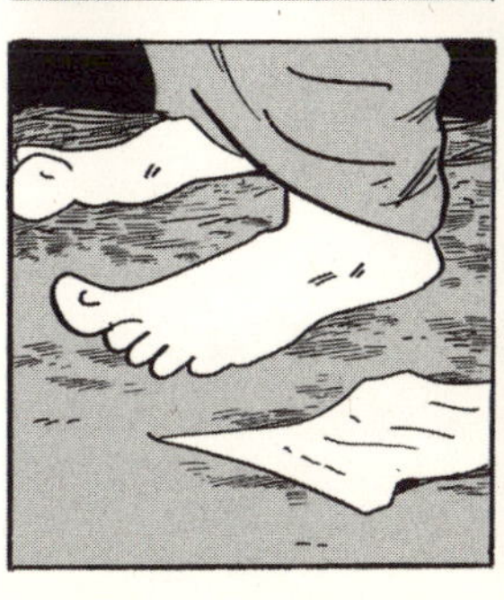

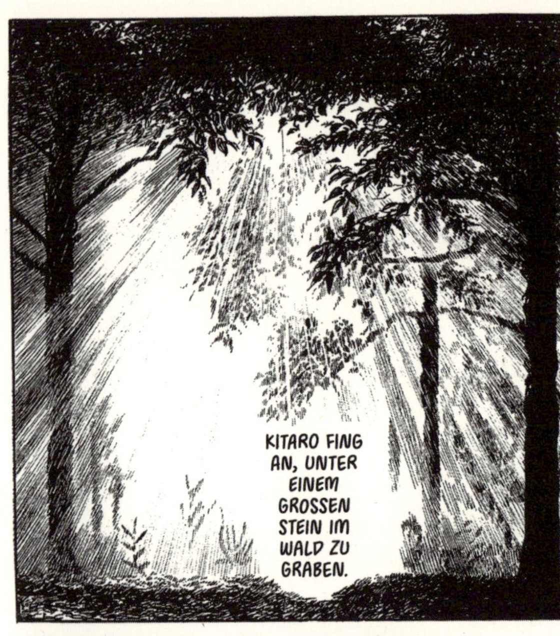
KITARO FING AN, UNTER EINEM GROSSEN STEIN IM WALD ZU GRABEN.

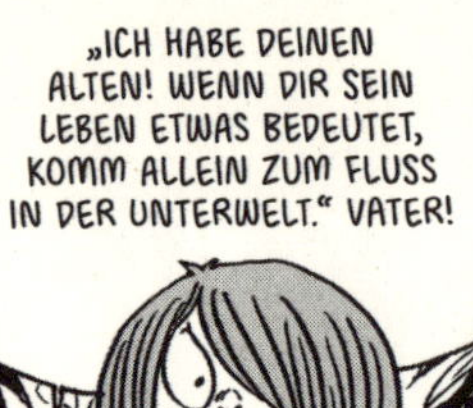
„ICH HABE DEINEN ALTEN! WENN DIR SEIN LEBEN ETWAS BEDEUTET, KOMM ALLEIN ZUM FLUSS IN DER UNTERWELT.“ VATER!

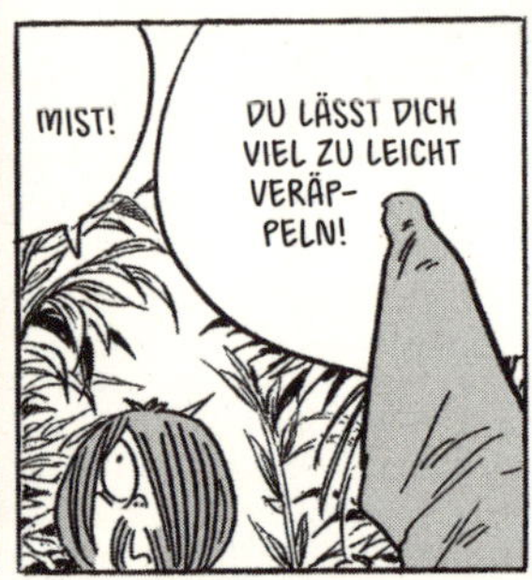
MIST!
DU LÄSST DICH VIEL ZU LEICHT VERÄPPELN!

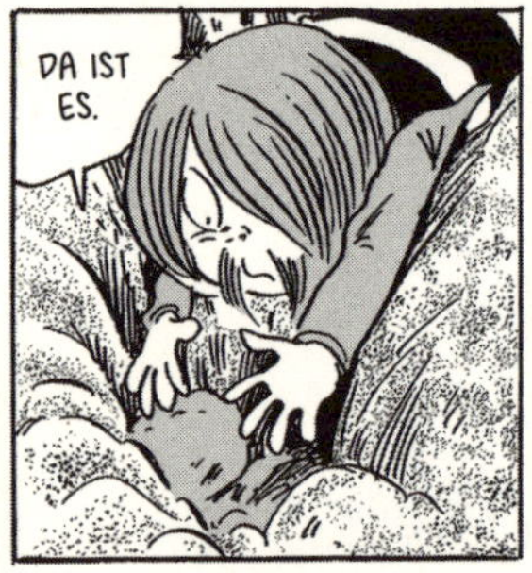
DA IST ES.

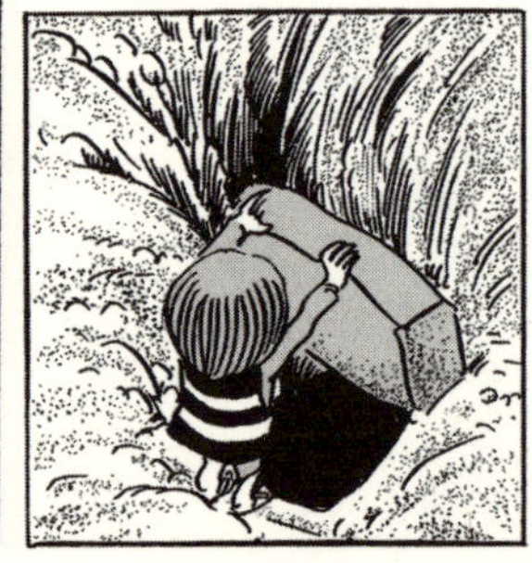

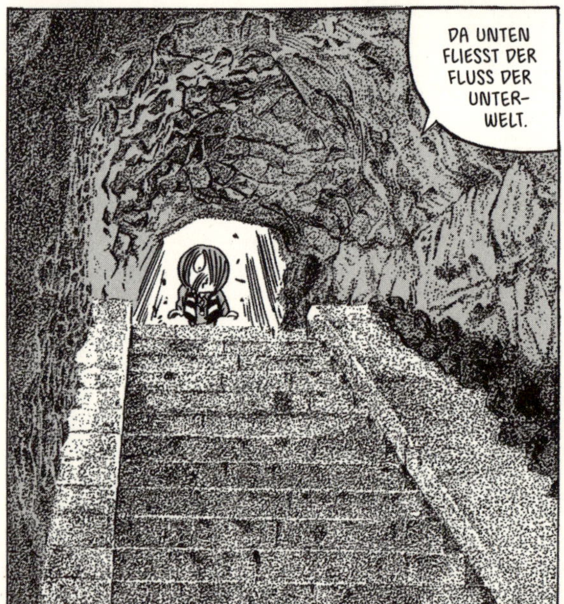
DA UNTEN FLIESST DER FLUSS DER UNTERWELT.

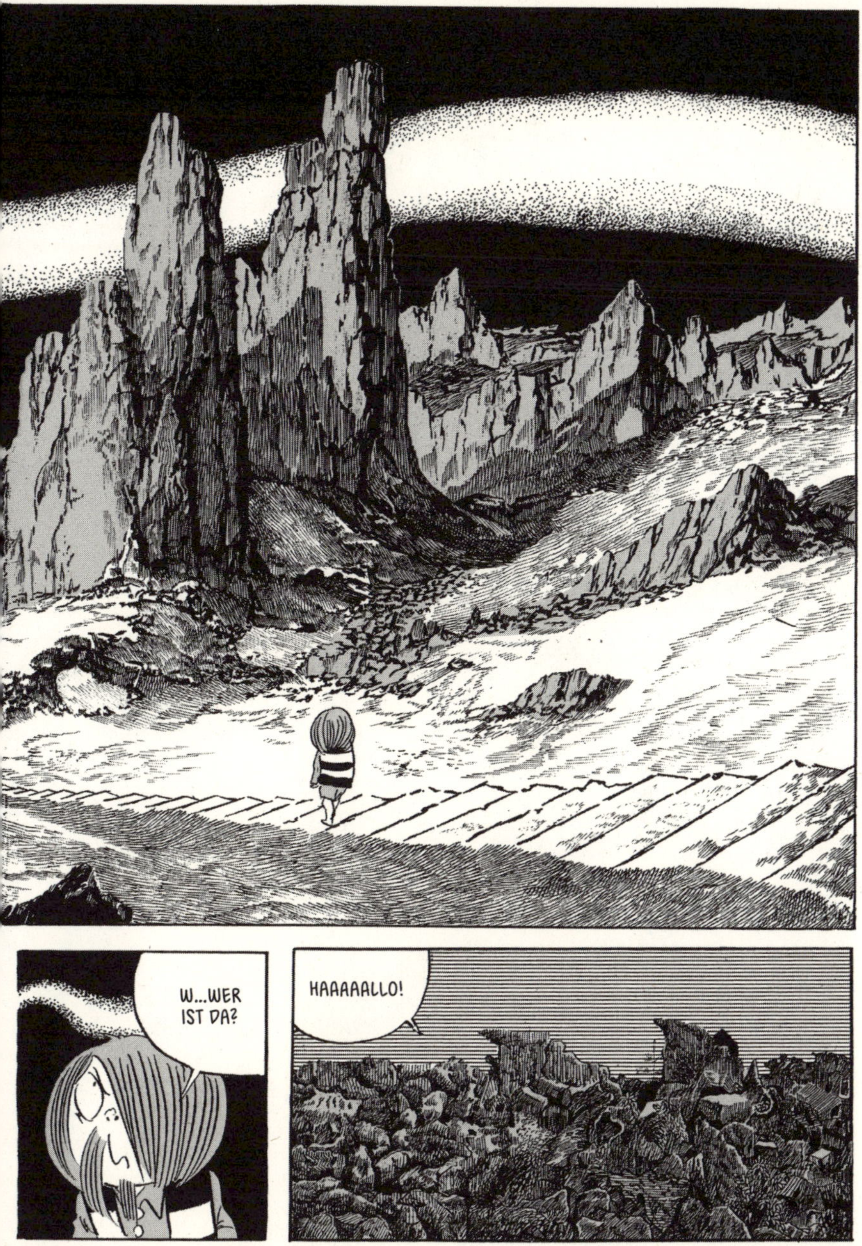

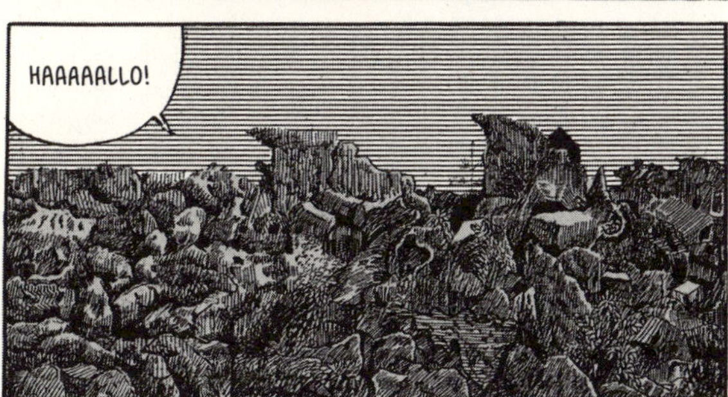
HAAAAALLO!

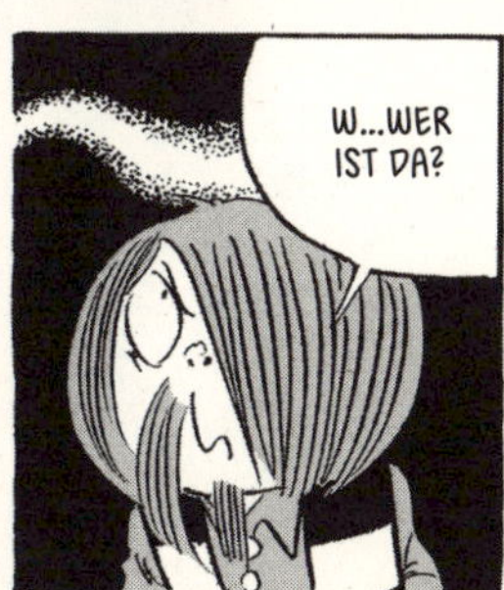
W...WER
IST DA?

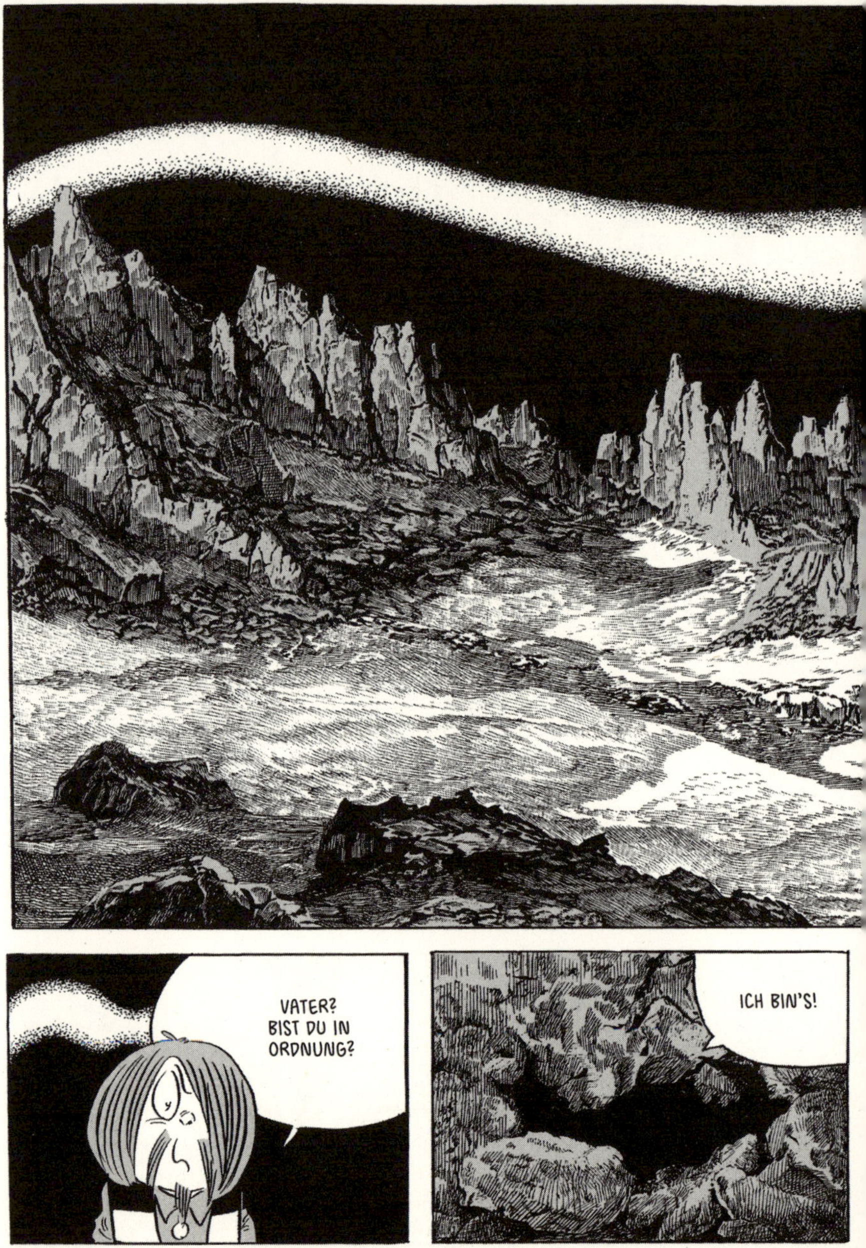

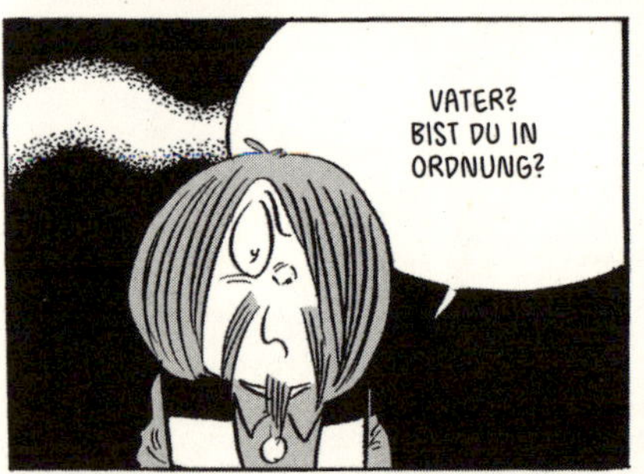
VATER?
BIST DU IN
ORDNUNG?

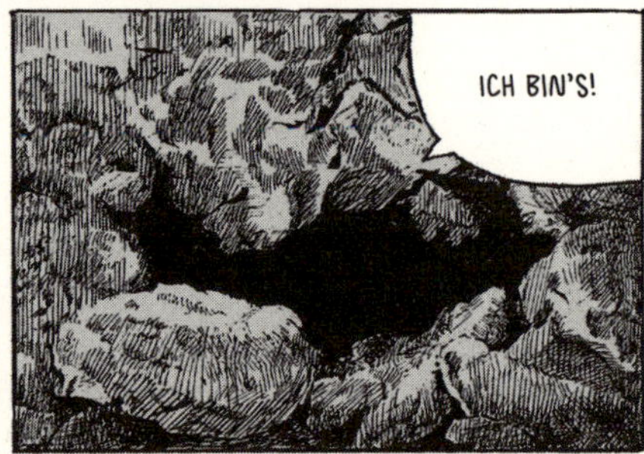
ICH BIN'S!

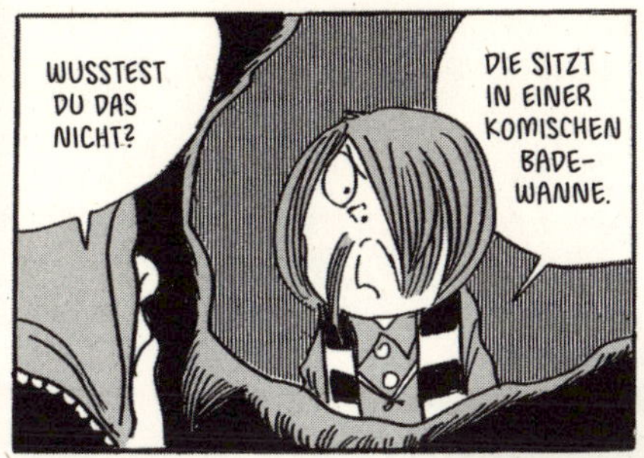
DIE SITZT IN EINER KOMISCHEN BADE-WANNE.
WUSSTEST DU DAS NICHT?

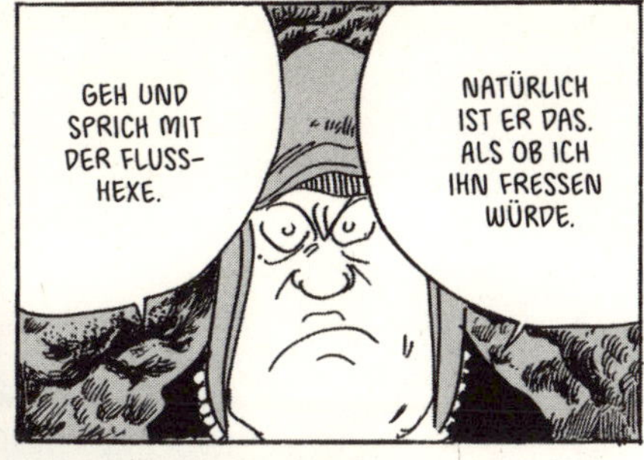
NATÜRLICH IST ER DAS. ALS OB ICH IHN FRESSEN WÜRDE.
GEH UND SPRICH MIT DER FLUSS-HEXE.

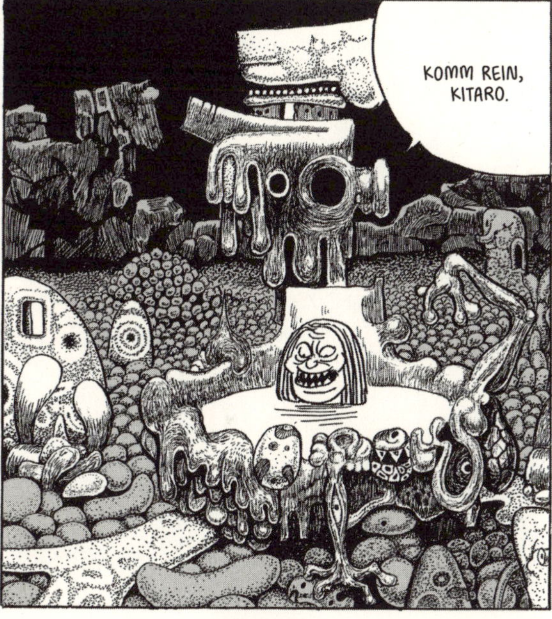
KOMM REIN, KITARO.

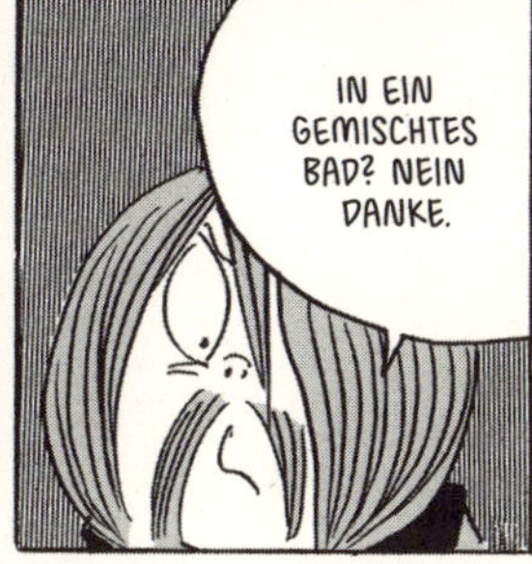
IN EIN GEMISCHTES BAD? NEIN DANKE.

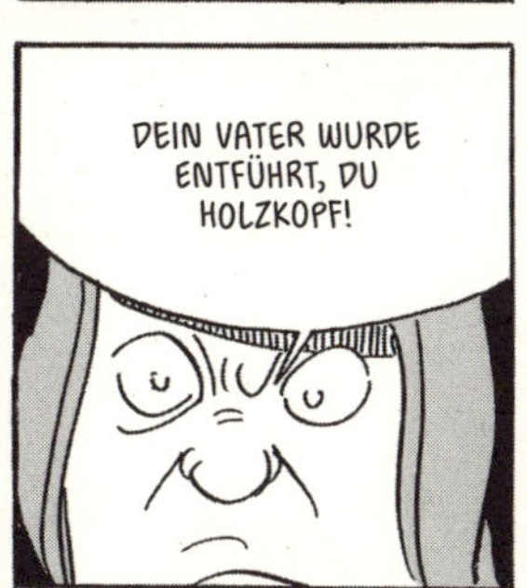
DEIN VATER WURDE ENTFÜHRT, DU HOLZKOPF!

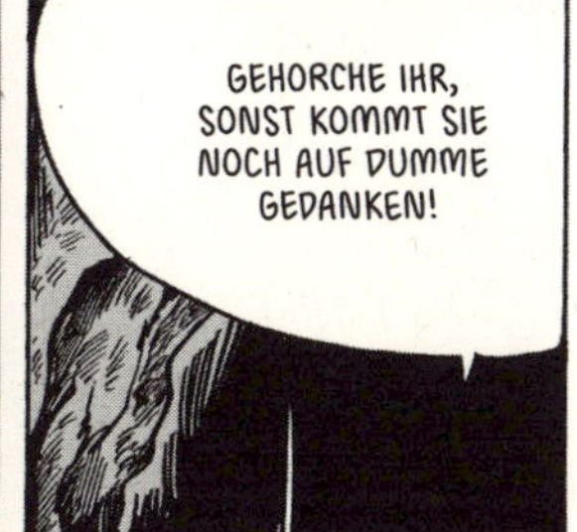
GEHORCHE IHR, SONST KOMMT SIE NOCH AUF DUMME GEDANKEN!

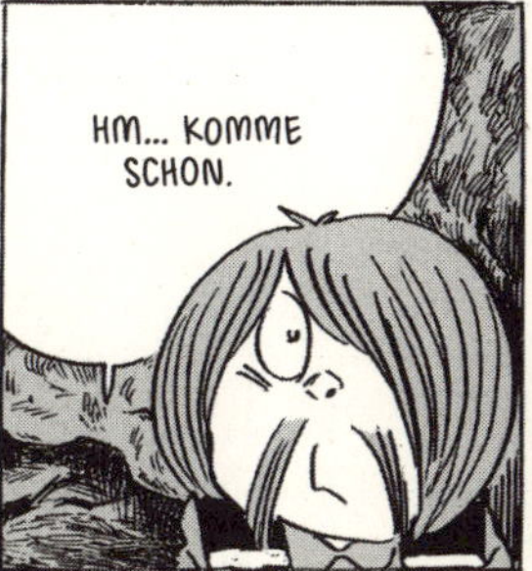
HM... KOMME SCHON.

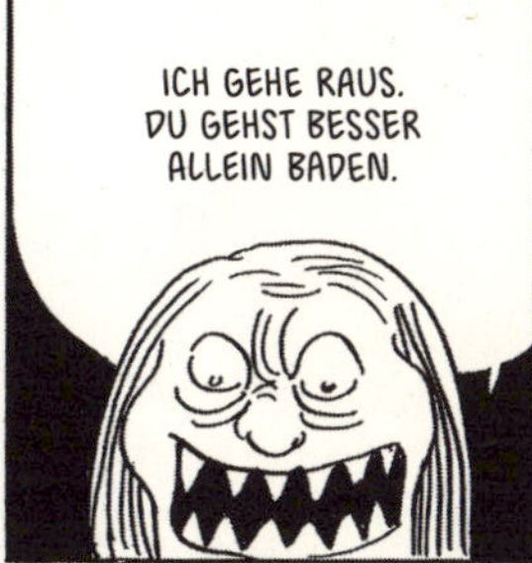
ICH GEHE RAUS. DU GEHST BESSER ALLEIN BADEN.

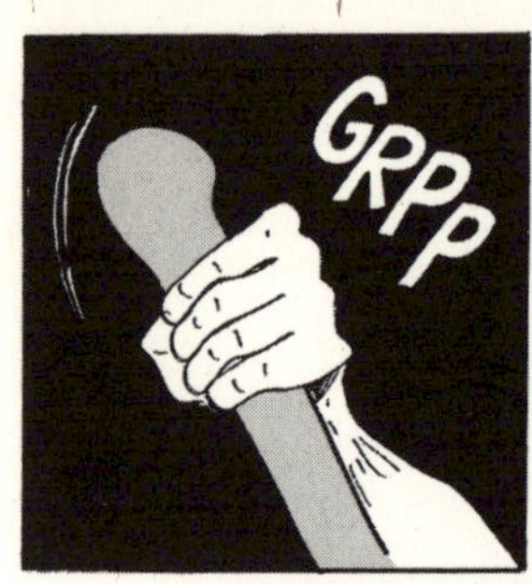
GRPP

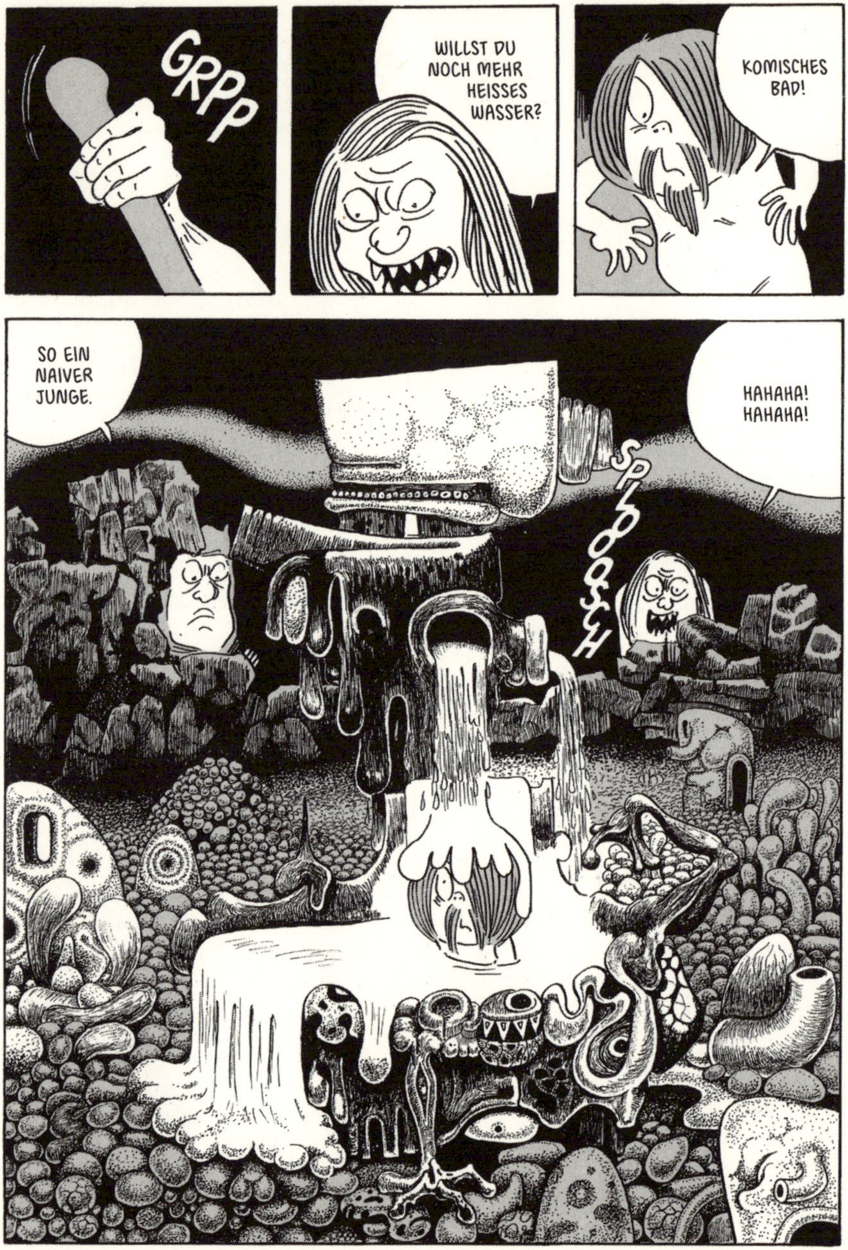

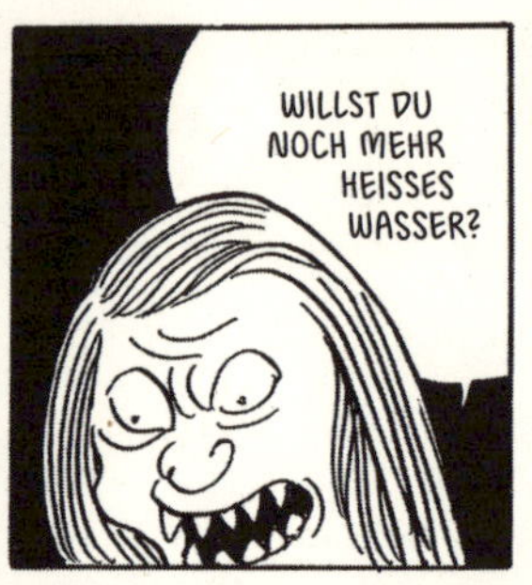
WILLST DU NOCH MEHR HEISSES WASSER?

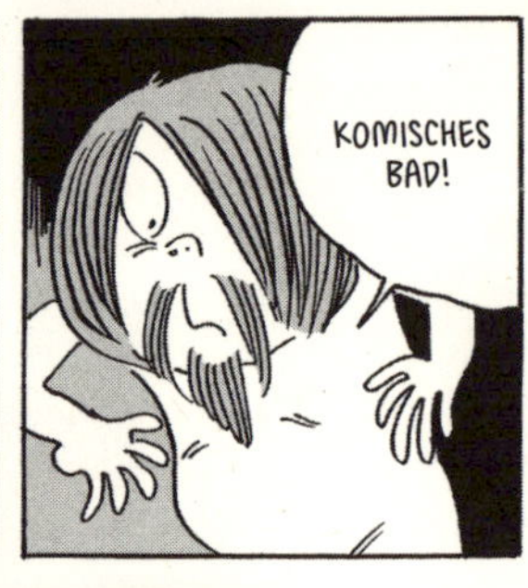
KOMISCHES BAD!

SO EIN NAIVER JUNGE.

SPLOOOSCH

HAHAHA! HAHAHA!

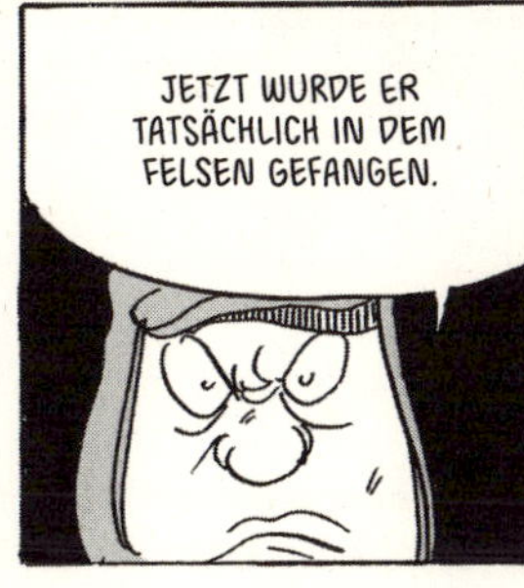
JETZT WURDE ER TATSÄCHLICH IN DEM FELSEN GEFANGEN.

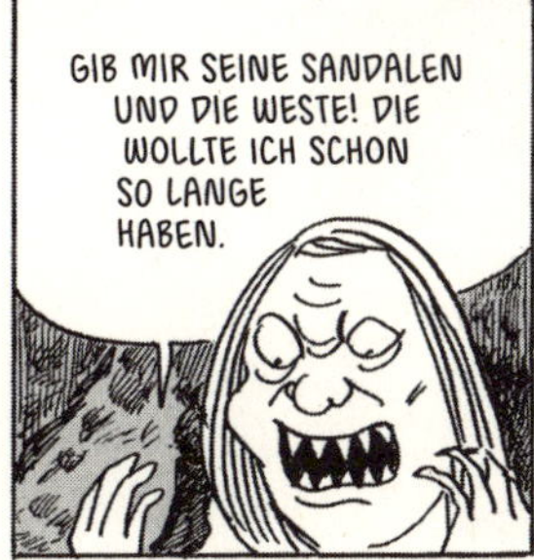
GIB MIR SEINE SANDALEN UND DIE WESTE! DIE WOLLTE ICH SCHON SO LANGE HABEN.

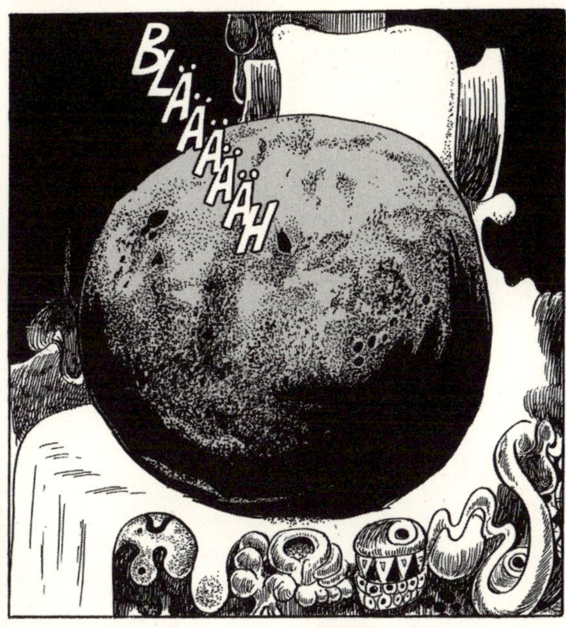
BLÄÄÄÄÄH

SCHON VERGESSEN, WER DIR VOR EINEM JAHR GEHOLFEN HAT, ALS DU NACH DEM AMERIKANISCHEN PRÄSIDENTSCHAFTSKAMPF HIERHER INS EXIL KAMST UND UNBEDINGT ZUM YOKAI-PRÄSIDENTEN JAPANS WERDEN WOLLTEST? ES WAR ABGEMACHT, DASS DU DAFÜR KITARO UND SEINEN VATER ERLEDIGST!

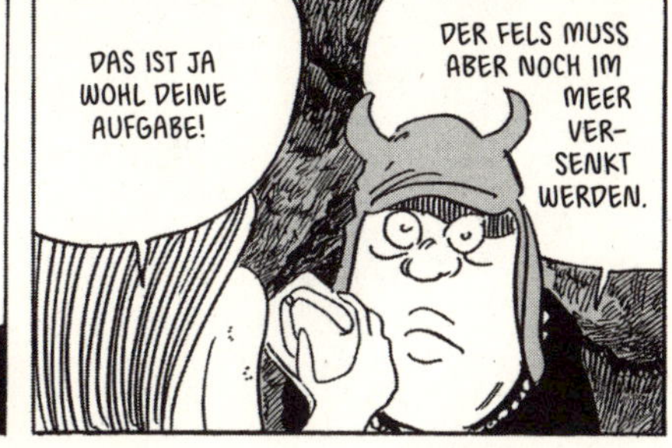
DAS IST JA WOHL DEINE AUFGABE!
DER FELS MUSS ABER NOCH IM MEER VERSENKT WERDEN.

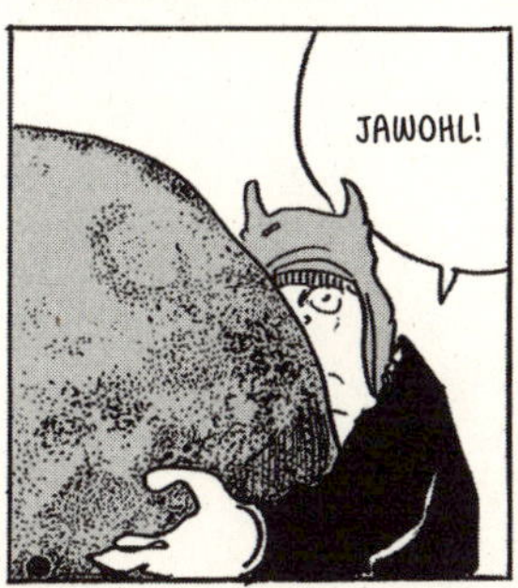
JAWOHL!

ZUR SICHERHEIT STECKST DU DIE BEIDEN STEINE NOCH IN EINE EISENTRUHE, BEVOR DU SIE IM MEER VERSENKST. MAN WEISS JA NIE.

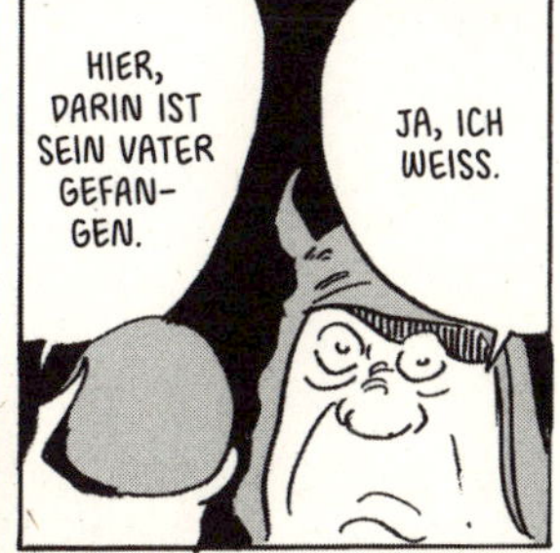
HIER, DARIN IST SEIN VATER GEFANGEN.
JA, ICH WEISS.

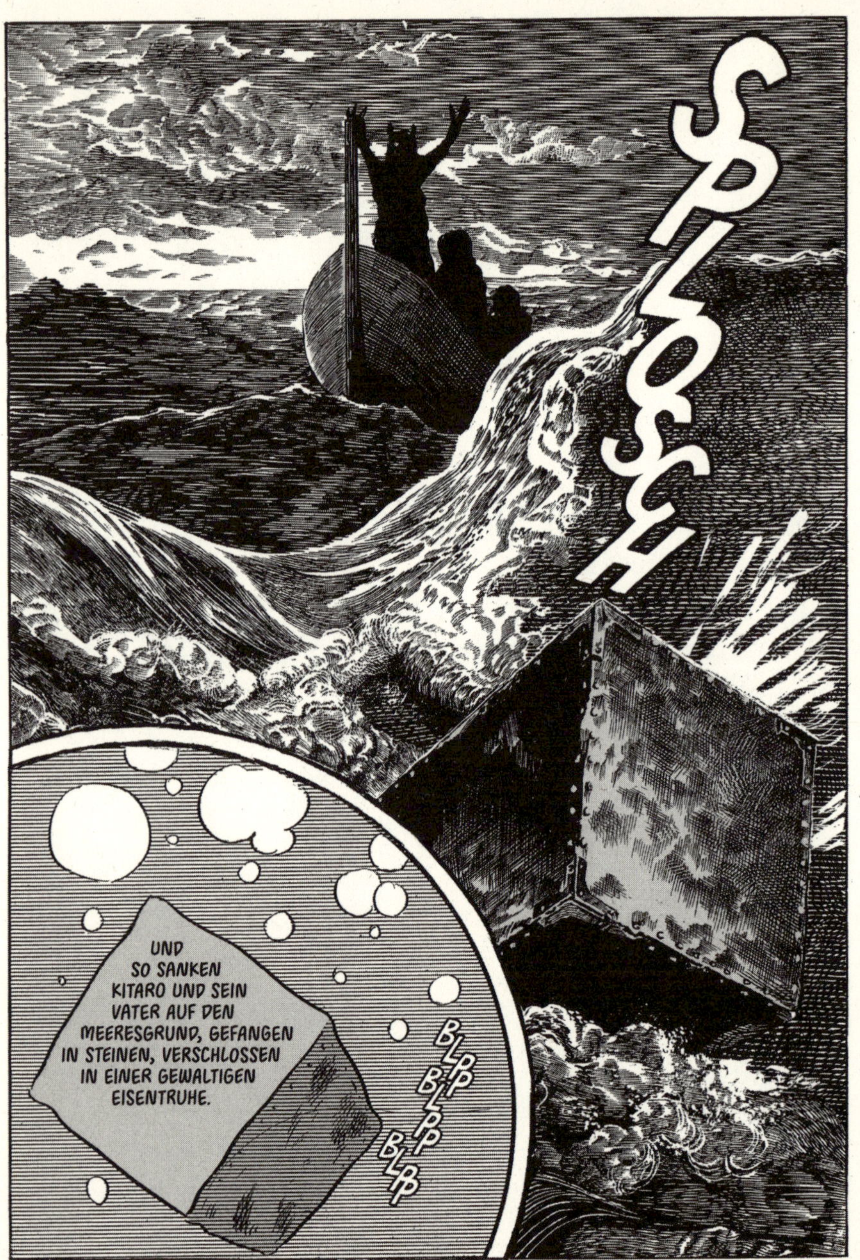
SPLOSCH
UND SO SANKEN KITARO UND SEIN VATER AUF DEN MEERESGRUND, GEFANGEN IN STEINEN, VERSCHLOSSEN IN EINER GEWALTIGEN EISENTRUHE.
BLP
BLPP
BLPP
BLP

Fortsetzung folgt

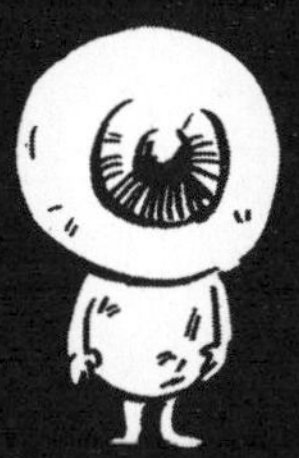

ERSTVERÖFFENTLICHUNG

Yokai-Sekigahara, Teil 1
(Shukan Shonen Magazine, 7. Juli 1968)

Yokai-Sekigahara, Teil 2
(Shukan Shonen Magazine, 14. Juli 1968)

Die Himmelsfüchsin
(Shukan Shonen Magazine, 28. Juli 1968)

Amanojaku, Teil 1
(Shukan Shonen Magazine, 4. August 1968)

Amanojaku, Teil 2
(Shukan Shonen Magazine, 11. August 1968)

Blutige Schlacht auf Ogasawara, Teil 1
(Shukan Shonen Magazine, 18. August 1968)

Blutige Schlacht auf Ogasawara, Teil 2
(Shukan Shonen Magazine, 25. August 1968)

Blutige Schlacht auf Ogasawara, Teil 3
(Shukan Shonen Magazine, 1. September 1968)

Das große Yokai-Rennen
(Shukan Shonen Magazine, 8. September 1968)

Der Yokai-Präsident, Teil 1
(Shukan Shonen Magazine, 15. September 1968)

Der Yokai-Präsident, Teil 2
(Shukan Shonen Magazine, 22. September 1968)

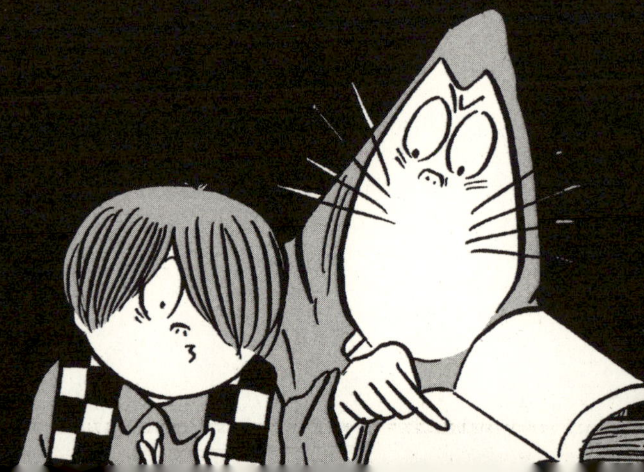

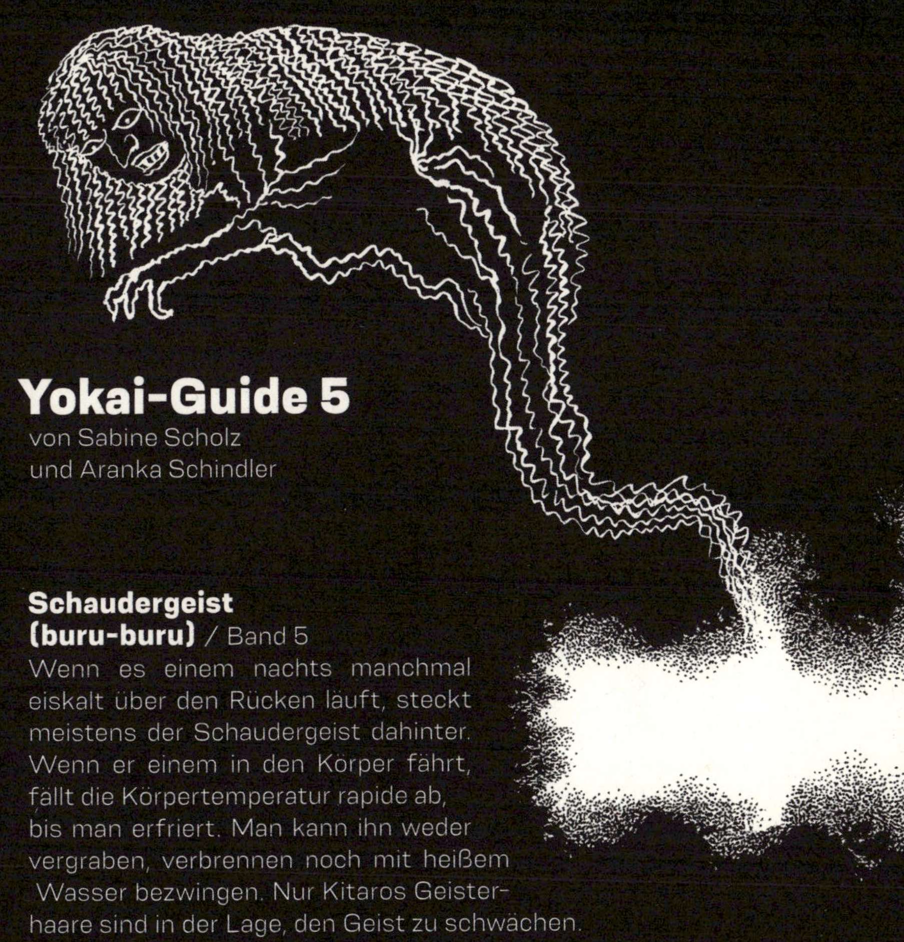

Yokai-Guide 5

von Sabine Scholz
und Aranka Schindler

Schaudergeist (buru-buru) / Band 5

Wenn es einem nachts manchmal eiskalt über den Rücken läuft, steckt meistens der Schaudergeist dahinter. Wenn er einem in den Körper fährt, fällt die Körpertemperatur rapide ab, bis man erfriert. Man kann ihn weder vergraben, verbrennen noch mit heißem Wasser bezwingen. Nur Kitaros Geisterhaare sind in der Lage, den Geist zu schwächen. Schaudergeister sind mit bloßem Auge nicht zu erkennen, nur spezielle Brillen machen sie sichtbar. Sie sind auch bekannt als Geister der Feigheit, die geboren werden, wenn jemand sich wie ein großer Hasenfuß benimmt. In Japan erhielten sie den Namen buru-buru, so klingt das Geräusch des Zitterns eines Menschen.

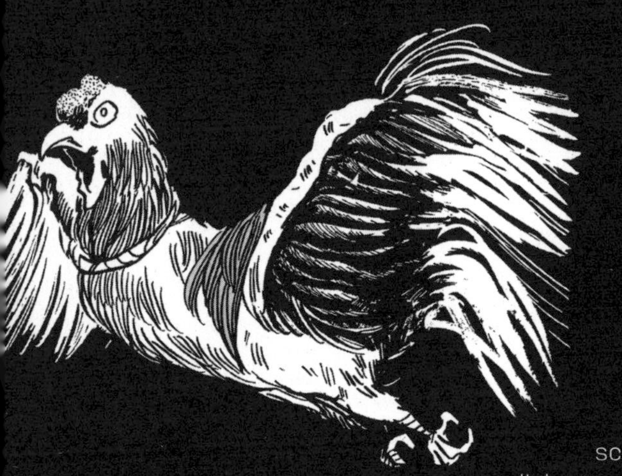

Furaribi / Band 5
Ein fliegendes Yokai, welches aussieht wie ein Riesenhuhn. Es wird als Transportmittel benutzt und bietet mindestens drei Yokai Platz. Aber Vorsicht! Manchmal schmeißt es einen willkürlich von seinem Rücken und fliegt davon. In der japanischen Mythologie werden sie auch oft mit Hundegesicht und in Feuer gehüllt dargestellt. Sie sind feurige Inkarnationen Verstorbener, die kein ordentliches Begräbnis bekommen haben und nun ruhelos als Geister über die Erde wandern.

Schirmgeist (kasa-bake) / Band 5
Der Schirmgeist ist ein Yokai in Gestalt eines beseelten traditionellen Papierschirms. Er hat ein großes Auge und streckt manchmal seine sehr lange Zunge heraus. Sein Stiel endet in einem menschlichen Bein oder Fuß. Kitaro benutzt ihn als praktisches Fortbewegungsmittel, indem er sich an ihn hängt. Der Schirmgeist zählt zur Gruppe der Tsukumogami, Gebrauchs- und Alltagsgegenstände, die so lange existierten, bis sie ein Eigenleben entwickelten.

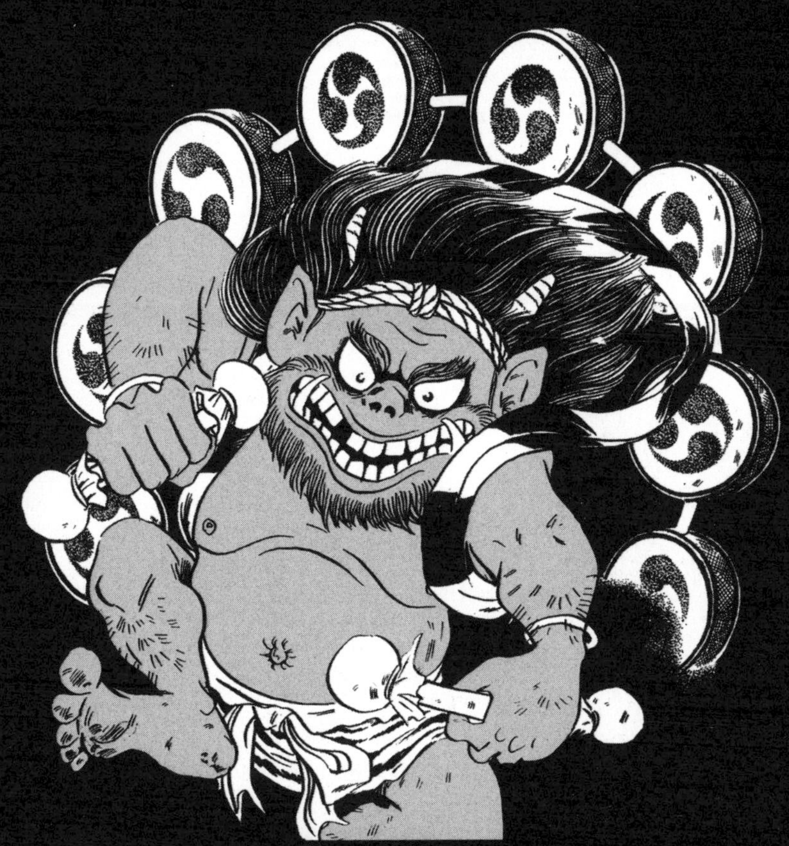

Donnergott (kaminari) / Band 5

Ein elektrisches Yokai, das schwer zu entdecken ist, da es sich ständig in Wolken einhüllt. Der Donnergott wird wütend, wenn die Menschen mit Regen, Blitzen und Wolken experimentieren. Bekleidet ist er mit einem Tigerfell und einem Lendenschurz. In der Trommel, die er stets auf seinem Rücken trägt, befindet sich eine Speicherbatterie. Er feuert gefährliche Blitze auf seine Gegner ab, die er selbst erzeugt, und manipuliert das Wetter mit Regen und Donner. Die Figur basiert auf Raijin, dem Schinto-Gott der Blitze, des Donners und des Sturms.

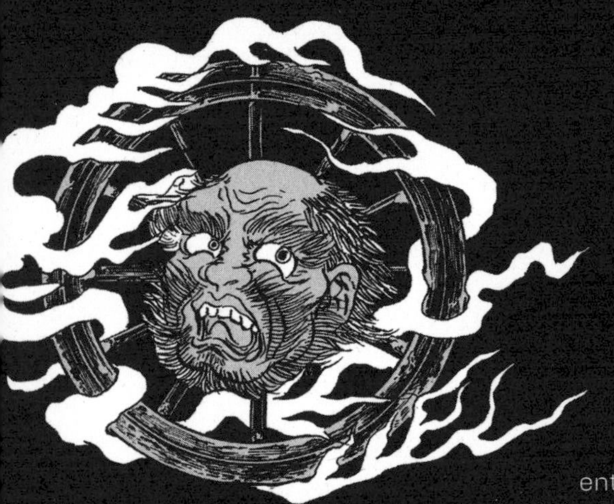

Rad-Mönch (wanyudo) / Band 6

Dieses Yokai besteht aus einem riesigen Kopf, der sich in einem Rad bewegt. Sein Atem kann alles, was er berührt, in Diamanten verwandeln. Diese Fähigkeit wendet er auch gegen seinen Feinde an. Anschließend verspeist er die entstandenen Diamanten genüsslich. Der Wanyudo gehört zu den bekanntesten japanischen Yokai. In vielen Legenden wird behauptet, Wanyudo sei die verurteilte Seele eines tyrannischen Daimyo (Fürst im feudalen Japan). Er soll die Tore der Hölle bewachen.

Zashiki-Warashi (zashiki-bokko) / Band 6

Dieses kleine Yokai ist ein japanischer Hausgeist. Im Manga ist er ein Junge, der sich im Haus eines alten Ehepaars versteckt und ihnen Glück bringt. Japanischen Legenden zufolge beschützen sie die Hausbewohner, spielen ihnen aber auch hin und wieder mal Streiche und hinterlassen manchmal Fußspuren in der Asche. Oft werden sie als kleine Mädchen mit Pagenhaarschnitt und rotem Gesicht dargestellt. Wenn der Hausgeist allerdings das Haus verlässt, ist dieses dem Untergang geweiht. Der Zashiki-Warashi kann sich unsichtbar machen.

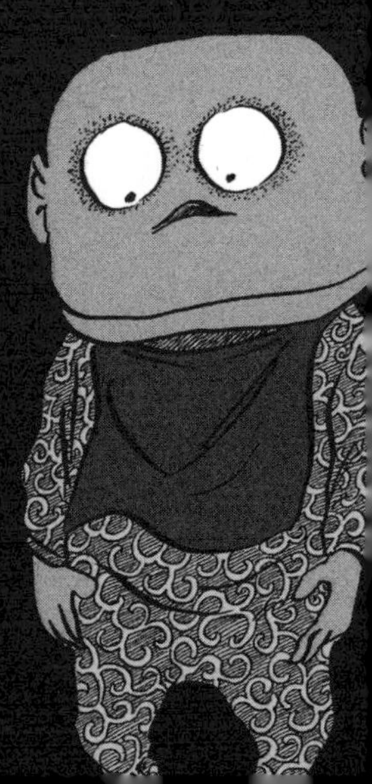

Aus dem Japanischen von Gandalf Bartholomäus
Redaktion: Aranka Schindler
Korrektur: Gustav Mechlenburg
Gestaltung und Lettering: diceindustries
mit einem Font von Kevin Huizenga

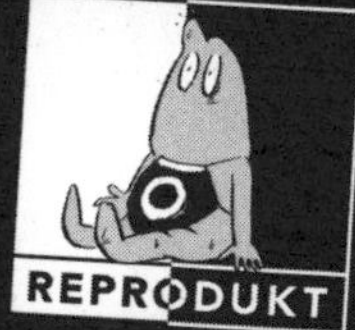

Gottschedstr. 4 / Aufgang 1
13357 Berlin

Published by arrangement with Presspop Inc.
Herausgeber: Dirk Rehm
ISBN 978-3-95640-353-8
Druck: Pozkal, Inowrocław, Polen

Erste Auflage: November 2022

www.reprodukt.com